揚子江周辺の邦人、引き揚げ準備／96

第三章　中央軍、北京北西に現われる　100
中国の主戦論者「全面開戦」／100
蔣介石、各方面の戦線を整える／103
北支事変処理要綱案／106
海軍大山中尉、中国軍に殺害される／109

第四章　石原部長の不拡大方針　115
上海派遣に猛反対／115
陸海協定／118
川越大使、出しゃばる／121
海軍、石原抜きで動員決定す／125

第三部　上海の暗雲

第一章　上海戦前夜　130
失敗を呼んだ海軍の作戦／130
石原、陸海合同会議で山本五十六を怒鳴る／135
近衛、四相会議で陸軍派遣を内定／140

第二章　中国軍、上海に戦火　145
陸戦隊の配備につく／145
中国機、日本の工場を空爆／150
中国軍機、上海のホテルを空爆、三百人死傷／156

第三章　松井石根上海派遣軍　160
中国の陰にドイツ顧問団／160
石原、二個師団派遣／163
満州の守備／167
東条参謀長、多倫に出る／171

第四章　海軍、青島を放棄　175
天谷支隊、大連で待機／175
松井司令官、宣戦を主張／179
石原、閣議の決定に不満／185

第五章　上海市街戦　190
海軍は短期決戦と判断／190
両総長、天皇に事変処理方針を奉答／193

同盟通信上海支局、打電／197
海軍の作戦に陸軍は振り回される／201

第六章　渡洋爆撃　205
ニューヨークタイムズ「支那機の不法爆撃」と報道／205
「敵機パイロットの眼は青かった」／208
参謀源田実の分析／211
八月十七日、海軍機、呉松空爆開始／215

第四部　果てしなき戦域

第一章　北支方面軍編成　220
陸士二十一期の四人／220
「海軍の奴らめ！」／224
ついに全面戦争へ／228
日高代理大使、南京を脱出／232

第二章　呉淞鎮の攻防　235
派遣軍司令部、「足柄」で出港／235
第十一師団、川沙鎮の上陸準備／239
敵は同盟国ドイツの軍事顧問団／242
第三師団、挟み討ちで苦戦／247

第三章　中ソ不可侵条約　250
モスクワより堀場参謀帰朝す／250
厦門の抗日運動／254
中国軍、細菌兵器を使用／257
共産主義の極東進出／259
国民政府軍の蒋介石離れ進む／263

第四章　呉淞鎮総攻撃前夜　265
倉永六連隊長の戦死／265
陸軍、クリークに苦戦／268
松井司令官、苦渋の決断／271
八月三十一日、呉淞を総攻撃／275

第五章　天谷支隊、迷走す　279
前線師団、作戦への不満を漏らす／279
松井司令、参謀本部に増派を要請／281
石原、崇明島上陸を命じる／283
武藤作戦課長、石原に噛みつく／287

石原、大本営の設置を提案／291

第六章　若き作戦参謀の予言　294
石原の危惧／294
海軍航空隊、広東を空爆／297
兵隊は水攻めに苦しむ／301
同盟通信松本重治、松井に直訴／304

第七章　二つの朗報　309
松井司令「南京に行かず戈を収める」／309
広田外相、クレーギー英大使会談／313
石原、馬奈木中佐に「ドイツ側の調停」を進める／317
ジュネーブ国連総会／320

第五部　北支の戦い

第一章　早期和平への道　324
閣議後の杉山陸相談話／324
北支方面軍の北支作戦／329
三方から南下作戦／332
中国軍、三方から北上／336

第二章　東条兵団独走す　339
東条と板垣五師団長／339
関東軍、満州を離れる／341
ドロ沼へ進む／346
東条兵団の深入り／350
蒙古軍、大同方面に作戦す／352

第三章　戦争計画要綱　357
馬廠陥落に石原不快／357
行けども行けども敵はいず／361
十六師団、塘沽に着く／364
支那事変収拾に動く／368
講和条件大綱／371

第四章　航空兵団突撃す　375
作戦は保定・滄州の線まで／375
各連隊、斥候兵を出す／377
連隊長、渡河戦を決行／383
平漢線の山岳戦／385

第五章　敵前渡河会戦　390
十四師団（宇都宮）、夜の渡河作戦／390
六師団（熊本）、湿地帯を攻めあぐねる／393
逃げまどう中国軍／397
「兵士の声が聞こえないか」／400

第六章　迫りくる中共軍　405
中ソ間の密約／405
ソ連、中国に人民戦線国家づくり／407
親日派の石友三将軍、共産党軍に射殺される／411
井本熊夫、中共陣に潜入／413

第七章　乱立する自治政府　419
小沢開作、北京に移る／419
治安維持会／422
関東軍、察南自治政府を樹立／425
蔣介石、漢口に遷都／430

第六部　黄河の水

第一章　重藤支隊、上陸す　434
日本には死活の問題／434
広東から援蔣物資／437
上海戦はコレラ、赤痢、食糧欠乏／440
石原作戦部長、一大決心／443

第二章　中国軍、海上封鎖　449
「北進用兵」／449
松井司令官の南京包囲作戦／453
中国軍、揚子江に船を沈めて封鎖／458

第三章　南京空爆　463
「銃砲声聞こえず」／463
長谷川清長官、南京の空爆通告す／467
十九日、南京空襲と空戦／471

第四章　羅店鎮へ　477
中国共産党宣言／477
「蔣介石自殺」の噂広がる／480
ルーズベルト「日本隔離」を演説／483
石原、最後の戦争、指導要綱案／486
天皇へ「増強兵備説明案」提起／489

第五章　保定城陥落　492

中国軍、保定をめざして逃げる／492
二個師団、保定城を包囲／495
退路を開け、総攻撃／498
石原莞爾、辞職を決意／501
寺内寿一大将の意気込み／502

あとがき／507

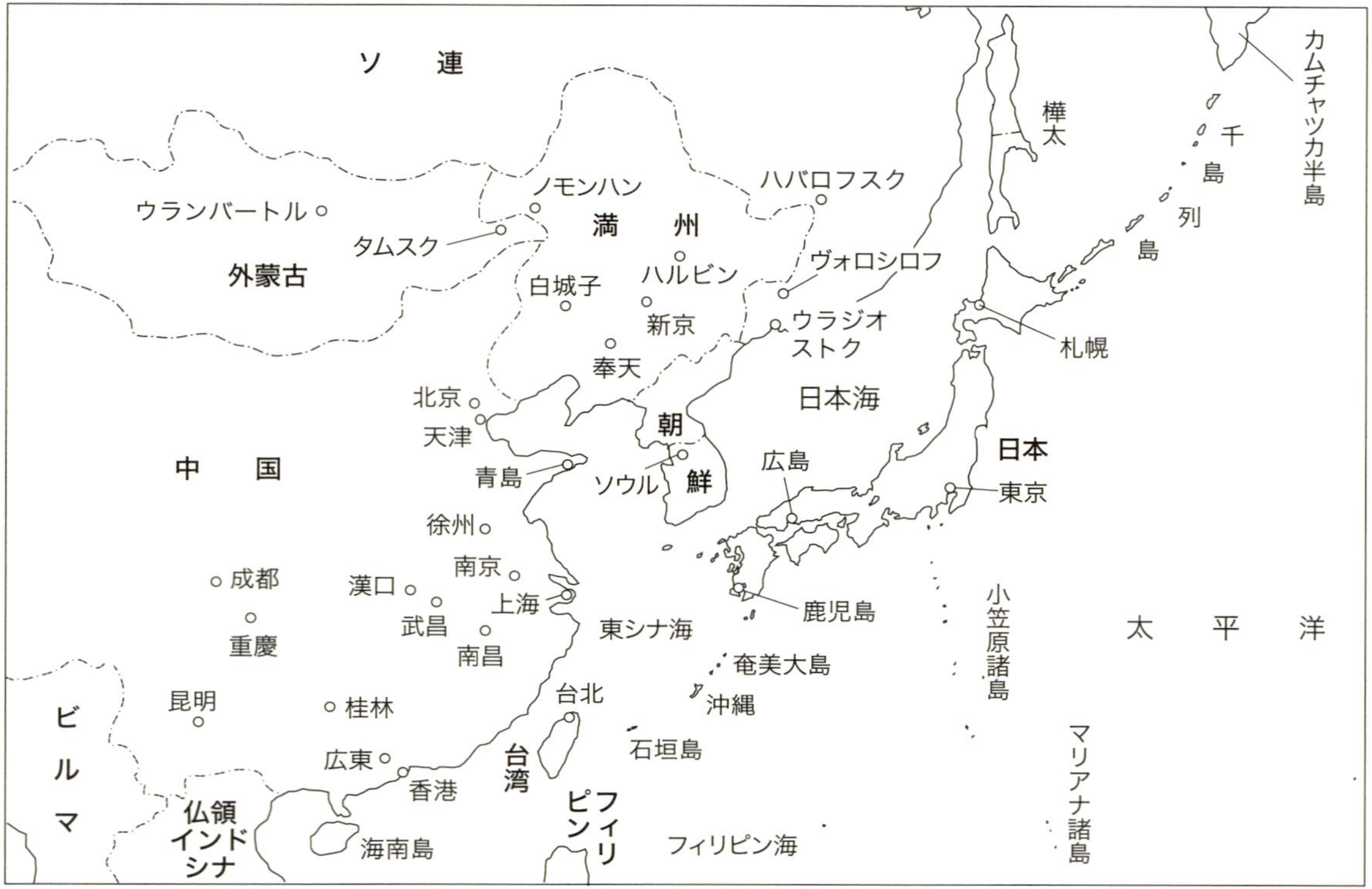
ソ　連
ウランバートル
タムスク
外蒙古
ノモンハン
満　州
ハバロフスク
ヴォロシロフ
ハルビン
白城子
新京
ウラジオストク
奉天
北京
天津
朝鮮
日本海
中　国
青島
ソウル
広島
日本
東京
樺太
千島列島
カムチャツカ半島
札幌
徐州
南京
成都
漢口
上海
武昌
重慶
南昌
東シナ海
鹿児島
奄美大島
小笠原諸島
太　平　洋
昆明
桂林
台北
沖縄
ビルマ
石垣島
広東
香港
台湾
マリアナ諸島
仏領インドシナ
海南島
フィリピン
フィリピン海

石原莞爾　北支の戦い

第一部　不吉な予兆

第一章――西安事件

張学良の密電

昭和十一（一九三六）年十二月十二日未明、参謀本部を震撼《しんかん》させる事件が、中国の西安《せいあん》（陝西省）で起きた。張学良による蔣介石軟禁の西安事件である。

関東軍参謀副長今村均が綏遠《すいえん》事件のさなか、陸軍省の梅津美治郎次官を訪ねたのは十二月十一日のことである。今村は内蒙工作費三百万円を要請したあと、梅津に「居は人の心を移すのか。遂に君も満州化し、かつての石原の後を追おうとしているのか」と説教を喰らった。

ちょうど同じ頃、つまり十一日の昼間、中国の西安では東北軍司令官の張学良が、華清宮にいる蔣介石に呼びつけられた。張は西安と蘭州を結ぶ軍用道路の中間地点、平涼城の司令部にいる百五師第二旅長の唐君堯少将に、暗号の「密電」を打った。

唐君堯は張学良の東北軍の中でも、だれよりも急進的な抗日主義者である。抗日抗争の立役者の一人で、張学良がもっとも信頼した少将である。

この「密電」こそ、西安クーデターの始まりだった。前兆は、蔣介石側もうすうすと感づいていた。藍衣社《らんいしゃ》の特務員から腹心の陳誠に、西北軍司令楊虎城や張学良の東北軍の動きがおかしいと連絡があり、陳誠は前日の十日、蔣介石を宿泊先の華清宮に訪ねて伝えている。

しかし蔣介石は、

「楊はいざ知らず、あの臆病な張学良に大それたことはできまい」

と高を括《くく》っていた。

それでも陳誠は、「西安城内の軍人クラブに移られては」と提案した。しかし蔣介石は、新たに憲兵第三中隊も身辺の護衛に到着したこともあり、また温泉つきの華清池の離宮が気に入って動かなかった。

華清池は西安とは三十キロ離れている。車だと一時間の距離である。西安で事が起きても安心していられる。心配だった陳誠は、

「張と楊には気を許しませぬように」と忠告した。蔣介石は表面では磊落《らいらく》そうに笑ったが、そのあとで一案を講じた。踏絵である。

「よし。それなら、明日の夜、両名をここに呼んで一緒に食事をしよう。奴らがオレの招待に応じなければ二心ありの証拠だ。呼んでくれ」

西安の張学良は十一日の朝、蔣介石からの食事招待を受けると、西安の楊虎城の司令部に行き、クーデター計画を打ちあけ、張自身は唐君堯に密伝を打った。

のちに日本では、このクーデターを「本能寺の変」と言う者もいた。西安事件は中国共産党に主導権が渡る中国の大転換だった。

密電「ただちに来れ、卿《けい》」をもらった唐君堯は、飛行機で西安城内に入った。しかし、すでに張学良は蔣介石のいる臨潼に副官と幕僚数名を連れて出かけたあとだった。張学良はこのとき、楊虎城将軍を

同行せず、西安に残してクーデターを準備させた。蔣介石が、

「——ところで、楊虎城司令は？」

とさぐると、張学良は、

「楊司令は、今日はたまたま中央軍の将軍たちの接待に当たっていますので、間もなく見えると思います」

と、苦しい言い訳をした。

その夜、蔣介石の楊州料理を馳走になる。同席した客は、陳誠のほか、蔣百里、軍政専門家の銭大鈞である。

張学良は食事が終わる頃、一人の将校を「明日前線に出て共産軍と戦います。閣下から激励のお言葉をいただければ——」と言って、紹介した。それは巧妙に仕組んだ張学良の「面通し」だった。蔣介石を逮捕したのが特務大隊長の孫銘九《そんめいきゅう》中佐だったことから、その席に紹介されたのは孫銘九だろうと言われる。

張学良の一行が西安城内の公館に戻ったのは十一日の夜十時だった。策に成功し、蔣介石に気づかれていないことを知った張学良は、眼を輝かせ、背を伸ばして胸を張っていた。この頃の張学良はひと回り肥大し、部下に訓辞するときは腰のうしろに右手をやり、腹を突き出して甲高い声を上げている。だが、この夜は内に秘めていた策を、低い声で側近の将校たちに打ちあけた。この夜、張の公館に集まった者は王以哲、劉多荃、繆《びょう》開源、唐君堯、白鳳翔、そして孫銘九らである。

張は、低く強い言葉で言った。

「蔣委員長に対して、私は幾度となく諫言《かんげん》を呈し抗日を勧告したが、委員長の了解は得られなかった。このままでは、わが東北軍の全将兵、否、全中国人民の悲願は達成できない。そこで、私は西北軍の楊虎城司令と相談の結果、最後の手段に訴えて、委員長の決意をうながすことにした。明朝未明を期して、

われわれは行動をおこす」（松本一男『張学良と中国』より）

　そして、面通しをさせた孫銘九中佐に、

「孫大隊長、きみはただちに白鳳翔師長や唐君堯旅長と共に華清宮に行き、蔣委員長を逮捕せよ。身柄は丁重に扱い、くれぐれも殺してはならない」

　と命令した。

　在室の側近たちにクーデター計画の詳細を説明すると、張学良は唐君堯旅長に、

「すぐに臨潼に向かって進発せよ。華清宮での行動開始は午前六時。成功を祈る」

　甲高い声で指示した。

　時計は、十二月十二日午前一時三十分をさしていた。


　改造社の山元實彦社長が、同盟通信社の松本重治上海局長を同伴して蔣方震を日本料理店「桃太楼」に招いて会って取材したのは翌年一月六日である。

　蔣方震は蔣介石から欧米視察を命じられて帰国し、飛行機で西安に行った。蔣介石に報告するためだったが、蔣介石は華清宮におり、十二月十一日午後二時、車で華清宮に行って約一時間ほど、欧米視察を中心に談話した。西安招待所に戻ったのは十一日の午後四時だった。

　蔣方震は山元の取材に、

「しばらく休憩し、更にその夜、張学良、楊虎城の招待に応じて学良邸の宴会に赴いた。ところが学良は蔣介石の招宴に行ってまだ帰邸していないので、楊が来客の接待をしていた。学良は華清池（宮）から自動車で帰ってきたが、宴会中では別に何らの異なった所はなかった。私は宴はてて学良邸から元の招待所に帰って、他の要人達と十二時半まで会談して愉快だった。床についたのは一時頃でもあったろうか。

ところが翌朝未明、銃声がするので眼がさめた。何か演習でもやりおるな、と別に気にもとめなかったが、だんだん銃声が烈しくなり、はては機関銃の音までしてきた」

これが、西安事件前夜の様子である。もちろん、陸軍は中村常雄特務機関員が、中国の奥深い西安に潜入していたが、第一報は上海にいる同盟通信社が発した記事で参謀本部が知るところとなる。

背後に中国共産党

南京の国民政府軍事委員会（蔣介石委員長）が、張学良に河南、安徽《あんき》、湖北三省の連合勦共《そうきょう》司令部司令官を命じたのは、昭和十年五月である。しかし、東北軍を率いて、いつか東北（満州）に戻りたい張学良は、不満であった。

この年はまず、六月十日には支那駐屯軍司令官の梅津と北平分会長の何応欽との間で協定が、六月二十七日には宋哲元軍の察哈爾《チャハル》撤退や排日機関の解散などの土肥原・秦徳純協定が結ばれ、蔣介石は日本軍部の要求を受け入れた。その後、満州の東部、北京、南京、上海ばかりか、武漢や河南、湖北方面でもソ連共産党の手先となった学生や若者たちにより「くたばれ蔣介石、張学良！」とか「政府の腰ヌケ外交！」などのビラがあちこちに貼られ、過激になっていた。

ソ連のコミンテルンに支援された毛沢東や朱徳、そして蔣介石が軍官学校の校長時代の生徒、周恩来らの中国共産党員たちは、江西省の瑞金《ずいきん》に「中華ソビエト共和国」をつくっていたが、蔣介石軍に包囲攻撃され、翌十年一月には中国の西北地方に移動し、蔣介石は南京に凱旋した。七月には広田弘毅外相と汪精衛国民政府主席との間では、のちに広田三原則と呼ばれる日中間の原則事項が承認された。三原則とは、

一、中国は事実上、満州国を承認する。

二、中国は排日運動を取り締まり、日中両国は相互尊重、提携互助の原則によって友好関係を維持する。

三、日中双方とも防共のために合作する。

中国内には反対する声もあった。また、中国共産党の地下運動家たちは、「軟弱外交！」と非難の声を上げた。

しかし、蔣介石の国民政府は、満州の現状を黙認し、排日運動を禁止させると、共産党の取り締まりに出た。蔣は日本軍と戦わず、ソ連共産党に支援されている中国共産党との内戦を納めたかった。

ところが、石原莞爾が参謀本部に起用された同じ日の八月一日、毛沢東の中国共産党は「抗日救国のために全ての同胞に告ぐ」という声明文を発表した。世に言う「八・一宣言」である。その中で日本軍部の力を恐れ、無抵抗政策をとる蔣介石、張群、張学良らを漢奸《かんかん》と非難した。

蔣介石は、ソ連共産党が中国を支配することになるのを恐れ、ゲリラ抗争に出る共産党との内戦を早く休止する「先安内後攘外（先に国内を安定させ、その後に外敵と戦う）」を表明していたが、ソ連コミンテルンの手先となった上海の文化人や地方軍閥には理解されなかった。

「今、日本と戦ったら負ける。それは中国共産党の思うツボだ」と、毛沢東らを警戒した。

ところが張学良はそうではなかった。張は蔣介石とは考えが違い、「抗日戦」を叫んだ。しかし、蔣石介の命令には逆らえず、中共軍の八・一宣言からひと月後には勦共軍司令官として西安に転任した。彼が率いる軍は五十一軍軍長の于《う》学忠、六十七軍軍長の王以哲、騎兵軍団司令の何柱国らである。これら旧東北軍は西安に駐留し、間もなく江西から逃亡してきた中共軍と交戦になった。

中共軍は農家出身の者が多く、武器も貧弱だったが、張学良の軍は連敗した。師長までが戦死している。

十一月にはいって五個師を動員して陝北の中共軍を攻撃した。だが毛沢東と彭徳懐《ほうとくかい》に敗れ、東北軍は精鋭部隊を失った。ここでも連戦連敗だった。

西安には楊虎城将軍の西北軍がいた。司令の楊は陝西省蒲城《ほうじょう》県の水呑み百姓の家に生まれ、軍隊に入り、四十を過ぎて将軍になった。土着の軍閥である。装備にしても軍隊訓練にしても劣っていた。ただし、どちらに転がるか分からない軍で、張学良は眼前の中共軍を前に、監視を続けざるをえない。

その頃、中共軍は国民党のいる東に向かって進攻しはじめている。彼らのスローガンには「抗日のために東に進む」とあり、部隊は山西方面に向かった。

ソ連共産党に教育された中共軍は、「対日宣戦布告」「中日両国間の全ての不平等条約撤廃」「対日武装闘争」「国防政府と抗日連合をつくる」などをうたい、山西へと行動を開始した。前線では張、楊軍との間で戦さとなるが、張学良には戦う意識は薄く、国民党軍は大平で作戦会議を開いた。

出席したのは蒋介石の腹心で、南京からきた陳誠と張学良、山西の軍閥、閻錫山《えんしゃくざん》の三人。蒋介石の使者として、張と閻錫山に断固、共産党軍を殲滅《せんめつ》すべしと要望する。

しかし張学良は、連盟での苦境アピールは無力だった、と反省したあとで、両将軍や集まった蒋介石の中央軍に向かって見解を述べた。

「自己の苦難を救うには自分の努力しかない。他国の力（注、ここでは米欧の帝国主義国家）は当てにしてはいけない。私は閻錫山閣下が、わが東北軍の前車の轍《てつ》を踏むことなく、全中国の愛国の軍隊と肩を並べて、日本軍の侵略に抵抗されんことを心から望む」

前後して、中共軍は「抗日義勇軍」を組織して、ゲリラ戦法に出てきた。山西省に進出して蒋介石と戦うが、閻将軍は戦おうとはせず、どちらに転ぶかを窺《うかが》っている状態で、前線の東北軍、西北軍、そして閻の軍も積極的に「防共戦」に出ていない。前線には、中共軍の密使が西安の張学良のところに接近するなど、蒋介石や陳誠、何応欽将軍の知らないところで接触していた。

中共軍の広報や宣撫活動は活発で、西安の張、楊軍のみならず、あちこちで「全国の愛国人士よ、一致して抗日に立ち上がろう」と呼びかけている。

郭沫若《かくまつじゃく》は中国の文学者であり政治家だが、彼は若い頃に日本に留学し、九州大学の医学部を卒業した。その後、プロレタリア運動に投じ、一九二七年四月の蔣介石のクーデターのあと南昌の蜂起に加わり、「救国日報」の編集人となる。

郭は中国共産党の宣伝機関員として、主に上海のフランス租界地で暗躍した。上海文化人や反蔣介石軍人などと連絡を取り合い、また日本とも繋《つな》がりをつけていた。中国共産党は西では毛沢東軍、上海を中心に東では反蔣介石の郭沫若らの情報戦術を展開していた。その中間の南京は、双方からの挟みうちに遭っているが、西安の張学良は、共産党と通じているなど、国民党は包囲されていた。

蔣介石が共匪と呼んで共産党員刈りに出たのは、昭和十年十一月、国民政府行政院長の汪精衛が反蔣介石のジャーナリスト、孫に狙撃されて重傷を負った直後からである。「抗日よりも国内の反対派鎮圧」の方針を打ち出し、「対日宥和政策、滅共対策」を強化した。

ところが昭和十一年二月、蔣介石の「先安内後攘外」政策に不満を持つ張学良は、西安と保安の中間地点、洛川《らくせん》でひそかに周恩来と会っていた。

八月に入ると、東北軍の逃亡で兵が二万人になった。その大部分は中共軍への投降者である。

同盟通信社の松本重治支局長は、翌年の『改造』二月号に「西安事変の中間報告」を発表している。原稿はシメ切りの関係からして、また文意からして、一月中旬頃に書かれている。つまり蔣介石が張学良と一緒に南京に戻った直後である。

この中間報告は、情報源を持たない陸軍省や参謀本部第二部及び石原の第二課情報班でも重視した最近情報であり、分析であった。

陸軍は上海の領事館に武官を置いて情報を採っているが、それらとは別ルート、それも当事者からの情報による分析にはかなわない。

松本は中間報告の中で、張学良の思想が左翼化し、勦匪《そうひ》能力が消滅した原因をこう分析している。

「東北軍の将校は満州の地を去ってより、帰るべき郷里を持たず、将校の家族及びその縁辺者約三千戸は、現在西北に移り住んで居り、此等三千家族のものが漸次《ぜんじ》プロレタリア的意識に転向しつつあった事実である。此等家族の思想は同時に将校、特に下級将校一般の思想となって居った。中共中央は、この事情を熟知し、西北に最後の機会を狙った」

八月頃には多数のオルグが西安など西北部に送り込まれ、張軍や楊の西北軍の思想工作に入っている。

蔣介石は、そうした動きを承知していたが、特別の措置もとらずにいた。それればかりか、不満のひとつである軍費を減額した。西安にきて対共匪として中共軍と戦うにもかかわらず、約束の三百万元（毎月）の軍費補給は二～三割カットされた。昭和十一年の夏頃には月額が二百二十～二百三十万元になり、幹部も一般将校も兵も、五割以上の生活切り下げという状態だった。

こうした不満のさなか、張学良は共産党の周恩来と洛川で二度目の会談に応じた。会談を根回ししたのは張学良の下にいて、共産軍に捕らわれて洗脳された東北軍百七師長の高福源である。

二回目の洛川会談で、西安事件のシナリオが描かれたと見られている。また、双方の間には停戦、蔣介石政策への協調などが協定されている。

もちろん、こうした動きは、蔣介石の耳にも入っていた。彼は藍衣社を使ってスパイを放ち、情報をとっていた。情報は陳誠から南京の蔣介石に伝わる。

業をにやした蔣介石は、胡宗南中将率いる精鋭の第一軍を滅共作戦に出した。甘粛省《かんしゅく》から連戦連勝して、さらに奥へ奥へと共産軍を攻めて行った。ところが、長い峡谷に入ったとき、彭徳懐が指揮する大隊に挟み討ちとなり、敗北した。

この知らせを杭州会議の席で聞いた蔣介石は洛陽に飛び、何応欽と会った。蔣介石が洛陽にきたことを知った張学良は、西安から洛陽に飛び、約三時間、蔣介石と激論を戦わした。

張は、「当面の軍事情勢及び任務に関する上申書」を提出した。その中で「陝西地区での軍事力、士気などから共産軍を殲滅するのはむずかしい」「中国は共産軍討伐より日本の侵略に抵抗することが急務」「共産軍は中国人と戦わないとスローガンをかかげている」「上海で逮捕された抗日七君子をただちに釈放すべきである」と主張した。

蔣介石は「この若僧め！　今、日本と戦えば中国は滅び、共産党のものになる。まず国内をまとめ、それから対日本、対外国との諸条約を改定する。それがお前には分からんのか！」と怒鳴った。

「それでは諸将校を説得できません。委員長から訓辞を与えてくれませんか」

「よし。それならワシの方から西安に行く」

こうして蔣介石は十二月四日、洛陽から西安に飛んだ。ただちに軍事会議を開き、中央の方針を説明し、政策を表明した。

蔣介石は「先安内後攘外」を強調したあと、思わぬ命令を出した。それは張学良、陽虎城両将軍にとっては寝耳に水だった。こう言ったのである。

「東北軍、西北軍を勦共作戦の第一線部隊とする。もし両軍が、軍事委員会の方針に従わない場合、東北軍は福建省へ、西北軍は安徽省に配置替えする」

西安在住の諸将校の前でも、蔣介石は「抗日」という言葉は使わなかった。そのことが反発を喰った。将校の間から、

「なぜに抗日に言及せざるや！　我らには焦土抗日あるのみ」と詰めよるシーンもあった。

蔣介石は「抗日」という言葉を好まなかった。それは共産党の用語で、絶対に受け入れられなかった。だからと言って、日本の言うままになるつもりは毛頭ない。

昭和十八年に蔣介石はこれまで述べてきたことを、孫文逝世記念日に「中国の命運」として出版した。第五節「対日戦略、外交戦の経過」の中に、米、英、日本などとの外交政策が読みとれる。

「九・一八以後、日本はその大陸政策に根據《こんきょ》して三原則を提出し、我等にも接受を強いた。中日親善、共同防共、経済合併の三原則だ。中日親善は政治上日本帝国主義の中国合併だ。経済合作は日本帝国主義の経済上における中国の独占だ。共同防共は日本帝国主義が東北を拠点として中国領土を侵食し、中国政府を挟持し、欧州軸心諸国と策応して東西の兵力を集中し、ソビエト・ロシアを挟撃しようということを意味する。国府は、これが日本大陸政策の既定歩驟《ほしゅう》だということを看破し、始終堅毅にこれを拒絶した。次いで二十六（昭和十二）年八月、ソ連と不侵犯条約を結び、日本の陰謀を打破するや、日本は外交談判の手段を改変し、地方事件の名義下にした。（中略）八・一三後に至っては、日本の陰謀は完全にわが長期抗戦国策に依って破壊せられた」

第二次上海、南京事件後とはいえ、蔣介石の対日政策は一変している。昭和十一年から上海の北、呉淞《ウースン》にはヒトラーから派遣された十一人の軍事顧問の設計による厚さ一メートルのコンクリート壁のトーチカを、上陸地点の揚子江に向けて、築城している。

上海派遣軍はこのトーチカに苦しめられ、三万人以上の死傷者を出した。隠されたトーチカは日本海軍の情報部でさえつかんでいなかったため、大被害を蒙《こうむ》るのである。

周恩来、西安に入る

西安市民は共産党のオルグにより、反蔣介石に動いていた。将校たちの中にも、つぎつぎと寝返る者が続出した。

西安には満州を追われ、張学良と行動を共にしている文化人たちがいた。彼らは西安市内で大規模な学生デモを敢行し、警察側と衝突している。彼らの抗議文には正面切って「抗日戦争に立ち上がれ」「反共恐日の蔣介石よ、南京に帰れ！」というものもある。

蔣介石も華清宮から毎朝、フォードの車で西安に行き、反共講演をやり、張学良、楊虎城将軍及び各将校たちを説得した。午後は宿舎にしている華清宮に引き返し、西安には腹心の陳誠に指揮された中央軍を残した。

だが張と楊のクーデター計画は、八日すぎから具体化していく。不穏な空気を悟った陳誠にも、その計画は見抜けなかった。

十二月十二日は日曜日である。午前二時、蔣介石と別れて西安に戻った張学良は、西北軍の楊虎城将軍及び唐君堯らに「六時行動開始」を命じた。

中央政府の要人たちは西安ホテルと軍人クラブに宿泊していた。朝六時は真っ暗である。突然、銃声が起きた。中央政府の要人たちは演習訓練だと思った。そこに楊虎城率いる西北軍の兵士たちが二つの宿舎を包囲し、突入した。

蔣介石の宿泊先である華清宮でも、唐君堯率いる東北軍親衛隊第一大隊が表門と裏門を包囲した。蔣介石は親衛隊に守られながら二メートルの塀を越えて裏山に逃げた。しかし銃戦になり、全員が負傷し、蔣介石は虎蹲岩《こそんがん》に隠れているところを見つかり、孫銘九の隊によって捕らえられた。車に乗せられると、左右を唐君堯、孫銘九に挟まれて西安の張学良がいる東北軍司令部へ連れて行かれ、囚《とら》われの身となる。

すでに西安市内は西北軍の第十七路軍に占領され、十二日の正午、張学良と楊虎城両将軍は共同記者会見を行ない、「中国国民に対する通電」を発表した。この中で八項目を「救国の主張」として宣言した。

一、南京政府を改組し、各党各派をひとしく国政に参加させ、一致共同して国難にあたること。
二、いっさいの内戦を停止すること。
三、上海で捕らわれた愛国者たちを即刻釈放。
四、全ての政治犯の釈放。

五、民衆の愛国運動に干渉しないこと。
六、人民の集会、結社等、政治的自由の保証。
七、孫文総理の遺訓を遵守《じゅんしゅ》すること。
八、救国大会を即刻招集すること。

この長い電文に、張と楊に続き、蔣介石の腹心である陳誠、朱紹良、蔣鼎文らまでがサインした。こうした通電文及び共同記者会見の段取りをアドバイスしたのは、共産党の周恩来だろうということは想像するまでもない。

「蔣介石、囚われる」の報を受けた国民党・中央政府は、緊急会議を開いて討議した。意見は何応欽ら軍部首脳、戴笠《たいりゅう》ら特務機関、考試院長の戴季陶《たいきとう》らの西安に進撃すべきという強硬派と、行政副院長の孔祥熙や義弟の宋子文ら、蔣介石の人命尊重を前提とした西安との講和派に分かれた。

結果は上海にいる蔣介石夫人の宋美齢の意向をくみ、蔣介石の顧問をしているオーストラリア人の新聞記者W・H・ドナルドを西安に行かせて張、楊と交渉させることになる。

ドナルドは十二月十六日にも西安にとび、宋美齢が西安にくることを張学良に伝えたが、同じ日に何応欽は西安を空爆した。

一方の共産党は十七日に周恩来が西安に入り、親方ソ連の動向を説明し、「蔣介石が八項目を承認すれば解放すべきだ」と主張したが、蔣介石が呑まないため進展しない。しかし二十一日、宋美齢と宋子文が西安入りし、また周恩来が二十四日に西安入りして、蔣介石と対面した。二人の間では八項目のうち、蔣介石は第一項目を呑むことになり、張学良を同行させて南京入りすることに決着する。ただし、実質的には中国共産党の勝利だった。

蔣介石から「内戦をやめよう」と周に提案したことから、国民党と共産党は抗日戦争で結束することになる。

共産党にしてみれば、「敵の敵は味方」となった。あとは国民党の中央政府と軍が抗日戦で疲弊《ひへい》したところに、共産党軍が乗り込み、中国全土を支配する、というソ連コミンテルンの政治攻略を進めるだけである。

日本と国民との今後の関係につき、外交ルートでは張群外交部長は川越大使に、「この内閣の続く限り対日政策に変更はありません」と言明した。あくまでも蔣介石内閣が現存する限りという意味で、事実、蔣介石は容共抗日に出るが、あくまでも外敵に対しての防御で、日本との戦さは避けている。

松本重治は西安事変後の日本政府がとるべき態度について、「事態を軽視してはならぬ。容共抗日時代の近づけるを叫んで狼狽することも要らぬ。宜《よろ》しく大勢の真相を摑み、積極統一外交政府の樹立と実行とに邁進し、抜身の短刀と算盤とを一緒に出してみたり、決意なくして断乎《だんこ》呼ばわりすることは止して欲しい。日本は南京政府の価値を再認識せねばならぬ。それには結果に於いて南京政府の陣容と政策とに一大変革をもたらさんとする這回《しゃかい》の事件が、よき機会を提供するものと信ずる」と述べている。

しかし、山東省で生まれ、青島中学校卒業後に特務機関員として河南、綏遠《すいえん》、察哈爾《チャハル》など中国七省を股にかけ、共産党を研究してきた中村常雄は、西安事件の前後二回、西安に潜入して中国共産党の動きを偵察していて、事件の真意をつかんでいる。

中村特務機関員は知友の作家相良俊輔《さがらしゅんすけ》（『夏の空』などの著作者）に、ガンで亡くなる前に「盧溝橋事件の張本人」と題するメモを渡している。それによると、

「――私は開戦前後の帝国陸軍における共産軍研究の最高権威であった。開戦前、私以外に共産軍に対する諜報専従者は一人もいなかったからである。（中略）帝国陸軍の第一の仮想敵はソ連赤軍であり、中国共産党と戦うことを予想した軍人はいなかった。第二の仮想敵は蔣介石と彼が直率する中央正規軍であった。共産軍は早晩、蔣介石によって結末がつけられると判断し、その存在を重視しなかった。そ

こに帝国陸軍の重大なる錯誤があった。

私は張学良によって蔣介石が軟禁された西安事件の前後二回、西安に潜入してその真因をつかんだ。事件の背後で糸をひいていたのはソ連のスターリンであり、西北ソビエト地区の保安を根拠地にして打たれた大芝居だった。

その立役者が西北地区副司令周恩来である。第六次勦共《そうきょう》作戦を計画中だった蔣介石は、軟禁されたまま周と話し合い、身柄釈放を交換条件に『容共抗日』に大転換し、南京帰還後、『平和統一・団結防侮』を全国民に呼びかけたのだ。

危なく息の根を止められかけていた中国共産党は、西安事件によって生きながらえた。つまり西安事件こそが世界の歴史を変貌させた大謀略であった」

中村からの共産党暗躍の実態は、陸軍省や参謀本部に報告されるが、残念ながらさほど重視されなかった。

第二章——盧溝橋事件の真相

危険な状況

盧溝橋《ろこうきょう》は北京の西安へ六十キロの郊外、永定河《えいていが》にまたがっている石橋で、長さ二百七十メートル、幅七・二メートルである。揚子江に面した軍港の漢口から鄭州《ていしゅう》、石家荘《せっかそう》、保定を経て北の北京を結ぶ京漢線が交差し、南北を結ぶ要所である。

橋の着工は金の時代の大定二十九（一一八六）年六月（日本は壇ノ浦合戦の翌年）に始まる。まず渡船を作り、次に架橋し、約三年かけて石橋を竣工した。

橋の両側には石欄があり、明の時代の正統九（一四四四）年に大理石の柱を立て、柱端にそれぞれ一個ずつ、まったく違った獅子頭を刻んだ。石欄の総数二百八十三柱で、西側だけで百四十一柱ある。

盧溝橋とは橋の名前であるが、この橋の東側にある城壁に囲まれた町もふくめて、この一帯を盧溝橋と呼んだ。中国語音ではルコウまたはチャオと発音するが、この橋をヨーロッパに知らせたのがイタリアの旅行者マルコポーロである。一二七五年、日本では建治元年、鎌倉幕府の北条時宗《ときむね》の時代で、マルコポーロは北京に入るとき、この橋を渡った。ヨーロッパ人はこの橋をマルコポーロ橋と呼んだ。

昭和十二年の頃は北京から盧溝橋まで驢馬《ろば》で一時間かかった。堤防には柳の並木がつづき、北京付近の景勝の地で、観月の橋としても名高い。この橋で河を眺めて遊ぶ人も多く、平和な風景だった。

この一帯はなだらかな丘陵で、北京城を西南から包む恰好《かっこう》の地でもあることから、昔から軍事上の要地となった。大正九（一九二〇）年には安直戦が、大正十一（一九二二）年には奉直戦があり、盧溝橋は南の方にある長辛店と共に、両軍が衝突した戦跡の橋である。

鉄道は南の漢口、保定から北京、満州へと結ぶ京漢線と、南東の天津から安次《あんじ》、豊台、張家口へ進む天寧線が合流する。

十二年七月時点で、日本の支那駐屯軍は天津市に司令部を置いていた。軍司令官は田代皖一郎《かんいちろう》中将、参謀長は橋本群《ぐん》少将である。駐屯兵力は一個旅団六千名。歩兵第一と第二連隊、砲兵一個連隊、それに騎兵、工兵、通信各一個中隊。

このうち、北京には河辺正三《まさかず》少将（19期）の歩兵旅団司令部と歩兵第一連隊（歩兵二個大隊）が駐屯していた。残りは天津と山海関付近に配備されている。

北京の東、通州には親日派の冀東《きとう》政府（殷汝耕委員長）、北京には宋哲元の冀察政府があった。中国軍は宋哲元将軍の第二十九軍が北京と天津周辺に配備されていた。この中の第三十七師（馮治安師長、日本の師団長）が西苑から盧溝橋付近を、張自忠師長の第三十八師は南苑に、劉汝明師長の第百四十三師は北の張家口に配備され、総兵力は十万余である。

軍長の宋哲元は河北と察哈爾《チャハル》省を統治する冀察政務委員長を兼ねて、合計八個師を統率する軍と政治の両面の実権を掌握していた。

中国軍の軍政の下に、宋哲元側と親善を図り、経済発展を援助する方針で、日本軍は天津本部、北京駐屯、山海関方面のほかに、北京と盧溝橋を睨むかたちで豊台に第一連隊（連隊長牟田口《むたぐち》廉也《れんや》大佐）指揮下の第二、第三大隊が駐屯していた。しかし、参謀本部の石原莞爾第一部長は、「中国兵を刺激してはならん。天津に退がれ」と命じていた。だが、天津軍は参謀本部の言うことをきかず、列車で移動して豊台駅近くに駐屯した。

そもそも、この時点で大きな誤りを犯した。

盧溝橋一帯の東側には城壁で囲まれた宛平《えんぺい》県城がそそり立つ。京漢線が走る北川は砂礫《され き》の荒地で、永定河の一キロ先の河岸には、疎林に囲まれた竜王廟がある。

盧溝橋周辺の中国軍は宛平県城内のほかに、橋を渡った永定河の西の長辛店駅近くに一個大隊が配備されていた。

日本軍は豊台に第一連隊の第二、第三大隊本部を置き、十二年一月入営の初年兵をふくめて、橋の北側、永定河の上流に向かって右側の永定河畔の滝木地で、昼夜訓練を続けていた。七月は各中隊の教練完成の時期で、検閲を控えていた。そのため昼も夜も訓練が続いた。

夜間訓練が続くため、事情を知らない中国人の間では、

「日本軍隊は近頃、しきりに夜間訓練をやっているが、何か始めるのではなかろうか」という噂が広がっていた。

支那駐屯軍司令部付の北平特務機関長松井太久郎《たくろう》大佐（のちに中将、第十二軍司令官）は、そうした噂を払拭《ふっしょく》するため、北京の冀察側の幹部に、

「日本軍隊の夜間訓練は、真に訓練を目的とするものである。近く教育令に基づく第二期中隊教練の検閲が始まるから、昼夜を分かたず演習をしている」と説明した。

また日本軍側にも、こうした噂と風評があるので、くれぐれも気をつけるように、と連絡している。

当時、盧溝橋一帯に、中国共産党のゲリラが出没したり、また中国軍内に共産党系軍人の抗日グループが入り、しきりに抗戦感情をたきつけていた。六月二十九日、冀察軍第三十七師の指揮下にある竜王廟の城壁に実弾を撃ち込むという事件もあった。三十七師の馮治安師長は日本軍の仕業と思い、北京の

大使館付陸軍武官補佐官の今井武夫少佐にそれとなく苦言を呈した。

それは七月四日のことで、今井は馮治安師長兼河北省政府主席が郷里の保定に出かけるというので、本人から電話で誘われ、北京の京漢線発車駅の西停車場で待ち合わせて河北省主席の専用列車に乗り込んだ。二人は親交があり、省政府を置いている保定まで、車窓に広がる大平原を眺めながら通訳の張我軍を入れて、お互いの身の上話に興じた。

今井はふと、北京で行なわれている夜間の特別警戒について質《ただ》した。すると馮治安は、カーッと見開いた目で今井を睨みつけ、即答を避けた。そのときの馮の表情が、中国軍の対日感情を物語っていた。

しばらくして馮は今井に、

「日本軍は六月二十九日、夜間演習に名を藉《か》りて盧溝橋の壁に実弾を撃ち込んだが、こんな無法な行動は慎んでもらいたい！」

と非難した。

今井は、

「バカげた話だ。日本軍がそんな非常識なことをするとは、とうてい考えられない」

と抗議した。

すると馮は、

「それほどウソだと思うなら、今でも盧溝橋の城壁に、はっきりと弾痕が残っているから、後日、二人で一緒に検分しよう」

と息巻いた。

驚いた今井は言葉を失った。

保定駅に着いたあと河北省政府庁舎に赴き、ここで満州軍の張学良系の将軍、萬福麟をはじめ、省政府の各庁長らと一緒に昼食をとる。そのあと、今井は第五十三軍の兵営となっている旧保定軍学校跡を見学したくて案内された。そこで今井は、日本と冀察軍との親密関係とはまったく逆の光景に出会う。兵舎の講堂には、壁一面に満州奪還を鼓舞、激励する絵画や毒々しい抗日の標語が並べられていたのである。

その夜は接待所の宿舎に戻り、訪ねてきた馮と二人で午前一時まで談笑した。馮は数日間の滞在を強く勧めたが、今井は「弾痕」のことが気になり、翌朝の列車で保定を発った。彼はその後、見たことを『支那事変の回想』の中でこう書いている。

「――もはや悠長にかまえておられない。昨日列車中で馮師長から聞いた、盧溝橋の夜間射撃事件が頭に閊《つか》えているからである。急いで北平（北京）に帰って究明したいと思って、心せわしく帰途についた。汽車が盧溝橋に差しかかったら、永定河の左岸地区では中国兵が盛んに演習にいそしんでいた。わずか三日後に、東洋悲劇の戦雲が、この風光明媚な橋畔に起ころうとは夢にも考えられなかった」

北京に着くと、今井はさっそく旅団司令部の小野口副官に馮師長からの抗議内容を伝え、同時に日本軍の盧溝橋城壁に対する実弾発射の有無を、秘密裡に調査するように頼んだ。

その夜、法人居留民団の集会に出たとき、小野口副官は調査した結果、「そうした事実はまったくない」ことを伝えた。

しかし、東京でも「七夕の晩に華北で柳条湖事件の二の舞の事件が起きる」という虚言がささやかれていた。陸軍省軍事課高級課員の岡本清福《きよとみ》中佐が、石原第一部長、田中新一軍事課長の内意を受け、華北の状況視察に出かけたのはその直後で、約一週間視察して帰り、情況を報告した。

今井は、一触即発の危険な情況を説明しておいたが、しかし岡本の報告は、

「華北の日本軍には、一部事件の勃発を憂慮している者もあるが極めて少なく、全体として心配する必要はない」と、楽観的だった。

岡本は「日本軍の陰謀の有無」を主点に調査したため、今井少佐の「危険な状況」を把握しなかったか、報告しなかった。それが盧溝橋事件の引き金とはならないが、もっと詳しく報告していたら、参謀本部の出方も変わっていた。場合によっては、参謀総長名で夜間演習を取りやめさせていたかも知れなかった。

だが、この岡本の報告をめぐっては、すべてを報告したが、上司の田中軍事課長と参謀本部作戦課長武藤章によって「口止め」されたと見るべきだろう。岡本の名誉のために言うと、一週間滞在して、危機を感じなかったはずはないからである。

盧溝橋事件後、岡本は天津軍参謀に新任されるが、現地で今井に会ったとき、

「君と会って現地の危険な情況を聞きながら、帰朝した直後、自分の楽観的報告に反し、現実に盧溝橋事件が勃発したことは、まったく自分の不明によるもので、君に対して申し訳ない」と自らその過誤を恥じ、正直に詫びながら直話した（今井武夫）とある。

この詫び言には、参謀に新任されたことを考えると、田中と武藤との間に何か密約があったと想像できる。

中央の陰謀

北京には、中国共産党の劉少奇《りゅうしょうき》が、表面上は北京大学図書館に勤務しながら、中国共産党北方総局第一書記として河北省一帯の全権を握っていた。戦後、中国政府の主席になってから、劉が昭和十一年より北京に潜入して、共産党の地下工作を指導していたことが明らかになるが、盧溝橋事件の仕掛け人説が、十分に窺《うかが》える。

なぜなら、北京には共産党を中核とする人民戦線運動の抗日急進分子が入り、抗戦意識を昂揚させた

学生たちが、夏期訓練と称して大挙、軍隊に入営し、抗戦を将兵たちに呼びかけていたからである。

　今井武夫少佐によると、盧溝橋事件が勃発するとともに、地下に潜っていたソ連人約二十名が、にわかに地上に出て活動をはじめ、さかんに学生たちを煽動し、暗躍していた。

「冀察第二十九軍の北京撤退とともに、その影をひそめた事実も、共産党と事件勃発との間に因果関係のあることが推定され、中国共産党こそ、この事件に重大な影響力を及ぼしたことを示唆している」

　今井は戦後、中共陰謀説に思い当たることばかりだったことも書き残している。

「事件勃発するや、中共はこの局部的事件を直ちに取り上げ、七月八日付で日本軍の盧溝橋進攻に関する通電を発し、全国陸海空軍を動員して応戦準備を呼びかけていた」

　七月八日はまだ実弾発射の犯人が日本側か中国側か分からないときで、事件の真相が判明していない。それにもかかわらず、すでにその時点で応戦準備を呼びかけていた。

　これこそが劉少奇の地下工作と、ソ連と中国共産党の陰謀説を裏づけるものである。

「七夕の晩に河北で――」の虚言も、劉少奇など地下工作員から北京や盧溝橋の中国人への「準備せよ、警戒せよ」の暗号ではなかったのか。

　事件前に、河北省政治委員長であり、軍政をつかさどる第二十九軍の宋哲元が郷里の山東に里帰りしていたこと、及び第三十七師長も七月三日に郷里の保定に里帰りしている。

　宋は九日の午後、蔣介石から電話が入り、「北京へ戻れ」と指示されるが、すでに河北省主席、政治委員長と南京とは通じていたばかりか、指揮下にあったことを意味する。しかし、宋は命令には従わず、なぜか十九日に戻っている。

　宋哲元の下にいる第三十七師長馮治《ふうち》安《あん》の部下に、同姓の馮某なる人物がいる。実名は不明だが、この三十七師の団長（連隊長）は、三十七師の中では抗日戦を叫ぶ国民党左派で、宋や馮師長ら上司は彼の行動を警戒していた。

もう一人、同姓の馮執鵬旅長がいる。馮旅長は冀北保安総司令の石友三の部下で、事件後、北京生まれの喜多広行に、こう耳元で、

「事件当時、私は日華両軍の衝突を企図して、日本軍に対して発砲したり、あるいは青年たちを指揮して戦線の各所で爆竹を鳴らしたよ」

と密語している。このことは、のちに今井武夫少佐に伝えられ、今井は自著の中で触れている。

今井は六日、ドイツ医学博士の称号を持つ陳子庚から夕食に招かれた。通訳に大蔵組北京出張所長の林亀喜を同行した。その席に、知人で保安総司令の石友三が中国服を着てひょっこり現われ、テーブルに着いた。石友三は今井の行動を知っていて、彼に重大なことを知らせるため、陳子庚家を来訪していた。

石総司令は部下の馮旅長が、盧溝橋で日本軍と中国軍の交戦を計画しているのを知ってか、突然、

「武官、日華両軍は今日午後三時頃、盧溝橋で衝突し、目下交戦中だ！　武官はこの戦況を知っているか！」

と言った。

今井少佐は、「そんなことは知らない。私がここにいることは、そんな重大事件がない証拠だ。安心して飲もう」と言って否定し、一応、三人で乾杯した。その直後、石友三は立ち上がるや、そそくさと出て行った。

今井は、「真剣に密語した内容を、後日反省してみれば、私と多年にわたる交遊から考え、翌七日の陰謀計画を、日時を六日に仮託した好意的な予備通報と考えられないこともなかろう」と回顧している。

石友三の好意を付け加えるなら、蔣介石に通じている陳博士の手前、本当のことを明かすことができず、暗号めいた過去形で伝えるしかなかった、とも言える。そうとは知らず、今井は北京の武官宿舎に帰宅している。

集合ラッパ、実弾射撃

七月七日の北京一帯は朝から暑かった。昼間になると、さらに気温が上がった。夜の北京はいくらか涼しくなるが、この日に限って風はなく、市民たちは家の中におられずに路上で夕涼みする者も多かった。

特務機関長の松井太久郎大佐と今井武夫少佐は、事件が起きる七日の夜、興中公司の社長で、石原莞爾が林銑十郎内閣の書記官にした十河信三と共に、北京市政顧問の栗原の夕食会に招かれていた。広い家であるが、暑さのあまり芝生の上に食卓を並べて夕食をとった。

二人は栗原家を出ると、十河の招待で長春亭へ日本料理の二次会に出た。十一時近くに帰宅した今井は、十二時前に就寝したが、暑さでなかなか寝つけなかった。

やっと寝ついた頃だった。陸軍武官室の当番兵に起こされ、電話に出た。電話は北京駐屯部隊の連隊副官河野又四郎大尉からだった。第一報は、

「盧溝橋で日華両軍が衝突しました！」だった。

今井は驚き、急いで軍服に身を固めた。それから隣りにある連隊本部に駆けつけた。腕時計を見ると八日の午前一時である。

連隊長室の中央には長方形の机があり、連隊長の牟田口廉也大佐と幹部将校たちが取り囲んでいた。盧溝橋付近の部隊からは、つぎつぎに電話で情報が入る。全員、報告を聞く。言葉は少なく、静まっていた。

特務機関長の松井大佐は、十二時前に電話で叩き起こされた。受話器をとると、牟田口連隊長の副官からだった。第一報は、

「豊台駐屯の第八中隊、盧溝橋村付近において演習中、午後十一時頃、突然、中国側より十数発の射撃を受く。中隊長は直ちに中隊を集結、応戦の態勢を取りしところ、兵一名行方不明なることを発見した」だった。

松井大佐はただちに機関員に集合をかけた。すぐに連隊本部に駆けつけて会談する。連隊長は事態収拾のため、所要の部隊を率いて現地に行き、松井大佐は北京で交渉に入ることを申し合わせて、特務機関に帰った。

直ちに冀察政府の外交員会に電話をかけると、

「日華両軍の代表を現地に派遣して事態を収拾したい」と交渉した。

冀察政府の第二十九軍軍事顧問桜井徳太郎中佐は、宋哲元不在の代理をしている副軍長兼北京市長の秦徳純の自宅に行って会見し、事態収拾のため協議した。

二人の間では次の三項目を確認した。

一、他部隊を動かさないこと。

二、盧溝橋付近並びに宛平県城内の部隊は村落外ないし県城外に出さぬこと。

三、事件拡大を防止すること。

日本と中国の代表は、日本側が特務機関の桜井徳太郎中佐、寺平忠輔少佐、連隊から森田徹中佐、憲兵隊から赤藤少佐。冀察側は王冷斉宛平県長、周恩靖参謀、林耕宇外交部専員である。

一行は途中、日本側の部隊に連絡した。交渉場所の宛平県城に入ったのは八日午前五時頃で、すでに雨が降っていた。

七月七日、豊台の駐屯所を出た第三大隊第八中隊（隊長清水節郎大尉）百三十五名は、酷暑のなか、「薄暮の接敵動作及び黎明《れいめい》の攻撃法」訓練のため、永定河畔の荒地へ行進した。

砂礫の荒地に着いたのは午後四時半である。清水大尉に指揮された中隊は実弾も持たず、鉄帽も携行せずの軽装備だった。北京もそうだが、この一帯は灼けつくような酷暑だった。その中で昼も夜も訓練が続いた。

酷暑の中での行軍だったので、百三十五名の兵士たちは汗まみれになっていた。清水隊長は兵隊たちに、水浴させてやろうと思った。

ところが、すぐ前の堤防上では、二百名近い白いシャツ姿の中国人たちが壕を掘っていた。彼らはなぜか夜になっても、盧溝橋城内の兵舎に戻ろうとしなかった。

その兵たちが何者なのか、事件直後の中国側の各師長や団長たちは、むきになって自分たちの兵士ではない、と否定した。

考えられることは、北京の地下工作を指揮していた劉少奇と抗日学生運動に資金を渡していた馮玉祥ら、旧西北系軍隊に属するグループだろう。馮玉祥はモスクワ大学出の親ソ派の将軍で、馮の意を迎えて資金を北京の抗日学生運動家たちに渡していた陳覚生（旧一高・東大卒）を、口止めのためか、事件直後に毒殺している。

今井武夫少佐も、「いずれにしても中共の抗日人民戦線運動が、ついに成果を収め、国民政府と民衆を駆って、対日戦争に踏みきらせたことは争えない事実」と断定している。

それら二百余名の素人っぽい中国兵たちは、トーチカを築き、銃眼を北京寄りの大瓦窯に向けていた。

結局、隊長の清水節郎大尉は、永定河で兵隊たちに汗を拭かせることもできず、薄暮になるのを待って、それら中国兵たちを背にして大瓦窯の方向に向かって演習を開始した。

各小隊は潅木の繁みに散開し、仮想敵軍に対して前進を開始した。仮想敵軍二百メートルの線まで進んだところで、いったん停止して状況を見る。

この「状況停止」後の仮想敵陣地への攻撃開始は、払暁から再開予定だった。

夜の十時三十分頃である。野営準備のため、各小隊に集合の伝令がとんだ。清水隊長はこの様子を、台地に立って見守っていた。夜間の伝令はラッパの使用を禁じていたので、各伝令兵が駆け寄った。

そのとき、仮想敵陣の方では、不意に走ってくる伝令を「攻撃に転じた」と誤り、空包の軽機関銃を放った。空包だから、タタッ、タタッとしか鳴らない。

その直後だった。中国軍がいる竜王廟近くの堤防から、数発の実弾が、ビューッ、ビューッと鋭い弾音をたてて、撃ち込まれた。実弾は清水大尉の肩先をかすめた。

清水大尉はその直後のことを、今井武夫少佐にこう語っている。

「情況の急変に驚いて、急ぎ集合の必要を認め、改めて集合ラッパを吹奏したら、今度は盧溝橋の方向から、十数発の実弾射撃を受けた」

二回目の実弾は、橋の下あたりからの射撃だった。

集合を終えると、中村達男上等兵がいない。約四十分間待ったところ、中村上等兵は前夜から体調をくずしていて、訓練中止のラッパが鳴ると草むらに入り、用をすました。がその後、暗やみの中で道に迷ったため、集合に遅れた。

すぐに清水大尉は、豊台の兵営にいる第三大隊長の一木清直少佐に報告するため、古参の曹長を走らせた。

事態の急変を聞いた一木少佐は、非常呼集をかけて出動準備を整えると、北京の連隊本部に電話をかけ、牟田口連隊長に事件の顚末《てんまつ》を報告した。連隊長は、

「よろしい。大隊は一文字山付近を確保し、夜明けを期して宛平県城の営長と交渉せよ」

と指示した。その後すぐに、北京の東、通州方面で演習中の第一、第二大隊に電話を入れ、即刻、帰営して北京市内の警備に当たるように命じた。

牟田口連隊長が松井特務機関長に電話を入れたのはこの直後で、両軍の代表を現地に派遣して収拾工

作を依頼した。

　八日の午前零時を過ぎていた。

牟田口連隊長「撃て」を命令

　竜王廟から真北五キロの八宝山の方角に、小さく揺れ動く灯が見えた。中国軍の一部隊が清水隊の背後に回る気配を感じた清水隊長は、危険を感じて集結を命じ、一文字山と豊台駐屯地の間にある西五里店へ撤退した。その途中で、砲六門を曳いてくる一木大隊長の指揮する部隊が一文字山確保のため西五里店へ着いた。

　竜王廟付近でふたたび銃声が起こったのは、雨が降る午前三時半頃である。

　盧溝橋一帯を守備している中国軍は、冀察第三十七師第二百十九団（団長は吉星文《きっせいぶん》）の部下二個中隊で、指揮官は営長の金振中。

　金振中は、「竜王廟には部下を配兵していない」と言った。また、冀察軍の日本人顧問桜井徳太郎は最初の実弾が射ち込まれた直後、電話で師長の馮治安に抗議したが、そのさい馮師長は桜井に、

「自分の部下部隊には、盧溝橋城外に派遣されているものはないはずである。万一、城外に部隊がおったら、匪族に違いない」

　と答えている。

　牟田口連隊長から派遣された森田徹中佐は、宛平県長の王冷斉と外交委員会専属の林耕宇を同行して現地調査に出かけたが、その前の三時半頃、永定河の西側にある長辛店から竜王廟に送られた増援部隊と思われる部隊が日本軍を射撃した。これが二度目の射撃である。

　射撃を受けた一木大隊長は、午前四時頃、牟田口連隊長に電話をかけ、指示を求めた。

「中国軍はわが軍に対し、ふたたび射撃し始めたが、これに対しわが方は撃つべきかどうか、如何がしたらよいでしょうか」

今井武夫少佐は連隊長室において、このときの一木大隊長との電話のやりとりを聞いていた。

連隊長は、

「敵に撃たれたら撃て！」

と、断乎《だんこ》たる声で命令した。さらに送話口から口を遠ざけ、独り言のように、

「軍人が敵から撃たれながら、どうしたらよいかなぞと聞く奴があるか」と呟いた。

「それでは、射撃して差し支えありませんか？」

一木大隊長は再度、念を押し、「それなら重大ですから、時計を合わせます」と慎重に応答して、

「――午前四時二十三分」

と、時計の照合まで行なった。

終始その場に居合わせていた今井武夫少佐は、このときの様子を、こう書いている。

「現場の生ま生ましいこの電話の応酬を聞いて、もとより指揮官の立場も理解できるし、また指揮権の尊厳は他の容喙《ようかい》を許さぬことも充分知り抜いている。しかし、この国際的環境で、日本軍が発砲することは、事の理非当否は別として、その結果、一連の連鎖反応が重大問題に発展することが必然と予察されるから、私は当面した現実の重大性に慄然とした」

北京大使館付陸軍武官補佐官の今井大佐は、そのあと武官室に戻ると、東京の陸軍省に電報を打った。その後、北京にいる各社の記者たちに電話を入れ、武官室に招集して、記者会見で夜来の事件経過を発表した。終わったのは午前五時半である。

突然の招集に緊張した記者たちが、事態を憂慮しながら解散して帰路についたあと、今井は武官室庭内にある招魂社に参拝し、東洋の平和を祈念した。

その頃から、雨が降り出した。北京から西南の方で、重い雨雲を揺るがすように、ドシン、ドシンと砲声がとどろいた。雨はその後、長雨になった。

記者発表に出た読売新聞の村上記者は、九日付の一面で、こう書いている。

「盧溝橋の日支激戦、我軍竜王廟を占據《せんきょ》

鹿内准尉戦死・野地少尉負傷

〔わが駐屯軍発表〕

豊台駐屯のわが部隊は七日午前十時頃、夜間演習中、盧溝橋北方千メートル竜王廟付近において何故か、かねて同地付近に堡塁を設け守備兵を配置しおりたる支那軍より、理不尽にも突如数十発の射撃を受けたるをもって、直ちに演習を中止し部隊を集結し、これを監視した。一方、北京部隊の森田中佐は宛平県長王冷斉及び外交委員会代表と共に現場に急行し、支那軍に反省を促さんがため午前五時頃、現地に至着せり。然るにこれより先、竜王廟の営長林耕宇ありたるをもって、これを同行して盧溝橋に赴き、現地調査の上支那側の反省を促したるが、付近の支那軍は長辛店付近より砲兵を混じえたる応援隊を得て、集結中のわが部隊に対して射撃を加えて挑戦し来れるをもって、わが軍も自衛上已《や》むなくこれに応戦したり。時に午前五時半頃、以後両軍交戦中なり。本戦闘において鹿内准尉は名誉の戦死を、野地少尉負傷したるほか、士官兵にも戦傷あるものの如し」

第三章——通州の悲劇

隠れ張学良軍

通州《つうしゅう》は京綏《けいすい》線の終着駅で、北京から真東へ二十キロ先にある。人口七百万人の冀東《きとう》自治政府の所在地で、早稲田大学に留学し、日本女性と結婚した親日家の殷汝耕《いんじょこう》が長官をしている。日本人にとっては最も安全な地帯で、中国軍の保安隊第一、第二、第三、第四大隊三千人のほかに、日本軍は支那駐屯歩兵第二連隊が駐留していた。のちに、保安隊は張学良軍の部下だったことが判明する。

北京の邦人の中には、安全地帯の通州に逃れてきた者が多く、旅館業、食堂の経営者も入ってきていた。邦人は警察官、貿易商など約三百八十人の民間人が居住していた。

北京の冀察政府の宋哲元《そうてつげん》は、親ソ派の軍長として有名だった馮玉祥《ふうぎょくしょう》の部下であった。馮は旧西北系軍隊の大御所的存在で、昭和五年の反蒋介石戦では自ら指揮をとっていた。しかし、失敗すると国民党に降伏して身を寄せた。もっとも蒋介石とは意見が合わず、病気と称して山東省に退いた。だが野心家の馮は昭和七年、察哈爾《チャハル》省の主席となり、部下の宋哲元のもとに身を寄せ、昭和八年五月、抗日同盟を組織して対日抗戦を煽動し、華北一帯を掌中にせんと画策した。

馮玉祥は国民党の左派のボスで、抗日戦を仕掛けている。宋哲元はその部下で、日本軍は宋哲元を支持してきた。しかし、彼の下にいる第三十七、三十八、三十九、四十三、百三十二師は、いずれも旧西北系の軍隊であった。その馮玉祥は今回、河北区の総司令に任命された。

その点、通州の殷汝耕の冀東自治政府は宋哲元とは一線を引いていた。ここには中国軍部隊として独立第三十九旅第七百十七団第一営（傳鴻恩《でんこうおん》営長）が郊外に駐屯していた。城内には四個総隊と教導総隊からなる冀東保安隊（元張学良の軍人で構成）のうち、第一（張慶徐《ちょうけいじょ》）、第二総隊（張硯田《ちょうげんでん》）および教導総隊約三千人が駐留していた。

第三、第四総隊は天津に分駐していて、いずれも親日心に富み、邦人は安心して生活している。

二十七日、支那駐屯歩兵第二連隊の主力は、南苑攻撃に出撃する前に、通州の安全を確保するため、中国側の武装解除を求めた。しかし、独立三十九旅の第七百十七団第一営は武装解除を拒否したため、第二連隊主力と交戦し、撃破される。

保安隊内では、抗日戦線への参加工作が認められていて、支那駐屯軍司令部は武装解除を求めてきた。しかし二十七日、交戦となる。そのさい、関東軍の飛行隊が保安隊兵舎を誤爆した。そのこともあって、保安隊の第一、第二大隊は、日本軍の第二連隊が南苑攻撃に出撃したあと、通州全域を襲撃し、大虐殺事件を起こすことになる。

もっとも、二十八日の通州は平穏であった。

通州以外の北京、天津、塘沽《クンクー》では、二十八日の朝から交戦に入っていた。

天津では、張自忠の第三十八師と天津保安隊は本拠を南開大学、八里台、鉄路局、市政政府、天津警備司令部、警察署、電話総局などに置いていたが、宋哲元の蜂起の指令と、偽宣伝に呼応し、軍司令部、天津駅、東機器局、天津飛行場、日本租界地を襲撃した。

中国軍の総兵力は五千人で、これに対する日本軍は各地に分駐している歩兵三個大隊と臨時航空兵団、兵站《へいたん》諸部隊だけである。

軍の直轄兵力は、歩兵第七十九連隊長（森本伊市郎大佐）が指揮するわずか歩兵五個小隊にすぎなかった。

この突然の襲撃に、各守備隊は必死に防戦し、辛うじて各守備位置を守り通した。なかでも敵の攻撃は日本軍の兵站倉庫がある東站を執拗に攻め、日本軍は苦戦した。

天津から東站へは、フランス租界地にある万国橋を渡らなければならない。駐屯軍は万国橋を渡るため、フランス当局と通行交渉に入ったが、フランス当局は通路である万国橋を、日本の軍隊が通過することを拒否した。このため救援に支障をきたした。これだけは予想外だった。

香月司令官は、やむなく臨時航空兵団に、

「二十九日午後二時十五分から敵の本拠、及び東站付近の敵を爆撃せよ」と下令した。

また、万国橋通過を諦《あきら》め、永定河下流、通称白河に架橋して救援に当たる方針を決め、ただちに着工して渡河させた。戦闘は二十九日午後二時十五分の爆撃にはじまり、同時に渡河工事に入って、翌三十日、中国軍と交戦し、撃退させた。

近くの塘沽付近には中国軍のゲリラが出没し、列車爆撃が二十日頃から続いていた。交戦がはじまった二十八日の午後、日本軍の装甲艇、軍用の桟橋などが、大沽《ターク―》にいる中国軍からの攻撃を受けた。香月は塘沽警備隊に大沽攻撃を命じた。

ちょうど、鉄道で輸送中だった野戦重砲兵第九連隊は塘沽で下車させられ、大沽の中国軍攻撃の配置につく。

野重第九連隊の連隊長が攻撃の指揮をとり、二十九日、砲撃を開始し、三十日未明に大沽一帯を掃蕩《そうとう》した。

天津では事態が急変したため、香月司令官は第二十師団の歩兵三大隊、砲兵一大隊を基幹とする第三十九旅団（長・高木義人少将）を天津に招致させた。また、関東軍にも兵力増援を依頼する。

ちょうど参謀本部は二十八日、関東軍の一部兵力を多倫《ドロン》方面に派遣し、内蒙古軍の支援、国境警備に任じさせることを通達した。関東軍は堤不夾貴《ふさき》中佐の支隊を熱河西部国境方面に起用し、承徳に鉄道輸送中だった。

堤支隊は、満州駐屯第三独立守備隊から兵力を抽出し、白城子で編成した。兵力は歩兵二中隊、機関銃及び歩兵砲隊各一中隊、装甲自動車中隊で編成されていたが、急遽、天津に向きをかえて出発した。

また、斉斉哈爾《チチハル》の第一師団から、関亀治少将（19期）の第二混成旅団を北支に応急派兵した。

この第二混成旅団は二・二六事件で蹶起《けっき》した歩兵第一連隊（長・十川次郎大佐）、歩兵第三連隊（長・湯浅政雄大佐）のほか、歩兵第五十七連隊の第三大隊（長・朝生平四郎少佐）、それに騎兵第一連隊第二中隊、野砲兵第一連隊第四大隊、工兵第一連隊第一中隊で編成され、天津には八月一日に到着した。

その前に高木支隊は三十一日に、承徳行きを中止して天津に向かった堤支隊はひと足先の三十日、天津に到着した。

中国軍保安隊、裏切る

南京では二十七日、香月司令官の最後通告を受けて南京政府中央政治会議は、蔣介石の司会のもとに緊急会議が開かれ、宋哲元を新たに北支派遣軍総指揮官に任命し、中央軍とともに第二十九軍を対日戦に参加させることを決定、宋哲元に伝えた。

宋哲元の「二十八日蜂起」の指示は南京政府の指示によるもので、日本軍は二十八日午前五時半に、北京・西苑の中国軍第三十七師（馮治安《ふうちあん》）を、阪口航空部隊が悪天候をついて空襲し、七時十分頃、各基地に帰還した。これは「二十七日正午までに長辛店に後退せよ」との日本側の通告を無視したことによる時間切れ攻撃で、ここに「宣戦なき戦い」が始まる。

南苑には午前六時二十分頃から、朝鮮軍の川岸部隊と河辺正三旅団が攻撃を開始した。

南苑は第三十八師（張自忠《ちょうじちゅう》）、第百三十二師（趙登禹《ちょうとうう》）の主力が駐屯していた。川岸部隊の第二十師団は南苑の南東角及び南西角に向かって攻撃した。河辺正三の支那駐屯歩兵旅団主力は当初、南苑北西角に向かって攻撃を開始した。そのあと、軍指令により攻撃を中止して南苑の北京方向に転じ、中国軍の退路に迫った。

山下奉文の歩兵第四十旅団は南から南苑を攻撃し、二十八日午後一時頃、南苑は日本軍によって占領された。

また、北京方向に敗走した中国軍は河辺正三少将の支那駐屯歩兵旅団により撃滅された。この戦いで第二十九軍の副軍長の佟凌閣《とうりようかく》と第百三十二師長の趙登禹らが斃《たお》れるなど、約五千人の中国兵が戦死した。

北京の北方、約二十キロにある清河鎮では、独立第十一旅団の酒井部隊が二十八日朝、馮治安部隊の第三十七師の軍隊と交戦した。

北京の北にある北苑の駐屯地では、独立第三十九旅の陔元斌《かいげんひん》一個旅を攻撃した。

日本軍の攻撃開始前に、北京では松井太久郎特務機関長が、午前二時に電話で宋哲元に、「もはや我軍の隠忍しあたわざるところなり」と次のように通告した。

「協定実行の不誠意と屢次《るじ》の挑戦的行為とは最早《もはや》我軍の隠忍し能《あた》はざる所なり。就中《なかんずく》広安門における欺瞞《ぎまん》行為は我軍を侮辱する甚《はなはだ》しきものにして、断じて赦《ゆる》すべからず。軍は茲《ここ》に独自の行動を執ることを通告す。尚北京城内に戦禍を及ぼさざる為、即刻全部の軍隊を城内より撤去することを勧告す」

しかし、宋哲元は敗北することを見込んでいながら通告に従わず、南京政府の指示どおりに抗戦した。

その日の夜十一時、宋哲元は、北京に残っている第百三十二師二個団を保安隊に改編し、第三十七師を撤退させる旨を日本側に伝えてきた。同時に、第三十八師長の張自忠に冀察政務委員会の委員長、北京市長を代理させることにして、深夜十一時、第三十七師長の馮治安、綏清《すいせい》公署主任の秦徳純らとともに、乗用車で秘かに北京城の西直門から保定に向かって脱出した。

蔣介石に「北京固守」を誓言してからわずか二十四時間後の脱出である。もっとも「蔣介石の命令を守って北京で戦い抜くべきだ」「いや、北京の文化と古城を灰燼《かいじん》にすべきではない」と主張する意見が対立したが、宋哲元は後者をとり、自ら保定へ逃げた。

しかし宋哲元は、戦意を失っていたわけではなく、むしろラジオで「二十九日、一斉蜂起」を指令している。

この宋哲元の蜂起指令に応じたのが、冀東保安隊、第三十八師の一部であった。天津の第三十八師副師長季文田《きぶんでん》と天津市府秘書長馬彦仲《ばげんちゅう》により天津駅、飛行場、駐屯司令部が襲撃される。ただし、保安隊は通州に本拠を置く第三、第四総隊の天津分駐隊であり、通州にいる第一、第二総隊は、宋哲元のラジオによる蜂起には応じなかった。

それでも五千人の中国兵で、天津全域を奇襲して駐屯軍と交戦になった。

中国軍の襲撃事件は日本軍へだけでなく、アメリカ軍とも交戦となる。二十八日午後八時頃、北民巷北側でアメリカ軍憲兵八名が繁華街を巡視中、逆上した中国の保安隊員が中央飯店付近から軽機関銃で乱射し、アメリカ憲兵が負傷するという事件も発生した。

通州では、「南苑戦闘では中国軍が勝った」のデマが、ラジオや新聞で逆宣伝された。これを知った血気盛んな十八歳から二十歳の兵隊たちは興奮し、武者ぶるいした。信頼していた保安隊の第一、第二総隊の日本人襲撃は、二十九日午前三時、天津での蜂起から一時間後に起きた。

保安隊第一総隊長の張慶徐、第二総隊長の張硯田は、秘かに総哲元に服従していて、日本軍の第二連隊が通州から南苑に出撃したあとに蜂起したのである。

当時、通州には日本軍の兵力は藤尾心一中尉指揮の守備隊約四十名、兵站司令官辻村憲吉中佐が指揮する自動車中隊（山田正大尉）約五十名、その他憲兵、兵器部員などで二十名、計百十名である。

親日心に富む通州の中国軍保安隊がいる限り、通州の警備能力は十分で、安全だった。

ところが、二人の総隊長は秘かに総哲元に通じていて、ラジオで蜂起の指令が出ると、突如、特務機関、警察分署、旅館や出張所、食堂や民家、さらには守備隊など、日本人がいる所を一斉に襲撃した。

この時ばかりは「まさか！」と、日本人たちはわが耳を疑った。

特務機関には細木繁中佐と補佐官の甲斐厚少佐の二人、ほかに機関員九名と給仕二人、合計十一人がいた。二十八日の夜、細木は官舎に泊まった。近くの武道場には恵通航空公司の連絡員、緒方一策が寝泊まりしていた。

特務機関の武器は軽機関銃、手榴弾、拳銃と小銃だけである。早朝三時、突如として寝返った保安隊が各所を襲撃した。特務機関の建物を襲った保安隊は、四方から小銃と軽機関銃を乱射して襲い、包囲した。そのうちに屋根の上に上がり、瓦をはがして、上から室内に向かって射撃した。

特務機関員たちは拳銃と軍刀で応戦した。軍人でない機関員たちも小銃をとって戦ったが、屋根から射たれて、つぎつぎに傷ついた。甲斐少佐は、六発の弾丸を受けて斃《たお》れた。

機関長の細木は銃声を聞いて異変に気づき、自動車で冀東防共自治政府の建物に急行した。しかし、すでに政府の建物は一個中隊に襲撃され、殷汝耕は拉致《らち》されていた。日本人顧問三人と経済調査員の拓大生・亀井実の四人も惨殺されていた。

細木中佐は四人が殺害されているとは知らず、車から降りると、指揮官らしい保安隊員に近づいた。そのとき、突如として銃弾を胸部に受けてよろめいた。そこを、青龍刀が細木中佐の頭上に振い落とされ、頭をかち割られて即死した。

日本軍守備隊のほとんどは通信兵や憲兵隊員で、兵舎では二十七日の戦闘で負傷していた兵隊たちを収容していた。保安隊はその兵舎にも集中砲火を浴びせた。そのとき、集積していたガソリン缶が引火して爆発し、多くの死傷者を出した。午前九時、保安隊は三百メートル離れた満州電電を占拠し、そこから野砲で兵舎を砲撃して破壊した。

保安隊、日本女性を集団虐殺

巡査部長の日野誠直と石島戸三郎ら五人の巡査、その家族が住む警察分署も襲撃され、全員が殺害された。唯一、浜田巡査の妻、静江だけが生きのびていた。浜田静江の証言で、このときの襲撃の様子が明らかになる。

静江夫人によると、異変に気づき、五歳の長男と二歳の長女を抱きかかえて押し入れの中に隠れ、布団をかぶって息を殺していた。だが長女が泣き出したため、乱入してきた保安隊に見つかり、手榴弾を投げ込まれる。そのとき破片が、泣き声を止めようと、左腕に抱えて乳首をふくませていた長女洋子の体を切り裂いた。また、長男は大腿部の肉をえぐりとられ、「イタイよ」と泣き叫んだ。

夫人は二人の子供から引き離され、右腋下に銃剣を突き刺された。そのあと、夫人は北門内にある女子師範学堂に連行される。

静江夫人は、女子師範学堂から保安隊の隙を見て抜け出し、子供のいる自宅に戻ったが、息子はすでに絶命していた。

冀東防共自治政府に近い旅館兼料亭の近水楼と、「旭食堂」での日本人虐殺は、もっとひどいものだった。

旭食堂では従業員女性五人が射殺され、男の子一人が足をつかまれて逆さ吊りした状態で壁に打ちつけられ、頭骨を銃座で打ち砕かれて殺害されていた。

また、女性の性器に棒を打ち込んで刺殺したものもあった。この写真は、戦後、中国側が「日本人に刺殺された中国女性」として発表したが、写真を撮ったのは調査隊に同行した日本のカメラマンである。中国側の捏造《ねつぞう》がまかり通った悪質な偽装として批判されるが、真実は通州事件で刺殺された日本女性だった。

「近水楼」にはこの日、十九人の男女が宿泊していた。近水楼襲撃は、幸い宿泊していた同盟通信の特派員、安藤利男が処刑場から脱出し、命からがらの生還で真相が明らかになる。八月一日付の各紙には「手記」が掲載されて、日本どころか、満州や上海など、世界中の日本人の眼に触れることになる。

なかでも、帝国陸軍の怨念を買う大事件として、各軍人の脳裡に焼きつく。まずは安藤記者の「手記」から、当時の「近水楼襲撃」の様子をつぎに記す。

安藤記者は二十七日、天津より通州に入り、近水楼に避難していた。

「二十九日の真夜中の二時半頃、暴兵の一団が嵐のように襲ってきて、居合わせた私たち日本人十七、八名をまず荒縄で縛り上げて外に引きずり出しました。なかには、逸早《いち》く天井裏に駆け上がった者もいたようですが、女、子供を交えた大部分の者は救いを求めてわめき叫んでいたのが、今なお、ものすごく私の耳の底に残っています」

そのあと保安隊は、「決して危害は加えぬから安心してついて来い」と言いながら、七、八町（七～八百メートル）離れた冀東政府の門を潜り、奥まった所にある財政廟の中に引きずり込まれる。そこには日本人や半島人ら百人あまりが引っぱり込まれていた。

「一体どうなるのか」と恐怖に戦《おのの》いていると、そこにギラギラと光る青龍刀をぶら提《さ》げ、銃剣を構えた保安隊の部隊がきて、今度は、

「安全な場所に連れて行くから、皆ついて来い」と言いながら、北門の方に連れて行かれた。

すると、どこからともなく「銃殺場だ」という声が、安藤記者の耳に入った。それを聞いた安藤は、思わずクラクラとなって倒れそうになった。

彼は何とかして逃げのびる工夫を考え、連れてこられる途中、爪先で荒縄をむしりはじめていた。

彼はその直後の様子を、こう語っている（原文）。

「遂に両手の自由を得ることができました。連れて行かれたところは果して銃殺場で、われわれが一かたまりになっていると、忽《たちま》ち八方から小銃弾が飛んできました。私の周囲では物凄い呻《うめ》き声と共にバタバタ倒れました。息の詰《つま》るような地獄絵図そのままの惨状です。悪魔のような叛乱兵は鬼畜そのもののごとく情容赦もなく引金を引きつづけましたが、幸い私には一発も中《あた》りませんでした。この時私は突嗟《とっさ》に逃げられるだけ逃げようと決心して、いきなり城壁にすがりつき、幸いに割れたところを手がかりにして這い登り、今度は二丈（六メートル）余の高さから辷《すべ》り降ると、そこは十間（十八メートル）幅ばかりの川があったので、洋服のままザブンと飛び込み、命がけで対岸に向って泳ぎました。この間にも弾は執拗に私を追いかけて来ました」

「対岸に着いてホッとしたところ、漸《ようや》くほのぼのの夜が明けましたが、城内の方ではまだ銃声がけたたましく鳴り響いて、かすかに阿鼻叫喚が伝ってきます。私は自分一人は逃げ得たが、残る同胞たちは皆殺しになったに違いないと絶望的な気持ちになっていますと、城内一帯が、なんだかわめき出しましたので、すばやく高粱《こうりゃん》畑にもぐり込み、眼の前の小道を走って城内に駆けつけると、叛乱兵の眼をかすめながら、警戒しながら北平《おいはぎ》の方に歩き出しました」

その後、安藤記者は追剥に早変わりした住民たちに襲撃される。かれは上衣を脱ぎ捨て、それを住民たちが奪い合っている間に逃げた。また、追ってくる住民たちに、ズボンを、さらに逃げてネクタイを、ついには靴を投げ捨て、シャツとパンツだけになって、真昼の道をひたすらに西へ西へと歩いた。

正午頃に偵察機が一機、通州の上空に爆音高く飛来してきた。彼は思わず両手をあげ、遙かに空を仰いで伏し拝んだ。

この偵察機が見えなくなり、彼は淋しい思いをしていると、今度は十機の飛行機が飛来して、通州方面を爆撃する。

安藤記者は八月一日に北京の朝陽門にたどりつく。城壁の上から太いロープが降ろされ、それを体に結びつけた。パンツとシャツ姿の安藤の体は、城壁からロープで引き揚げられ、一命をつないだ。その後、彼の報告が通州事件の真相として知られることになる。

在留邦人三百八十名のうち、二百六十名が惨殺された。当時、北京の駐在武官の今井武夫少佐は、「鬼哭《きこく》啾《しゅう》啾《しゅう》の恨《うらみ》を残した」と記している。

広安門に続いて天津、通州が襲撃されたのを知った石原は、急遽、第二、三課の全員を呼び集めて、作戦会議に入った。

「内地師団を動員派兵すれば、全面戦争になる。しかし、まだ南京政府との外交交渉は残されており、根本的に転換する可能性はある。もしそれがダメなら全面戦争で、しかも非常に長い期間の持久戦になるだろう。支那は広いぞ。三、四個師団どころか、対ソ連軍を頭に入れても、せいぜい十一個師団が限度になる。持久戦となれば、それは軍だけで処理できるものではない。政府と外務省が、その間に政治的に処理してくれることが必要だが、これまでの政府の行動を見る限り、期待は不可だ。持久戦になる前に、速やかに兵を撤退させて、国防本来の姿に還るべきである。軍需品の補給もさることながら、国家総動員、軍需動員の発動も考えねばなるまい。

弾薬補給率は、野砲一会戦分は一門で七百五十発と見ているが、持久戦になったら、その倍は必要になる。貯蔵する弾薬量は、戦時計画上の兵力三十個師に対して四ヵ月分しかない。この点も研究せねばならない。対支作戦計画の大綱作戦を急げ。海軍との協議は、遅くとも三十日だ。上陸は八月十五日から二十日を目途《もくと》とする」

同じ二十八日、石原は参謀総長に北支作戦指示を上申し、閑院宮総長は同日、支那駐屯軍司令官に

「臨命第四二一号」で作戦に関する指示五項目を与えた。
一、北支作戦に関する陸海軍協定の抜萃《ばっすい》は別冊の如く。
二、武力を行使する場合には左記に準拠する。
㈠軍の作戦地域（航空を除く）は、概《おおむ》ね保定、独流鎮の線以北とす。
㈡適時催眠筒使用を得。
三、第十師団を基幹とする部隊（独立山砲兵第三連隊主力をふくむ）は、概ね八月十五日乃至《ないし》十八日頃、北塘および塘沽付近に上陸の予定なるを以て、特に左記諸件に関し顧慮するを要す。
㈠上陸点付近に於ける支那軍等の妨害の排除。
㈡上陸時に於ける対空掩護。
㈢上陸作業に関する所要の援助。
四、平津地方は列国の利害錯綜し、且《かつ》列国軍監視の中に在るに鑑《かんが》み、軍は厳正なる軍紀と正当なる行動を中外に理解せしむるに努《つと》むると共に、努めて列国軍と協調を保持するを要す。
五、交通兵站に関しては別途に指示す。

石原作戦部長、軍令部次長に和平解決案を出す

二十八日の夕刻をもって宋哲元の第二十九軍に対する作戦が一段落したのを機に、石原は第三課（武藤章課長）に指示していた「作戦計画の大綱」を作成させた。石原は、対ソ連作戦を常に頭の中に置き、対支作戦は平津地方は四個師団、上海と青島《チンタオ》に各一個師団の六個師団を充《あ》てた。

主力の十九個師団は対ソ作戦用に充当し、残りの五個師団を中央直轄とした。全面戦争でなく、国軍の主力はあくまでも対ソ戦に備え、内地からの師団が上陸した時点で、国民政府との外交交渉の機会を

残した。

第三課作成の「対支計画の大綱」の方針は、「平津地方の中国軍を撃破して同地方を安定化し、作戦地域を保定・独流鎮線以北、情況によっては一部兵力を青島、上海付近に作戦」させる。前後して青島には満州の第一師団が、上海には名古屋の第三師団（藤田進中将）の派遣が決まる。

兵団の編成は、「平津地方に約四個師団（第二十、五、六、十）を基幹として中国軍を撃破。青島付近には一個師団（第一師団）が占領して居留民の保護に当たる。上海付近は一個師団（第三師団）で居留民の保護に当たる」。

作戦指導要領は、いずれの地区でも情況が已《や》むを得ない場合は大打撃を受けるが、ソ連を警戒し、情勢に応じ逐次《ちくじ》所要の兵力を動員して満州に派遣する、という内容で、満州に要する兵力は十九個師団を予定した。

この大綱を持って、石原は三十日午前十時、霞ヶ関の赤レンガ（軍令部）を訪れ、嶋田繁太郎次長、福留繁作戦課長に、事態収拾に対する石原案を提示し、その理由を説明した。

その席で嶋田次長から、事態収拾の機会があるか、を聞かれた。石原は、

「支那を屈服させる目途がないので、事態収拾の機会は、北平（北京）、天津を占領するときが最良だが、次の機会は長辛店を奪取したときである。最後は保定占領のときで、それ以後は予想が立たない」

と答えた。

石原は軍令部次長に解決条件をつけた。それは、「全支にわたり、日本の一切の政治的権益（治外法権、北支特権、陸海軍とも駐兵権、租借）を返還することが親善と貿易好転の唯一の策である。そして満州国を承認させること」と説明した。

別れぎわのことである。石原は立ち上がると、和平解決のため、嶋田と福留に、

「北京、天津平定の時機が和平解決の最良のときであります。参謀本部では第二部と交渉しております

が、なかなか同意が得られず、困却しています。そこで海軍大臣から、和平解決を切り出していただきたいのであります」と言い、頭を下げて懇願した。

しかし、嶋田も福留も返答を控えた。海軍との約束はとれなかった。

翌三十一日、石原は病床の今井清次長にかわって、宮中に参内し、前日午後四時に閑院宮参謀総長が奏上された「作戦計画の大綱」について、天皇に御進講した。

石原は、不拡大方針による和平交渉を強調したあと、

「対支作戦におかれましては、北支は作戦上、四個師団以上は差し当り使用し難く、この兵力では保定の線に進むのが精一杯であります。それ以上はいかんともし難く、その線まで進む前に、なるべく速やかに外交折衝によりまして、兵を収める機会を得ることが、刻下の急務と存じます」

と、要旨を奏上した。

天皇は閑院宮総長からも「時局収拾」を聞いていたので、大変ご満足げに頷《うなず》かれた。

石原は面目をほどこして、天皇の前から退出し、参謀本部へ車で引き返した。

すぐに河辺や武藤が部長室を訪ねてきて、天皇の様子を尋ねた。

石原は、「保定の線まで進み、あとは外交折衝で兵を収めることが急務だ、と御進講すると、大いに頷かれたよ」と、天皇の表情に触れた。

これまで参謀本部には、関東軍の植田謙吉司令官からは内蒙工作を、朝鮮軍司令官の小磯国昭からは、「北支、山東を占領すべし」との強烈な意見具申が出されていただけに、天皇への御進講で、ひとまず心に安らぎを覚えた。

実名こそ口に出さなかったが、政府と陸・海・外相との間では、民間人の船津辰一郎を絶対極秘のうちに派遣することを決定していた。石原もこの外交折衝に望みをかけていた。

第四章――何軍政部長、殴打される

宋哲元、保定に脱出

中国軍の行動は、統制がとれず、二十九日の蜂起を機に、混乱した。

通州で大虐殺事件を起こした保安隊は、「中国軍の勝利」というラジオのデマ情報を信じて、冀《き》東《とう》防共自治政府の主席殷汝耕《いんじょこう》を拉致すると、野砲を置いて、第二十九軍長宋哲元《そうてつげん》のいる北京に向かった。

彼らは宋哲元が中国軍の総司令部保定へ脱出したことは知らないばかりか、「勝ち将軍」として北京にいると信じていた。宋哲元に「土産《みやげ》」の殷汝耕を引き渡し、戦果を報告しようということで意気揚々だった。

北京に着いた保安隊の一行は、まず朝陽門で「開門《カイメン》」を連呼した。しかし、城内からは連絡がない。今度は東直門に移動して開門を連呼したが、同じく反応がない。その後は、安定門、徳勝門に移動して連呼した。が、ついに門扉は閉ざされたままだった。

保安隊が、南苑で中国軍は敗北し、北京から敗走したことを知るのは、西直門の城門を警備中の巡警からである。

保安隊の張慶徐《ちょうけいじょ》第一総隊長と張硯田《ちょうげんでん》第二総隊長はそのとき、宋哲元軍長が保定に退去したことを知らされ、呆然としてしまう。

二人は協議した結果、宋哲元を追うことに決め、翌三十日午前九時三十分に、西直門から万寿山に通じる道路に出た。この道路は宋哲元の退去ルートで、保安隊三千人は宋哲元を追い、万寿山に向かって行進を始めた。

そこから先は宋哲元が退去した門頭溝、長辛店、保定に向かう予定だった。ところが十時三十分頃、北方から南下してきた奈良晃大佐の独立混成第十一旅団（長・鈴木重康中将）独立歩兵第十二連隊（長・奈良晃大佐）と正面で衝突した。

この突然の日本軍の出現に仰天した保安隊が発砲した。奈良大佐の独歩第十二連隊がこれに反撃し、戦火を交える。

日本軍には大隊砲、連隊砲、山砲があるが、保安隊は通州に野砲四門とも置いてきたため、戦さにならず、たちまち戦意を失い、射撃をやめた。西直門付近では関東軍の鈴木旅団と交戦となり、後退した。勝ちめがないと知った指揮官の張慶徐と張硯田の二人は、便衣に着がえ、部下を見捨てて秘かに逃亡した。

戦意をなくした保安隊はほとんど壊滅し、残った兵は殷汝耕長官を先頭にして、安定門に戻った。拉致、連行された殷汝耕は、三十日午後二時半頃、北京の安定門外の鉄道駅長宅に走りこみ、そこから直接、親交のある北京大使館付陸軍武官補佐官の今井武夫少佐に救出依頼の電話をかけている。

三十日の午後二時頃は、ちょうど七十五歳の元老の一人、江朝宗《こうちょうそう》を中心に北京治安維持会の発会式が挙行されたさなかである。

江朝宗は、袁世凱時代の京畿衛戍《えいじゅ》副司令で、一九一七年には国務総代理として袁世凱総統の命を受け、国会を解散した後、張勲《ちょうくん》の復辟《ふくへき》運動に参加し、京師（北京）憲兵司令に任じられた。

その後、陸軍大将となり、今は元老として北京に隠棲していた。宋哲元の第二十九軍が去ったあとは今井武夫少佐の働きかけで北京治安維持会を立ち上げ、委員長に就任した。

このときの発会式のあと、第一回の協議会が開かれ、市政府の各局長、銀行公会、新聞界、有力自治団体など四十名が委員として出席した。

この席で正式に委員長江朝宗・常務委員に冷家冀《れいかき》、呂均《りょきん》など六名が選ばれた。

今井は宋哲元が張自若を北京市長に残し、冀察軍と北京を撤去したのを確認すると、二十九日の午前六時半、江朝宗を招き、治安維持会の結成を急がせた。江はみずから委員長を引き受けた。今井は江に委員候補を選ばせ、治安維持会を立ち上げさせている。

江朝宗はそのとき、反共産主義者の呉佩孚《ごはいふ》を擁立したが、今井は、「種々紛糾する恐れがあるので後日の問題にしたい」となだめた。

そのあと、江朝宗の家に有志が集まり、協議会を開き、午後二時に、正式に発会式を行なうことを決め、殷汝耕が今井に電話してきたときは、まさに発会式のさなかだった。慌《あわ》てたのは今井少佐である。

今井は秘かに事をすまそうと、発会式に同席していた公安局長の潘毓桂《はんいくけい》を説得し、城門開扉の内諾を得ると、武官室から渡辺雄記を派遣して、秘かに安定門から城内に連行し、六国飯店に迎えて保護した。

今井は、阮玄武《げんげんぶ》部隊の武装を解除させたばかりで、ようやく北京市内は平穏を取り戻した。

殷は翌三十一日午前、今井に対して、

「通州事件は何ら自分の予知せざることであるが、自分は冀東自治政府長官たるのみならず、事件の中心部隊となった教導総隊の隊長を兼ね、直接責任者であるので、その責任の重大なるを痛感し、この際、自己の出処進退を明らかにしたい」と、長官辞任の意志を明らかにした。

六国飯店に隠れていた殷には翌八月一日、天津軍から殷汝耕の保護を名目に、憲兵隊に抑留するよう、今井のところに電話で命令してくる。天津軍も当時、殷汝耕の秘書長の池宗墨が、殷を追い落として長官になろうと策謀した事情を知らない。

今井は、「殷も被害者の一人、処遇を誤らないように」と再度の電話に応《こた》えるが、二次指示の電話で、憲兵隊に引き渡すことになる。

その後、殷は北京の憲兵隊長の私室に移され、その年の暮、ようやく無罪宣告を受けるが、長い牢獄生活で体調を崩し、早大生の頃に知り合った日本人の妻と北京に隠棲して政界と関係を断った。戦後、彼は漢奸として蔣介石の国民政府によって銃殺され、悲運の生涯を閉じる。


通州の惨状が明らかにされるのは、調査隊が入った八月三日である。虐殺された邦人四十名の中には特務機関長の細木大佐、同機関員の甲斐少佐、保安隊顧問の森尾昌彦ら男性二十三名。

女性の多くは旅館や食堂の従業員で、安田まさ子、竹下高明、浜田しげ子、奈須きく子、池田けい子（7歳）、池田陽子（5歳）など、判明しただけでも十七名。

天津の東洋紡工場でも職工の二名が惨殺されていた。二人は危険を感じて二十九日、特別四区（ベルギー租界）の工場から日本租界への連絡に行った途中の万国橋から一キロ下流で、三十日午前九時頃、数十名の保安隊員に惨殺された。

生存者は総計で百三十二名で、三日現在、通州守備隊に避難保護された者は内地人七十四名（男子四十一名、女子二十一名、子供十二名）、半島人三十八名（男子十五名、女子三名、子供二十名）、治療中の負傷者九名。

北京に戻った調査隊は三日、同盟通信の記者に、つぎのように語っている。

「惨状は全く話にならぬ。日本人の家は門という門は打ち壊され、大部分の邦人は拉致され、銃殺場で殺されたにもかかわらず、家の庭には鮮血の流れている所が少くない。殺す前に如何に残虐の限りを尽くしたか分かる。

暴虐な叛乱保安隊の掠奪を受けて、室内は落花狼藉、茶碗に至るまで奪い去られて目ぼしいものは一つも残っていない。

街を通ってムッとした異様な臭気ある所は、はっきりと死体が埋められている。ある所では二十数名の死体がずらりとならんで見られ、これを掘り出しては一々首実検するのだが、華氏百二十度の炎天下に五日を経過した今日では、全く誰が誰だか識別することすら困難だ。

満鉄出張所では、高橋所長夫人以下七名が兇手に襲われたのだが、高橋所長の頭髪が僅かに残されただけで、あとの人々がどうなったか、見当もつかない始末である」

この通州の邦人虐殺事件が、日本軍の復讐戦となった。国民も新聞も、中国人への敵愾心《てきがいしん》を高める結果となったことは否定できない。

海軍の独走に石原怒る

蔣介石に「北平死守」を約束した宋哲元の第二十九軍が保定に敗走したことで、軍事委員長の蔣介石は七月二十九日の夜、新聞記者につぎのような長い談話を語った。

「平津地方における第二十九軍の交戦は完全に敗北に帰した。余は軍事委員長として、かつ行政院長として全責任を負うものである。

盧溝橋事件発生と共に、余は宋哲元に対し、即時保定に赴くよう命令したが、宋は右命令を無視して天津に赴いた。華北の情勢悪化を伝えると共に、中央軍は北上したが、宋の再三の要請によって、一定地点においてその北上を停止した。

その結果、宋が結局抗戦を決意した際は、日本軍に対して組織ある抵抗を試みることが出来なかった。すでに北平に通ずる交通線はことごとく日本軍の掌中にあり、宋哲元また何ら効果的抗争の用意が出来

ていなかったから、七月二十六日以後、今日に至る事態は当然の結果である」（同盟通信）

「しかしながら、平津地方の戦闘は未だ本格的戦闘というを得ず、組織的抗争は未だ開始されるに至らない。政治上、歴史上の中枢地点たる北平を喪失したることは、もちろん重大打撃ではあるが、軍事的見地からは必ずしも重大ではない。故に全国民は今回の敗北によって、失望落胆することがあってはならない」

そして、日本に対しては、

「日本政府は川越大使へ訓令して、交渉開始のため南京に急行するよう命じた、と伝えられるが、現状のままにおいては如何なる交渉にも応ずることはできない。

日本政府が去る十九日の声明において、余の闡明《せんめい》した最低限度の立場、すなわち四ヵ条を承認せざる限り、中央は断じて交渉に応ぜぬ。さらに今後は地方的解決なるものは絶対に許さない。今や事態は全国的問題となっており、中央政府によってのみ、その解決を待つべきである」

さらに中国国民に向かって、こう呼びかける。

「中国は戦場において最後の勝利に得ざる限り、日本をして支那の権益を尊重せしむる能《あた》わず。また名誉ある平和と正義をも確保することは出来ぬ。今国民に挙国一致、国力と民力とを挙げて、民族的抗戦に邁進せねばならぬ」

この二十九日夜は、寝返って殷長官を拉致し、通州で大虐殺をした保安隊が、宋哲元がいると信じていた北平に向かって移動している時間である。

南京ではこの日の午後三時、大使館付海軍武官の本田忠雄少将（熊本出身、のち中将）が中国の海軍部を訪れて陳紹寛《ちんしょうかん》に、四時には軍政部の何応欽《かおうきん》を訪問して重大通告を行ない、「一切の責任は国民政府側にある」と得意げに要求した。

この中で本田少将は、

「帝国政府は事件不拡大方針を堅持し、事態の平和的、速やかなる解決に努力しているが、最近の情勢を見るに、北支はもちろん・中・南支一帯に悪性の排日が勃発せんとする形勢にある。もし国民政府が今日において猛反省し、これが取り締りにつき厳重なる処置を講せざるにおいては、わが方の好む好まざるにかかわらず、全面的大衝突を誘致するは必然であり、その際における一切の責任は国民政府側にある」

と、厳重取り締りを要求した。

七月二十九日発の読売新聞の記事を読む限り、本田少将は北支の状況把握はまったくできていなかったことはやむをえないとしても、これではケンカの売り込みにすぎなかった。もしも立場を陳紹寛、何応欽に変えてみれば、古都北京が日本軍の手に落ち、中国軍兵が退去した二十九日の時点のことを思うと、腹にすえかねていたはずである。

海軍の独走はこの頃から目立ちはじめる。満州事変のときは出遅れて恥をかいた海軍だが、ここにきて一変した。海軍内には、「対支全面作戦を行なうべきである」と強硬論が多かった。

海軍は二十九日午前十時頃、大沽《タークー》方面の中国軍を陸軍と協同で攻撃し、約一時間にわたって砲撃を加えた。これが中国本土で、海軍が陸軍と協同で攻撃した第一弾である。

第三艦隊の長谷川清司令長官の代理として行なった陳、何の両部長への通告は、かえって中国側を硬化させた。

石原はこの報に接したとき、陸海軍の統帥がひとつになる大本営の組織化の必要を感じとっていて、高嶋辰彦少佐に研究させた。外交での解決を窺《うかが》っていた石原にとっては、海軍の独走は蒋介石や中国の陸・海軍ばかりか、各国の干渉を早めることになると心配の種だった。

その中国では、蒋介石の義弟、宋子文が軍事費に関連して和平解決を蒋介石に要請するなど、対日戦への反対ムードがあった。

蔣介石、アメリカに空軍派遣を要請

上海にいる宋子文が、南京の軍事委員長邸に蔣介石を訪ねるのは七月二十五日である。朝八時半に、欧亜航空機で上海を飛びたち、一時間後の九時半に南京空港に着いた。宋は日本との戦さには勝ち目がないことから、蔣介石に対して、自分が中国の経済人、金融界、また在住の外国人たちに打診した結果を、こう語って諫言《かんげん》している。

「日本軍が侵略的行為に出る場合は、国民政府として領土保全の見地から防衛手段に出ることは当然だが、諸般の情勢から見て、出来る限り和平解決を図られたい」

宋子文は、浙江省の経済人の意見を代弁する形で伝えたものだった。いざ戦さになると軍事費がつくれない、との結論だったからである。

しかし、汪兆銘も蔣介石も、アメリカ、イギリス、フランスへ資金援助の手を打っている。外交ルートで、蔣介石はルーズベルト大統領に米軍の支援を求めていたが、北支事変が起きると、アメリカ政府は水面下で義勇軍を募った。それも空軍である。

中立主義をとるアメリカは、日本とは対日貿易では大口の取引先であり、日米関係を重視してきた。しかし、蔣介石はルーズベルト大統領に空軍派遣を依頼している。国際上、表だった中国援助ができないアメリカは、飛行士と機関士を募って、顧問団として送り込むことにした。

応募者は百八十二名に達し、極秘でシンガポール経由で送り出すことを決めた。

この決定は、八月一日付のロサンゼルスタイムス紙が「百八十二名のパイロットが機関士とともに北支の戦線に参加することになった」と報道したことから明るみになった。アメリカ世論は、あくまで中立主義をとり、いずれの国へも参戦を認めなかっただけに、この報道は全米中で問題になった。

ロサンゼルスタイムス紙のスクープは、当然アメリカ西海岸の空軍の中から、軍事顧問として派遣されるとの情報をつかんだもので、ワシントン情報ではない。

アメリカ政府はこのスクープ記事に対し、慌《あわ》てて「調査し、適当の方法を講ずる」とボカして逃げた。

事実その後、アメリカは海軍、空軍を送り込んだ。第二次上海戦及び南京戦では、日本機と交戦している。

ソ連も中国共産党軍とともに積極的工作に出た。ソ連との間に「露支不可侵条約」の交渉に入ると同時に、中国共産党代表の周恩来とコミンテルン代表のレーピンとの間に、相互援助の交渉に入っていた。

ソ連はボロジンを南京に潜入させていて、秘かに蔣介石の国民政府との間に露支密約を交渉させている。

中国側で動いたのは周恩来である。両国は、イギリスやアメリカ、顧問団を送り込んだドイツなどの面子《メンツ》を保つため、表面上は特殊通商条約と称して交渉に入る。

その中には、両国の秘密共同防衛委員会本部を、外モンゴルの首都ウランバートルに置き、日中の紛争に列国の国際干渉を導くためのあらゆる工作をやるほか、ソ連は中国に軍需品、および義勇軍を送るなど、具体的な交渉に入っていた。

ドイツはシーメンス社を通じて自動車、兵器を貸与し、十一人の軍事顧問団を送り込んでいた。上海から揚子江上流、特に呉淞《ウースン》に厚さ二メートルのコンクリート製トーチカを築城させたのは、ヒトラーが送り込んだ軍事顧問団である。武器はシーメンス社を通じて、チェコ製の小銃、軽機関銃などを国民党政府に貸与した。

日独防共協定を結びながら、ヒトラーは中国に武器を売り込み、対日戦を想定したトーチカを築かせていた。松井石根の上海派遣軍は、それらトーチカに苦戦し、予想以上の戦死者を出している。

イギリスは、二十年前から鉄道建設資金借款《しゃっかん》交渉に入っていた。

国民政府の孔祥熙《こうしようき》財政部長は、イギリスに七百万ポンドの借款を申し込んでいたが、北支事変後、急に契約となった。

利子は年五分という高率にもかかわらず、中国側は借款にこぎつけた。二つの鉄道資金用だが、担保に塩税を充てた。建設資材はイギリスから購入するが、多くは軍事費に充当した。

このほかにも、中国中央銀行の強化資金という名目で一億ポンドの借款を申し出ている。しかし、あまりにも金額が大きく、また国際的にも考慮し、持ち越しとした。

その一方で、日本政府及び軍の腹をさぐるため、イギリスは八月二十一日出発予定の駐日英国大使サー・ロバート・クレーギーの出発を、八月四日に早め、カナダ経由で送り出す。

軍事費の工面では日本も同じで、十七日の閣議で北支事変に関する経費として一千万円の第二予備金支出を決定した。二十五日からの第七十一回特別議会に軍事費が計上されているが、このほかに十七日の特別経費一千万円に加え、北支事件費第二次追加予算案として四億一千万円を計上することを閣議決定し、八月五日、大蔵省は着手することになる。

四億一千万円の予算の内訳は、陸軍省所管が三億余万円、海軍省所管が一億余万円、外務省所管が五百万円、大蔵省所管三百余万円。

大蔵省は、この四億一千万円を「北支事件特別税法案」として上程した。期間は一年限りとした。

四億一千万円の財源は、

一、増税収入本年度分から六千六百万円

二、各外地特別会計の増収入の繰り入れ金約三百万円

三、前年度余剰金

四、公債および借入金によるものとしている。

のちに、八月四日の議会では、四億一千万円の財源をめぐって議論が戦わされた。

議員の多くからは、「今回の臨時的増税は恒久化されるのではないか」「公債発行ではなく、急遽増税に出た理由は？」「株式配当七分以上に課税とした理由は？」「増税の負担は物価騰貴とならないか」「増税の一部分を、出征兵士の家族救援資金に回す意志はないか」などの質問が出た。

これに対し賀屋興宣《かやおきのり》大蔵大臣は、

「今回の増税が続くかどうかは、一に事変の推移による。公債の強制引き受けの考えはない。第三種所得税の増徴は、あのくらいまで我慢してもらいたい。今回の増税は大衆負担になるとは思わない」と答弁する。

こうして、北支事変特別法案は可決され、高配当金、関税収入などから徴集して財源をつくったが、一方の中国は海外援助に求めた。

アメリカは表だった援助には出なかったが、しかし銀の買いつけで金を支払い、間接的に資金面で援助に出る。また航空機、パイロットなど顧問団を送り込んだ。世界の世論を味方に、蔣介石は日本軍と抗戦する方針に出る。

国民党軍左派、牛耳る

蔣介石は八月一日、廬山《ろざん》に各地の政府、軍要人二万人を呼び集め、演説した。親日的だった山東省の主席、韓復榘《かんふくく》も突如、蔣介石の招電を受け、津浦線で済南から南京に到着した。

また中立的立場をとっていた山西省の白崇禧《はくすうれい》も、招電を受けて南京に着く。

国民党、共産党、親日派の山東省主席をはじめ軍首脳、行政首脳陣など二万人が集まった前で、蔣介石はつぎのように決意を語っている。

「時局はすでにわれらの最後の関頭に臨んでいる。ここにおいて吾人は最大の決心をもって犠牲となるべき十分の準備と周密なる計画をもってすれば、必ず一切の犠牲をして最大の意識あらしめるものである。しかして最後の勝利は、必ず我らの手中にあることを確信する」

また、同盟通信によると、汪兆銘も「最後の関頭」という強硬演説を発表した。

「吾人数年来の苦心の結果、団結を説き、統一を講じ、組織と訓練を行ない、最後の関頭において克《よ》く全国全民族の精神的力学を発動せしめ、日に積み月に重ねた物質的建設をもって全国民族を挙げて侵略者に抵抗せしめば、天下すでに弱者なく強者もなかるべし。しからば吾人の犠牲はここに完成し、抵抗の目的は達せられる。我々はここに高く最後の関頭の一句を叫び、さらに高く犠牲の一句を叫ぶ」

このあと、蔣介石と山東省主席の韓復榘は会談した。蔣介石は、「中央軍を山東省に進撃させるがよろしいか」と、山東軍の協力を求めた。

山東軍は手兵の三個師団を膠済《こうさい》線沿線の濰県《いけん》に集中させていた。そのほかに河北省との境の徳州に二個師団を集結させた。中央軍は省南地方に入りこんでいた。

山東省には膠済鉄道、日本人経営の各種鉱山がある。また、日本企業は一億二千万円を投資した紡績《ぼうせき》業の大日本紡、日清紡、富士など八社が進出している。

日本人は一万五千人が青島に居住していて、ついで済南に一千八百人、その他張店などの工場に二、三百人が居留している。

韓復榘が昭和五年に主席に就任して以来八年の長きにわたって、騒動もなく治安が維持されてきた。日本企業の進出で棉《めん》の優良種が生産され、山東棉花は世界に売られた。しかし、実態は南方金融業者に独り占めされ、原棉産地の済南方面に日本の紡績企業が進出したくても認められず、工場ではスト騒動が起きるなど、このところ険悪なムードが漂っていた。

そこに蔣介石、中国共産党系が山東入りしたから、「河北の戦火は山東に飛び火するだろう」と、支那駐屯軍や現地邦人の間で噂されていた。

日本の新聞も、「刻々危機迫る山東省」「中央軍進入に伴い抗日全省に昂揚」などと報道され、居留民の不安を伝えていた。

韓主席が蔣介石の中央軍に協力したことで、在留邦人の不安は昂《たかま》り、ついに脱出の準備を始めた。

中国軍の参謀は七月三十一日、傍観的態度をとっていた山西の閻錫山《えんしゃくざん》に、第二十九軍と協力させるため、山西軍の出動を命じた。側面から北京を攻撃するのが狙いだった。

中国共産党軍はもっとも過激で、周恩来はたびたび南京を訪れ、蔣介石に抗日開戦を主張し続けた。周恩来の諫言《かんげん》を受け入れた蔣介石は八月三日、山西省、綏遠両方面より熱河に進撃する作戦を主張する共産党軍に、軍資金五百万元を支給することを決定する。日本軍を後方から攪乱《かくらん》するのが狙いである。すでに共産党軍の彭徳懐《ほうとくかい》ほか一名が南京に出て作戦計画を協議し、抗日軍事委員会という共産党軍の統帥機関を組織した。

この日、蔣介石は山東主席の韓復榘、白崇禮、山西の閻錫山代表らと軍事会議を開き、対日戦の最終的作戦を練った。

同日午後、湖南の何鍵《かけん》、広東の余漢謀《よかんぼう》も飛行機で南京に到着し、対日戦争の最終的作戦に入った。

こうしたなか、首都南京では大学生たちが「対日宣戦」と書いたビラを配り出して、対日戦を煽り続けた。しかし、果たして蔣介石の国民党系が仕掛けたものか、共産党系かは不明である。

八月三日、最終作戦会議のさなか、国民党政府は外交、財政、交通各部および僑務委員会の四機関が列席した席上で、日本各地に居留している中国人を、速やかに横浜、神戸、長崎の三地に集め、国交断絶と同時に交通部から派遣した船で総引き揚げを行なうことを決定した。

この決定事項は、在日駐在の許大使に、ただちに訓電された。

中国の主導権は、共産党の周恩来と毛沢東の手の中にあった。資金と山西、綏遠の西北部、ソ連と共同しての蒙古から満州国境越えでの背後と側面攻撃を仕掛ける。

蔣介石の国民党は漢口から京漢線、徐州から津浦線で北上して保定、石家荘、徳州の線から攻める態勢をとる。前線は国民党の軍が戦い、中国共産党軍は後方から攻めるという、蔣介石の面子をたてての作戦である。

疲弊したあとは共産党軍の手に落ちることは、蔣介石にも読めていただけに、蔣介石、何応欽ら国民党軍は苦境にあった。

ただひとつ、「地の利」は中国側にあった。

それは、台風シーズンの夏から秋にかけて、北は山海関の南、唐山から半円を描くように北京、天津間の郎坊、さらに南の永定河に注ぐ京漢線の保定近くの猿渡河、子牙河、大運河、子牙河の上流の滏陽《ふよう》河《が》、東は津浦線の天津から馬廠、その南の滄州、徳州、黄河の済南近くまでが高潮で浸水することである。

永定河の河口の塘沽も大沽も、水没の可能性がある。宋哲元が、撤退を促《うなが》した松井特務機関長に、

「今は暑いから、涼しくなってから」

と惚《ぼ》けたのは、この地の利があったからである。八月、九月から秋にかけては、自動車での移動が不可能になる。双方の攻防は津浦線と京漢線の比較的、高台を走る鉄道沿線に限られた。

参謀本部の中に、中国の地理を知る者は多数いたが、隅々まで歩いて踏査した者は少ない。幸い石原は漢口の特務機関員のとき、京漢線一帯、津浦線一帯、山西省も調査ずみだった。高潮の頃は永定河の水が上流に逆流し、子牙河も猿渡河も大運河も水位が上がり、一帯は湿地帯化する。

そのことを知っているだけに、石原は焦りを覚えた。当初、保定と津浦線の滄州に出てきていた国民党中央軍に対し、石原は中国側の空軍を叩いて、さらに石家荘まで攻め、全面戦争を避けたい考えに変わって行く。

そこまで進めば外交交渉も大きく進展するし、外交での解決の可能性も見えてくる、と読んだ。

中国側も高潮の季節に合わせて北上を開始した。蔣介石は沈鈞儒《ちんきんじゅ》ら七名の人民戦線派および共産党関係の郭沫若《かくまつじゃく》ら過激グループを釈放し、抗日戦線の前線に送ることを決めた。

彼らは「蔣介石の抗日政策は軟弱である」と批判して投獄されていたが、緊急法案で共産党系の過激グループに出動命令を出し、第一線に立たせた。

何応欽が蔣介石の面前で彼らに殴打されるのは、この八月三日である。

ついに、中国は全国国防戦線統一に出た。

第二部　揚子江の危機

第一章——支那駐屯軍、守備につく

関東軍、熱河省を警戒す

満州では七月七日の盧溝橋事件直後から、ソ連軍が沿海州に住む朝鮮人住民を中央アジアへ強制移住させ、国境の兵備を固めていた。

八月二十一日の「中ソ不可侵条約締結」まで、ソ連軍は東満州、北部国境に兵力を注ぎ込み、中共軍への軍事援助を強化していた。また、満州国内には共産系のゲリラ組織を強化し、ハルビンを中心に新京、奉天、大連まで共産匪（ゲリラ）を送り込んでいた。

関東軍第三課の辻政信大尉が天津駐屯軍に派遣され、「関東軍の航空兵団で宋哲元軍を叩き潰してやる」と池田純久参謀に詰め寄ったのは盧溝橋事件勃発後である。関東軍は広安門事件をきっかけに承徳に向かう堤支隊（長・堤不夾貴《ふさき》中佐）を急遽、天津に派遣するほか、第一師団から混成第二旅団（長・本多政材少将）を編成して、北支に応急派兵した。

関東軍は、熱河省の警備が薄いところに中共軍が行動を起こしたのを知ると、七月二十七日、参謀本部に内蒙古における兵力行使を立案して許可を求めた。

参謀本部の石原と陸軍省は翌二十八日、一部の兵力を国境近くの内蒙古の多倫《ドロン》付近に派遣し、内蒙古軍を支援して満州国境を掩護、警戒に任じさせた。ただし国境線を越える積極的行動は厳に戒めていたが、八月五日、国境を越えて多倫入りする。

この日から六日前の二十二日、関東軍は、「ソ連は現在出てくる公算は少ない。この機会に支那に一撃を加え、対ソ処理の場合、後顧の憂いのないように」と情勢判断して、対支積極論を唱えていた。

東条英機参謀長みずから冨永恭次第二課長（情報）を随行して東京に向かい、意見を具申する予定を立てた。しかし、状況が変わり、七月二十七日、今村均副長が冨永大佐、田中隆吉中佐、片倉衷少佐を随行して東京に向かい、三宅坂の参謀本部に出頭して、第一部第二課長の河辺虎四郎大佐に意見具申した。

すでに参謀本部では広安門事件によって三個師団の内地部隊の動員派遣が行なわれている最中であったが、今村は動員派遣は知らなかった。

今村は分からないままに、後輩の河辺に、

「天津、北京付近に生じた日支両軍の衝突は、速やかに処断しなければ、事変は支那全土に拡がる。如何なる事態になっても、中支、南京に波及せしめてはならない。ついては、事変を北支五省の範囲内で喰いとめるための兵力派遣が準備されなければならない」と具申した。

河辺二課長はそれに対して、

「関東軍参謀副長として今の時期こそ、その任地を動かず、大勢の行方を見つめていられるのが至当であろう。呼ばれもしないのに東京に来て、任務以外の差し出口をなさることは、私の理解し得ないところである」

と、かつての満州事変当時の上司、今村均に苦言を呈している。

そのあと今村は石原を訪ね、関東軍の具申書を提出して引き揚げるが、その間、片倉は満業（満州重工業）創設と建国大学令制定問題で石原と折衝している。

日産グループの満州移転について、陸大の教え子、片倉は石原にこう伝えた。

「支那事変の突発で、満州産業五ヵ年計画の遂行に危惧《きぐ》を感じております。前途多難になりましたが、現地では時がたつうちに、むしろ早くやれ、という声が高まっております。岸産業部次長案を骨子とした一案を、柴山課長も押し進められ、松岡総裁の辞任、満鉄社員のボイコットまで覚悟すべきとの腹を固めました。資金調達が心配の種です」

するど石原は、

「賀屋大蔵次官は、資金調達が困難になったので、外資導入案を出してきたから、鈴木主計少佐の考えを聞き入れて、全面的に賛成したところだ。あとは軍務局の断行に期待するしかないな。オレからも強く言うつもりだ。辻の大学の方はどうなんだ？」

「アジア大学名を建国大学と変え、皇帝の下に、との考えを、参謀長も軍司令官も押しておられます」

「おれはアジア大学にしろと言ってきたが、君はどうなんだ？」

「大同学院とのかねあいがありますが、大同学院は各大学、専門学校課程卒業者を短期間訓練で、主に政府の中堅官吏の養成機関として存続させ、これとはまったくの別構想がよろしいかと思います。その意味で、建国という名称がよろしいかと」

「しかし、皇帝から切り離すべきだ。皇帝の専制であってはならん。協和会の下において、まったく独立した大学にすべきだ。筧《かけい》博士の意見を聞くべきだ」

「筧博士は、皇帝直属のものにすべき、との意見です。もちろん、私も星野長官と二人で、それでは支那の帝政時代の学制に似ていて、建国に合わないので撤回をお願いしましたところ、筧博士は国務総理の直轄に同意していただき、来月五日に大学令が公布される段取りになりました」

「筧克彦博士をもう一度、口説いてくれないか。あの方を総長に、作田壮一博士を副総長にできると、建国精神が生きてくるのだがな」

「はい、やってみます」

「満州を頼むぞ。満業の件は、松岡を口説いて納得させたいのだが、北支事件がこのざまで、動きがとれんでいる」

鮎川義介の満業創設にあたっては、満鉄の経営部門から鉄、石炭、その他の産業経営を切り離す結果になる。満鉄は鉄道のみの経営会社となり、他の部門はすべて満州重工業という名前の下に合流するものである。

しかし、松岡も社員も納得いかず、撫順の炭鉱だけは当分の間、残置とすることで、松岡の了承を得た。

満州国政府、産業五カ年計画

満業創設が具体化するのは八月に入ってからである。参謀本部の鈴木少佐が渡満すると、関東軍の国分新七郎参謀、秋丸次朗主計少佐とともに現地の担当事務官と協議して進めた。

一方、満州国政府では、星野直樹総務長官と産業次長の岸信介が関係閣僚を説得し、満鉄改組後の満業を中心とする産業五ヵ年計画を具体化する。

その理由として星野、岸らは、つぎの六項目を挙げた。
一、日産グループが満州に移駐するにあたっては、重工業の中心は日本人でなければならず、総裁には鮎川義介が適任である。

二、日産が移駐することで、熟練工、経営者の養成を要せず、ただちに着手できる。
三、五ヵ年計画であるが、生産拡充に間に合うこと。
四、資金も日本より割安になる。
五、満人、日系人も採用し、技術者養成に人材は不足しない。
六、日産は三井、三菱グループと違って小株主が多く、内地の企業が満州建設に参加しやすい。

鮎川は自動車製造だけでなく、航空機の製作も計画し、のちに自社飛行場、製作工場を奉天の近くに建設した。

満州重工業要綱は、この年の十二月二十二日の閣議で決定され、二十六日には満州政府も国務院会議で決定を見る。こうして日満両国政府援助の下に、国策会社「満州重工業」が誕生する。

日産はそのひと月前の十一月に満州に移駐していたが、十二月一日付で満州国の治外法権が撤廃されたことで、満州国の法人になった。ここで働く人も満州国民に移籍する。

その基礎固めが、ちょうど北支事変が日中事変に拡大していくさなかに進行していった。鮎川の満州移駐を説得し、日満産業五ヵ年計画こそ北支事変で中断されるものの、逆に満州経済開発、産業開発の急務が日本国内で叫ばれるようになったのは、皮肉な現象である。

石原は、残念ながら満州に飛ぶわけにはいかず、窓口である陸軍省軍務課の柴山兼四郎課長から報告を受けるにとどまった。

その関東軍は前年十一月の綏遠《すいえん》事件のリベンジをやりたくて、内蒙古工作に出ようと参謀本部に兵力行使を求めた。石原は一部の兵力を多倫付近に派遣して内蒙古軍を支援、国境警備を条件に認可したが、しかし関東軍は、内蒙古の平地泉、大同方面に進出して察哈爾《チャハル》作戦をやりたくて仕方がなかった。

この一帯には毛沢東の中共軍が進出し、背後から北京、河北省攻勢を狙いうちしていた。関東軍と正面で対峙する形となる。

関東軍は多倫へ出て国境線を守備するため、第三独立守備隊を編成した。編成地は白城子で、歩兵二中隊、機関銃及び歩兵砲隊各一中隊、装甲自動車中隊で編成し、熱河省西部国境方面の多倫、承徳に鉄道で向かわせる。

途中、通州事件が発生したので、支那駐屯軍の要請で三十日、天津に到着した。また、第一師団混成第二旅団は三十一日に天津に到着したが、堤支隊は天津に転進後、翌二日には天津を出発して、歩兵二中隊を増加させられて陸路を歩き、八月五日に多倫に到着した。じつに気の毒な行軍である。

関東軍はさらに八月二日、満州国軍を抽出して、古北口、沽源、多倫、多倫の北東二百六十キロにある林口近くの満州国境の警備に派遣する。

また八月六日には、第二師団から大隊長の指揮する歩兵一大隊（支隊長、歩兵第四連隊大泉基少佐、27期）を沽源付近に派遣し、国境を守備させた。

国境守備派遣の前段階には、七月三十日の関東軍の大同方面作戦準備計画がある。参謀本部にその件で意見を具申したが、石原は不拡大方針を堅持すべき時でもあり、控制《こうせい》した。

それでも関東軍は八月五日、「中国中央軍（中共軍）の察哈爾省侵入は満州国の国防上、放任できない」と多倫に駐屯している堤支隊の張北への前進を具申した。

この意見を積極的に受けたのは武藤章第三課長である。石原部長に進言し、関東軍案を支持した。

しかし、石原は強く反対した。だが武藤は、

「察哈爾作戦の目的は、支那駐屯軍の側背及び満州国境の脅威を除去するために必要な作戦であり、支那駐屯軍が主役で、関東軍は策応するということです。支那軍を掃滅させることになり、ぜひ認めていただきたい」

と主張した。

石原はその日は見送ったが、二日後の七日、参謀本部として容認することになる。八月十二日、上海事件が発生すると、十四日、関東軍は察哈爾派遣兵団司令部を編成し、十七日には多倫に戦闘司令所を開設し、東条英機関東軍参謀長が司令官になる。

当時、この作戦を積極的に進めた主な参謀は、今村副長のほかに、作戦課の綾部橘樹高級参謀、情報課の冨永恭次高級参謀、作戦課の中山貞武中佐、安藤尚志少佐、情報課の田中隆吉大佐、白崎嘉昭少佐、松井忠雄大尉らである。

石原部長、井本大尉を北支偵察に出す

河北方面は七月から降雨が続き、日本の梅雨を思わせた。

作戦課の井本熊男大尉が石原に命じられ、北支那方面軍司令部及びその隷下の各軍と連絡をとるため北支に出張させられるのは九月下旬である。井本は九月二十九日に奉天経由で天津に着くが、そのとき、河北省の大部分が、七月以来の長雨で浸水し、まるで海のような観を呈しているのに驚く。

井本の二週間にわたる調査では、北は山海関に近い唐山駅から天津、西は保定の近くまで、南は京漢線の順徳駅近く、東は津浦線の徳州あたりまで浸水していた。井本大尉は、「浸水地域の広さは南北五百キロ、東西百〜二百キロあった。この中に、浸水しない部分も若干あった」と記している。

駐屯軍が作戦を急いだ理由のひとつには、この雨季の広範囲浸水を予見した可能性がある。逆に宋哲元はそのことを見込んで容易に妥協せず、中央軍を保定の南にとどめさせたのだろう。

そうしたさなか、陸軍省は八月一日付で天津の支那駐屯軍幕僚の異動を発表した。橋本群参謀長とともに不拡大主義をとっていた作戦担当課長の池田純久に代わって岡本清福大佐（27期）が作戦を担当した。作戦課には新たに関東軍から辻政信大尉が入った。

第二課長には大城戸三治大佐が、第三課長も橋本秀信中佐に代わった。定期異動とはいえ、副長を含め、三人の課長は一撃論者で固まり、戦闘準備に入った。

石原は、全面戦争だけは避けたいとの決意を捨ててはいない。

全面戦争になって不利なのは日本軍と蔣介石軍の国民党で、最後に漁夫の利を摑むのはスターリンと毛沢東の中国共産党だからである。長期持久戦で疲れはて、武器、弾薬が消耗したあとには、アメリカが共産党軍を国民党軍に吸収させて中国の経営権を握ろうとする。場合によっては揚子江を境に北をソ連と中共軍が、南を蔣介石とアメリカ軍が支配し、南北分断も考えられる。そのとき、満州は板挟みになる。

これだけは絶対に避けなければならぬ。

たかが十一個師団で中国問題を解決できるわけがない。蔣介石の条件をのんで、山海関まで退《さが》り、満州国を蔣介石との話し合いの上で立派に経営して行くことが、小国日本の生きる道であった。

「まだ、蔣介石は外交を捨てていない。むしろ蔣介石の方が手をのばしているではないか。だから条件を出している。外務省は何をしているか。川越の奴はどこにいるのだ」

八月一日、支那駐屯軍（軍司令官・香月清司中将）は、中国軍の残敵を掃蕩し、平津の主要各地の安定を計るため、敵攻勢に応ずる準備、及び北寧鉄道を確保して、一部を長辛店及び独流鎮付近を占領して敵攻勢に備えるための準備に入ると、つぎのように各部署に伝えた。

一、第二十師団主力は支那駐屯歩兵旅団と交代し、長辛店を占領して軍の集中を掩護、集中の進捗に伴い逐次、涿州《たくしゅう》に地歩を拡張す。その時期は二十日頃と予定。

二、支那駐屯歩兵旅団は、豊台、南苑に集結し、所要に応じ、北京南方地区の掃蕩を実施。

三、独立混成第一旅団は通州に位置して同地付近を安定確保、北京の安定後は同地にあって軍の予備。

四、独立混成第十一旅団は西苑付近に位置して、北京北西地区の掃蕩を行ない、かつ南口方面の敵に対し警戒。

五、混成第二旅団は独流鎮付近を占領し、天津南方地区の安定に任ずると共に軍の集中を掩護。

六、軍直部隊（歩兵第七十七連隊）は北京、天津間の北寧鉄道の確保、高木支隊（第二十師団の歩兵第三十九旅団）は天津地方の安定に、北京警備隊は北京居留民の保護に任ず。臨時航空兵団は集中間の戦力回復を図ると共に、敵空軍との決戦を準備。

ちなみに、南満の飛行場を発《た》った臨時航空兵団は、小雨の中、攻撃中に十二機を、またその後に七機を失っていた。

こうしたなか、参謀本部第二部（長・本間雅晴少将）は八月二日、支那軍の行動をつぎのように判断した。

○萬福麟軍、馮占海らの雑軍約三万は、涿州・保定間にあり、中央軍は保定・石家荘間に約六万、石家荘・順徳間に約三万、北部河南省及び鄭州付近の隴海沿線に約二十万、徐州付近の隴海沿線に約五万、計三十七万人が集中。

○山東省には高射砲を主とする若干の部隊が済南に到着せるほか、未だ大なる部隊の侵入なきが如し。我が軍に撃退せられたる第二十九軍のうち、約二万は萬福麟軍、馮占海軍などに収容せられ、京漢沿線に退却したるものの如し。

また、天津付近にありし約一万は、馬廠付近に退却せるものの如し。しかして此等支那軍は京漢沿線方面においては一部を以て我が前進を遅滞せしめ、主力を以て中部河北省において、また津浦沿線方面においては滄県、徳県付近において相当頑強なる抵抗を為すものと予想せらる。

これがため、隴海沿線の部隊は前方に増加せらるる所大なり。

此等支那軍は、我が軍寡少の兵力を以て驀進するか、または我が軍の集中遅延するが如き場合においては我が後方の攪乱を行なうと共に、進んで攻勢を取ることなきを保ち難し。

山東軍及び察哈爾省内に在る第二十九軍の第百四十三師は、概ね中立的態度を保持すべく、山西及び綏遠軍また一部を省境付近に進出せしむる等、消極的対策はこれを講ずべきも、進んで積極的行動に出ずる公算少なきものと判断せらる。
○空軍は消極的態度とりあるも、隴海、京漢線の主要飛行場には着々所要の準備を進めあるを以て、中部河北省作戦に際し、その一部の参戦を予期せらる。

こうした判断のもとに、参謀本部の石原は、作戦地域を保定・独流鎮の線から北にとどめるが、中国軍の抵抗を考えると、相当な激戦になると予想した。

支那駐屯軍には、平津地方の掃蕩を行ないながら、増加兵団の到着を待ち、適時前進することになるが、その時期と兵力区分は、今後の情勢を見て決定する腹であった。

ところが、中国軍の兵力が逐次、増加しはじめて事態が変わってきた。北京を脱出した宋哲元の第二十九軍は京漢線の涿州から、天津の南、津浦線の馬廠に至る線に北上して陣地を構築したのである。しかも、永定河の右岸にまで近づいていた。

また、京綏線方面にあった中央軍の一部も、八月二日、北京市の北西二十キロ近くの南口まで占領していたことが、支那駐屯軍の偵察で判明し、参謀本部第二部に打電された。

中国軍は南から三つの鉄道で北上し、三方から北京を包囲していた。

こうした状況が、参謀本部の情勢判断の変更となり、作戦地域を石家荘まで拡大する結果となる。

この情勢判断の決定にいたるまでには、支那駐屯軍の意見具申と、本間雅晴の参謀本部第二部及び第一部作戦課の積極派の存在があり、三個師団の到着後、保定の線まで進出して保定・独流鎮までの作戦を、京漢線の石家荘まで拡大する方針に変わる。

「情勢判断」が起案された八月五日、石原部長は第二部及び作戦課の意見に反対して即答を避けた。しかし、積極派の参謀たちで編成された現地支那駐屯軍の意見具申に押され、ついに翌六日、作戦計画の拡大を認めるに至る。

参謀本部は、

「なるべく速やかに、河北省内の支那軍並びに支那主力空軍に対し打撃を与えたる後、北支問題の根本的解決を期し、併せて日支関係の調整を図る」

と判断し、つぎの六項目の処置を決定した。

一、支那駐屯軍をして新派遣兵団到着後、速やかに北支会戦を決行せしめ、以て河北省内の支那軍を石家荘、滄州の線以南に撃攘《げきじょう》し、かつ支那主力に徹底的打撃を与う。海軍航空兵力を前記会戦に協力せしむ。

二、会戦開始の際、帝国政府は北支の不安を一掃するため、冀察《きさつ》範域内の支那軍を膺懲《ようちょう》するの趣旨の声明を発表す。

三、本会戦間、青島、上海等における在留邦人の現地保護は海軍においてこれを担当し、陸軍部隊を派遣するは情況真に已《や》むを得ざる場合に限るものとす。

四、右会戦終結以前は一切の対支外交交渉は行なわず、また第三国の干渉を排す。

五、会戦終結せば、北部河北省及び察哈爾省の要地を占拠し、機を見て南京との交渉により事変を解決す。

六、北支問題の根本的解決並びに日支関係の調整に関する要綱は別に研究す。

外務省、裏面工作に出る

六日の「情勢判断」を石原が認めるに至った背景には、八月二日午前八時半から行なわれた陸海軍両省の次官、軍務局長会談があり、それに端を発している。

山本五十六、梅津美治郎両次官、後宮淳、豊田副武両軍務局長の四者会談は海相官邸で行なわれた。時局収拾について話し、意見の一致を見るが、この会談は十時からの閣僚会議に持ち出す両省の意見調整で、両次官、局長会談の内容は、それぞれの大臣に報告された。

閣議の席上、米内海相は、一日の朝、石原から福留軍令部第一課長に依頼された「海相からの和平時期打診」を、福留からの報告どおりに切り出した。それが杉山陸相への、

「時期をどこで収めんとする考えか」の質問である。

杉山は、「作戦上のことなれば――」と口を閉ざして語らないばかりか、不快な態度を見せた。それでも米内は、

「この問題は作戦以上のことであり、長辛店、永定河の線、保定の線など、如何《いかん》によって支那の態度にも、各国の態度にも差が出てくるであろう」と、杉山の反応を窺《うかが》った。

杉山が「保定の線くらい」と答えると、米内は畳みかけるように、

「時局を速やかに平定するには、すなわち今、大捷《たいしょう》の時期が最良であろう。裏面工作によって日本の要求が過大でないことを知らしめたならば、支那も和平に応ずるであろう。いかがですかな」

と促《うなが》した。杉山は、裏面工作なら手の内も見られぬことから同意した。

すでに外務省では、二つの裏面工作が潜行していた。ひとつは中国の在イタリア大使がイタリアで影響力を持つチアノ伯に、

「満州国の独立承認、北支に中立地帯設定を条件として、支那に対する兵力行使を断念する見込みがあるかどうか打診してもらいたい」と申し入れたことである。

在中国のイタリア大使も蔣介石、汪兆銘と連絡をとり、和平の手がかりを探っていた。

この一件はチアノ伯から駐日のイタリア大使に伝わり、駐日大使から日本の外務省に内々の折衝があ

った。

しかし、外務省は「傍系的折衝は受けつけない」との主旨で、これを突っぱねている。もっとも、広田弘毅外相から侍従官、内大臣を通して天皇の耳にも入っていた。

天皇は八月九日の夕刻、参謀総長が内蒙古方面に作戦を命ずる奉勅命令の御裁可を仰いだ際に、この一件も聞かされる。すでに広田外相は天皇に相談か、報告か、いずれかの形で天皇の耳に入れていたのだろう。

この「イタリア大使打診」は、参謀総長も、参謀本部第二部も、また石原も知らされていなかった。「満州国の独立承認」は、石原の願いであった。そのためにも日本は北支から撤退して、蔣介石の和平条件である中国本土からの撤退を受け入れるべし、と主張してきたが、陸軍の反対を買って宙に浮いていた。

当時の通信事情から推定するに、相当前に駐日大使に伝えられていただろう。イタリア外相から駐日大使へは暗号で伝えられるから、解読までに二日もかからない。手紙となるとひと月以上となる。外交接衝はいつも急を要するから、暗号電報と見るのが正しいだろう。

国会は八月八日で閉会する。参謀総長の天皇御裁可が八月九日、八月六日が首・陸・海・外相の四相会議、同日夕方には「日支国交全般的調整案」が陸・海・外の三省で協議される予定で、三日から九日までの七日間は、石原にとっては過密スケジュールだった。

八月二日午前の閣議で「裏面工作」案が出て、杉山陸相が同意した。その直後から駐イタリアの中国大使案を蹴った外務省の裏面工作が始まる。

閣議のあと、風見章書記官長は米内海相を大臣室に訪ねて、裏面工作について打ち合わせた。広田外相からの工作案を聞かされた後のことで、米内海相の了承を得た風見は広田に伝え、広田から堀内外務次官に指示が伝わる。

その夜の十時、堀内次官は山本五十六次官を海軍省に訪ねて、事務方の意向を聞いた。その後、陸軍省に出向き、梅津次官を訪ねて陸軍の意向を聞き、外務省に戻って広田外相に陸・海の意向を報告している。

こうして、広田外相による和平工作の根回しが二日の深夜までに決まる。

翌三日朝のことである。事情を知らぬ石原のところへ、軍令部の近藤信竹第一部長が訪ねてきた。近藤は、

「昨日の閣議のあと、外務省が和平のための裏面工作に入ることに決定した。ついては軍令部と参謀本部が、この和平工作を一致して支えねばならない」と石原の意向を聞いた。

「私は何も聞かされておらないが、和平工作は何よりも優先する。外務省がどういうルートで、どういう条件を持ち合わせているか知らないが、私としては何度も言ってきたが、日本軍の全面撤退と満州国の承認である。具体的には、永定河以東を非武装地帯として、日本ではなく、南京政府の統治下に置く特種政権を作る案である」

「それで陸軍省や国民感情が納まるだろうか」

「全面撤退だが、経済援助を続けることで、毛沢東や周恩来の中共軍およびその背後のソ連を牽制することができる。何応欽になるかどうかは分からないが、南京政府は親日派の政権を作ると信じる。陸軍内部は、これなら収まるだろう」

三日の午後、米内海相は広田外相と会見し、陸・海・外省の主務省間の話し合いに入る前に、裏面工作の条件について協議する必要を説き、最終的には四日の四相会議に上程することになる。

石原は梅津と会い、条件で調整した。そこで「永定河以東を非武装地帯とする」「冀察、冀東を解消し、日本に了解ある者に治めしめる」という条件を確認する。

四日の四相会談でも、外務省ＯＢの船津辰一郎を極秘に派遣し、蔣介石の側近に接触させる構想は明

らかにしていない。手のうちは広田外相にあり、条件のみを内定した。その結果、陸軍案の三条件どおりだが、駐留兵数を三千名以内とした。

この内定をもとに時局収拾に関する件を、近衛文麿総理は五日、天皇に奉上した。天皇は近衛に、「和平交渉は迅速にやるべきこと、しかも勝っている我が国より話を出してやるべきこと」を伝える。

和平交渉に向けて陸・海・外の三省が動き、要綱案がまとまりつつあったことが、石原をして五日付の「情勢判断」承認に踏み切らせることになった。

しかし石原は、イタリア駐在の中国大使からの「満州国承認、非武装地帯設置」の打診はまだ知らされていなかった。

第二章——参謀本部和平工作

船津・高宗武会談計画

「在華紡績同業会理事長」が船津辰一郎の肩書きである。もともと天津、上海、奉天の領事を勤めた元外交官で、南京政府の高官や実業家、上海など浙江省財界人との交友関係は深く、人脈も広かった。

船津による裏面工作は、単なる民間人の私案としての交渉の緒《いとぐち》をつくるというもので、外務省アジア局長の石射猪太郎の着想である。

石射は石原部長から、「オレの眼が黒いうちは中国には一兵たりとも出させない」との約束を取り交わしていたものの、事態は大きく変わった。和平交渉策を考えたとしても、肝心の川越大使が青島へ静養に出かけたまま居所が分からず、連絡もとれないでいた。

しかし、事態は日中両軍が北支事変で角を突き合わす状況になり、突破口が見つからないでいた。それでいて、一方の蔣介石に和平交渉の気持ちがないかというと、そうでもない。後年、昭和十三年三月、蔣介石は国民政府側の特使・高宗武《こうそうぶ》に、

「もう一度、香港に行け。そして日本側には、つぎのように伝えよ。われわれは決して和平に絶対反対

するものではない。ただし、反共してから和平するということは出来ない。停戦さえすれば、必然的に反共する」

と伝え、香港で和平交渉を待つ日本の西義顕（満鉄南京事務所長）、伊藤芳男（満鉄嘱託）と交渉させるため、香港に出している。

これは、南京戦後のトラウトマン工作による和平交渉決裂後である。中国共産党を嫌っていた蔣介石の「容共反対」だったことが読みとれる。

昭和十二（一九三七）年八月二日、船津工作による中国側の交渉相手は、その蔣介石の特使、高宗武である。

高宗武は九州帝大を卒業後帰国し、大学教授になる。小柄で顔色が黒く、在任中に対日外交方策の論文を中国の新聞に寄稿したのが認められ、国民政府によって一躍外交部亜州司長代理に抜擢され、のちに司長になる。南京陥落後、漢口に撤退するが、船中で和平論者の周佛海《しゅうぶつかい》と知り合ったのがきっかけで、周佛海と対中和平運動を推進する。船津とは古い友人で、十二年八月に会った時は亜州司長だった。

石射は船津に停戦案と全面的国交調整案を授け、上海に渡って日本政府の意向をざっくばらんに高宗武司長に話し、蔣介石が日本案を受けたならば外交交渉に入る、という緒を見つけてもらうよう船津に頼んだ。

そのため、あくまでも私案という形をとった。動機について石射は、回顧録『外交官の一生』の中で、

「なぜに回りくどい船津工作か。いま中・日双方の政府がこもごも重大決意なるものを声明し、断呼膺《よう》懲《ちょう》や徹底抗戦を叫んで啀《いが》み合っている最中に、停戦案と全面国交調整案をいきなり外交交渉のチャンネルに載せるのは機敏にすぎる。まず私人を介在して、局面収拾の可能性を相手に示唆し、その人をして国民政府の抗戦意識をほぐさしむべきだ。相手はかねてから中日和平に専念する高宗武氏。こちらは高氏と親交の船津氏である。両案そのものが、先方にアトラクティブ（魅力的）であれば、交渉の緒はこ

こから開けるに相違ない。これが着想であった」

と書いている。

船津工作構想は八月一日午後、石射が陸軍の柴山兼四郎軍務課長、海軍の保科善四郎第一課長を呼び、腹案を語ったのがきっかけである。両課長とも賛成し、それぞれ部内で極秘にまとめることを約束した。

石射はその日、船津工作案について陸・海の担当課長会議にかけ、協力を得た次第を大臣、次官に報告し、了承を得る。すぐその足で東大病院へ急いだ。東大病院には船津の妻が入院していて、船津は毎日付き添っていた。病状は悪く、目が離せない状態だった。

看病中の船津には、以前にも石射が腹案をもちかけている。しかし、夫人が重態で東京から離れられないと断わられている。

「今回は広田弘毅外務大臣からのたってのお願いだ」と、夫人の前で口説いた。

夫人からも、「大臣からのお願いですよ。お国のために……私は覚悟してますから」と促《うなが》され、ついに上海行きに応じることとなる。

船津を口説き落としてから、陸・海・外の次官会議、大臣間の会談に入り、了承を得て、三省の事務当局者間で、高宗武司長に提示すべき具体案の詰めに入った。

国交調整案、停戦案がまとまるのは八月四日である。今回は外務省がリードし、同日、堀内外務次官、梅津陸軍次官の会議で停戦案、国交調整案がまとまる。最終成案は四日夜の四相会議で決定するが、船の関係で船津は四日夜九時半、東京駅発の特急に乗り込んだ。成案になり次第、石射から上海総領事に打電して知らせる段取りとしている。

また、外務省からは上海総領事には船津の使命目的が電話で伝えられ、紡績同業会の堤理事にこの意図を話し、堤から高宗武司長に船津と会ってもらえるように、と訓令した。

なおそのさい、「これはあくまでも船津理事長の発意によるもので、外務出先は一切タッチしないように」と付け加えている。

はたして、本省の電信の真意を上海総領事はしっかりと受けとめたものかどうか。結果からすると、川越大使の突然の出番で破談となるが、いったい居所をくらました川越は、上海総領事から何を聞いたものか。三省事務当事者間でまとめた停戦交渉案、国交調整案の要旨は、つぎの各項目である（『外交官の一生』より）。

◇停戦交渉案

一、塘沽《タンクー》停戦協定その他、華北に存する従来の軍事協定は一切解消せしめる。

二、特定範囲の非武装地帯を設ける。

三、冀察《きさつ》・冀東《きとう》両政府を解消し、国民政府において任意行政を行なう。

四、日本駐屯軍の兵力を事変前に還元する。

五、停戦の話合い成立したるときは、中日双方において従来の行き掛かりを棄《す》て、真に両国の親善を具現せんとするニューディールに入る。

◇国交調整案

一、中国は満州国を承認するか、あるいは満州国を今後問題とせず、との約束を隠約の間になすこと。

二、中日間に防共協定をなすこと。

三、中国は全国にわたり那交敦睦《とんぼく》令を徹底せしめること。

四、上海停戦協定を解消する。

五、日本機の自由飛行を廃止する。

六、両国間の経済連絡貿易の増進を図ること。

ここに言う、停戦交渉案二項と三項は、石原の考えとは基本的に違っている。石原は段階的であろうと即日であろうと「全面撤退」を主張してきた。領土を侵略されたと憤る蔣介石の立場及び中国国民の感情、延《ひ》いてはその背後にいるソ連と中共軍、また中共軍に洗脳された若い将校たちの感情を和らげるには、「日本軍の全面撤退」と「南京政府の非武装地帯の統治」に有効性がある。

だが、石射および三省課長会議は、「永定河以東」を特定範囲とボカしたうえ、どこを国民政府が任意行政するか、明確にしていない。含みを持たせ、「ダメなら斬り込む」とばかりの姿勢である。

「はたして、国民政府は乗ってくるだろうか」

石原は危惧した。

川越大使、広田外相を無視す

やがて四日深夜、四相会談で成案となり、外務省から上海領事館に打電された。

この中で、満州国承認の問題について、外務省は「国民政府部内には、もう強《し》いて触れない方がよい」との意向（近衛の使者、西園寺公一の報告）が信ずべき情報として外務省の石射のところに入っていたので、あとで「今後、これを問題とせずとの約束」という項目を加えている。

上海領事館は外務省からの電報訓令どおり、上海の堤理事に伝え、また堤理事は高宗武と連絡をとり、九日、上海で船津と会う約束をとりつけた。高司長は実直、誠実な人物で、のちに彼は板挟みで苦悩し、蔣介石や宋美齢《そうびれい》ら腹心から疑われるなどして、三年後、心労からついに病いに倒れることになる。

しかし、昭和十二年八月九日の時は、南京から上海入りして、船津と上海の某所で会うことになる。

ところが、上海領事館内には上司の川越茂大使と通じる者がいて、華北の天津にいた川越に「船津・高会談」を伝えた者がいた。川越はそのことを知ると急遽、前日の七日に上海入りして、ことの成り行きを聞き、高との会談に出ることを決める。

ここに、功名心と縄張り意識の強い外務官僚によって、和平交渉の緒はご破算になり、悲劇の原因をつくることになる。

天津領事館にいた川越に、東京へ戻ることを伝えるため、漢口の三浦総領事が天津に出かけるが、その時はまだ事情は打ち明けられていない。三浦が帰朝後に石射に語ったところでは、「自分が天津に着いたときには、大使はすでに現地の情勢に見切りをつけて帰任（南京大使館）を決意していたのだ」と報告している。

南京に行くには、まず上海に入る。天津から上海入りするには、各鉄道は中国軍によって管理されているため、飛行機か船便であろう。八日、上海総領事館に着いた川越は、

「高司長にはオレが会って話すから」

と、船津を遮《さえぎ》った。

これを聞いた岡本季正総領事は、

「外務出先はこの会見にタッチするな、との大臣訓令をいただいております」

と反対した。

しかし川越は、広田大臣の訓令を無視し、岡本の忠告も聴《き》き入れなかった。

最終案の「日支国交全般的調整案要綱」が作成されるのは八月六日夕方で、ここでは非武装地帯の範域が問題になったが、甲・乙二案で決着した。翌七日、「日華停戦条件」が決定し、総理室で外務・陸軍・海軍の三大臣が花押《かおう》した。上海の川越大使宛に暗号第一七〇号で打電されるのは八月八日である。

停戦条件は大きく二項目で、「停戦提議は支那側より持ち出さしむる様、外務省に於いて大至急裏面工作をなす」とし、次の甲、乙の非武装地帯の設定案を提出している。それによると、

(甲) 非武装地帯の設定。

(1)徳化、張北、龍門、門頭溝、涿州《たくしゅう》、固安、永清、信安、独流鎮、興農鎮、高沙嶺を連ねる線（線上

はこれを含む）の以東及び以北地区を非武装地帯とし、右地域内には支那軍は駐屯せざるものとす。

(2)宝昌、張北、龍門、延慶《えんけい》、門頭溝を連ねる線（線上はこれを含む）の以東及び以北並びにこれに接続する河北省内永定河及び白河左岸地区を非武装地帯とすることに同意す。

第二案を最終的決定とすること。

(3)支那側が非武装地帯の設定には、一定の期限を付することを条件として前記(1)もしくは(2)を受諾すべき旨強く主張する場合には期限付きに同意し差支《さしつか》えなし。

交渉の経過により考究すること。

第一案　外務省の交渉に委すること。

第二案　最後の案として考え置くこと。

（乙）帝国の許与し得る限度。

(1)必要に応じ我が方駐屯軍の兵数も事変勃発当時の兵数の範囲内に於いて出来得る限り自発的に縮小するの意向ある旨発表す。

(2)塘沽停戦協定。

（これに準拠し成立せる各種約束を含む。ただし、北平申合せに準拠せる各種申合せ、即《すなわ》ち(1)長城諸関門の接収、(2)通事、(3)設関、(4)通郵、(5)通空は解消せざるものとす）

土肥原・秦徳純協定及び梅津・何応欽協定はこれを解消す（もっとも現に河北省内に進出し居る中央軍は省外に撤退すべきことは勿論なりとす）。ただし右非武装地帯内の排日抗日の取締りおよび赤化防止を厳にすることを解せしむ。

(3)冀察及び冀東を解消し南京政府に於いて任意右地域の行政を行なうことに同意す。ただし、右地域の行政首脳者は日支融和の具現に適当なる有力者たることを希望す。

なお、右に関連し北支に於ける日支経済合作の趣旨を協定す。ただし、右は日支平算の立場に立てる合弁その他に依る合作たること勿論なり。
(注) 冀東の解消は差支えなしとの肚《はら》なるも、交渉の懸引《かけひ》きに充分利用するよう考慮すべきものとす。
外務省の肚に置くこと。

(丙) 以上甲、乙による停戦談と同時に、または引続き従来の行懸《いきがか》りに捉われざる日支国交調整に関する交渉を行なうものとす。その案は別に具す。

備考。
一、前記日支間停戦の話合い成立し支那軍隊の非武装地帯撤収及び中央軍の河北省撤退を見たる上は、我が軍の撤収を開始するものとす。(もっとも、前記話合い成立と共に適宜我が方撤収の意向を声明す)
二、なお、右停戦の話合い成立したる時は日支双方に於いて従来の行懸りを棄て、真に親善を具現せんとする「ニューディール」に入るものなることを声明するものとす。

石射の日記

広田外相はその前日の七日、暗号第一六九号で上海領事館にいる川越大使に訓令した。

「日支停戦交渉開始は今明日中には政府の方針として決定する。交渉は支那側より申し出たる形が望ましい。そのため船津を上海に急派した。内地より増派する三個師団は大体八月二十日頃までには集結を完了する予定で、それ以前に話合いをつけることを必要とする」

「船津個人の意見として和平解決の望みある旨を説き、高宗武をして大使館側に停戦をアプローチせしむるよう工作することになった。もっとも高宗武辺りより我が方の態度を探るつもりで漫然と申し出るようなことでは面白くない。我が方より停戦の申し入れをなす以上、支那側も相当肚を極めて来ることが必要で、高宗武の我が方に対する会談は、ある程度蔣介石と話合いをつけた後のこととせしむることが肝要」

「政府の方針が確定するまでは、諸般の関係上、陸海軍武官にも絶対極秘とし、外部よりの反対を招かざるよう、特に慎重を期するを以て、大使と船津との直接会見の如きも暫《しばら》くこれを見合わせらるること必要と考える」

「なお、政府に於いては右停戦に関する交渉と同時に、もしくはこれに引続き、従来の経緯に捉われざるの見地に立って、日支国交調整に関する話合いを進めたき考えにて、目下関係方面折衝話合いを続け居り。これまた二、三日中に何とか決定の見込みなり。なお、本件は陸海軍中央に於いてもこれを承知し居る者極めて少数にて、決定の上これを押し切らんとし居る次第に付き、以上は貴大使限りの極秘御含に止められたし」

と念を押している。

しかし、高、川越、船津の三者会談は、終始、川越が仕切った。このため、船津は石射に頼まれていた停戦案も国交調整案も、高宗武に語る機会を失ってしまった。

川越は岡本から事情を知らされていたはずだが、「船津案」には触れず、もっぱら釈放されて中央軍の前線に送り込まれた抗日救国連合会のドン、沈鈞儒《ちんきんじゅ》ら一味のことを話題にしてお茶を濁した。石射はこの失態をこう記す。

「馬鹿を見たのは船津である。高司長をわざわざ上海に呼び出した手前、九日の約束の時間に高氏と会見はしたが、東京で授けられた使命には触れず、釈放された抗日救国連合会の沈鈞儒ら一味のことを話題とし、上海局面の平和のために、彼らの排日策動を厳重取り締まられたいと要望しただけであった。そのあとで川越、高両氏の会談が行なわれたが、会談の模様は川越大使から電報されて来たが、その詳細は記憶に存しない」

結局、川越・高会談では、停戦案、国交調整案の具体的内容は高氏に十分には伝えられず、石射は日記にこうも記している。

「川越大使、高宗武と会見・打診したのはよけれども、船津を阻止して高との話をハグラかしてしまったのは、まことに遺憾だ。スキを見せねば打ち込んでこぬ。その工作のためにやった船津だったのに」

石射は協力した陸・海軍に面目を失ってしまった。これが悲劇の始まりともなる。

しかし、川越・高会談は中国側、なかでも主戦派、上海の保安隊に漏れていて、会談壊しに出た節がある。そのさなかに起きた大山事件は、あまりにも偶然すぎた。

八月九日は揚子江流域の居留民の引き揚げが終わった日である。その日の夕方六時三十分頃、上海特別陸戦隊西部派遣隊長（第一中隊長）の大山勇夫中尉と、陸戦隊一等水兵の斎藤與蔵が運転していた自動車が、上海西部の虹橋《こうきょう》飛行場の北百メートルの越界路で、中国正規軍の航空兵に襲われて殺害されるという事件が起きた。

このため翌十日、高宗武司長は急遽、南京に帰ってしまった。そのことを知った広田外相は、川越大使に、至急南京に赴き、あらゆる努力を尽くすように訓令した。しかし、川越は広田外相の訓令に応えず、上海にとどまったまま動かなかった。

広田外相はそれでも十三日に、重ねて南京行きを訓令した。しかし、すでに南京への交通はストップし、機会を失った。

広田が再度、南京行きを訓令した理由は、南京で高宗武及び王寵恵《おうちょうけい》外交部長と会って停戦交渉を続けることもあるが、そのほかに南京のイギリス大使から、十一日付で「英・米・仏・独・伊五ヵ国が協力して上海地方の治安を維持したい」との申し入れがあったからである。

南京の日高参議官は八月八日、南京駐在のヒューゲッセン英国大使から、上海方面の平静維持に関する意見を受けとっていた。日高はすぐに日本に報告する。それから三日後の十一日、ヒューゲッセン大使から、「治安維持」の申し入れが日高に届く。日高はそのことを日本に報告したところ、十二日に外務省から、「昭和七年の停戦協定を中国側が守ることを条件として、五ヵ国代表の共同提案に応ずる」との返電が届いた。

日高は、直ちに右返電の次第を、ヒューゲッセン大使を経て英米仏独伊の代表（各国大使）及び蔣介石に知らせた。

同日、上海では日華及び英米仏伊独五ヵ国の委員で共同委員会が開かれた。日本側からは川越ではなく岡本季正総領事が出席した。

この席で、「日本側から蔣介石に、中国保安隊の撤退、租界近接地域の中国軍事施設の撤去を大至急申し入れること」が話し合われる。

岡本は南京の日高参事官に、その旨の電報を十二日の午後、打電した。

日高はすぐに南京の外交部を訪ね、陳介外交部次長に会って、五ヵ国の共同委員会でのこと、及び岡本総領事からの報告を申し入れた。

岡本は十二日に、外務省に五ヵ国共同委員会での協議内容、中国への申し込み事項を報告した。外務省から十三日、電報による返電が届く。十三日の午後、日高は外交部に急行して、王寵恵部長を訪問して、外務省からの申し入れを伝えた。

広田外相が十三日、川越に再度、「南京へ行き、上海の危急を救え」と訓電を打ったのは、こうした急な動きがあり、王外交部長に申し込ませるためであった。

だが、またも川越は動かなかった。代わりに日高が訪問して申し入れた。しかし、すでに中国の軍部は日本との全面戦争を準備しており、日高に対して王外交部長は、

「停戦協定の効力を論ずるなど形式的な議論を上下するのみで、遅い」と顔を伏せた。

こうして、上海での五ヵ国共同委員会での打開策は、効果を生まなかった。そればかりか、翌十四日、中国軍の航空機が無差別に上海を爆撃し、日支事変へと進んで行くことになる。

揚子江周辺の邦人、引き揚げ準備

軍令部が第三艦隊（長谷川清司令長官）に、台湾方面での海陸協同演習を中止して警備地である上海への復帰を命じたのは七月八日で、第三艦隊は九日午前一時に台湾の高雄《たかお》を出港して上海に向かい、十一日午前六時三十分に到着した。

上海回航の途中、長谷川長官は中国空軍の戦備促進に関する情報を入手すると、十一日未明、海軍中央部に航空隊及び陸戦隊の派遣準備を要請し、同時に、

「一、十日夕方来、盧溝橋方面情勢逆転の兆しあり。また中国空軍は秘かに戦備を整えつつあること確かにして、情勢実に逆睹《ぎゃくと》を許さざるものなり。各艦は万一に処する準備を整え、特に飛行機に対して警戒を厳にすべし。

二、各級指揮官は極秘裡に在留邦人引き揚げに対する研究を行ない、胸算を立ておくべし」と通達した。

揚子江以北の警備には、司令官下村正助少将の第十戦隊が軽巡「天龍」「龍田」を率いて青島《チンタオ》に急行し、揚子江流域を警備する第十一戦隊（司令官・谷本馬太郎少将）は揚子江を巡視中だった。

海軍は北支に備えるため、青島港に第一戦隊を常駐させていたが、五日に税警団という中央軍が青島付近に進入して以来、青島は不穏な形勢となっていた。陸戦兵は三百人にも満たず、突発事件が起きた場合は即応するには不充分で、増兵を要請していた。第十六駆逐隊が北支に派遣され、青島に到着するのは七月十四日である。二十一日には福州を警備中の駆逐艦「朝顔」が到着し、邦人の保護に当たった。

また、中国側のデマ情報がもとで、青島の中国人たちはつぎつぎに引き揚げていった。かわって奥地から、居留日本人の婦女子が続々と青島に戻ってきた。

揚子江流域では、漢口上流と漢口下流各地の引き揚げは、七月二十四日の軍務機密第四三二番電「揚子江上流方面居留民の引き揚げに関して差し当たり艦隊機密第一九八番の方針にて進まれ度し」により、広田外相は二十四日、在支大使、漢口総領事、重慶、宜昌、沙市、長沙などの領事あてに、「引き揚げの時期は改めて指示する意向なり。なお本件は外務、海軍が十分連絡の上措置せられるはず」と発電し、様子を待つように指示した。

しかし、各地の状況は一変していった。揚子江の一番奥の港町、重慶《じゅうけい》には日清汽船の「宜陽丸」が七月十五日から在泊していた。また砲艦の「比良《ひら》」も投錨していたが、中国側を刺激しないため、特定船を正式停船させず、常時一隻ずつ在泊するように、船舶のやりくりを考慮した。

重慶には、抗敵後援会が組織され、日本人の行動を監視していた。そこで、「比良」の土井申二艦長と糟谷領事との間には、「居留民は引き揚げ発令後十時間以内に宜陽丸で引き揚げる準備をとる」ことを申し合わせた。

すでに市内の状況は悪化していた。七月三十一日、市商会は日貨売買を禁止した。重慶の居留民は二十九名で、三十一日の夜六時、全員は「宜陽丸」への乗船を終え、船内で一泊した。翌八月一日朝六時四十分、「比良」に護衛されて重慶を出港、二日午後四時三十分に宜昌に仮泊し、残留者一名を収容、一時間半後に出港して、四日の午後四時に漢口に到着した。

この季節は降水が多く、蒸し暑かった。川は増水したが、「宜陽丸」は五日夜九時に漢口を出港し、七日午前中、上海に到着した。

宜昌では七月二十九日、「北支中国軍快勝」の号外が飛び、爆竹が連発された。軍人と学生が勝利を祝って市中を行進し、一部中国人の日本人への侮蔑《ぶべつ》行為が顕著となった。高井領事は引き揚げを決定し、二十九日夜、準備にとりかかった。

「長陽丸」は八月一日に五十七名の居留民を収容すると、宜昌を出港し、途中で沙市に寄港して五十七名の居留民を乗船させ、「保津」に護衛されて漢口に向かって下った。漢口を四日に出港した「長陽丸」は六日午後、上海に安着する。

長沙は揚子江の岳洲《がくしゅう》から鉄道で南へ百キロにあり、湖南省の北に位置する。宜昌からは洞庭湖を南へ航行する。ここには七十六名の居留民がいた。「沅江丸《げんこうまる》」は七十六名を収容すると、八月五日朝五時、「勢多」に護衛されて長沙港を出港、六日午前十時、漢口に到着した。「沅江丸」は日清汽船関係者と領事館関係者を下ろして六日夜九時五十分に漢口を出港し、九日朝六時三十分に上海に到着した。

漢口では七月二十九日、松平忠久総領事代理と第三艦隊との間で「漢口からの引き揚げ」をめぐって意見が対立した。領事側は「漢口からの引き揚げは早すぎる。任意引き揚げでよい」と力説した。第三艦隊第十一戦隊参謀の安藤憲栄少佐には、

「今回の漢口での日本海軍の戦備は、かえって中国側、在留居留民を刺激し、危惧の念を与えた。中国側は北支の事態が万一拡大しても、漢口在留居留民の生命、財産の安全保障を確信している。平戦両時を通じ、日本海軍は駐屯しない方がかえって安全。当地有識者及び一般民衆が等しく感じあるところで、また揚子江各地領事の総意でもある」と所見を述べる。

ここから外務省と海軍との対立が始まる。海軍側は情勢緊迫を理由に、谷本第十一戦隊司令官を通じて海軍の協力方針を松平総領事代理に、つぎのように申し入れて反論した。

「引き揚げを要するに至らば、在留邦人は速やかに集結、乗船し、差し当たり上海まで下江すること。陸上における警戒整理は日本租界及び日清六碼頭ハルクに限り、海軍が直接間接に領事館警察に協力する。また下江中途、危険を予想せらるる場合は軍艦を以て直接護衛する。事態が急にして帝国の商船を以て引き揚げ下江不能なる場合は、外国商船その他によらるることを希望す。この場合、海軍の直接護衛を行なわず。ただし情況により、海軍艦船に収容する」

多少、投げやりというか、脅迫めいた文章で、海軍は漢口の領事を追いつめている。

漢口からの引き揚げ計画は、陸軍省にも参謀本部にも伝わっていなかった。漢口からの引き揚げがどういう結果になるか。また、中国海軍が南京の東、揚子江下流、ちょうど中の島の福姜沙を中心に江陰近くの揚子江に十一隻の大型汽船を沈め、下流に機雷を敷設《ふせつ》して揚子江を航行できないように閉塞する作戦であることも摑んでいなかった。

海軍と外務省との交渉のさなかの四日、ついに漢口の情勢が悪化した。武昌では学生の抗日運動が盛んとなり、中国人職工が欠勤して工場の機能を失った。また、日本租界への交通と電話が遮断された。漢口に基地のある中国軍第九十八師からは、「租界内の支那人は八月五日までに租界外に退去せよ。さもなくば身は危険にさらされる。また、逮捕して極刑に処すべし」との流言が飛び交った。

六日、海軍省と軍令部は、五日の長谷川長官からの「漢口以下の居留民引き揚げ」至急発令を受け、外務省と交渉した結果、

「漢口及び下流においては現地外務官憲と連絡の上、機宜居留民を引き揚げしめられ度し。引き揚げに際しては、事態発生を未然に防止せんとするほか他意なき次第にて、この際、支那側においても十分不法行為等を取り締まることなからしむるように支那側に申し入れたし」旨を伝える。

こうして六日夜九時、漢口総領事代理は居留民の全面引き揚げを発令し、七日、七百名の婦女子が「信陽丸」に、「鳳陽丸」には漢口最後の六百七十名が収容され、軍艦「比良」「勢多」に護衛されて漢口を出港した。九江からは「瑞陽丸」が出港し、南京からも三日から引き揚げが始まり、九日午後一時、揚子江流域の邦人全員の上海引き揚げが完了した。

第三章——中央軍、北京北西に現われる

中国の主戦論者「全面開戦」

石原が第二課長の河辺虎四郎大佐に命じていた「北支事変処理要綱案」が策定されたのは八月六日である。石原は河辺から素案の説明を受けると、

「いいか。中国は全面戦争でくる。日本も国家総動員で当たらねばならない。だから北支事件は局地解決で停戦に持っていかねばならん。一般方針の三項目に国家組織の実現を主張するようにと、早く仕上げてくれ。陸軍省に上げんといかんから、急いでくれ」

と急《せ》かせた。

六日は、中国の全国国防会議の日である。情報が入るのは翌七日の朝になる。

南京の武官府や大使館は、この第一次会議の様子をさぐった。会議は午後二時、蔣介石の司会のもとで始まり、「全面的開戦」を主張する馮玉祥《ふうぎよくしよう》、閻錫山《えんしやくざん》ら主戦論者と、蔣介石直系の何応欽《かおうきん》らと意見が対立し、午後六時に終わったが、翌日に結論は持ち越された。

この会議で、積極的主戦派と自重派の顔ぶれが明らかになる。

会議の出席者は中央側から蒋介石、汪兆銘、外交部長の王寵恵《おうちょうけい》、何応欽、馮玉祥、程潜、地方側から山西省主席の閻錫山、広西省の白崇禧《はくすうき》、広東省の余漢謀、山東省の韓復榘《かんふくく》、何成濬《かせいしゅん》、朱紹良、黄紹雄、熊式輝《ゆうしきき》、孫科その他。

この中で主戦論者は、旧冀察《きさつ》軍長で反蒋介石リーダーの馮玉祥と白崇禧、閻錫山、孫科立法院長らである。馮玉祥は席上、

「北五省は危殆に瀕し、事態はもはや猶予を許さず、危急存亡の関頭に立って戦わねば断じて生存を求める所以ではない」と、日支全面的開戦を主張した。

これに対し何応欽、何成濬らは、「応戦やむを得ずとするも、開戦は機を見てなすべきである」と自重論を述べた。

石原は七日付の新聞報道を見て、中央側と地方側の意見対立があるが、蒋介石、何応欽ら蒋介石直系は、まだ外交交渉の道をさぐっているな、と判断した。同盟通信の情報では、この間、蒋介石はひとことも意見を発していない。

この国防会議に先だって、国民政府立法院は緊急会議を開き、孫科立法院長司会のもとで、対日問題を審議した。五十七名の委員が出席し、対日国交断絶、北支事変費、民衆組織案を審議するが、ここでも主戦論と自重論が半々で、一時収拾不能になるほど熱弁が展開された。七日の東京日日新聞は、

「国民政府としては、日本側の譲歩により北支派遣軍（日本）の撤退とそれに続く事態の政治的収拾を見ざる限り、日支国交は事実上の断絶状態に釘付けされざるを得ず、との趣旨で近く意志表示をなすことを決定する。しかし、時機については正式決定にならなかった」

と報道している。この点は船津工作の妥協案と内容が一致していて、ひと安心だった。

北京大学の胡適教授が、蒋介石の特別顧問になり、南京に居住することも決まる。胡適教授はアメリカ通として知られていた。

蔣介石も船津と高宗武会談の結果を待っていたので、主戦派の意見には結論を出さずに機を待った。その南京では、居留民の引き揚げが始まっていた。七日朝、大使館の一部を残して総引き揚げを命令する。上海から日清汽船の「洛陽丸」が南京に向かい、九日に乗船することになる。

揚子江上流の漢口からは七日午後四時すぎに全員引き揚げとなった。この日の朝十時頃、中国側の爆撃機十機が日本租界上空に飛来し、約一時間近く威嚇《いかく》飛行を続けた。

中国の国防会議は翌七日、第二回目に入った。主戦論組の突き上げは激しく、蔣介石も地方将校の奮起を求めるため、拡大戦線を利用して長期抵抗戦に出ることになる。また中国軍は、「日本の戦力は長くて半年」と分析していた。

首脳部会議の結果、蔣介石が陸海空軍を指揮する全軍の総司令になった。参謀総長には白崇禧が就任した。左翼前線総司令は閻錫山、同副司令には中央と共産党との連合軍を指揮する傅作義《ふさくぎ》が、中央前線総司令は劉峙、同副司令に第三十七師長の馮治安、右翼前線総司令には山東省の韓復榘、同副司令には胡宗南が就任し、平綏、京漢、津浦三線に沿い、三路よりの進撃を計画する。共産軍は八路軍と名前をかえて活動することになる。

顔ぶれを見ると、共産党軍と呼応する主戦派ばかりで、自重派の軍人は一線を退いている。

また、作戦は参謀総長の白崇禧が中心となり、戦時財政は宋子文が担当することになる。すでに、北支一帯にはCC団、藍衣社等が潜入していて、日本軍の後方攪乱《かくらん》を計画していた。

石原が驚くと同時に、外交交渉に暗雲を感じたのは、蔣介石のナンバーツーである何応欽が、軍政部長（陸軍大臣）を辞任し、総司令から外されたことである。

何応欽の辞意は八月三日、講演中の軍官学校で青年将校に殴打されたあと、蔣介石に漏らしていた。

何応欽は、

「装備充実している日本軍を刺激するごとき行動をなすことは、支那軍として作戦上不利であるから十分行動を慎むように」

と訓示したが、血気に走った若い青年将校の間から、

「梅津・何応欽協定の責任は誰にあるか！」

と野次が出て、共産党系軍人に汚染された青年将校たちが、何応欽を蔣介石の面前でつるし上げ、ついには殴打した。

このときから何応欽は、軍政部長の辞意を固めていた。しかし蔣介石は、懐刀《ふところがたな》の何応欽をやめさせるわけにはいかず、国防会議まで留保していた。それでも何応欽の辞意は固く、国防会議後の首脳会議で辞任を認めた。

部長には、次長の陳誠が昇格した。陳誠は蔣介石が黄浦軍官学校の校長のときの教官で、北伐の時は連隊長として出征し、のちに第十八軍長になる。共匪討伐戦には第二路総指揮として江西共産軍を追い詰めるのに成功し、それが蔣介石に評価され、軍政部次長に起用された。軍政部長就任後は、軍政策は彼のもとで進められ、上海事件、南京戦へと展開して行くことになる。

蔣介石、各方面の戦線を整える

国防会議で首脳人事が決まった翌八日、左翼前線総司令の副司令になった傅作義が前敵総司令になると、中央軍と共産軍連合と見られる辺境抗日軍の先鋒部隊が、土肥原・秦徳純協定を無視して東部察哈爾《チャハル》に進入し、熱河省境や北京の背後を窺《うかが》わんとしている、との情報が天津駐屯軍から入った。新聞も九日付の朝刊で報道している。

天津駐屯軍の情報では、これまで北は綏遠《すいえん》東部より南は津浦線北部に至る二百里一帯が妙に小康状態が続いていたが、国防会議が始まるのを機に、平静だった北方戦線の動きが急に注目をひく気配がして

いた。

偵察によると、六日までに北上した軍用列車は五十数列車で、中央軍の約三個師の精鋭が加わっている。そのほか、運河を利用して軍隊、兵器、食糧などが輸送されている様子が報告される。

中央軍は張家口を中心に五、六個師が集結し、土肥原・秦徳純協定を無視して赤城《せきじょう》、延慶《えんけい》の両県城を不法占拠していた。また、東部察哈爾には支那軍が進入していて、王仲廉《おうちゅうれん》軍の第八十九師は北京の四十キロ北の南口、永寧河、延慶、懐来方面に、高桂滋軍の第八十四師は赤城、龍関方面に、劉汝明軍の第十三師は張家口、宣化方面に、王万齢軍（中央系）の第四師は下花園、沙坊方面に、高雙成軍の第八十六師と李仙州軍の第二十一師は大同付近に集結中との報告である。

また、ソ連の援助で相当に武装化した共産党軍は陝西《せんせい》北部にいたが、国民政府と交渉の結果、抗日戦を旗印に綏遠方面に進撃をはじめた。

共産党軍は朱徳を軍長として、南京より派遣された黄祺翔《こうきしょう》を政治指導訓練所長として、総勢五個師と二十団。五個師の師長は、賀龍、徐海東、彭徳懐、林彪、蘢克《ろうこく》らで、その兵力は約三万三千人である。

北京をめざして、赤化された傅作義を総司令として中央・共産連合軍が綏遠、察哈爾に進入しつつあった。総合兵力は歩兵五個師、騎兵二個師半、約七万人と推定され、背後には朱徳軍長の五個師の共産党軍が控えていた。

八月八日、察哈爾の南東部の省境にある永寧城の南方約十五キロ地点の二道河子北方に、中国軍約百名が越境してきた。守備についていた日本軍との間で約一時間交戦となったが、撃退している。早くも、傅作義軍の揺さぶりが始まっていた。

八月八日は船津の裏面工作の最中で、石原は外務省アジア局長の石射猪太郎に電話をかけて確認をとった。

「まだか？」

と問い合わせると、石射アジア局長は、

「それが、川越大使が船津に代わってやると」

と、言葉を濁した。

「なに？　なぜ大臣は止めないのか」

「何度も伝えたのですが、どうしてもと」

「期待うすだな――持久戦になるぞ」

電話を切った石原は、しばらくの間、天井を見上げた。

彼の頭の中には、内地軍派遣三個師団のうち一個師団を大連にとどめて様子を窺う、との策が去来した。陸軍はこれまで持久戦に対しては何も準備していなかった。輸送船舶の確保もできていない。国家総動員で強力な国家組織をつくらねばならない、と腹を固めたのはこの時である。

昭和十四年秋、参謀本部支那事変史編纂部勤務の竹田宮恒徳王大尉のインタビューに対して、「戦争指導考案」の中で当時の見解を、石原はこう語っている。

「最初から支那との戦争は持久戦であると思っておりましたので、作戦範囲を成るべく限定して、そこを何年でも持っている、と言うことを考えたのであります。

最初からどしどし延びて行くということは支那の真面目の抵抗となることですし、しかも石原は決戦が出来ると考えません。そこで長時日作戦することになります。そうすると、ソ連が出る心配があるので、支那の最少限度の原点をつかんで、もしソ連がやって来たならばこれをやっつけるという考えでありました。これが私の戦争指導の気持です」

不拡大方針を執らないで、このさい一挙に問題を片づけようという考えはなかったか、の質問には、

「私共はその可能性を信じ得ませんでした。一挙に片づけようとしましても、平時準備が不充分であり、輸送力がありません。動員に決心した後の軍の編制動員、集中等は最善を尽くしたのであります。

徹底的にやろうと思っても、軍事行動はあれ以上のことは出来ないのであります。但し、船舶の徴用をさらに徹底的にやったならば、あるいは若干輸送を有利ならしめたかも知れません。

船舶徴用数決定には、私共の不拡大方針の影響が相当あったかも知れません」

不拡大方針を採って進んでいるうちに事変を片づけ得る見通しがあったか、あるいは全面戦争は不可避という見透しだったかについては、「大体、上海でぶつかってゴタゴタになってからは、もう講和のチャンスがあるとは思われなかった」とこう答える。

「不拡大方針というのは政治問題であり、開戦後、作戦範囲内の制限というのは、我が戦争力の判断に基づく軍事上の問題でありまして、政治上の掣肘《せいちゅう》によるものではありませんでした。

『内地部隊を動員したとき、全面戦争をやる覚悟があったか』（という質問）ですが、それは全面戦争になると考えるけれども、前に述べた南京との外交交渉によって根本的転回をなす可能性を有すると思っており、もしそれが駄目なときは全面戦となり、非常に長引くものと考えました」

北支事変処理要綱案

石原が河辺二課長に「北支事変処理要綱案」の作成を急がせた理由の一つは、国家総動員を行なわなければ持久戦争、全面戦争に勝てないと先の先を読んでのことである。

石原が初めて三宅坂の陸軍中央部に抜擢されたのは大佐になった四年目のことで、旧庄内藩（山形県日本海側）出身者の陸大卒後の中央部勤務は見送られ、派閥外にあった。また、石原が参謀本部作戦課長に着任した頃も、陸軍省及び参謀本部員は対ソ戦が中心で、対支作戦は考えていなかった。したがって中国との全面戦争、持久戦争は頭の片隅にもなかった。

盧溝橋事件後に参謀本部戦争指導課で急いで検討されはじめる。石原はこのときから、対ソ戦のほかに、中国との全面戦争、持久戦争にも万一に備えた。

しかし、持久戦争は負けるからやりたくないし、参謀本部だけでは決定できない。それに国家対国家の戦さになるので、天皇を中心とした統帥部と、近衛内閣の政治部が協力して方針を決定しない限り実現不可能になる。

双方で決定できない場合は、最終的には聖断を仰ぐことになる。昭和十六年の大東亜戦争は、外交で敗れた東条内閣と統帥部の意見が一致したあとの御前会議で聖断を仰いだ。本来、統帥と政治は国家予算、外交も絡んで意見は不一致となるものだが、昭和十六年十二月の御前会議は、真珠湾攻撃作戦を隠しての聖断という異例の事態になる。

石原が提案した国家総動員制度は、統帥部と政治部が意見一致を見る機会を生むが、昭和十二年七月の時点では、主として軍需工業動員にあった。

石原は、戦争をやらなければならない状況ならば、最初から国家総動員を行なう方がよかった、とつぎのように答えている。

「軍需工業動員は今の経済状態から見て、とうてい当時一挙に三十ヶ師団の動員はやることが出来ないので、先《ま》ず半分の十五ヶ師団と考えました。

その理由は、ソ連に対しては井本熊男大尉の研究によれば、已《や》むを得ず守勢を取っても十九ヶ師団必要というのでありました。支那に対しては先ず六ヶ師団を使って、五ヶ師団を中央に予備に持っており、時に応じ機に臨んで支那に持って行く態勢をとる、というので、結局合計十一ヶ師団を必要に応じ支那に使うこととし、対ソ連の顧慮上、速やかに在満州四ヶ師団の戦備を充実する、というのであります。

即ち、先ず十五ヶ師団分の軍需工業動員をすると発令すべし、としたのでありました。十五ヶ師団の軍需工業動員を行なうものとして、昭和十二年度には二十五ないし三十億円の軍事予算を要するもの、と参謀本部では計算しました」

北支における対支作戦に積極的だった陸軍省が求めた予算は、三十億円の軍事予算を計算した参謀本部案とは大きくかけ離れていて、たったの三億円だった。決戦に出る陸軍省は、三億円で蔣介石を参らせると考えていたのである。これに対して石原は、「地面に足のつかない戦争指導だ」と驚き、結局六ヶ師団で作戦を行なう方針を固め、「保定・濁流鎮の線」と決定し、天皇に上奏したのは八日前の七月三十一日のことだった。

国家総動員をやろうとした石原に、「北支事変処理要綱案」が提出されたのは八月七日である。石原は要綱案をじっくりと読み、修正を加えた。

要綱は一般方針と要領に分かれ、要領については、概《おおむ》ね同意した。要領は、

㈠武力行使と指導。

㈡軍需動員、総動員は対支作戦にあるが、随時ソ連の戦争加入に対抗し、所要量を適時に発動する。

㈢北支各軍閥、南京政府、財界の動揺誘致などに関する謀略工作。

㈣交戦法規。

㈤居留民の保護。

㈥冀東地区及び北支作戦後方地域に於ける百般の指導三項目。

㈦日本、第三国相互間経済措置。

㈧事変の善後処理に属する日支外交折衝。

㈨内政は強力国家の態勢へ。

㈩前記論項の具体的方策。

そのほかに、排日運動禁絶など、要綱付属事項四項が添えられている。

一般方針は、つぎの三項目である。

一、事変処理の帰結はなるべく先ず北支問題を解決し、日支全般問題の解決促進に資するにあり。

日支全般的問題の解決は支那側をして其の抗日政策を放棄せしめ、日満支三国提携共栄を実現するの基礎たるべき真に明朗なる地域を南京政府主権の下に、北支に出現せしむるにあり。
二、右の目的達成のため、兵力の行使、要地の軍事占領、現地政権の内面指導を講ずべしと雖《いえど》も、努めて迅速に此等処理の終結を図るとす。但し、概ね北部河北省及び察哈爾省を含む範囲に於ける明朗地域の出現は、必ずこれを期すべきものとす。
三、情勢に依り相当大規模または長期に亘る兵力の行使を覚悟せざるべからざるを以て、直に之に関する所要の処理に着手する。

第二課の要綱案はここまでだったが、石原はみずから鉛筆で、

「——着手し、速やかに強力なる国家組織を実現するの要あり」と加えた。この最後の「国家組織」こそが、処理要綱の重要ポイントだった。石原の考えが書き込まれ、陸軍省、参謀総長の支援を受けた。

河辺二課長は石原の考えを加えて清書し、陸軍省、参謀総長の了承を得、さらに海軍、外務省事務当局と協議し、三大臣提議用の修正文を作成した。

のちにこの修正文には、米内海相は同意したが、広田外相は十六日、同意の表明を避けた。このため、「北支事変処理要綱」は宙に浮いたままになった。

海軍大山中尉、中国軍に殺害される

川越茂在南京大使と高宗武アジア司長との会談が具体的内容に入らないまま翌日に延期となった八月九日夕方六時半頃、上海海軍特別陸戦隊西部派遣隊長大山勇夫海軍中尉が、上海の西八キロの虹橋飛行場付近の路上で、中国軍の航空兵に乱射されて即死するという事件が起きた。

車を運転していた斎藤與蔵一等水兵は数弾を受け、血ダルマになって運転台から転げ落ち、現場から

二十メートル東の豆畑で最期をとげていた。

撃ち合う銃声が聞こえて間もなく、陸戦隊の重村は七時半に現場に急行するが、大山中尉は銃弾を浴びたうえ、青龍刀で頭蓋骨を割られて死亡していた。

自動車には数えきれない弾痕があった。車内は血に染まり、二人とも身ぐるみ掠奪され、斎藤水兵は豆畑に仰向けに放り出されてあった。

大山中尉は上海西部にある日本の紡績会社の邦人警戒に回り、夕方五時、正規の軍装姿で水月倶楽部（内外綿倶楽部）を出発して付近を視察し、陸戦隊本部へ連絡のために向かう途中だった。

翌日、現地調査員の山内陸戦隊参謀と吉岡領事は、中国側から朱市政府秘書長、警備司令部引副官、工部局監察官ら立ち会いの下に共同で現地を調査した。その結果、犯人は虹橋飛行場の航空兵で、国民政府航空委員所属の正規兵であることが明らかになった。

陸戦隊司令部発表によると、大山中尉は全身十八ヵ所に傷を受け、そのうち最もひどいのは右腰部盲管銃創だった。これは第一弾と見られ、そのあと車に伏し、ほとんど危篤状態に陥ったところを銃の台尻で後頭部を猛打された。さらに車外に引きずり出されて仰向けにされ、青龍刀で頭部を滅多斬りにされたうえで、銃剣で心臓部をえぐるという蛮行の限りをつくしていた。

新聞発表によると、

「心臓部には拳大の孔があり、死体に対し鬼畜の如き暴虐を敢《あえ》てしたことが分かる。また中尉の剣帯、軍刀、シース（鞘《さや》）、腕時計、靴などが紛失しており、保安隊が掠奪したことは明白。斎藤水兵の軍服が濡れているところを見ると、犯行を隠蔽すべく死体をクリークの水につけて軍服の血痕を洗い落とした形跡あり。保安隊の弾丸はダムダム弾式のものと推測される」

大山事件の真相が明らかになった十一日午後五時、岡本総領事は上海市政府を訪問し、兪《ゆ》江釣《こうちょう》市長に、「一、日本人居留民地域に接する地帯にある保安隊の撤退、二、停戦区域内の支那側防備施設の撤収」

を申し入れた。

兪市長は、「第一項に対しては十日夜以来、同地域に保安隊の進出するのを禁じておる。二項目の防備施設の自発的な撤収を開始しつつある」と答えた。約三時間の会談だったが、しかし保安隊の撤退はなかった。

大山事件以前から、中国軍は昭和七年五月、第一次上海事変後に日中間で停戦区域を決めている。しかし、中国軍は租界区、駅周辺、上海市街に防塁を築き、保安隊員三万人近くが上海や停戦区域に侵入していた。

その中には中央軍第八十八師、八十七師、八十二師の一部が姿を変え、保安員と称して潜入していた。これらの装備は正規軍と変わらなかった。

上海の北停車場の北方には保安隊一千人が、停戦協定を侵した保安警察員が一万二千人もいた。

このほか、便衣隊員として約一万人がおり、各自にはピストルと手榴弾が配付されていて、上海は発火寸前の状況にあった。

また、停戦区域である上海の南、龍華から西へ虹橋飛行場北側、安亭駅の東側から揚子江に沿って滸《こ》浦《ほ》口《こう》までの揚子江側の湿地帯は非武装地帯になっていたが、中国軍は呉淞鎮から揚子江に沿って上流の劉河鎮までの十キロ奥まで、ドイツ軍事顧問設計の厚さ二メートルのコンクリート要塞を築いていた。

日独防共協定を結んでいるヒトラーのドイツは、兵器と顧問団を送り込んでいた。なかでも揚子江沿いの要塞および大場鎮、川沙鎮は陸軍の上海派遣軍の上陸を喰い止め、日本軍は連隊長も含め死傷者二万人を出すなど大苦戦する。

石原莞爾は大山事件を翌朝の新聞を読んで知るが、課長時代に軍令部の稲垣生起課長に、

「海軍は揚子江から引き揚げるべきだ。軍艦が浮かんでいるから支那軍は攻勢に出てくるんだ。今の支那軍は清国時代の支那軍と違って兵備がととのっている。揚子江に軍艦を浮かべてたんでは、どうぞ射

って下さい、というようなものだ。かえって支那側を刺激するだけだ。居留民は各領事館と中国政府にまかせておけばいい」

と強く提案したが、海軍は石原の忠告を聞き入れなかった。それよりも、かえって揚子江の上流まで上がり、日本人居留地近くに軍艦を碇泊させ続けてきた。それだけに、大山事件といい、揚子江沿岸からの早期の日本人引き揚げが悔やまれた。

陸軍にはこの大山事件の当日、中国の中央軍が、察哈爾、熱河省境方面に兵力を増強しているとの情報が入っていて、大山事件が起きた九日の夜は、北支の情報分析に追われていた。大山事件は海軍と領事館で解決すると思われたので、参謀本部は北支への船舶輸送の進行が気になっていた。担当者たちは陸軍省へ出向いて、各港からの出港の様子を見守っている。

第二部及び陸軍省に入った情報では、中国軍は熱河及び張家口の北、張北に侵入しようとしており、兵力は中央傍系の第八十四師長高桂滋、宋哲元部下の劉汝明、中央軍の湯恩伯《とうおんぱく》の部隊とのことである。この部隊は熱河省境や南口から張家口、大同、平地泉にわたり、平綏線一帯に集中していた。兵力数は歩兵五個師と騎兵約二個師半、合計七万と推測された。

石原は、すでに平綏線および熱河方面に、馮玉祥系の軍団が配置され、南京からの指令を待っているように思えてきた。その南京では、あらたに戦闘編成が組みかえられているような気がしてならなかった。

なぜなら、何応欽大将が軍政部長を辞任したということは、軍政から作戦方面の重要ポストにつくだろうとの推測からである。全面戦争になったとき、蔣介石は何大将を自身の近くで起用しないはずはなかったからである。

そうしたさなか、第八十四師の高桂滋が、内蒙古、熱河、北京攻撃を指揮する第十七軍長に任命され、全軍を指揮することになった。

石原が予想したように、七日の発表以降、中国軍はトップの組織再編成に入っていた。蔣介石が総司令になった時点で、方面総司令官である三人の区総司令が組織されていた。揚子江から北京を含む華北区総司令には、対日主戦派で反蔣介石派の首領、馮玉祥が就任している。おそらく強引に総司令になったのであろう。彼は中国共産党と協力関係にあり、北京に満州奪還と日本人追い出しを主張してきた。

南京を中心とする華中区総司令には、何応欽を起用している。華南区総司令には李宗仁が就任する。

また、十一日付で日本の方面軍司令官にあたる各路の総指揮も固まる。それによると、綏遠、察哈爾の旅撃作戦には第一路軍が当たり、総指揮は中国共産党の朱徳が、副指揮は毛沢東である。

第二路総指揮には反蔣介石の閻錫山が、副指揮には主戦派の傅作義が起用され、平綏線沿線からの攻撃に出る。

第三路総指揮は商震が、副指揮には孫連仲が就任し、第三十五師、八十三師で平（京）漢線沿いから河北省、河南両省の守備についた。軍編成は全部で十軍（路）で、以下のとおりである。

第四路：指揮・張学良、副指揮・顧祝同＝平漢、隴海《ろうかい》両線、河北、河南地区
第五路：指揮・何欣済、副指揮・何健＝湖北、湖南、長江中流地区
第六路：指揮・韓復榘、副指揮・馮治安＝津浦線沿い河北、山東地区
第七路：指揮・蔡延楷、副指揮・翁照垣《おうしょうえん》＝江蘇、浙江両省、沿海北区及び江西線
第八路：指揮・張護奎《ちょうごけい》、副指揮・陳飭《ちんき》＝福建省、沿海地区。のちの共産党の「八路軍」になる。
第九路：指揮・余漢謀（広東省出身）、副指揮・余永昌＝広東省地区
第十路：指揮・龍冀《りゅうき》＝雲南省地区

これが中国全軍である。この中に、張学良が平（京）漢線、隴海線、河北地区の方面軍長に起用され、華北地区は馮玉祥総司令の下に共産党軍と閻錫山、傅作義が北京の北西から北京を挾み撃ちする形をとっている。

天津駐屯軍の情報では、第十七軍は懐来―沙城線に四個師、南口―廉荘に第八十九師、龍門口、赤城、東山鎮には第八十四師が配置についていた。

その背後には朱徳、毛沢東の共産党軍が控えていた。察哈爾省から帰った邦人によると、察哈爾にはソ連から二百名のロシア人顧問団が入り、また百名のソ連共産党青年（軍人）が送り込まれ、中国共産党軍の軍事指導に当たっていた、との有力な情報が入ってきた。

第四章——石原部長の不拡大方針

上海派遣に猛反対

上海で海軍の大山事件が起きた翌十日、石原は眠れぬ朝を迎えた。彼は起きると、部長室から皇居の森を眺めながら、上海は海軍で処理してもらうが、北支への輸送用船舶の確保が遅れ、予定の十日に第一船が天津に上陸できないことに、苛立《いらだ》ちを覚えていた。

北京と張家口との間にある平綏線の南口駅付近には、関東軍の鈴木重康少将の独立混成第十一旅団が北京の側背を掩護しているが、いつ中国軍に攻められるか知れない。早く第五師団の一部を当てねばと思うと同時に、上海への飛び火をうまく阻止しなければ、全面戦争と持久戦を覚悟しなければならない。その時には確実に敗ける、と覚悟するものがあった。

「中国は広いのである。兵器・弾薬は半年分しかない状況で戦えるか——。上海はこれ以上拡大させず、万一の時は上海の北方周辺を確保して和睦に持ち込み、邦人を保護するにとどめる範囲とする」との腹案を持っていた。

しかし、それは海軍が決めることで、陸軍は満州と北支の安定で精一杯だった。石原は両腕を背中で組み、部長室を歩きながら、自分の行動と、これまでの事変処理の経過を振り返っていた。

「支那班は北支をとれば中国側は経済的に参ると判断し、わずかの兵力を一度に使用すれば大勝利すると簡単に考えている。彼らは満州の経験もあるからというが、私は満州のような具合にはいかぬと確信していた。開戦当初、敵に大打撃を与え、それでも屈服しない時は使用兵力に相応した地区を領有し、その地区の治安を確保して外交交渉に持って行く。兵力の逐次使用は絶対に避けるべきで、速戦即決で、ことを拡大しないことだ」

「対支戦争は、持久戦争になる。それも何十年もの長い戦いになる。満州とちがい、あの広大な、湿地と川と湖と山が連なる中国で戦うことは、ドロ沼に足を突っ込むようなもので、絶対に避けねばならない。もっとも作戦範囲を北支に限定して、そこで何年でも確保していくことも考えないではない」

「戦線がどんどん伸びて行くということは、中国が真面目に抵抗することになる。長びけばそれだけ、ソ連が出てくる心配がある。ソ連は中国共産党軍に人と兵器を送り込み、日本軍と戦う国民党軍を疲弊させ、いずれ漁夫の利を得るだろう。満州はたった今、重要産業開発に入ったばかりである。そこに東満と北満、蒙古から攻められたら、たった四師団で何ができるか。そうならないためにも、中国の最小限度の要点をつかんで、もしソ連がやって来たならば、これをやっつけるまでだ」

「不拡大方針というのは政治的問題である。開戦後、作戦範囲の制限というのはわが戦争力の判断に基づく軍事上の問題であって、政治上の掣肘《せいちゅう》によるものではない。不拡大方針をとらないで一挙に問題を片づけようとしても、平時の準備が不十分である。輸送用の船舶が不足している……やはり、陸軍大学校の教育が悪かったな――。誰一人、信念を持った意見を言う者がいない。統師部が不統一なのは、個人個人の責任ではなく、また各自が悪いわけでもない。現実における戦争に対し、陸軍大学校の教育が実際に沿わないでいる」

「持久戦争になったら、参謀本部だけで出来るものではない。統師部、四相、陸海軍省など政治部の各当局が協力して方針を決定するものである。もし意見一致を見ることが出来ない場合には御聖断を仰いでなさるべきだ……あと十年、頼むから十年間、戦さをしないでくれ。満州国を立派な国家にしてみせる。アメリカ合衆国のような協和国家にしてみせる。統制経済は一国一党でスピードアップできるから、どうか戦さにならないでくれ。さすればハワイ、ミッドウェー、ウエーキと基地を近づけてきたアメリカとの最終戦争にならずにすむ。日米戦は避けられるのだ。夢のまた夢かな。近衛首相が蔣介石と会えば解決する話だが」

石原を悩ませた事情はもう一つあった。それは中国側が「日本の軍事力は六ヵ月を越えない」と、かなり正確な数字を出していたことである。第二部はこの情報を知っていたが、石原に伝わったのは、つい先日だった。

在日中国大使館では各国の武官筋と連絡をとり合い、情報を得ているのは当然のことで、「半年」という限度も、かなり近い線まで摑んでいる。石原が怖れたのは、こうした情報が、中国政府内の主戦派を動かしていることである。

中国軍の特徴のひとつに、こちらが弱いと見ると勢いよく攻め、何もかも焼き尽くす作戦に出る。これまでの中国歴史上の大戦がそうであった。身近な例は通州事件である。弱いと知ると、屋根をはがしてでも侵入して皆殺しにする。日本人と違って武士道がないから勢いまかせで、逆に相手が強いとサーッと退く。孫子の兵法そのものだ。石原はこの孫子の兵法こそ、世界最大の兵法と評価してきた。たぶんに、これからの戦さに、この兵法がとられるのは想像するまでもない。逆に日本の軍事力の強さを知る者はひとにぎりで、他の方面軍司令官たちでさえ知らない。

ただし「半年の軍事力」と知れば勢いに乗ってくる。八月六日の上海警備司令官の張治中は、上海にいる各国の武官たちの情報から、そう判断して管内の将兵たちを鼓舞した。勢いにのり、七日、南京からの軍用列車で運ばれてきた正規軍や中央軍は、ぞくぞくと上海の租界地区に侵入していた。

確かに、日本陸軍の弾薬貯蔵量は、戦時計画上の兵力三十個師団の一会戦分にすぎなかった。三十個師団が会戦したとすると、四ヵ月でなくなる計算である。

今回、対支作戦に十五個師団を使用するとなれば、約二会戦分の八ヵ月分の補給となる。

昭和十二年度の軍需動員能力は、戦時兵力三十個師団に対して約七割だった。つまり二十一個師団の一会戦分にすぎなかった。それも軍需動員開始から十ヵ月かかる。なかでも七月から九月までは各月四個師団の会戦分で、十月以降からは各月五個師団の会戦分となる。

当時も、小銃ひとつを取っても、十五個師団分の補給は、軍需動員第四ヵ月半分で可能と見られていた。このように、日本の軍需工業動員能力は準備もなく、きわめて低調だった。

「対ソ戦用弾薬を流用しなければならないか。どうしても、それだけは避けたい」

陸海協定

前日の九日朝、石原は陸軍省戦備課長の長谷川基大佐からの軍需補給の説明を受けていた。参謀本部の会議室の大きなテーブルを挾んで、第一部から四部までの部課長、班長が招集された。その席で長谷川は、重い口調で説明した。

「補給の大要について申し上げます。まず総兵力三十個師団の半分、すなわち十五師団と、飛行隊五十中隊に応ずるものは補給可能です。

弾薬は、第一会戦は現在のものを使用しますが、第二会戦一ヵ月前において、十五個師団兵力の第二会戦の分は製造に支障ありません。所要経費は約八億円と推定しますが、取り敢えず第一期として三億円を要します」

石原は海軍側から、中国軍にアメリカ、ソ連などのパイロット顧問団が送り込まれている事情を知らされていた。上海の第三艦隊から海軍中央部への打電文は、中国側の応戦準備が着々と進んでいる旨を伝えている。

その中で、数日来、アメリカ軍の北方移動が頻《しき》りになっていて、八月二日現在の様子をこう伝えていた。

「隴海線以北に集結中のもの、カーチス・ホーク十四機、ダグラス十六機、コルセア二十八機、サボイア重爆四機、計六十二機。

北支各飛行場の構築、燃料、爆弾、医療品等の輸送を急ぎつつあり。彼我の空軍衝突の時機漸《ようや》く切迫せり。偵察機または輸送機を以て毎日、上海、馬鞍群島方面に於ける我が艦艇の行動を偵察し、また康徳にノースロップ機二十五機、虹橋にマルチン機ほか五機を以て上海方面に備え、孝感にダグラス機九機を以て漢口方面に備え、待機中」

すでにこの頃、中国の南部、昆明《こんめい》には米軍専用の空軍基地が拡張されていた。米軍機は香港から昆明に運び込まれ、組み立てられていた。のちに昆明基地はB29の基地となり、中国本土及び満州にまで飛行し、中国最大の米軍基地となる。すでに、昭和十二年、ルーズベルトは中立国と称しながら、蔣介石に武器と空軍兵を送り込んでいた。立派な裏切りであった。

「前回、弾薬補給は、野砲一会戦分一門あたり七百五十発であるが、参謀本部はその倍増を指摘した。しかし、現実は不可能と見る。対ソ戦用は流用させない。全面戦争となれば、根幹から、これまでのすべてが崩れる。満州産業開発も軍備拡充計画も、なにもかもゼロになる。それでよいか！　第一期分を三億だって？　そんな金で戦えるのか！」

石原は、全員に向かって怒鳴りつけた。

「確かに、参謀部の試算どおりに三十億円を要しますが、現実的には不可能でありまして、第一期は三億円内でと」

「陸軍省は、この戦さが二、三ヵ月で終わると思っているようだが、上海を見ろ。海軍のトンマどもが、軍艦を揚子江に浮かべているから、このざまだ。陸軍はいずれ上海にも派遣せざるをえなくなる」

そこまで言ったときだった。参謀本部の武藤章課長は、

「上海は海軍で片をつけてもらうほかないが、陸海協定があり、拒否できんですな」

と語調を荒げた。

七月十一日に作戦課長みずから海軍に申し出て、陸海の協力協定を結んだ手前、武藤は腹だたしさを覚えた。

「私も武藤課長と同意見だ。しかし、上海でことが起きても、陸軍は出せない。全面戦争になっても局部解決の線を崩さないことだ。派遣なら、軍需動員、総動員の決裁を得ることだが、私は反対する。陸軍は北支解決に万全を尽くす」

「しかし軍令部では、すでに青島及び上海に対して陸軍の派兵準備の必要があると、海軍省に申し入れておられます」

「すでに杉山陸相に申し入れておられた。今日あたり、参謀本部に打診してくるだろうが、参謀本部は北支の解決に全力を投入する」

海軍の米内海相が杉山陸相に申し入れをしたのは七日で、その理由をこう述べている。

「上海居留民の生命財産擁護のため、陸軍兵力を所要に応じて直ちに急派し得る準備をなすこと。その理由とするところは、つぎの点からである」として、四つの理由を述べている。

一、山東及び揚子江流域は、わが国の対支経済発展の二大枢軸である。その中心たる青島において、一朝事変のため権益が水泡に帰するは忍びえないところである。

二、事変以来、最近全支に漲《みなぎ》る排日抗日気勢の昂揚と優勢なる中国軍兵力の集結により、わが居留民を包囲する態勢を整えつつある。

三、上海には特別陸戦隊あり。青島派遣予定の陸戦隊は待機中であるが、中国正規軍に比し兵力寡弱で、居留民保護の任を全《まっと》うし得ないので、事態急迫の時は所要の陸軍兵力を必要とする。

四、陸軍兵力の派兵には、上海へは七日、青島には九日を要するので、今日より右兵力派遣準備を完整しておくことが必要である。

当時、上海の陸戦隊は四千人だった。しかも陸戦の訓練は乏しかった。そのさなかの大山事件だったが、上海周辺には三万に近い中国軍が南京から続々と列車で移動して、上海を包囲していた。

それも停戦区域である黄浦江から上海の蘇州河の南、龍華から虹橋、紀王、蘇州河上流の安亭、そこから北西へ揚子江に向かって大滄州、滸浦口を結んだ三角形である。だが、すでに上海への出入口である呉淞宝山には正規軍が要塞を築き上げて応戦準備を、また上海の租界地にも陣地を築き上げていた。

長谷川清第三艦隊司令長官は、南京政府に対し、

「停戦協定内における中国軍及び軍事施設の撤退」を要求した。しかし、それでも無効と判断し、南京からの派兵を続々と送り込んできた。

川越大使、出しゃばる

この朝も、石原は朝食抜きでお茶を一杯呑んだだけである。石原は家から届いた肌着に着がえると、気持ちを整えた。

十日は火曜日で、朝から三十一度の猛暑だった。外はうすぐもりである。石原は配達された新聞各紙に眼を通した。中でも「東京朝日」は、九日の大山事件を「帝国海軍中尉・上海で射殺さる」「暴戻《ぼうれい》！鬼畜の保安隊、大挙包囲して乱射、運転員の水兵も拉致」「陸戦隊出動、非常警戒」と二面全頁（一面は各紙全面広告で記事は二面から始まる）で取り上げていた。

紙面の中ほどに、「保安隊なお密集」という海軍省発表の記事がある。深夜の記者発表シーンの写真付きで、状況を語っているが、その中で斎藤水兵が行方不明とあるのが気になった。

「引きずり出されて、どこかに連れ去られたか」

その記事の左横には、「共同租界のテロ、帝国軍人に挑戦」「斎藤水兵も殺害、上海市長、謝意を表明」とある。

石原はその記事の下の、五行のベタ記事に惹《ひ》きつけられた。「川越・高会見」とある。朝日の上海支局も同盟記者も、川越・高会談の重要性に気づかなかったのであろう。

記事は同盟通信からの配信になっていて、「国民政府亜州司長高宗武氏は国民政府最高幹部の命を受け、九日朝南京より来上海、午後六時わが川越大使を官邸に訪問、会見一時間半にて辞去した」とある。

紙面のムードからは、共同租界問題で高宗武が川越大使と打ち合わせたように受けとれる。会談時間が一時間半といえば、夕方の七時三十分頃である。五時に発生した大山勇夫中尉（24歳）の殺害事件から一時間後に会談が始まっている。二人にも情報が届いていたであろう。しかし同盟記者は、この二人が裏面工作の重要会談とは知らないばかりか、各記者とも大山事件の方を向いていて、さほど注目していない。

それでも石原は、高宗武司長にかすかな期待と希望を持った。大山事件は局地解決して、高・川越会談を続行し、南京の蔣介石に「日本軍の北支からの完全撤退」「南京政府の自治下におく」の二点だけでも合意可能と伝えてもらえれば、解決の緒が見えてくる。具体的な実行はそのあとからでもいい。この二点を確約できれば、各前線の司令官に過激な行動に出ないように、と伝令できよう。

「慎重派が干《ほ》されているな。汪兆銘も何応欽も、軟禁状態かも知れない。彼らは、中国が日本軍に勝ったあとでは、主客転倒して反国民政府の軍が力を持ち、そのうしろでソ連共産党が銃口を向けると先を読んでいるだろう。誰も止められないでいる。統制のきかない軍は、勝機と見て暴走するだろう」

もとを正せば、昭和十年五月二十九日の一方的な「梅津・何応欽協定」に始まる。

討共戦で共産勢力を延安に駆逐して中国統一の途上にあった蒋介石の国民党は、日本軍との抗争を避け、「塘沽停戦協定《タンクー》」を結んで日本側に譲歩した。

国民党革命を完成させるため、蒋介石は親日家で温厚な何応欽を北平（京）軍事分会委員長として北京に出した。何応欽なら日本軍とうまくやれる、抗争は起きないと踏んでのことである。

「塘沽停戦協定」では河北省北部に非武装地帯を設定したが、今度は六月十日、「梅津・何応欽協定」を結ばせ、河北省から中国軍を追い払った。何応欽は恥辱に耐え切れなかったが、武力で勝ちめはなく、国民党支部組織を解散し、みずから涙を呑んで北京を去った。

中国側からすれば「塘沽協定」で充分に親日の北京支部が生まれ、仲よくやれるムードが生まれていた矢先の、それもわずか十日後に「北京から出て行け」との追い出しである。このときから、中国軍は親日から抗日に変わって行く。

さらに追い撃ちをかけるように、同じ六月末、「土肥原・秦徳純協定」を結んで、北方の察哈爾《チャハル》省内に非武装地帯を設定した。河北省の非武装地帯には冀東《きとう》防共自治政府を作った。石原が参謀本部に抜擢される二ヵ月前の、抗戦派によるあわただしい「北京侵略」だった。それから二年後の八月、戦火は上海に飛び火した。

「早く火を消さねばならん」

石原は朝食直後の作戦課の部屋に入ると、武藤と班長の寺田済一中佐に、

「海軍の作戦方針はどうなっとるか。早く火を消すように、軍令部に確かめてくれ」

と指示した。

石原の指示を受け、寺田が車ですぐに軍令部に出かけた。彼は予約《アポ》なしで飛び込み、控室で岡田為次《ためつぐ》作戦班長（奈良県出身、海大28期）を待った。

寺田は岡田と打ち合わせしているとき、初めて陸軍省が第三、第十一、第十四師団の上海と青島動員案を出している旨を知り、驚いた。

「それはいつ頃の話ですか。参謀本部は知らぬことですが」

寺田はあまりのショックで、唖然とした。

「閣議の席での話です」

「海相が陸相に打診されたことは聞いておりますが、参謀本部の知らぬところで派遣師団の内示はありえないことです。石原部長は、上海は海軍で処理してほしいとの意見です」

「それは、七月十一日決定の陸海協定はないということになりませんか」

「本来、この件はまず軍令部と参謀本部で協議するのが先ではございませんか。とても参謀本部では受け入れないでしょう。どの師団を青島へ動員するのか、こちらは存知ない。大山事件を動員の理由にするのもおかしい。海軍で平和的に処理なさるのが先決では」

「今日から原因究明に入りますが、七日、九日もかかる到着までには、今決定しませんと、万が一の時に間に合いますまい。軍令部第一部長が、軍首脳間で進めてこられた作戦方針です」

「筋道がちがいはしませんか」

寺田は噛みついた。

「だから、これは軍令部と海軍の希望を述べて、陸軍出兵に協力してほしいということです」

「ならば、そのつど、閣議に諮《はか》られずに、海相より閣議に提出されてはいかがかと」

二人の意見交換のあと、岡田は上司の福留軍令部作戦課長に、その旨を伝えた。福留は岡田に、

「参謀本部三課も三個師団の一括閣議上程に同意である。閣議前に海相から杉山陸相に会見せられ、出兵提議につき打ち合わせるように処置する」

と答え、手続きに入った。

海軍、石原抜きで動員決定す

十時からの閣議の前に、軍令部は今後の中南支の事態に応じるため、陸軍兵力を上海に二個師団、青島に一個師団を必要に応じて派遣する件を、海軍省より提議して閣議に諮ることを海軍省に要求した。海軍省は陸軍省の軍務局と具体的協議に入る段取りであった。

だが海軍内でも、軍令部と米内海相との間では大きな喰い違いが生じていた。外交折衝を知らぬ軍令部は、動員後、作戦行動には二十日を要するため、即「動員実施」であった。

軍令部第一部長の近藤信竹少将は、ただちに陸軍関係師団の動員実施を求めたところ、米内海相は外交折衝中であると、反対した。米内は「動員実施」ではなく、「動員準備」と考えていたので、

「要求貫徹を容易ならしむる如く措置しおくが、外交交渉中であり、直ちに陸軍派兵の件を決定するのはしばらく待たれたい」

と近藤に指示した。

その日の定例閣議で米内は、

「上海方面は真相の判明を待って善処したいが、差し当たり、陸軍の動員準備を願いたい」

と提案した。

杉山は、まだ参謀本部の意向を伺わないまま、その場で海軍の事情を了解した。陸軍と海軍の軍務局、及び参謀本部三課の会議では、「派兵準備を打ち合わせ」の必要を認めるが、陸軍省としては、事変拡大になると誰もが当惑した。

石原が陸軍動員準備について、杉山陸相から打診されるのは閣議後のことであり、中島鉄蔵次長代行とともに、陸相官邸に呼び出された時である。

杉山は、

「今日の閣議で上海居留民保護のため、陸軍部隊を動員派遣することを確認し、陸軍としては派遣の準備を容認してきたところだ」

と、閣議決定の様子を話し、二人に了承を求めた。中島は黙していたが、石原は逆上を隠せず、

「そんなことは出来ません！　上海の居留民は海軍でやればよろしい。中国側の戦備が意外に進捗《しんちょく》し、当初の計画とは上海方面の情況がいちじるしく変化しているので、派兵については慎重に考慮する必要があります」

と反対した。

今回は政府が決定し、参謀本部の反対を押し切る、という異例の事変拡大である。もちろん軍令部が切り出し、海軍省内で調整して陸軍大臣に直接働きかけ、閣議で決定する、という動員準備である。

「戦さを命令するが、責任は参謀本部でとれ」という、慣例を犯した手続きだった。同席していた梅津次官もこれには驚き、反対した。

「しかし、海相にも閣議でも約束してしまったので、面目がなくなる」

杉山は苦しい表情のあと、眼を伏せた。

「何よりも事件拡大は絶対に避けねばなりません。上海よりさらに先に進出するとか、積極的に南京を攻略するとか、極力反対です」

石原が反対意見を言うと、梅津が、

「一個師団で上海の専守防衛をしたらどうですか」

と、妥協案を述べた。

「海相と約束した手前もありましょうが、居留民保護のため最小限度の兵力を派遣しますが、あくまでも上海より前方へ進出しない、ということでよろしいですか」

四人の陸軍首脳会談は「一個師団」でほぼ固まったが、しかし海軍は反対で、三個師団を要望した。結局、陸軍省は二個師団を内定した。

海軍内には、十日に上司に提出した軍令部第一部戦争指導班長横井忠雄大佐（大分県出身、海大26期）の意見書に見られるように、陸軍の動員決定遅れを厳しく指弾する声が多かった。

横井大佐は、「陸軍動員派兵決定の遅延」について意見書を提出している（筆者要約）。

「全中国に波及している抗日侮日気勢の狂奔的昂揚と、これに伴う積極的行動は日に日に甚《はなは》だしい。わが和平解決が望みを失い、断乎実力に訴えねばならぬ場合、わが戦略態勢は日に日に非ならんとする形勢にある。

徒《いたず》らに戦略的優位獲得に焦慮して政略的措置を誤らんか、身を国際的破局に投ずるの暴勇となるを戒むると共に、和平解決の光明に眩惑されて戦備の遅延を来し、空しく戦機を逸し、却《かえ》って戦争目的を達成せざるの愚を引き起こしてはならない。

情勢急迫している上海、青島方面には陸軍兵力の動員を速やかに下令し、機に臨み直ちに発し得るの姿勢にあらしむること緊要。一刻を緩うする支那側の巧妙なる引き延し外交手段に翻弄せられて、現地逼迫《ひっぱく》の情勢に眼を蔽《おお》うときは、対策機宜を失し、遂にわが国の東亜の安定勢力としての地位が有名無実となる——」

あくまでも陸軍の派兵を急がせる意見書である。

横井は大山事件を陸軍派兵の理由にはしていないが、陸戦隊が異常な難局に陥ることを予想し、陸軍派兵でさらなる不祥事の勃発を喰い止めようとの動機から、福留課長、近藤部長へ進言した。

この意見は翌十一日、軍令部首脳会議で取り上げられ、陸軍派兵準備を促進する事件処理方針を決め、海軍側と協議した。結局、海軍側は外交交渉のさなかであり、「軍令部案には直ちに同意し難し」と譲らなかった。

それでも軍令部は、伏見軍令部総長宮による高等政策に移し、伏見・米内会談になる。伏見宮は、「陸兵派遣は同時に外交交渉を促進させるものと認めるか」と、裏面工作の性格とはピント外れの詰問に出る。

米内海相はこれに対し、

「陸軍の事情は、対ソ戦を考える時には青島、上海に使用する兵力は各一個師団にすぎない。これでは如何ともしがたい。満州国、熱河方面の後方攪乱の虞《おそ》れあると考えねばならず、このような状態では北支方面で積極的に出ることは不可能になる」

と、陸軍側の立場を考慮して、消極的態度を表明した。

参謀本部作戦課は十二日、「上海、青島における居留民保護のための兵力派遣要綱」を策定するが、石原は海軍に対して、中国の各飛行場を奇襲で空爆すればすむことだ、とここでも陸軍派兵に反対した。

こうしたさなかの十一日早朝のことである。北京から二十キロ北の平綏線の南口で、ついに湯恩伯軍の第八十九師（王仲廉師長）の中央軍と日本軍とが衝突したのである。

第八十九師軍はすぐに退却したが、一部が挑戦してきたので日本軍が応戦、砲撃した。このため南口地区は火災を起こし、延焼した。第八十九師軍は八達嶺を経て南口まで進み、堅固な陣地を構築し、北京を攻める準備に入っていた。

他の部隊は熱河省西南部国境に近い察哈爾省の永寧、赤城付近一帯の線まで進出していた。湯恩伯は四個師を指揮し、三里の戦線にわたって三、四個師のほかに砲兵、迫撃砲、戦車隊を配備し、南口東南方の龍虎台、七間房、南口駅などにはベトン製の防壁、壕などを掘り、堅固な陣地を築き上げていた。

南口は北京からもっとも近い万里の長城に上がる中腹で、駅前には約二百軒の集落がある。万里の長城に向かう山峡《やまあい》の難所で、「北門の鎖輪」と恐れられていた。

かつて馮玉祥軍と張作霖軍が戦ったときは、馮軍は南口に退って防戦したことがある。八達嶺、万里の長城を越えると察哈爾省だが、まだ南口を突破した例はない。

その南口駅周辺には近代的な要塞が築かれていて、平綏線戦役中でもっとも難攻な要所と見られていた。

ところが朝六時、一機の中国軍偵察機が、日本軍が進攻した南口に高度三千メートルで現われ、偵察飛行した。日本軍の偵察機二機がこれを発見して、後方上空から敵機に迫り、戦闘に入った。敵機は、間もなく機首を南方に向けて逃げ去った。

北支事変後、最初の空中戦を展開した。

石原は、相当な敵兵が後方に陣を構えていると判断し、上海どころではなかった。武藤の作戦課員たちも、この情報に慄然《りつぜん》とした。

第三部　上海の暗雲

第一章――上海戦前夜

失敗を呼んだ海軍の作戦

石原第一部長は関東軍の独立混成第十一旅団（長・鈴木重康少将）が南口付近を攻撃し、南口駅一帯を占領したのを知ると、第五師団を長城線に加入させ、板垣征四郎師団長に独立混成第十一旅団をも併せて指揮させることを思いついた。

居庸関《きょようかん》、八達嶺《はったつれい》から万里の長城を越え、平綏線の懐来方面まで攻め、察哈爾《チャハル》省に進攻して中国軍を撃破させる作戦である。だが八月十一日、独混十一旅団は山峡《やまあい》の居庸関の攻撃に苦戦して立ち止まった。坂田善市中佐が指揮する坂田支隊には、南口・居庸関の西側地区を攻撃させた。しかし、敵陣地は予想以上に堅固だった。左右を山に挟まれ、戦闘は進捗しなかった。

遅れていた第五師団と第六師団の先遣隊が天津に到着するのは、八月十日と十一日である。

参謀本部は、この頃から北支作戦と中支方面作戦を抱え、多忙になった。「上海は海軍でやれ」と石

原第一部長が怒鳴った気持は、作戦課員たちの気持でもあった。井本熊男は、石原が盧溝橋事件後に、
「海軍はきっと上海で事を起こす。その場合、陸軍は派兵しない方針である。已むを得ない状況が起きても、居留民保護のため、せいぜい一、二師団の派遣に止める」と言明していたのを記憶している。

作戦課内には、海軍側は邦人の引き揚げ、大山事件後の上海や中支が平穏に治まったのでは面目が潰れるとも考えられる、と海軍の立場に同調する者もいた。

海軍側は当初、現地にいた二千五百名の陸戦隊に、内地から二千名の陸戦隊を増派させ、十一日に上海に到着した。

石原は陸戦隊が五千名近くなる前に、海軍は上海への入口である呉淞《ウースン》と江湾鎮の線を確保するものと思った。そうなれば、陸軍は海軍の掩護の下で揚子江から上海に通じる黄浦江《こうほこう》に入り、上海の北側になる黄浦江の左岸に上陸し、西向きにやや戦線を押し進めることができる。

ところが、海軍は上海への入口である呉淞、黄浦江の江湾鎮の線を先に中国側にとられていた。石原はそのことを軍令部から知らされたとき、この作戦はダメだと怒った。

「上海の北側の地域の要点を中国側に固められては、いくら海軍が攻めて、陸軍が上陸できるようにするといっても、黄浦江に入れないでは上陸できない。揚子江から攻めるしかない。そうなると大変だ」

その後も、上海の陸戦隊司令部から軍令部に逐次情報が入る。石原の耳にも届いた。

十二日、上海では午前十時に、中国軍の保安隊と正規兵中央軍の第八十八師が突如出動した。上海の北停車場、宝山路、江湾路と、海軍の陸戦隊の警備区域である北四川路に平行して、全線にわたって土嚢を築き、迫撃砲、機関銃を据えて戦闘態勢に入った。陸戦隊も出動し、互いに接近してクリークを挟んで睨み合い、一触即発の状態になる。

また保安隊の楊虎《ようこ》司令は、全保安隊に戦闘準備の命令を下した。閘北《ざほく》一帯に戒厳令を布き、一切の交通を禁止した。北四川路と閘北一帯は保安隊が布陣し、逃げ遅れた避難民で大混乱を招き、北部地帯の

民家は一斉に家の門を閉ざし、死の街と化した。

上海への入口、呉淞砲台と宝山縣一帯の停戦区域には十二日の朝、中国の正規軍がつぎつぎに入り、堅固な陣地を構築しはじめたのが陸戦隊によって確認された。

第三艦隊の長谷川清司令長官は十二日の夕方、上海の各部隊に厳重警戒を発令した。陸戦隊は夕方になって、一部を租界内の警戒配備につけた。これは居留民を守るための措置で、八月十三日の大阪毎日新聞は、陸戦隊の様子を、つぎのように報道している。

「わが陸戦隊は居留民を守るため遂に一部が出動、日本人密集地帯の警備についた。命令一下、陸戦隊本部前には鉄兜と銃剣に身をかためた陸戦隊員が整列する。指揮官の日本刀が本部前の電灯にキラリときらめく。ぞくぞく各方面に伝令が飛ぶ。自動車やサイドカーがあわただしく本部を出入りし、幕僚の顔も物凄い緊張だ。避難の日本人が着のみ着のまま暗《やみ》の街を日本人中心区域に引き揚げる。中部小学校はこれらの避難の邦人で一杯だ。桃山ダンスホールは陸戦隊員ですっかり固められ、門前に〇〇が備えられた。北四川路一帯を警戒する陸戦隊の銃剣が暗に物凄く光り、行人は一々誰何《すいか》される。工部局はもうこの戦時状態で、すっかり巡査は引き揚げ、黄浦路のわが総領事館も、陸戦隊員が非常警備についた。北停車場には、便衣隊が出没するとの噂が飛び、日本人住宅区域の電灯はすっかり消されて、全く暗の巷と化した」

工部局には二千名の義勇隊がいる。上原工部局警視総監補は大川《おおこ》内《うち》伝七上海特別陸戦隊本部司令官を訪ね、義勇軍を租界警備に配置した旨を通告した。これで陸戦隊四千名と義勇兵二千名で租界地を警備した。

一方の中国軍は十二日、南京より列車やバスでつぎつぎに正規軍を送り込み、その数は三万に達した。また正規軍は、さらに東南方にも進出し、日本人クラブ付近や楊樹浦方面まで正規軍によって固められ、共同租界を完全に包囲した。

上海にある日本企業の社員は租界内に避難したが、郊外に居住している邦人の身は危険な状況にあった。

また邦人使用の市内電話は、十二日正午頃から不通となった。

呉淞にある日華紡工場は時局悪化のため職工が出勤できず、辛うじて操業を続けていたが、十二日には工場を閉鎖し、邦人職員二十二名は上海に引き揚げた。豊田紡績、野村伐材会社も閉鎖し、租界内に避難した。

閘北に工場がある大倉系の日本皮革の工場も、十二日閉鎖、租界内に避難した。

海軍省は、「状況極めて緊迫し、一触即発の情勢にある」と発表した。また、陸戦隊本部の分析では、十二日夜、上海付近に集中した中国軍の兵は、閘北付近に第八十八師を含む二万名、閘北北側、江湾鎮、市政府方面に第八十七師の約一万名、合計三万名と見ている。

これに対し上海にあった日本軍兵力は、漢口特別陸戦隊を含む上海特別陸戦隊は約二千五百名、呉鎮第二、佐鎮第一特別陸戦隊が千二百名、「出雲」陸戦隊約二百名、第十一戦隊陸戦隊約百二十名、合計で四千余名。

十二日夕方の時点では、第八戦隊、第一水雷戦隊から、まだ陸戦隊は揚陸していなかった。

第三艦隊司令長官長谷川清中将は十二日午後五時五十分、陸軍派兵促進要望を軍令部に暗号で打電した。緊急陸軍派兵の要請文は、以下の六項目である。

「一、上海特陸の報告によれば、昨夜来、北停車場付近に『トラック』にて第八十八師続々到達、すでに一部は鉄路を越え、ハスケル路に進出す。

二、呉淞方面の状況は機密第二二四番電の通り。

三、この状況に対し万一に備うるため、本夕刻までに虹口《ホンキユー》地区越界路上に警戒兵を配せんとす。

四、本日午前三時より、第八戦隊及び第一水雷戦隊の駆逐隊二隊を呉淞に配備す。

五、一方、大使館付武官及び総領事は即刻停戦協定委員、または同関係国領事と連絡し、当地支那官憲に正規兵の撤退を要求し、同時に南京においては国民政府に要求せしむ。

六、この際、速やかに陸軍派兵の促進緊要なり、と認めらる」

長谷川は暗号電報を打電する前の午後四時、佐世保に待機中の第十二戦隊、第一航空戦隊、第二十二航空隊及び運送艦「鶴見」に対し、それぞれ馬鞍《ばあん》群島方面に進出するよう下令した。

長谷川からの緊急要請を受けた軍令部の嶋田繁太郎次長は、米内海相を訪ね、長谷川からの要請を伝えた。そして、陸軍出兵に関する臨時緊急閣議を要請し、同意を迫った。

この夜、嶋田は米内からつぎの同意を得た。

「一、外交機関を通じ、上海停戦区域内の保安隊及び正規兵の撤退を期限をつけず要求すること。

二、所要の兵力配備を為すこと。

三、作戦準備を促進すること」

夜八時四十分、近藤信竹軍令部第一部長は、「出雲」の第三艦隊参謀長の杉山六蔵少将に、つぎのように打電した。

「陸軍出兵は未決定なるも、出兵の場合には二ヶ師団同時に派遣のことに決定しあり。但し陸軍の前進攻撃行動開始は概ね動員二十日後なるにつき、その間海軍陸戦隊の戦闘正面はなるべく之を拡大することなく、陸軍派兵を待つ如く考慮あり度し」

その夜の十一時四十分には、軍令部は大海令第十号を発令した。

「一、第三艦隊司令長官は現在任務のみ、上海を確保し、同方面における帝国臣民を保護すべし。

二、細項に関しては軍令部総長をして之を指示せしむ」

また同時に大海令第十二号も発電した。

「一、第三艦隊司令長官は敵攻撃しに来らば、上海居留民保護に必要なる地域を確保すると共に、機を失せず敵航空兵力を撃破すべし。
二、兵力の進出に関する制限を解除す」

石原、陸海合同会議で山本五十六を怒鳴る

海軍省と軍令部が緊急要請を受けて、陸軍派兵に躍起になっているとき、参謀本部作戦課は十二日早朝から陸軍省と協議して、「上海、青島に於ける居留民保護のため兵力派遣要綱」を策定した。

武藤章第三課長は、策定案を石原に提出して決裁を受けると、陸軍省軍務局と内容を協議して内定した。

内定した内容は、つぎの四項目である。

「一、動員第一日は八月十五日とす。

二、青島方面は第一師団の一部及び第十四師団（宇都宮、長・土肥原賢二中将）を予定し、その派遣は時期を見て決める。

三、輸送は現に第二次動員部隊の輸送が十六日頃に終了予定で、終了後その船舶を引き続き流用する。なお、上海方面のみならば五十三万屯《トン》にて間に合う。

四、動員規模は人員三十万人、馬匹約八万七千頭」

また、派遣軍司令官、編成については、軍務局と次官、杉山陸相の間で、松井石根大将や畑俊六中将らが候補に上がった。

陸軍省軍事課は、参謀本部と派遣要綱を協議中に「動員派兵問題は本十二日中に方針を決定する」ことなど、促進策をつぎのように述べた。

「一、本日十二日中に方針決定のため、臨時閣議を本日中もしくは明早朝に開催し、右閣議案は本日中

に決定のこと。

二、動員派兵に関する省部間の決意確立に伴い、事の重大性に鑑《かんが》み、つぎの措置をとること。

(1)、軍事参議官会議、元帥会議を開催し、事変全貌の見通し、動員派兵を含む今後の処理方針を明確にする。

(2)、陸海軍協定は単なる作戦技術的範囲に止まらず、事変収拾の全局に立ちて相互協力を律す。

(3)、五相会議（首相、陸相、海相、外相、蔵相）において、事変処理の基本方針を総理より提示する。

(4)、次いで閣議で決定する。

(5)、上奏ご裁可、要すれば御前会議を奏請する。

(6)、臨時議会召集の措置をとるべきこと」

また、田中新一軍事課長は、石原と違って上海、青島への陸軍派兵を重視しており、政府としての事変処理方針の確立を提案した。

同日、軍令部第一課員の木阪義胤中佐は、参謀本部作戦課に電話で、

「陸軍二個師団が上海方面に展開し、攻撃前進を開始するまでには、船舶輸送の関係で動員下令より二十日を要する」と伝えてきた。

十二日現在の上海は呉淞、宝山縣がすでに中国側の陣地になっているばかりか、南京からの増派兵で、市街は臨戦状況下にあった。

動員下令と日中衝突が同時に始まれば、陸戦隊四千名は三万の中国正規軍と戦わなければならないことになる。だから海軍は、「下令をなるべく早く！」と促してきた。

この頃の参謀本部員たちは、盧溝橋事件後、家に帰れず、昼夜の仮眠状態から眼はまっ赤になって、今にも火がつきそうだった。下着やシャツ類は家の者が届けに来るので、着替え物を入れかわりに出している。

参謀本部員たちの顔は、次第に痩せて細長くなる者と、石原のように尿道系の機能を悪化させた者は、顔が腫《は》れて丸っこくなっていった。

十二日という日は、早朝から深夜まで軍令部や海軍省との連絡会議で休む暇もなかった。軍令部とは「中支作戦に関する陸海軍航空協定」を結ぶ。要項は、

「一、上海派遣軍司令官と第三艦隊司令長官とは戦闘間は先任指導官が統一指揮する。
二、第三（師団長・藤田進中将）、第十一師団（師団長・多田駿中将）は海軍艦艇をもって急派する。
三、上陸地は瀏河鎮《りゅうがちん》方面及び呉淞方面とし、敵前上陸を予期する。
四、中支方面における敵航空勢力の覆滅は主として海軍が任じ、陸軍は該方面に陸軍部隊の自衛のため飛行機の一部を派遣する」

作戦課は同日「上海派遣軍作戦要領案」を立案し、方針と指導要領をまとめた。

「軍は有力なる一兵団を以て瀏河鎮方面に、主力を以て呉淞方面に上陸して当面の敵を撃破し、爾後、上海同地北方の要線を占領す。

●指導要領、
一、軍は概ね第十一師団の主力を以て瀏河鎮方面より、第三師団及び軍直部隊主力を以て呉淞方面に上陸し、上海周辺の敵を剿滅《そうめつ》する。
二、呉淞方面に上陸するに方《あた》りては海軍陸戦隊の掩護を予期す。
二、剿滅作戦の進捗《しんちょく》に伴い、状況之を要すれば黄浦江上流方面に機動して滬杭《ここう》鉄道を遮断せしむることあり。
三、当面の敵を撃破したる後、上海及び其北方の要線を占領して租界を掩護す。
四、情況により、当初一部を以て上海租界内に上陸し、海軍陸戦隊を増援することあり。
五、上陸後なるべく速やかに上海付近の飛行場を占領整備す」

しかし、石原は軍令部からの連絡を受け、

「このままでは呉淞も江湾鎮も敵の手にあり、陸軍の上陸はとてもできない。上陸地点を揚子江岸に選ばなければならなくなり、戦面が拡大して、とても二ヶ師団では解決できなくなるな。戦闘は激烈になり、船から顔を出したとたんに撃たれてしまいかねない。多くの戦死者を出すことになる。ここは先に敵陣地を空爆か艦砲で破壊させ、敵を後退させてからでないと、この作戦は我が方の敗けだ！」

腕を組みながら憂慮した。

つぎつぎに報告が入る。石原は、作戦室の机と椅子をとっ払わせると、床の上に二万五千分の一の地形図を貼りつけさせた。地形図を見下ろしているさなか、石原の頭の中には、やはりソ満国境の様子が去来する。

「ソ連と中国に包囲されたな。大連に一個師団を派遣し、満州と北支に飛車角のように動かせる作戦が必要になる」

今さら、海軍の手落ちで上海にまで陸軍を派遣しなければならなくなったことを悔やんでも始まらなかった。

「それにしても、二部の連中は何をしていたのだ。何ひとつ上海の情報が入らないではないか」

第二部の支那課は、北支には特務機関員を通じて情報をとっていたが、上海にはまったくと言ってよいほど、情報源がなかった。上海に飛び火するのが分かっていながら、南京の武官府からのみで、上海に誰ひとり送り込んでいない。

石原が部長会議で問い詰めると、本間雅晴第二部長は、

「中国の政治、外交の調査に努め、軍事上の収集は不充分だった。上海の軍事施設の細部に関しても、まったく不明であった」

と言い訳をした。

特に、呉淞と、呉淞に近い揚子江右岸の宝山の敵陣地の様子は、陸戦隊まかせだった。そのことが上陸作戦の困難の原因になった。

海軍との合同会議では、山本五十六次官をはじめ、嶋田次長に、石原は語意を強めて言った。

「支那側は全面戦争に出ている。しかも彼らはドイツ、イギリス、アメリカ、ソ連の列強国から軍事援助を受け、列強を味方に戦い、ことあらば列強国を味方に巻き込もうとしている。この前の上海事変とは状況が違う。敵は上陸点付近を占領しているので、上陸前に海軍の有効な上陸掩護が必要です。これじゃあ陸軍は上陸できないばかりか、クリークに挟まれて、我が軍は予想以上の人馬を失うことになります」

これには山本も嶋田も近藤も、だれ一人反論できなかった。「いっそのこと、陸軍派遣は見送ろう」とも言った。

「海軍だけで居留民を保護し、それ以上は手を出さんようにしてはどうか」と、捨て台詞《ぜりふ》を吐いてしまいそうになったが、ぐっと呑み込んだ。

十二日の夜、軍令部員との作戦会議が始まった。三課の会議室に入ると、石原はいきなり、

「上海方面の作戦に、陸軍を派遣するには考え直す必要がある」と否定的な発言をした。会議に出席していた軍令部の木阪義胤部員は、突飛《とつび》な石原の発言に啞然とし、しばらくして意味を質《ただ》した。

そのとき、石原は海軍にもう少し協力するべく努力してもらいたくて、木阪にこう答えた。

「上海方面の作戦においては、江湾鎮を敵手に委ねることは爾後の作戦をいちじるしく困難にする。さらに呉淞に敵が入っては、これを陸軍の上陸点として作戦することは絶望的である。

列国環視の中で、上海作戦が不成功に終わるようなことになれば、今次の作戦は根底から覆《くつがえ》る。当面の処置として動員下令をすることは必要であるが、極力、外交交渉を行なうを要する。しかし、外交交

渉は成功の見込みはない。結局、上海陸戦隊に陸軍の若干を注入し、上海租界を固めた後、徹底的に爆撃を行なう以外に手はない。この際、大いに考え直す必要がある」と空爆を暗示した。

すると木阪は、

「閣下のご意志は帰庁のうえ、上司に伝達いたします」

と石原に答えた。

同席していた武藤章作戦課長は、その場で雑談的に、

「ま、海軍は今まで、陸軍の大陸政策には必要な援助を与えるという態度であったが、今やそんなことを言ってはおられない。陸海軍一致協力し、当面の敵に徹底的打撃を与えなければ事変は片づかない」

と言った。

武藤はその席で、都市の徹底的爆撃、化学兵器使用など、あらゆる手段を尽くし、宣戦布告の必要も生じてくる、と付け加えた。

近衛、四相会議で陸軍派遣を内定

同時刻の夜九時、米内海相は嶋田次長の要請を受け、永田町の近衛首相の私邸を訪問した。長谷川第三艦隊司令長官からの緊急要請を伝え、上海の重大事態に対処すべき方法を進言し、首相の意見を求めたのである。

米内は緊急閣議を要請して陸軍派遣を四相会議で決定したいと進言すると、首相は風見章書記官に電話を入れ、田中軍事課長の意向とは外れて、四相会議を首相の私邸に招集した。

その夜、米内、杉山、広田、風見を同席させて四相会議を開き、その結果、「上海の事態に対して、帝国政府は断乎たる自衛権を発動する」ことを決め、十三日の緊急閣議で日本政府の態度を決定する方

針を固めた。

杉山陸相は四相会議後、参謀本部に電話を入れ、官邸に中島、石原を呼ぶと、四相会議で陸軍派兵が内定し、明朝九時の閣議で正式決定になることを伝えた。

しかし、官邸に入った石原は、

「中国側の戦備が意外にも進捗し、当初の計画時とは上海方面の情況がいちじるしく変化しているので、派兵については慎重に考慮を要する」と、参謀本部内の空気を伝えた。

なかでも、上海への入口である呉淞と宝山県を中国軍に占領されていては、空爆によって撤退させない限り作戦は困難であると、あらためて海軍の協力を条件づけた。

杉山陸相は、軍事課長提案の「軍事参議官会議、元帥会議を開催して今後の処理方針を明確にする方針」を取り上げず、閣議に入ることになる。

翌十三日早朝、石原は軍令部に車を出した。電話なしで直接、近藤信竹第一部長室を訪れ、四相会議での決定事項と午前九時から開かれる臨時閣議に向けての意見調整である。

近藤は昨夜、石原が木阪部員に、海軍はもっと努力すべきだ、この状況では派兵はできん、と言ったことの報告を受けていた。

「今次、事変がこのようになったことはやむを得ない次第である。また、呉淞方面の上陸に対する懸念の如きも、事前に海軍が爆撃、砲撃などにより、決して陸軍単独の無謀なる上陸となるが如きことがなきよう、海軍として十分援助する」と約束した。

「本日の閣議まであと数分だが、はたして空爆で支那兵を追い出せるかどうか。支那空軍の大半はアメリカ、ソ連空軍である。列国が環視する前での上陸作戦になるので、閣議開催は無理がある」

「すでに大村、済州島に配備し、台湾からの出動も考えているので、同意していただきたい」

「天候はすこぶる悪い。嵐になって渡航不能も考えねばならないが」

時間も迫っていた。二人は互いに陸、海の意見統一を確かめ合った。それが次の覚書である。

「上海における陸軍作戦の見地より、もっとも重視する呉淞方面の上陸は、中国側の戦備進捗の状況に鑑《かんが》み、いちじるしく困難となったので、上陸地点の選定、作戦方法は、今後の状況により革《あらた》めて決定することとする」

石原は、軍令部の「空爆と砲撃」の約束を取りつけたので渋々と同意し、閣議では反対しないことにした。

のちに、上海の呉淞、宝山地区の空爆をするが、ほとんど失敗だった。厚さ二メートルものコンクリートのトーチカは、ドイツ顧問団によって築かれたもので、空爆の命中率は悪く、またそれらの一帯は湿地が多いため、投下爆弾で爆発しないものも多かった。

戦艦からの砲撃も、厚いトーチカのコンクリートを破壊することができず、ために陸軍の上陸は大幅に遅れ、大惨事を招く結果になる。

こうした結果を予測できないまま、臨時閣議は午前九時に官邸で始まり、陸海の部長以上も控えた。

軍事予算は、参謀本部第二課の努力で二十二億円が確保できた。また、北支事件特別税法が天皇の御裁可を得て官報で公布され、同時に勅令省令を以て即日施行されることになった。

軍予算は第二課の努力によるが、石原は満州産業開発のことを思うと、それだけの予算があればすぐに五ヵ年計画の半分が実現されるのに、と複雑な気持になった。

まだ日産の満州進出は、アメリカ資本の確保など未決で、そのことでも石原は気を揉んでいた。

「こんなときに海軍の奴らは――」

石原は腹立たしさを隠せなかった。

閣議の控室で、石原は山本五十六次官が終始、眼を伏せているのを見て、山本は対アメリカ戦に引き込まれて行く姿を予見しているることだろう、と想像した。

「この戦《いくさ》は、海軍と政府が画策したものだ」と、閣議のやりとりを聞きながら、無念に思えてならなかった。

閣議は田中新一軍事課長の意向とは裏腹に、嶋田と米内の要請を認めた四相会議の趣旨を承認し、「現下緊迫せる上海方面の状況に鑑《かんが》み、居留民直接保護のため、陸軍部隊を同方面に派遣することとす。但し、陸軍部隊の兵数及び動員下令の時機は、参謀本部及び軍令部において協議の上之を決定す」とした。

閣議終了後、風見書記官長は政府の方針を、報道関係につぎのように発表した。

「本日の閣議に於いて此の緊迫せる事態に処し、万一の変に応ずる処置に就《つ》き、種々協議を遂《なしおお》せたるが、同方面情勢の悪化は、一に支那側の責任に因るを以て、此の際政府は同方面に於いて支那側の挑戦的態度を抛棄せしめ、事態一層の悪化を防ぐ為、支那政府に対し厳重なる交渉を為すと共に、居留民の保護に就ては万全の措置を講ずることとした」

今回の閣議では、上海方面への派遣のみを決定し、青島方面への派遣は翌十四日の閣議で協議することになった。

同時刻頃、上海では商務印書館付近の中国軍が陸戦隊陣地に突如発砲、射撃してきた。陸戦隊はこれに応射したが、間もなく両陣営からの射撃は静まった。

十二日に日、米、英、仏、独、伊の六ヵ国委員は停戦協定共同委員会を緊急開催したが、目前の危機阻止のための具体的手段はないままに終わった。川越茂大使は、南京の日高参事官を通じて南京政府に、「中国側が停戦協定を守るなら、わが方は戦闘行動をとらぬこととする」旨を伝えた。

十三日、上海の英、米、仏の三ヵ国領事は、意外なことに、日本総領事と上海市長に対して、「調停具体案を提示して方策する」意向を示したが、岡本総領事は、「本国政府に請訓する」旨を伝え、回答した。だが、時すでに遅しだった。中国軍は着々と戦備を固めていた。

英、米、仏、伊の外国人租界地は蘇州河の南にあるが、南京政府は虹口、揚樹浦《ヤンシツプ》の外国人に立ち退《の》きを通告した。

中国側は蘇州河を挟んで陸戦隊を側面から攻撃する作戦を立てていて、「十四日午後一時までに立ち退くよう」命じた。

これは、中国空軍が虹口方面を爆撃するため、と上海市政府は見ていて、中国人にもただちに退去するように命じている。これは英、米、仏、伊を味方にして日本軍と戦う狙いからだった。

その日の夕方のことである。八字橋に陣をとった陸戦隊に対し、近くにいた中国軍が砲撃を開始したのである。

中国側は、「日本側が停戦協定を破って八字橋方面に侵入を開始したからだ」と抗議してきた。この夜から、ついに日本と中国軍は交戦状態に入った。

国民政府は、十三日付で上海停戦協定の廃棄を声明した。

第二章——中国軍、上海に戦火

陸戦隊の配備につく

第三艦隊の長谷川清司令長官は、十二日夕刻に受領した大海令十号、十二号に基づき、十二日の同時刻、上海地区の特別陸戦隊に各部隊の配備を命じた。

上海特別陸戦隊司令官大川内伝七少将は、その夜の七時、非常警戒配置を下令した。各部隊の兵力区分と任務行動は、つぎのとおりである。

一、八字橋部隊。

〈兵力〉第三大隊、第十中隊、第二小隊、十五迫四門、歩兵砲小隊、歩兵砲二門。

〈任務行動〉本部及び一個中隊を六三園に。一個中隊を宝山玻璃廠《はりしょう》に。一個小隊を日本人墓地に集結。水電路、宝山路間虹口クリーク主要橋梁付近に下士哨を配し、担任地区の警戒に任ずべし。

二、北部警備部隊。

〈兵力〉第一大隊、速射砲二個分隊。

〈任務行動〉主力を第一海軍用地に集結し、沙涇滬《しゃけいこ》クリーク鉄橋付近及び東体育館路橋に下士哨を配し、第八中隊と共に担任地区の警戒に任ずべし。
三、中部第一警備部隊。
〈兵力〉第六大隊。

〈任務行動〉陸軍武官室、中日教会に各一個小隊、宝楽安路下宿に一個小隊、海軍武官室に一個分隊を派し、残余は北部小学校に集結、担当警備地区の警戒に当たりつつ陸戦隊総予備隊となり待機しあるべし。
四、中部第二警備部隊。
〈兵力〉第二大隊、第十中隊、十五迫四門、速射砲小隊、速射砲二門、歩兵砲二個分隊、歩兵砲二門。

〈任務行動〉本部を北部小学校、一個中隊を桃山「ダンスホール」、一個中隊を主計科武官室、一個小隊を中部小学校に集結、担任警備地区の警戒に任ずべし。
五、東部警備部隊。
〈兵力〉第五大隊、第九中隊、山砲四門。

〈任務行動〉主力を公大第一廠に、一個中隊を商業学校に、一個小隊を大康社宅に集結、担任警備地区の警戒に任ずべし。
六、西部警備部隊。
〈兵力〉第一中隊。

〈任務行動〉大部を水月倶楽部《クラブ》、一部を豊田に集結、担任警備地区の警戒に任ずべし。

豊田部隊は特に支那軍官憲の兵力移動、並びに付近の情勢監視報告に任ずべし。
七、虹口《ホンキユー》警備部隊。
〈兵力〉「出雲」陸戦隊。

〈任務行動〉大部を以て日本人倶楽部、一部を以て乍浦路《さほろ》派遣隊等に集結し、主として虹口方面の警戒に当たり、且つ陸戦隊警備担任区域内に事端発生の際、一部を急進、機宜速やかに処断し得るの準備を完了しあるべし。

八、漢口部隊。

〈兵力〉漢口中隊、山砲四門。

〈任務行動〉大部を女学校に集結し、欧陽路上、吉祥路、四達路北方二千米路、祥穂路各交点及び宝安路、吉祥路交差点付近に下士哨を派し、付近の警戒に任ずべし。

九、兵舎地区警備隊。

〈兵力〉司令部大隊（二個分隊欠）。

〈任務行動〉陸戦隊兵舎及び付近の防空並びに担任警備地区の警戒に任じ、且つ特令事項の処理に当たるべし。江湾路「ガソリンスタンド」付近に一個分隊の哨兵を配すべし。

十、予備隊。

〈兵力〉上海海軍特別陸戦隊司令部、第四大隊本部、第七中隊（十五榴四門）、第八中隊（十二榴四門）、第九中隊第二小隊（山砲四門）、高角砲中隊（高角砲四門）、艦船陸戦隊（出雲以外）。

〈任務行動〉

(1)、第七中隊（十五榴）は特令により新公園に陣地占領、C、E、F地域支那軍官憲集結地点及び要点の砲撃準備を完了すべし。以後、余力を以て逐次D、G、H地域に対し右要領の準備をすべし。

(2)、第八中隊は特令により速やかに第一海軍用地に陣地占領、A地域支那軍官憲集結地及び要地の砲撃準備。以後、余力を以てB地域に対して右要領の準備を完了すべし。

(3)、第九中隊第二小隊（山砲）は、陸戦隊兵舎屋上に速やかに陣地占領。B、C地域及び以西支那軍官憲集結地点及び要地の砲撃準備を完了すべし。以後、余力を以て北部警備部隊正面の支那軍官憲の兵力移動、陣地構築に備うべし。

㈡高角砲中隊は特令地点に陣地占領、付近の防空に任ずべし。
㈢艦船陸戦隊（出雲を除く）は第一線並びに虹口警備部隊支援の準備を速やかに完了すべし。
㈣爾余の部隊、従来の任務を続行し、且つ第一線部隊支援準備を完了すべし。

これが陸戦隊の全配備だった。しかし、警備配備についた状況で、すでに中国軍側に先手を打たれていた。

司令部では、敵に包囲され、機動するにも余地がなかった。中国軍は東北と西から包囲したばかりか、南京方面と杭州に続く道路には要塞を築き、二重三重にも包囲していた。

日本軍は黄浦江を背に、左手は北四川路に沿って西へ、クリークに架かった橋からクリークの北側に沿って八字橋へ、そこから広中路に沿って右へ、東体育館路にかかるクリークを利用して内側に守備隊を置いた。ちょうど逆U字の形で、上海の北停車場は中国の正規軍に占領されていた。中国軍は米、英、フランス、イタリアなど外国人の租界地内に入り、彼らを守るかのような形で日本軍と対峙していた。

これは日本側が応戦すれば、米、英、フランス、イタリアなど欧米租界地を銃撃したことになる。そのことで、中国は四ヵ国を味方に惹《ひ》きつけようという狙いがある。事実その後、米、英は蔣介石軍の応援に回る。まさに中国側の思い通りだった。

後日、第三艦隊司令部は、

「敵に包囲され、配備正面は広きに過ぎ、陸上作戦基地、砲撃陣地、航空基地予定地、補給基地及び居留民密集居住地などは、絶対に放棄不可能で、戦線収縮の余地がない。それに、西部及び南部の両翼を外国警備隊に、楊樹浦方面を工部局に依存しており、不安がある」と述べている。

八字橋は、虹口クリークの上流に沿った横浜路と北からの水電路とが交差する橋で、クリークを挟んで西八字橋側の中国軍と、水電路を挟んだ中国の正規軍に狙われていた。

八字橋地区の警備部隊の指揮官は伊藤茂海軍大佐で、第五中隊、第六中隊の第三小隊、第十中隊の第二小隊（十五糎《サンチ》迫撃砲四門）、歩兵砲小隊二個分隊（歩兵砲二門）、軽戦車一、装甲車二、機銃車三で守備していた。

右翼の八字橋付近から虹口クリーク東側に沿って左翼の天通庵路に至る全線約千六百メートルにわたり、第六中隊を右第一線に、左第一線には第五中隊を配備した。日本人墓地及び八字橋付近には二個分隊を配備した。

ところが十三日の午後四時五十分、台風なみの強風が吹くなか、中国軍は八字橋付近一帯にあらかじめ埋没していた九個の地雷を爆発させた。同時に右翼を守備している第六中隊の正面に、中国軍二千人が山砲の掩護射撃を受けながら、突如として柳営路と北側から急襲してきた。これが上海事変の始まりだった。

『八字橋地区の戦闘』によると、第六中隊は小銃、機銃で応戦し、八字橋陣地を確保し、十五糎迫撃砲で敵陣地の西八字橋を猛撃した。

しかし、中国軍は逐次兵力を増加し、南方から包囲に出て、日本人墓地前面に肉薄してきた。

「我が方は装甲車及び陣地内の火力を挙げて撃攘《げきじょう》に努めるとともに、寡兵をもって衆敵と戦闘する不利に鑑み、玻璃廠前面の敵第一線部隊が占拠していた民家五ヵ所に焼き打ちを敢行した。火は当時ちょうど南東の強風に煽《あお》られ、火勢一時に揚がり、火災は敵陣地を覆い、敵に動揺の色あり。よって我はこの機に乗じて火力を極度に発揮し、一七三〇（午後五時三十分）敵を西宝興路東側の家屋の線に撃退した」

八字橋の戦闘は約五時間に及んだ。前面の中国軍を完全に撃退したのは、深夜の十一時頃である。

しかし、翌十四日の夕方五時、再度、中国軍は八字橋を攻撃してきた。八字橋陣地では一個小隊で応戦した。日本軍は手榴弾戦で反撃し、激戦となる。

日本人墓地の守備隊は一個分隊だったが、間もなく中国軍に包囲された。日本軍は一名の予備隊もなく孤立する。糧食配給中の主計兵や運転手なども、小銃や手榴弾で応戦した。

全滅寸前の夜の八時半頃である。第六大隊の二個小隊が増援に回り、猛烈な反撃に出て、中国軍を撃退した。それでも中国軍は毎日、夜半から日本人墓地に夜襲をかけてくるので、激戦となった。

北部地区の戦闘は翌十四日、まだ暗い午前三時、一気に陸戦隊本部を狙ってD陣地を突破してきた。

北部守備隊は、右翼の東体育館路から開林公司、油公司、愛国女学校、広中路を経て水電路東方付近に沿い、八字橋東方に至る全長二キロ半の区域を警戒していた。陸戦隊本部はその後方にあって、北部守備隊は本部を守備する位置にあった。

中国軍は深夜三時、真っ暗闇の中を正面全線にわたって攻撃してきた。左翼の保安隊総団本部、真北路、新兵舎のあるD地域の陣地を突破し、陸戦隊本部及び虹口地域に一挙に押し寄せる気配が見られた。

守備隊は一大隊と速射砲小隊二個分隊、軽戦車、装甲車各二、機銃車三で応戦したが、押され気味になる。

六時十五分、そこに第六大隊から二個小隊の増援を得て、中央陣地を強化した。全線はよく奮闘し、六時四十分に中国軍の侵入を喰い止めている。黄浦江の日本郵船埠頭に投錨していた旗艦「出雲」の長谷川司令長官が、悪天候のため先制空襲を断念した一時間後のことである。

中国機、日本の工場を空爆

八月十四日の天候は朝から台風を思わせる風の強い日だった。午前四時二十分頃、中国軍はふたたび新公園北方の陸戦隊襲撃に続き、公大紡績工場方面を襲撃した。陸戦隊の小部隊が応戦し、辛うじて喰い止める。

当時の大阪朝日新聞は、十四日付の「号外」で、その朝の状況をつぎのように報道している。

「十四日午前四時半、敵の逆襲に我が軍応戦す。砲声、機関銃声は租界内に轟《とどろ》き渡り、折柄の暴風雨中に悽愴な気がみなぎり、黄浦江上の我が軍艦より猛烈な砲撃を開始している。つづいて一時間、ズドンズドンと打ち放す砲声はいよいよ激烈となり、両軍大激戦のなかに夜はホノボノと白んで行った。北方から迫ってきた敵は、新公園付近まで進出した我が軍に猛射を浴びせかけ、陸戦隊本部、海軍武官室は弾丸雨飛の中にたち、弾丸は容赦なく物凄い唸りをたて、屋上をかすめて飛来している。武官室警備の我が陸戦隊員たちは、この一帯を厳重にかため防備中であるが、武官室と外界との交通は午前五時、危険のため全く杜絶、僅かに電話連絡のみである」

この前日の午後、米人操縦の偵察機が、第八戦隊と「出雲」の上空を飛行した。その帰りに上海市内の競馬場に不時着し、大破するという事故が起きた。この機は近くの中国軍飛行基地である龍華飛行場を離陸したもので、アメリカの「援蔣」が明らかになる。

取り調べ中の翌十四日早朝四時二十分すぎ、中国軍の襲撃が開始された。また、国民政府は十四日に政府軍政首脳部会議を開催することを決定し、上海に滞在中だった財務部長の宋子文、前外交部長の張群ら要人に、帰京命令を出した。

時同じくして、国民政府は十四日早朝、許世英《きょせいえい》駐日大使に、日本政府に対して「日本政府は不拡大方針をとるのかどうか、真意を確認するように」と訓電した。

これを受けて許大使は、十四日午前十一時、広田外相を外相官邸に訪ね、国民政府の訓令を伝えた。

(八月十五日付、大阪毎日新聞)。

許大使「日本政府は事態不拡大の方針の下に対処しつつありと聞くが、最近の北支における状態並びに上海における事態は右方針と背馳《はいち》するものあり。日本政府の真意は如何?」

広田「日本の不拡大方針は終始一貫している。事態が漸次《ぜんじ》拡大するは、支那側の不法挑戦行為に基因するものである」

許大使「時局の和平収拾のため、支那側から何らか提議するにおいては、日本政府はそれに応ずる用意ありや」

広田「支那側の提議に対しては協議する用意がある。支那側から放逸されるが如き主戦論を退け、支那が明確なる方針を確立して日本に提議し来ることが和平解決の第一歩である」

二人の会談は午前十一時に始まり、午後十二時半の一時間半にわたる。この間、参謀本部案の基本条件である北支からの日本軍撤退、南京政府による自治政府の樹立といった譲歩が話し合われたかどうか、明らかにされていない。

許大使の広田訪問は、蔣介石の最後の外交交渉だった。「自衛のため」との十三日の政府声明発表を受け、また上海の一部軍人による襲撃など、発火寸前の事態収拾を見守っていたが、参謀本部案は、ついに蔣介石には伝わらないままに終わった。

この最後の交渉を見ても、上海事変は政府と海軍が引き起こし、陸軍が引きずられた戦さになる。

最初に偵察機を出したのは日本側である。

長谷川司令長官としては事変拡大となった場合、必成を期すため先制空襲になる。そのためには、中国軍の航空部隊の所在を詳細に知る必要があった。

長谷川司令長官は八月七日、七月二十八日付で第三艦隊に編入された第十二戦隊司令官の宮田義一少将（海兵36期）あてに、「なるべく軍艦神威《かもい》及び第二十八駆逐隊の一艦を上海方面に進出させ、天候良好なる時機を選び、左記により写真偵察を実施すべし」と命令を発した。

第十二戦隊は佐世保に待機していたが、佐世保を出港して十日午前に杭州湾の東の海上に点在する舟山列島に到着。偵察目標の杭州方面（筧橋《けんきょう》、翁家埠、喬司）、虹橋、諸曁《しょき》飛行場及び呉淞砲台などに偵察飛行を企図した。

しかし台風が近づき、天候不良のため十日の偵察を中止した。第三艦隊司令部としては、舟山列島方面の灯台には無線通信施設があり、「神威」が長時間、陸岸に接近して仮泊するとなると、中国側にこちらの企図が暴露されるのを恐れた。「神威」の艦長には、

「十一日、隠密偵察実施の見込みなければ、一まず佐世保に帰投すべき」と命じた。

しかし、翌十一日の天候がやや回復した。「神威」は午前中に所定の偵察機を飛ばし、写真偵察を終えて帰還し、艦上に収容した。「神威」の艦長上坂香苗大佐は、写真偵察結果を第十二戦隊司令官に詳細に報告し、所定の目的を果たした。

だが、偵察は隠密行動を欠いた。偵察機は中国側の砲艦に発見され、監視されていたのである。花鳥山の見張りにも発見され、報告されているのを、日本側は傍受した。また偵察飛行中、杭州飛行学校の飛行機にも発見され、追躡《ついじょう》されている。

杭州湾上空では千メートルを飛行しているところを発見され、隠密偵察は不手際に終わった。偵察機の飛行は各監視所から打電報告されていたのを、日本側が傍受している。

この偵察飛行が、中国軍を刺激した可能性がある。

三日後の十四日、中国機が突如として先制空襲したのは、日本側の偵察が原因のひとつだと、第三艦隊司令部では認めている。

第三艦隊司令部は偵察の結果も含め、中国軍の兵力は、中支那方面だけで南京に四個中隊、句容《くよう》に五個中隊、広徳《こうとく》に三個中隊、蘇州に一個中隊、南昌《なんしょう》に五個中隊、上海（虹橋）に四機、漢口に二十七機、そのほか杭州に杭州学校機数機と判断していた。

ところが、日本軍機の空爆開始後に判ったことは、中国軍の主力根拠地は上海から南西に約六千キロの江西省北部にある南昌と判明する。

南昌は漢口より南東に約二千キロ、長沙より三千キロ東にあり、中支那及び香港までのちょうど真ん

中に当たる。

この南昌を中心に、上海（虹橋、龍華）、蘇州、嘉興、杭州、寧波、浙江省には建徳、金華、麗水、安徽省には句容、長興、広徳、南京、滁県《じょけん》、六合、蕪湖、安慶、湖北省には漢口、孝感、宜昌、四川省には重慶と成都など、予想以上の空軍基地があった。

中支那方面だけの空軍勢力は、十大隊、三十一隊で、隊機数は第一戦隊で六百五十五機、第二戦隊で二百機と推定された。

飛行機の種類はアメリカ製がほとんどで、ダグラス、カーチス・ホーク、ノースロップ、ボーイング、その他カプロニ、フィアット、サボイアなどイタリア製、ユンカースなどドイツ機で、戦力はいかほどか不明だった。

長谷川司令長官は大海令第十二号により、

「敵攻撃し来らば機を失せず敵航空兵力を撃破すべき」との指示を受けた。

翌十三日の午後、米人パイロットの偵察機が上海上空を飛行し、競馬場に不時着陸するが、どの程度偵察したかは明らかではない。

その日の夕方、戦端が開かれ、長谷川司令長官は深夜十一時五十分、全兵力をもって敵空軍を先制撃破すべく、十四日の空襲と任務行動予定を発令した。
一、空襲部隊は全力を挙げて敵航空基地を急襲し、敵航空兵力を覆滅すべし。特に隠密、高々度天象の利用。
二、空襲目標。
第二空襲部隊は南京、広徳、杭州。

第三空襲部隊（台北部隊）は南昌。

第八、十戦隊及び第一水雷戦隊飛行機は虹橋。

第一空襲部隊及び第三空襲部隊（大村部隊）を使用し得る場合は追って命ず。
三、進発及び攻撃時機は特令。

ちなみに、八月八日の第三艦隊兵力部署の発令により、第一航空戦隊、第一連合航空隊は、それぞれ第一、第三空襲部隊と定められた。

十二日には、第二航戦隊が第二空襲部隊となった。また第一連合航空隊鹿屋隊、木更津隊がそれぞれ台北、大村部隊と呼称される。

当時、源田実が参謀をしていた第二連合航空隊の第十二航空隊、第十三航空隊は、それぞれ佐伯航空隊の主力、大村航空隊の主力を転用したものである。

第十二航空隊は九五式艦上戦闘機、九四式艦上爆撃機、九二式艦上攻撃機各十二機、第十三航空隊は九六式艦上戦闘機、九六式艦上爆撃機十二機、九六式艦上攻撃機六機で編成され、北支方面に出動した。

八月六日には、前進基地の周水子に進出し、十三日には北支方面軍の海上輸送の対空掩護に当たる。

昭和十六年に真珠湾を奇襲する航空隊員の一人、高橋赫一《かくいち》は第十三航空隊の分隊長だった。

高橋の「支那事変日記」の十三日の日付には、「北支方面軍海上輸送の対空掩護開始さる。第一回任務飛行に従事、敵なし」とある。

八月十四日付には、周水子で上海の情報。

「支那中央軍の空軍は続々として上海近辺の主要飛行場に集結の報あり。中支方面に険悪の気、頓《とみ》に漲《みなぎ》りてありしか、今朝来敵空軍は突如我が陸戦隊本部、江上艦艇に対し盲爆を加ふるに至る。幸い敵空軍の伎倆低劣にして、我々些《いささ》かの損害もなし。租界内ホテル、外国艦船の近傍に落下し、列国及び租界内を大混乱に陥れたりとはまことに笑止千萬なり。東支那海強烈なる台風あり。我が航空部隊の使用を危ぶまる。

台北部隊（鹿屋空）の電に曰く。『我が出動準備完成、命を待つ』。午後、突如として我が台北部隊と二航戦に対し、敵空軍根據地を空襲せよ、との電令飛ぶ。

青島及び北支方面異状なし。我ら一同切歯扼腕す。台北部隊は猛烈なる台風圏を突破し、勇敢にも支那海を一挙に翔破、十八機を以て南京、廣徳の敵空軍根據地を空襲、大なる戦果を収む。帰らざるもの二機、基隆《キールン》付近に不時着せるもの一機あり、と伝へらる」

上海の様子は、周水子の第十三航空隊にも届いていた。

中国軍機、上海のホテルを空爆、三百人死傷

長谷川司令長官は十四日早朝に、第一空襲部隊（大村部隊）を虹橋飛行場に、第二空襲部隊を南京、広徳、杭州の各基地に向けて先制空爆の予定だった。

だが、この朝は二十二メートルの風が吹き、雲も低く、台風下にあった。午前五時三十分、長谷川司令長官は天候が回復するまで、空襲を見合わせた。

同じことは中国空軍にも言えた。天候回復を待つことにしていたが、強風の中、十四日午前十時五十分に、戦闘機三機と爆撃機一機で、日本軍の上海特別陸戦隊本部を空襲した。

それから五分後に、今度は爆撃機五機が呉淞沖の第八戦隊を、十一時二十二分には爆撃機三機が旗艦「出雲」を爆撃した。しかし、強風と視界不良で、いずれも命中しなかった。

陸戦隊本部を狙った爆撃は目標を外れ、黄浦江や浦東方面に落下した。そのさい、黄浦江ブラックポイントのアジア石油タンクに当たり、爆発、炎上し、激しく黒煙が上がった。

黒煙は強風に煽られ、市街を被《おお》った。ちょうど市民は、この爆撃の様子をビルの屋上で見物していた。黄浦江の「出雲」を空爆した三機の爆弾は的を外れて、「出雲」をかすりもしなかった。「出雲」も、突

然の奇襲に応戦する余裕さえなかった。

　爆撃機五機は南京路の入口に二百五十キロ爆弾を投下し、午後四時四十五分頃、西南方面に退却した。いずれもマーチン重爆機で、一機は避難民約二千人が逃げ込んでいた五階建てビル「新世界」付近に二個を投下して去った。

「五階建てのビルはフランス租界内にある歓楽センターで、愛多亜路の『新世界』にいた人のうち千人を越す中国人の死傷者を出した」（当時上海海軍武官府・重村實大尉）

　南京路の入口には、外国人が宿泊するキャセイホテルと、道路反対側にはパレスホテルがある。英語を縦書きにした大きなホテル名の看板を出していた。外国人旅行者の出入りが多く、その辺りは特別な雰囲気があった。

　のちに日本大使となるライシャワーには、東洋学の教授をしていた兄のロバート・ライシャワーがいた。彼は中国奥地への旅に出るため、最初の日にキャセイホテルを選んだ。ホテルのフロントにいたときである。不幸にしてホテル前に爆弾が落下したさい、ガラスの破片が大腿部に突き刺さり、出血多量で死亡した。反対側のパレスホテルでは地下室で爆発し、両方のホテルで二百人が死傷している。

　しかし、その日の上海の夕刊紙は、一斉に「日機盲爆」とデマをとばして敵愾心《てきがいしん》を煽った。

　大正十三年に上海商業を卒業後、輸船公司社員だった鈴木正明氏は、この日の朝、上海にいて、爆弾を投下して行った爆撃機を目撃していた。鈴木氏は、月刊誌「べるそーな」平成十六年七月号に、そのときの様子をこう書いている。

「雲間から見えた青天白日旗のマークがはっきり見えたのだから、コンチキショウと思ったことを鮮烈に覚えている」「その日の夕刊は一斉に日機盲爆と号外を出して大騒ぎになった。鉄面皮とはこの様な場合に当てはまる。これが事実だ」

　作家司馬遼太郎もこのシーンを、「国籍不明の飛行機が空襲にきた、とあるのは戴《いただ》けない。重大な見落しである」と指摘している。まだ中国人パイロットはいないから、外国人パイロットの空爆だろう。

八月十五日の大阪朝日新聞は、この日の惨状を、

「十四日発。午後四時半、支那側の連続的空襲でバンド北京路先の碼頭に落下した爆弾は、午前中の空爆で虹口《ホンキュー》、揚樹浦《ヤンシップ》方面に殺到した数万の避難民のさ中に落下して死傷者無数、上海随一の華魔街南京路上は死傷者の鮮血で真赤になり、或は片手を奪はれ、或は頭をやられて瀕死の重傷者が血の中を這ひ回り、上海一の国際社交場カセイ、パレス両ホテルに宿泊中の外国婦人などが滅茶々々に粉砕された窓硝子に傷ついて狂気のように泣き喚き、道路一杯身動きのならぬやうな混乱の中から逃れようとして踏み殺された小児などあり。思はず目を掩はす惨状である。支那の空軍によって最も究状を呈しているのは上海目抜きのカセイホテル、パレスホテルの一帯で、南京路カセイホテル玄関前に二発落下し、避難民殺到中だったため、死者百数十名、負傷者数百名を出し、街頭は死人の山（省略）」と報道している。

しかし戦後の歴史書は、これを日本軍機の爆撃と教えてきた。

この日の戦火は、ついに上海全域に広がった。

長谷川司令長官は天候の回復を待たず、所在可動航空兵力をもって上海付近の中国航空基地の覆滅を決意し、十一時四十分以後、逐次発令した。

まず第八戦隊、第一水雷戦隊の飛行機は虹橋飛行場を、第三空襲部隊は杭州と広徳飛行場を、それぞれ攻撃するように下令した。

また、第二空襲部隊には、「速やかに進発！　杭州、蘇州、虹橋を攻撃せよ。もし目標を発見し得ざらば、江湾鎮及び同東方の敵部隊を攻撃せよ」と下令した。

十四日、上海にある日本機は「出雲」と第八戦隊、水雷戦隊の艦載機だけだった。通称ゲタバキの二機の艦載機は、上空の警戒配備に就く。「出雲」と「川内」の艦載機二機は午後二時四十分、虹橋飛行場を爆撃した。そのついでに閘北《ざほく》方面の中国軍の陸上部隊を攻撃して帰艦した。

帰艦途中の五時、来襲した中国機と空中戦になり、二機を撃墜した。

台北の第三空襲部隊は、航空戦開始の命を受けるや、午後二時五十分に、浅野少佐が指揮する広徳空襲九機、新田少佐指揮の杭州空襲九機は、台北基地を発進して世紀の渡洋爆撃に出た。しかし、目的地付近の天候は乱雲と積乱雲が多く、また、雨による視界不良で難行する。

十八機は二百五十キロ爆弾二コを抱えて、温州上空を通過したあと、永康付近から分かれて各々の目的地に向かった。全機、雨中飛行だった。

杭州空襲隊は飛行場発見に苦労するが、六時三十分頃、筧橋、喬司両飛行場を、広徳空襲隊は七時四十分頃に広徳飛行場を、それぞれ高度五百メートルから空爆した。

しかし、台北に無事帰投したのは十八機中十五機で、その中には被弾による車輪破損のため着陸時に一機が中破している。行方不明二機。被弾と燃料不足から一機が基隆港内に、息たえだえで不時着水した。

第三章――松井石根上海派遣軍

中国の陰にドイツ顧問団

陸軍省は昭和十二年八月十四日、参謀次長の更迭を発表した。病気中の今井清中将にかわって、善通《ぜんつう》寺《じ》第十一師団長の多田駿《はやお》中将が陸大校長兼務で就任した。

上海に行く予定だった多田にかわって、砲兵監の山室宗武《そうぶ》中将が第十一師団長に就任した。このほか、砲兵監には井岡隆昌少将が、野戦砲兵学校長には広野太吉少将が、津軽要塞司令官には竹内寛大佐が就任した。

また、中国大使館付武官の喜多誠一少将はその職を免ぜられ、かわりに陸士二十二期で、第一次上海事変のときは派遣軍参謀だった原田熊吉少将が任命された。

多田中将が参謀本部に出勤するのは八月十七日早朝で、それまでの業務は中島鉄蔵総務部長が参謀次長を代行してきた。

多田駿の次長決定と同時に、杉山元陸相と梅津美治郎次官は、上海派遣軍の司令官に松井石根大将（59歳）を任命し、電報で上京を伝えた。

松井石根は陸士九期で、日露戦争のときはまだ陸大在学中の中尉で、名古屋の歩兵第六連隊中隊長だった。第六連隊は首山堡の激戦地に投げ込まれ、ほとんどが全滅した。松井自身も大腿部に貫通銃創を負って斃《たお》れ、後送された。

陸大に戻った松井は首席で卒業し、参謀本部員に抜擢され、のちにフランス駐在を命じられて、欧州の戦線を視察する。帰国後は北京駐在武官府勤務となり、のちに上海にも勤務する。

二度目の参謀本部勤務のあと、大正二年四月、ベトナム駐在を命じられるが、翌年パリに出張して、第一次世界大戦の情報収集を続けた。

帰国後、ふたたび中国出張を命じられ、上海から南京、漢口、揚子江一帯の情報収集に駈け回った。この頃、松井は孫文を知り、彼の紹介で汪兆銘、胡漢民《こかんみん》、蒋介石、張群、何応欽《かおうきん》、宋子文、李択一、戴《たい》天仇《てんきゆう》、閻錫山《えんしやくざん》、馮玉祥、李宋仁といった地方軍閥との交友を深めている。

松井の中国勤務は、ハルピン特務機関長を含むと十年と長く、いつしか「支那屋の長老」と言われるようになった。

昭和二年四月は、北伐に出た蒋介石が南京政府を樹立した時で、松井は同じ四月に参謀本部第二部長（中将）となった。

松井と蒋介石との関係は、汪兆銘の武漢政府との抗争に敗れ、南京も追われて下野していた時に始まる。当時、中国は武漢政府に汪兆銘、北京政府には張作霖大元帥がいた。昭和元（一九二六）年に北伐を開始した蒋介石は、汪兆銘と共産党の連立政府で、南京政府打倒を呼号する武漢政府に、徐州で敗れる。

松井石根第二部長が蒋介石軍の総参謀長の張群に働きかけて、田中義一首相との会談の席をつくるのは、蒋介石が下野しているときのことである。

蒋介石は昭和二年九月二十八日に来日した。随行者は張群と秘書の陳方之ら五名。松井と張群の根回して十月十五日、青山の田中義一の私邸で「田中・蔣会談」が行なわれる。

この会談で、田中は蔣介石に「揚子江以南を掌握することに全力を注ぎ、北伐はあせるな。共産主義の蔓延《まんえん》を警戒し防止せよ。そのためには日本は支援を惜しまない」と言って約束した。

そのかわり、蔣介石の国民政府によって中国が統一されたあかつきには、満州での日本の地位と特殊権益を認める、という密約を交わした。

日本の支援もあって、帰国した蔣介石は、汪兆銘を首相にして国民政府を南京で樹立する。蔣介石は主席になり、三年に北伐を完成して中国を統一する。

松井と蔣は、共に孫文を師と仰ぐ仲だったが、皮肉にも今回、両者は上海で戦う仲になる。その蔣介石は、彼の側近の一人、董顯光《とうけんこう》によると、「八月上旬、抗戦のため全面的な戦略を決定していた」と、戦後発刊の著書の中で、つぎのように書いている。

「これが世に言う、空間をもって時間に替える戦略であって、時間を稼ぐために必要に応じて空間が放棄されるが、敵（日本）はそのような空間を得るために人的、物的に高価な代価を支払わねばならないのである。一種の焦土戦術がとられて、中国軍の放棄した地域には敵の利用する家屋も食糧も残されていない。この独特の戦略によって、日本軍は奥地深くおびき寄せられ、その戦線は稀薄に広がり、輸送路は延び過ぎて丸裸になってしまうであろう。これが消耗戦の戦略であって、蔣介石は、うぬぼれた日本軍が必ず、この消耗戦で崩壊すると信じていた」

蔣介石は、自著『中国の命運』の中で、十二年八月十三日の上海戦を「八・一三、中国全面抗戦の発動」と記している。

董顯光によると、蔣介石はみずから好む戦場を揚子江の線に選び、そこに主力を集結する方策を決定している。

また、華北については「補給線を維持することが困難なため、抗戦を続けても結局は日本軍の手に落ちるものと覚悟を決め、華北の前線には大軍を増援しない」ことにした。

のちに中国共産党軍を「八路軍」に編組して、冀北と北支に動員し、武器と戦費を支援することになる。

蔣介石は、八月十三日に上海市街で、「日本軍を包囲攻撃するため、中国軍の主力兵力を揚子江流域に温存させよ」と張自忠に指示していた。

また、揚子江の線が破れた場合のことも考えていた。その場合は、奥地深くに引いて、最後の抵抗線を築く計画を立てている。

董顯光は、

「これは実に巧妙な作戦計画であり、またその後の戦局の推移は、蔣介石の考えが正しかったことを証明している」と称賛している。

石原、二個師団派遣

陸軍省から連絡を受けたとき、暑さに弱い松井石根は、山中湖の別荘で静養していた。だが常に心の準備はできていて、事情を察知すると、衣類を詰めたトランク一個を持ち、タクシーを呼んで御殿場駅に出た。そこから横浜経由で東京駅に向かう。すでに暗く、東京駅中央口を出ると、すぐに宮城に向かって遙拝《ようはい》した。そして、夜道を迎えにきた陸相の車で三宅坂の陸相官邸に入った。

杉山陸相は、この日の夕方の臨時閣議に出席して、各閣僚から突き上げに遭《あ》っていた。なかには、「上海に動員派兵とのことだが、兵が不要になったらどうするのか」との質問も出た。

杉山は、「危急の場合で、そんなことは考えていない。不要になったら、北支に使うことも望ましい」と答えている。こんなやりとりもあった。

「今日の状態では不拡大か全面戦争か。戦争の目的は何か」

「不拡大方針が不可だとか不可能だとか、そんなことは考えていない。また、事変が全面戦争に転化したとは考えていない。もっとも作戦目標をどこにとるかは、統帥上の問題で、私にも分かりません。いずれにしても、南京を攻略せよとか、洛陽を奪取せよとかの話はあったが、今の段階では不拡大方針の堅持である」

閣僚からは、「日支事変と改めるべきではないか」の意見も出る。

杉山陸相は、

「事変の呼称を改めることには意見の一致が必要で、研究いたします」と答弁し、退席する。

閣議から戻った杉山は、官邸で松井にこれまでの状況をかいつまんで報告した。特に上海の陸戦隊が完全に包囲され、防戦に苦しんでいること、及び海軍は台湾からの渡洋爆撃を実施したが、天候が悪く、戦果が思ったほどでないこと、参謀本部からは二個師団しか出せないと言ってきていることなど、この四、五日の内外の状況を伝えた。

「明日、宮中へ参内」を伝えられ、その夜は九段の偕行社に泊まった。

翌十五日――。
松井は八時前には迎えの車で陸相官邸に入り、礼服に着替えると宮中に参内し、天皇の親補を受ける。陸相官邸に戻ると、ただちに作戦会議に入った。陸軍次官、軍務局長、軍事課長など各課長が会議室に集まり、松井も移動した。陸相から軍の編組と臨参命が示された。
●臨参命第七十三号
一、上海派遣軍（編組は別紙の如し）を上海に派遣す。
二、上海派遣軍司令官は、海軍と協力して上海附近の敵を剿滅し、上海並びに北方地区の要線を占領し帝国臣民を保護すべし。
三、動員管理官は、夫々《それぞれ》動員部隊を内地乗船港に到らしむべし。
四、支那駐屯軍司令官は、臨時航空兵団より独立飛行第六中隊を上海附近に派遣して上海派遣軍司令官の隷下《れいか》に入らしむべし。
五、上海派遣軍の編組に入る部隊は、内地港湾出発の時、其の動員管理官の指揮を脱し、上海派遣軍司令官の隷下に入るものとす。
但し独立飛行第六中隊は、上海附近到着の時をもって上海派遣軍司令官の隷下に入るものとす。
六、細項に関しては参謀総長をして指示せしむ。

●上海派遣軍の編組
上海派遣軍司令部
第三師団
第十一師団（天谷支隊を欠く）
以下、独立機関銃第七大隊、戦車第五大隊、独立軽装甲車第八中隊、独立重砲兵第十連隊、独立工兵第八連隊（甲）、独立飛行第六中隊（甲）、上海派遣通信隊本部、独立攻城重砲兵第五大隊（甲）、兵站部隊等。

飯沼守少将を参謀長とする上海派遣軍の各参謀陣も決定され、松井に示された。時は急を要するため、司令官及び参謀本部からの要望を取り込む時間はなかった。

ただし、各課長及び参謀の人事では、阿南惟幾《これちか》人事局長が中心となり、省内及び参謀本部の意向を聞き、十三日頃からノミネートした。

参謀の構成は、参謀長に陸士二十一期の飯沼守少将、参謀副長に陸士二十二期の上村利道歩兵大佐、作戦の第一課長に陸士二十五期の西原一策騎兵大佐、情報の第二課長に陸士二十八期の長勇歩兵中佐、兵站の第三課長には陸士二十八期の寺垣忠雄歩兵中佐、その他管理部長に川勝郁郎中佐、兵器部長に福原豊三少将、経理部長に根岸莞爾主計少将、軍医部長に笹井秀恕《ひでひろ》少将、獣医部長に橋本庄太郎少将、法務部長に塚本浩次法務官、憲兵隊長に横田昌隆少佐である。

作戦の第一課員は十五名、情報の第二課員は十名、兵站の第三課員は十名である。

飯沼は石原莞爾と陸士同期であり、気心が分かる仲だった。そのことからも、石原の推薦であろう。飯沼は愛知県生まれで、陸大では石原の一期後輩の三十一期である。昭和五年八月の人事で第三師団（名古屋）の参謀になり、八年には陸大教官、九年には近衛歩兵第二連隊長となる。

二・二六事件後、陸軍士官学校本科生徒隊長、十二年八月二日付で予備士官学校の幹事と閑職についていた。眼鏡をかけた丸っこい顔は温厚で、人望があった。

副長の上村利道は熊本生まれで陸大は三十四期、台湾軍参謀、歩兵第二十四連隊長のあと昭和十一年八月、参謀本部の庶務課長に就任している。中将に昇進したのは同郷の武藤章より一年早い十五年十二月である。

西原一策は東大法学部政治科卒の異色の軍人で、派遣軍参謀に起用されるまでは参謀本部で戦史課長をしていた。のちに松井に起用されて、昭和十二年十一月二十九日付で、十一月一日付で就任した武藤章とともに中支那方面軍参謀副長に就任した。

松井石根は、就床の前にはかならず日記をしたためた。大命を拝受したときの心境を、こう書き残している。

「予は陸大卒業以来、先輩の志を継ぎ、在職の間、終始日支両国の提携に因《よ》るアジアの復興に微力を致せり。支那の南北に駐在すること十有余年、常時支那官民との間に親睦を図り、相互民族の融和提携を祈念せり。（中略）今や不幸にして両国の関係は此の如き破滅の運命を辿りつつ、而も予自ら支那軍膺《よう》懲《ちょう》の師を率いて支那に向かうに至れば、真に皮肉の因縁というべし。顧みて今昔の感禁ぜざる次第なるが、事態は如何とも致し難く、須《すべか》らく大命を奉じて、聖旨の存する所を体し。惟《こ》れ仁、惟れ威、所謂《いわゆる》破邪顕正の剣を振って馬稷《ばしょく》を斬るの概深からしめたり」

満州の守備

石原は陸軍省での編組会議の合間、飯沼と二人だけで会った。同期のよしみもあり、彼にこう言って心がまえを伝えた。

「現時点での支那軍の使用しうる兵力は五個師であるが、後方には数多《あまた》の部隊があると思う。それに、対ソ関係のため上海派遣軍の兵力編組は最小限である。したがって作戦は相当困難なるものと思われる。故に参謀本部としては細部は指示しないから、思う存分やってくれ」

「支那空軍に対しては、上陸までに大体、海軍において荒ごなしするはず。呉淞砲台は、海軍は約二百機をもって二日間にわたり爆撃する準備をしている」

「先遣隊と主力到着との間には五日ある。したがって先遣隊上陸の時期は、現地にある軍司令官の決心に待つこと」

「七了口に上陸するや否やも、今日までの偵察の結果にては、決心し難い。これまた軍司令官の現地において決心すべきことである」

「それと、これは他言無用だが、某時期に上海方面には第三師団のみを残置し、他を北方に転用して方面軍を編成し、北支に徹底的に目的達成の手段を講じ、一方対ソ開戦の急に応じ得るごとく兵力を配置したい。上海方面を必要最小限度とすることについては、あくまでこの所信を貫徹する考えである」

石原の頭の中には、常に満州国の安定があった。ソ連の攻撃から守るため、関東軍の兵力を削減したくない。

　それに満州国は、産業開発五ヵ年計画に取り組み出したばかりである。スタートラインについた時点で兵力を北支や中支に転用することは、三十一個師団から五十個師団の巨大な軍事力を持つ極東ソ連軍が知ることとなり、手薄になった頃を見計らって侵攻されかねない。スターリンという男はそういう男だし、また手柄をたてたい極東軍司令官や参謀たちは、意表をついて侵攻する。そういう民族だということも知っている。

　そのうえ、一度奪った領土は、いくら外交で交渉しても、テコでも動かない。彼らを追い出すには武力しかないのである。極東ソ連軍が中国で犯したこれまでの歴史が、そのことを物語っていた。

　一例が清の時代まで中国領土だった東シベリアの極東地方である。ロシア軍はバイカルから東シベリアに入り、中国人を殺戮《さつりく》して占領した。ついにはアムール河まで侵攻し、中国人をアムール河に追い落とすと、一八五八年の愛琿《アイグン》条約によりアムール河を清露の境界線とした。

　さらにはハバロフスクからウスリー河沿いにいる中国人も追い出し、南下してウラジオストックまで占領して居座る。一八六〇年十月、イギリスとフランスが北京を占領したのと同時に、ロシアは清国との間に強引に北京条約を結び、ウスリー河以東を割譲させた。

　さらには、ロシア艦隊は日本領土の対馬に居座り続け、南満州の旅順港まで南下した。そのつぎには朝鮮半島に入り、朝鮮国に顧問団を送り込んで居座り続けた歴史から、石原はロシア及びソ連政府の脅威を感じていた。

　そのソ連が、五ヵ年経済計画に成功し、強大な軍事力を背景にして中国に接近している。

　中国はソ連接近で、武力国家に変身していた。

　すでに上海では陸戦隊が包囲され、追い込まれていた。中国は局部戦ではなく、北支、冀北、中支と全面戦争に入っていた。

もっとも立場を変えれば、日本軍の侵略とも受けとれる。昭和十八年に蔣介石がみずから書いた『中国の命運』の中で、そこには一部誤解はあるものの、盧溝橋事件から第二次上海事変に至る間の蔣介石の「全面抗戦」が読みとれる。

「民国二十六年七月七日、日本は演習に藉口《しゃこう》して盧溝橋を占領し、宛平縣を奪取し、南北の交通を遮断して北平を控制《こうせい》下に置こうとした。我等はこの事件の発展は中国の存亡問題たるのみならず、世界人類の禍福の繫がるところであろうことを知り、且つ日本の虚心積慮から見て、和平の軽易に求め得ないことと、中国はすでに最後の関頭に達したことをも知った。一たび最後の関頭となれば中途で妥協することは許されない。中途妥協の條件は、全面的投降、全面的滅亡の條件だからだ。我等はただ犠牲到底・抗戦到底あるのみだ。犠牲の決心あってこそ、はじめて最後の勝利を博し得る。中国は弱国だ。然《しか》し民族生命は保持しなければならず、祖宗の遺した歴史的責任は負わねばならない。故に我等は全面抗戦の国策を確定したのである」

また、国民党臨時大会で「抗戦建国綱領」を定め、中国共産党も快諾している。綱領は四項目からなる。

㈠国際外交方面では、独立自主の精神に基づいて世界上の反侵略国と連合して共同奮闘し、帝国主義侵略を消滅する。

㈡国内政治方面では、地方自治を以て基礎となし、憲政実施を準備し、国民参政機関を組織し、全国力量を団結し、全国意志を集中して国策の遂行に利する。

㈢国民経済方面では、計画経済を実行し、国防と民主とを合一して共同発展せしめ、民族国防体に改造する。

㈣文化思想方面では、固有の道徳を発揚し、科学的知識を提唱する。これ、三民主義原則と国民革命方略の結晶なり。

これに対し中国共産党は、

「暴動政策、赤化運動を解消し、暴力をもって地主の土地を没収する政策を停止する。ソ連政府を解消して全国の統一を期する。紅軍の名義及び番号を解消し、改編して国民革命軍となし、国民政府軍事委員会の統轄を受け、命令を待って出動し、抗戦前線の職任を担任する」と諾言《だくげん》していた。

しかし蔣介石は、ソ連が中国に干渉しないことになったとはいえ、国民政府が「中ソ不可侵条約」に向けて、双方が歩み寄り、ソ連共産党コミンテルンが、外蒙古を中心に赤化運動を進めていることに、まだ気づいていなかった。

石原莞爾が一番頭を悩ましていたのは、ソ連の動向であった。特に石原の頭の中ではソ連の動きが機軸になっていた。上海派遣も北支派遣も、青島への派遣も、三十個師団しかない陸軍師団の投入にあたっては、満州の守備を頭に置いていた。

そのソ連の動きが顕著となってくるのは想定内のことである。

ソ連の接近は、昭和八年夏から目立ちはじめた。長いこと駐支大使をしているボゴモーロフは、ソ連政府の意向を受け、中国に「中ソ不可侵条約締結」を提案していた。

すでにソ連は毛沢東、朱徳、周恩来などの中国共産党を通じて策動し、赤化運動を展開していた。しかし蔣介石は、ソ連を信頼していなかった。

ところが、コミンテルンに支援された劉少奇を北京に潜入させて「北方局」をつくり、盧溝橋事件を仕掛けた三日後の七月十日、ソ連は駐支大使のボゴモーロフを通じて軍事同盟締結を申し入れてきた。

当時、蔣介石も汪兆銘も混乱していて、進展はなかった。しかし、ソ連共産党の機関紙プラウダが、盧溝橋事件後の七月十三日、日本の侵略行動と非難したことから、ソ連外交部は本国に呼び戻していたボゴモーロフ大使を急遽、南京に帰し、二十三日、軍事同盟を含む「中ソ不可侵条約」を結ぶべく王寵恵外交部長と会談させた。そこから両国の会談は進み、駐ソ大使顔恵慶《がんけいいけい》の暗躍もあり、ソ連の顧問団、武器援助などが具体的に話し合われる。

中ソ両国の間では、外蒙をめぐって対立していたが、これには秘密協定ありと見て、参謀本部第二部は特殊工作員及び武官を使って情報収集に当たった。

石原は、ソ連の接近は、日中間の長期戦闘で互いに消耗させ、外蒙をとるのが狙いだろうと推測した。外蒙にソ連軍が侵入することは、内蒙古、満州国境への脅威を意味する。

中国内、なかでも国民党政府内にも、「米英よりもソ連が頼りになる。中ソ条約が必要」との声が広がり始めるのは、八月十三日の上海開戦以前のことで、すでに若い将校の間では馮玉祥系の将校に多かった。

参謀本部第二部は、各地に工作員を潜入させて情報をさぐっていたが、残念ながら中ソの不可侵条約交渉の有無は摑めていなかった。

東条参謀長、多倫に出る

こうしたさなか、参謀本部にはやっかいな出来ごとが起きていた。それは関東軍の一部が、満州を離れて内蒙古の察哈爾《チヤハル》省で派遣軍司令部を編成し、多倫《ドロン》に向かう、との情報である。しかも、司令部の戦闘指揮官が、作戦ができない関東軍参謀長の東条英機中将である。

関東軍は十三日付の植田謙吉軍司令官名で、陸相、参謀総長あてに、つぎのような「短期終結」を意見具申していた。

「現下内外の事態に鑑み、近く予期せられるべき北支方面の果敢なる作戦遂行に策応し、速やかに上海《はい》、成し得れば山東方面に各有力なる一兵団を急派せしめ、有利の態勢を確保すると共に、敵空中勢力の破摧《さい》、政治経済等の放胆なる遂行と相俟《あいま》ち、当面の目標を北支中央軍の撃滅、南京政権の徹底的膺懲《ようちょう》に集中し、以ってその抵抗を断念せしめ、時局の収拾を急速且つ至短期間に終結せしむること絶対に必要なり。爰《ここ》に謹《つつし》んで意見を具申す」

その後も関東軍司令官は、「中・北支に対して、さらに兵力を増派するとともに、南満州に一個師団を集中して応変の急に備えるよう」との意見を具申してきた。

関東軍では、十二日の臨令第四〇〇号により関東軍復帰を命じられた混成第二旅団（長・本多政材少将）の歩兵第一大隊が十四日、天津から内蒙古の張北に到着し、提支隊に配属された。ハルビンを出発した大泉支隊は十三日に沽源に到着し、十五日の軍命令により、本多少将の混成第二旅団の指揮下に入って、一部を先発させ、主力は天津から汽車輸送で承徳に出た。そのあと、陸行して十九日に張北に到着する。

十七日には第二師団で混成第十五旅団（長・篠原誠一郎少将）を臨時編成し、承徳に向かわせた。この篠原兵団は二十四日に承徳に到着、のちに張北に南下する。

独立混成第一旅団（長・酒井鎬次中将）も十六日付で関東軍に復帰し、十八日に通州を出発した。二十五日に張家口の北西十二キロの万全付近に到着、集結する。

第二飛行集団（長・安藤三郎少将。偵察四中隊、戦闘二中隊、軽爆二中隊、重爆六中隊）は、十日間の予定で東条の察哈爾作戦に参加を命じられる。

関東軍は十四日、先の十日に下令されていた察哈爾派遣兵団司令部を編成し、十七日に戦闘司令所を多倫に開設した。関東軍参謀長みずから司令所長になり、指揮をとることになる。

参謀本部と松井石根上海派遣軍との打ち合わせは十六日、参謀総長室で行なわれた。

まず閑院《かんいん》宮総長から各種の指示を出し、参謀本部と軍令部との協定の抜萃《ばっすい》、航空については中支作戦に関する陸海軍航空協定の抜萃が示された。内容は「上海派遣軍司令官と第三艦隊司令長官とは協同関係であり、上陸した陸軍部隊と海軍特別陸戦隊とは戦闘間、先任指揮官が統一指揮する。第三、第十一師団は海軍艦艇をもって急派する。上陸地は瀏河鎮（呉淞より二十キロ上流）方面及び呉淞方面とし、敵前上陸を予期。中支那における敵航空勢力の覆滅は主として海軍が任じ、陸軍は該方面に陸軍部隊の自衛のため飛行隊の一部を派遣する」

また、上海は国際都市で列国軍監視下にあり、列国の利害が錯綜するので、「努《つと》めて列国軍との協調を保持する」など、つぎの注意事項を伝えた。

一、我が正当なる行動を中外に理解せしむるを要す。
二、努めて列国軍との協調を保持する。
三、上海租界には兵禍を及ぼさざる如く努む。
四、飛行機を以って対地攻撃、就中《なかんずく》爆撃実施に方《あた》りては、目標選定その他に関し、国際関係を顧慮するを要す。
五、渉外事項に関しては、任務達成上、直接関係あるもののみは、努めて外務官憲等の処理に委す。之の為、所在帝国外務官憲と密接に連繫を保持す。

このほか、さる十二日に立案作成した「上海派遣軍作戦要領」（案）を手渡し、方針と指導要領を説明した。

指導要領は五項目になっている。

一、軍は概ね第十一師団の主力を以て瀏河鎮方面より第三師団及び軍直属部隊主力を以て呉淞方面に上陸し、上海周辺の敵を剿滅す。呉淞方面に上陸するに方りては海軍陸戦隊の掩護を予期す。

二、掃滅作戦の進捗に伴い、状況之を要すれば黄浦江上流方面に機動して滬杭《ここう》鉄道を遮断せしむるこ

五、上陸後なるべく速やかに上海付近の飛行場を占領整備する。
四、情況に依り、当初一部を以て上海租界内に上陸し、海軍陸戦隊を増援することあり。
三、当面の敵を撃破したる後、上海および其の北方の要線を占領して租界を掩護す。
とあり。

このあと十六日、上海派遣軍の全参謀は軍司令部に集合し、大会議室で各課ごとに打ち合わせた。作戦会議は時間もなく艦上で、ということになる。

翌十七日午前十時、松井石根大将は参内して天皇より謁《えつ》を賜わり、勅語を拝した。

「朕卿《けい》ニ委ネルニ上海派遣軍ノ統率ヲ以テス。宜《よろ》シク宇内《うだい》ノ大勢ニ鑑《かんが》ミ、速カニ敵軍ヲ戡定《かんてい》シ、我軍ノ威武ヲ中外ニ顕揚シ、以ヲ朕カ倚信《いしん》ニ應《こた》ヘヨ」

天皇の勅語に対し、松井は「上海派遣軍司令官ノ大命ヲ拝シ――」と奉答した。

そのあと天皇より、「任務を達成する為の方針は如何に」と御下問があった。松井は、「派遣軍は其の任務上、密接に我が海軍と協同し、所在の我が官憲は特に列国外交団並びに列国軍との連絡を密にし、協力を以て上海付近の治安を恢復《かいふく》せんことを期す」と奉答した。

松井石根のこの日の日記には、

「陛下は御満足気に之を嘉納せられたり」とある。

翌十八日、第三師団の先遣隊歩兵一個大隊が名古屋の熱田港を出航した。

第四章――海軍、青島を放棄

天谷支隊、大連で待機

松井石根大将は、就床の前にかならず日記をつけるのが習慣になっていた。陸士、陸大の頃も毎夜、その日の出来ごとを書き残した。

大正三（一九一四）年、パリの駐在武官府付時代は、日本を離れるときからフランス語で日記をつけている。松井のフランス語はずば抜けていて、陸軍内ばかりか、駐仏大使よりも使いこなしていた。また、フランスの新聞や雑誌を読み漁《あさ》った。中国に駐在中は中国語をこなし、会話もした。漢詩人でもあった。

その点、人名と「来る、訪問、参内……」という動詞しか書かない石原莞爾とは対照的だった。石原が書き込んだのは唯一、関東軍参謀副長時代の「満州備亡ノート」だけである。

雄弁家の石原は講演の際も、項目と小見出しを便箋一枚にメモ書きし、それを机の上に置いて話した。石原の頭の中には常にテーマが刻み込まれていて、講演用の原稿は不要だった。

一方の松井は、事前に下書きして講演するタイプで、そのスタンスも石原とは対照的である。

松井は杉山元陸相に呼び出された、昭和十二年八月十四日から「出征日誌」を毎晩書き残している。八月十六日の日誌によると、朝十時に参謀本部に登庁した松井は、閑院宮総長より奉勅命令及び指示を賜わるが、この日、作戦部長の石原と初めて顔を合わせている。

不拡大方針の石原について、「最も重要なる宣伝謀略に関する機関の不備」を指摘し、「要するに参謀本部当局、特に第一部長が上海派遣軍のことに関し、十分の熱意を有せざるの結果なるを察す。依《よっ》て本間第二部長に面会して、之に関する予の意見を説述し、研究を促す」と、石原の不拡大方針を非難している。

石原との意見の相違は、十六日の杉山元陸相への意見開陳に読みとれる。

「今や時局は所謂《いわゆる》不拡大方針を解消して、全面的解決の域に進みあり。即対支全般的政策並びに国軍作戦に就き考えるに、宜《よろ》しく其の全力を挙げて中支那、殊に南京政府を其の目標とし、武力的、経済的圧迫により速やかに全局の解決に邁進すべきときなれり。我が陸軍が徒《いたず》らに過去の行掛りに捉われ、或いは対露に至っては対外関係を過度に顧念し、右顧左眄《うこさべん》たる作戦を回避する如きは却《かえっ》て将来の国策を危地に陥らしむるもののみならず、我が陸軍の伝統的精神と作戦の方針に鑑みるも、所謂速戦即決、重点把握主義に基づき、今後の作戦を実行すること極めて肝要なり」

そして、石原の作戦部が提案した山東への一個師団派遣についても、

「派遣するの計画の如きは予の執らざる処。山東の如きは一時全然之を放棄するも、我が権は将来に於て、十分之を確保することを得るべし。今や要点作戦の目的に向かい、兵力を使用すること緊要なり」

と、山東派遣に反対し、南京攻略に五個師団の派遣を要請した。

山東の青島《チンタオ》作戦は、八月上旬の「北支作戦要領」で、もしも青島付近の事態が悪化したときは、まず第十一師団（長・多田駿中将、上陸訓練師団）の一旅団を青島に敵前上陸させ、続いて第十四師団（長・土肥原賢二中将）を上陸させて青島付近の要点を占領し、海軍と協力して居留民の現地保護にあたるこ

とになっていた。

八月十五日には、上海派遣軍とともに青島に第十一師団の天谷支隊（長・天谷直次郎少将）の編組が定められ、臨参命第七十四号で天谷支隊は大連に派遣され、待機することになった。

天谷支隊は、内地の港湾を出港した時をもって第十一師団長の指揮から離れ、参謀総長の指揮下に入ることになる。

青島、膠済《こうさい》沿線の在留邦人は約二万人で、居留民は七月十八日頃、青島に引き揚げていた。この方面の警備を担当していたのは、海軍の第十戦隊（下村正助司令官）である。

その青島市内では、不穏な空気がただよっていた。警備にあたっていた第十戦隊では、五人一組の海軍連絡隊をつくり、市中を巡回させていた。

十四日午後一時頃のこと、巡回中の連絡隊員が浙江路の教会幼稚園前に差しかかったとき、自転車に乗った便衣服の中国人が、隊員を射撃するという狙撃事件が発生した。

このとき、三等水兵の辻村等の左下胸に命中、服部二等兵曹も負傷した。二人は青島病院に運ばれて治療を受けるが、服部兵曹は二時間後に絶命した。

この事件で、青島の大鷹総領事は、沈鴻烈《ちんこうれつ》市長に取り締りと犯人逮捕を要求した。しかし沈市長は、「日本人同士討ちの疑いあり」と暴言を吐き、誠意を見せなかった。

だが、カトリック教会尼僧のユーステラ女史と子供のジョセフ中学一年生が、

「午後一時頃、二発の銃声が続けざまに起こり、一人の日本水兵は浙江路で倒れ、もう一人の水兵も同様に付近の路上に倒れた。そのとき、カーキ色の服を着た支那人が自転車に乗り、拳銃を手に持って浙江路から中山路方面に逃げて行くのを見た」と証言した。

この証言を二人から聞きとったのは米国領事のソコビン氏で、彼はこの二人の証言をタイプにうち、日本と中国側（市）に提示している。

この証言後、沈市長は犯人逮捕ではなく、保安隊、公安局に対して厳重配備を命じた。

第十戦隊の下村正助司令官は、各艦長を集めて重大訓令を発した。その後、大鷹総領事、田中海軍武官、谷萩陸軍武官と緊急会議を行ない、水兵を増強して警戒を強化するとともに、領事館警察巡査五十余名をもって市中の邦人保護にあたることにした。

これまで日本側は、中国側を刺激しないように深甚の注意を払ってきた。だが、戦火が上海に波及すると、青島でも便衣隊員による水兵射殺事件が発生し、上海の大山事件と似たような戦火の引き金を、中国側が仕掛けてくる気配がしていた。

参謀本部は、青島の居留民保護の必要が生じることを考慮して、天谷支隊と第十四師団基幹の陸軍部隊を派兵することとし、ひとまず大連に待機させることにしたのである。

しかしその頃、上海方面の戦闘が悪化した。

八月十七日、海軍は青島居留民を現地保護するかどうかのさなか、青島派遣の予定部隊として旅順に待機させていた陸戦隊二隊を急遽、上海に派遣するよう発令した。これは参謀本部には連絡もなく、海軍が上海の危急のために採った処置であった。

その理由は、海軍としては青島で事を起こさないためだった。ただちに居留民を全員引き揚げることにして、配船の手続きをとった。

当初、青島居留民の引き揚げは、婦女子のみにとどめる方針でいたが、情勢が急速に変わったので、一部男子も含め、十六日から二十三日までに約一万五千人を引き揚げた。

だが、海軍が参謀本部に連絡しないまま青島放棄に変更したことに対し、石原は怒った。

「陸戦隊が上陸しなければ、青島における陸軍の上陸作戦は困難である」

石原の海軍への不信は募った。参謀本部と軍令部の間には、担当課員がしきりに走った。石原の怒りを沈める意味もあったが、軍令部には現地の第十戦隊の下村司令官から、「邦人全員の引き揚げは困る」との申し出が届いていたからである。なぜなら、青島にはこの頃から「税警団」なる軍隊が、市中に侵入していたからである。

下村司令官からの要請もあって、海軍は十七日、佐世保から特別陸戦隊を編成して旅順に急派した。

陸軍の青島派兵については、十八日の閣議で必要かどうかが問題になった。広田外相は派兵には不同意であったが、米内海相は、

「派兵はまだその時機に達していないが」と前置きして、

「派兵を要する時機となれば、陸軍の援助を必要とする」と要請した。

しかし、閣議は「現地出兵を必要としない」という方針を決めたため、陸海軍の協定成立は見送られた。

陸軍は大沽《ター クー》に待機中の第十師団（姫路）の第三大隊を青島に急派する方向で海軍との協定を結び、十八日午後五時に上奏しようとしたが、海軍に反対された。

海軍は縄張り意識もあって、青島への陸軍兵力の派兵を好まなかった。

石原は、「青島は天谷支隊に委せればよい」と軍令部員に見解を伝えた。この発言から、ふたたび陸海の協定体制にヒビが入り、閣議提案は十九日に見送られる。

松井司令官、宣戦を主張

青島派遣をめぐって陸海軍が意見調整に入っている十六日、松井上海派遣軍司令官は、陸軍省と参謀本部に対し、

「覚悟を強固にして動揺なからしむるためには、宣戦に伴う詔勅の降下を待つことが有効ではないか。このところ支那の朝野は、近年における我が国の支那政策の発動を、軍部の陰謀的侵略主義によるもの

と誤認しているようだ。宣戦となれば、我が国の不動の政策と知るであろう。今次の事変の根本的原因と認めさせねばならない。これらの感情は英米とて同じで、この際、更《あらた》めて詔勅により、我が国策の向かう所を明らかにし、正義皇道の真精神を中外に宣布せらるることは、独り対支関係のみならず、今後の国際関係上、極めて有利になる」

と、宣戦布告に出ることを進言している。

これに対しては、石原は事件不拡大のため同意しなかった。石原の頭の中には、満州の経営が常にあった。イギリスが揚子江から南を支配しようとも、日本は満州国だけを経営しておればよい、との考えである。だが、さすがの石原も、松井石根の前では控えた。

極東ソ連軍の兵力が、いつも石原の頭の中にこびりついている。情報部のロシア課から報告された極東ソ連軍の常設兵力は、こうだった。

・狙撃師団　二十八個師団。
・騎兵師団　四～五個師団。
・機甲旅団　六個旅団。
・航空機　一千五百機。
・他に蒙古騎兵　十個師団。
・戦時極東兵力は三十一～五十個師団。

第十四師団を大連に待機させたいのは、こうしたソ連軍の急襲に備えるためだった。

「今は極力、戦面を縮小して、満州国の建設第一主義をとるべきだ。国力の消耗があってはならぬ。英国が揚子江以南、または北支まで経営するなら、満州国を日本が建設するとの取り引きがあってもよい。それには日本軍は、全中国から撤退してもいいではないか。英国にその動きがあるやに聞く――」

しかし、歯車は石原に背を向けるようにして回りはじめていた。

十七日、松井軍司令官は、元外相の有田八郎からの電話申し入れで、朝九時に東京倶楽部《クラブ》で会見した。有田は広田外相に頼まれて、上海の外国大使たちと話し合って調停したい、ついては松井軍司令官の意見を聞きたい、とのことである。

松井は軍部の意向として、

「上海における対支外交については、極めて自重主義をとっている。支那側の言説に惑わされないことだ。有田氏の上海行きは、早すぎる」と私見を述べた。

また有田には、「国を代表する公使でも、大使という資格もなくて上海に行くのは、かえって内外の疑惑を招くおそれがある。行くならば、川越大使にかわって行くのがよろしいのでは」

と、アドバイスした。そのことでは、松井みずから広田外相と会って、「有田大使」起用をとりつけることを約束して別れる。

このあと十時に参内した。天皇は松井に勅語を賜わる。このとき、金千円と菓子一包を下賜された。また、皇后陛下から、

「此次派遣軍司令官ノ重任ニ膺《あた》ルコト御苦労ニ思フ。特ニ身体ノ養生ニ注意シ、其任ヲ完《まっと》フセンコトヲ望ム」との令旨《りょうじ》を賜わった。

松井は天皇陛下へと同じ奉答をして退出し、そのあとすぐに賢所《かしこどころ》に飯沼守参謀長、角《すみ》良晴副官を伴って参拝した。

十一時には寺内教育総監を訪問して挨拶を述べる。そのあと参謀総長に述べたように、「宣戦布告をとるべし」の旨を開陳した。寺内は松井の意見に同意し、「今後、杉山陸相を鞭撻《べんたつ》し、実行に移すように努力する」旨を約束する。

十二時四十分には総理官邸に入る。官邸には全閣僚が集まって松井を迎えた。松井はひととおりの挨拶を終えると、近衛首相に「宣戦の詔勅の降下」をお願いした。その理由として、「詔勅によって我が

国策の向かう所を明らかにし、正義皇道の真精神を中外に宣布することは、中国だけでなく国際的にも有利になるから」と説得した。

しかし、近衛は賛否を明言せず、むしろ松井の健康を心配し、はたして戦さに耐えられるかどうかを質《ただ》した。松井としては、このとき近衛が松井の体を疑った発言に不快感を覚え、「卿が疑いあらしめたるは遺憾なり」と日記に書き残している。

全閣僚との食事のあと、松井は有田の件で広田外相に、「有田に大使の資格を与え上海工作」の旨を伝え、意見を開陳する。結局、この件は見合わせとなった。

松井は広田外相との会談のさい、軍司令官は上海で宣伝及び外交の任にあたるため、佐藤安之助と菅野長知を情報員として起用する必要から、列席している塩野法相に、彼らの保釈を求めた。広田外相も一緒に中国事情通の二人の保釈取り扱いを求め、その場で塩野は快諾する。

松井は宣伝謀略機関をつくるため、海軍からは上海にいてシーメンスに強い犬塚惟重大佐の起用を決め、米内海相に働きかけていた。

午後三時からは派遣軍司令部で幕僚たちとの会談となっていて、松井は各幕僚と意見を交わした。この日は多田駿中将が初出勤の日で、松井は上海の一般状勢を聞く。また、派遣軍への命令事項、指示に関して打ち合わせに入った。

派遣軍参謀長、各課長、及び第三、第十一師団の連絡参謀が一堂に会した。松井は会議に先だち、天皇陛下からの勅語を賜わった際の奉答文を読み上げ、金千円と菓子一包下賜の意図を説明した。そのあと下賜の金品を三分し、両師団長に三分の一を、三分の一を松井自身が、残り三分の一を軍司令部職員一同に分配した。

参謀長及び派遣軍連絡参謀を前に、松井は方針を述べ、つぎの四項目を下令した。
一、宣伝謀略機関として、少なくも少将を長とする特別機関を設置したきこと。

二、右のため海軍、外務の協同を希望し、可能人員の軍司令部嘱託採用方を軍部より交渉してもらうこと。
三、佐藤、菅野及び岡田尚を軍司令部嘱託に採用方、取り計らわれたきこと。
四、軍の受けたる命令中、海軍との協定不満足にして、殊に陸戦隊の指揮権に関し不明瞭なる点あること。すなわち戦闘間、高級先任者の指揮に委ねるとの意はこれを質《ただ》し、一層指揮関係を明確にすべきこと。

なお、今後時局の推移と国策、及び陸軍の派遣方針に関して、松井は自分の意見を全員に伝え、理解を得た。

松井が提案した参謀次長、総務、第一、第二部長の四人との会同は、翌十八日午後三時、次長室で行なわれた。この日の松井は、出発を明日の午後一時に控えて、多忙だった。

三時間前には、陸相官邸で三長官の送別の宴が催され、派遣軍の部員多数が招かれた。陸相は、「すでに不拡大方針を放棄し、全面的戦闘状態に入った」と挨拶した。

これに対し松井軍司令官は、

「これで積極的に上海方面の作戦の必要を感じた」と、部員たちを励ました。

送別の宴が終わったあと、別室で松井は閑院宮参謀総長に、

「宣戦の必要があります」と言上《ごんじょう》して別れた。

ひとつには、派遣軍の任務に不満な意味の言動があったからである。松井の挨拶中に、中島鉄蔵総務部長から飯沼守参謀長に、

「作戦命令も勅語同様のものであり、これを批判するが如きは不謹慎であります、と言うておいてくれ」

と忠告したのである。それで松井の方から、次長、部長との会合の席をお願いしている。

冒頭、松井は四人に進言した。

一、局地解決不拡大案は放棄されたるにつき、作戦もこれに転移順応すべきもの。その理由を、こう述べる。

「国民政府が存在する限り解決できず、従来通りの姑息《こそく》にては不可との政府の声明である。蔣介石下野、国民政府没落せざるべからず。英米ソ連国の関係あるも、対支目的に邁進するも、必要と考える」

「先ず支那問題を解決せざれば、対ソ連は解決せず、支那問題片付けば、対ソ連も衂《やぶ》らずして或る程度解決せらるべし。英も支那問題を断乎解決せば、随従すべし」

「必要の兵力を用い速戦即決である。北支に主力を用うるよりも、南京に主力を用うるを必要とする。これに就《つい》ては結末を何処にすべきやの議論あるも、大体南京を目標とし、此際《このさい》断乎として敢行すべし。

その方法は大体五、六個師団として、宣戦を布告し、堂々とやるべしである」

二、次に武力のみにてやるは不可である、ということ。経済的に圧迫することである。

その理由を、こう語っている。

「英米の援助を遮断するため封鎖する。かく短時日に南京を攻略する。此際、白紙に立ち帰り、考究せられたし。首相、外相も反対せざりき」

「この作戦を容易ならしむるため、宣伝謀略を必要とし、軍に特別の機関を設け、海軍、外務一体となりてもやる」

「上海占領直後にできれば最も可である。軍に直接関係なきことは外務関係にてやるとの指示にて、現在は適当なるも、将来は軍司令官の一手にて握りたし」

「次に海軍との関係であるが、陸上作戦に移りたる時、海軍航空隊が果たして従来通り、積極的になり

得るかどうか疑念がある。故に少なくも、陸上にある海軍は指揮下に入られたし」(飯沼守日記より)

石原、閣議の決定に不満

派遣軍の送別は明治三十五(一九〇二)年、元帥大山巌が満州軍総司令官として新橋駅を発ったとき以来である。

大山元帥の派遣の際は、海相の山本権兵衛に、「戦争はやりもうすが、打ち方止めの合図だけは、お頼みしもんで」とのことだった。だが今回の派遣はその逆で、米内海相とも、また寺内教育総監とも、杉山陸相とも、「宣戦布告」の方向でお願いする。

松井が十六日、参謀本部に出向いたときもそうだったが、これまでの参謀本部の不拡大方針は消極的だと常日頃から批判的だった。十四日に上京した夜の日誌には、杉山陸相、梅津次官、後宮軍務局長、田中軍事課長、柴山軍務課長らとの面会の席でも述べたことを、こう書いている。

「派遣軍の兵力は第十一師団(一連隊欠)と第三師団の二個師団に、若干の直属部隊を付するの範囲に過ぎざることを知れり。斯くて中支派兵のことは政府が従来の局地解決、不拡大方針を撤回し、全支的抗争に因り南京政府の反省を強要し、全面的日支関係を恢復するに決したるの結果に外ならず。海軍当局は、之に関し強硬なる態度と決意を有しあるに係わらず、陸軍殊に参謀本部の方針は未だ此に至らず。依然、陸軍の作戦主目的を、努めて北支方面に制限することを欲しありて、此間政府当局の態度尚明瞭に一致を欠くものあり(中略)」

そして、「今後時局の推移に対する我が政府並びに軍部の態度に関しては、相当杞憂すべき現情に在るものと認めらる」と、真っ向から参謀本部の不拡大方針を批判し、対決姿勢を見せている。

出発前日に、あえて松井の方から次長室に三人の部長を呼んで会談したのは、宣戦布告をして五個師団で蔣介石軍を速戦即決で叩き潰し、上海、南京の解決後に北支を解決すべきだ、と念を押すためだった。

飯沼守参謀長は、この日のやりとりをメモしていて、松井軍司令官の再度の開陳と石原とのやりとりの様子を記録した。記録によれば、松井の意見に対し、四人とも賛成の意向を見せなかった。松井がもっとも重視し、強調した宣伝機関特設構想にも反応がなかった。ただし、松井と参謀本部との間では、上海の大使館付武官を中心に宣伝謀略活動することで合意し、原田熊吉少将を起用することになり、いくらか松井の面目もたった。

次長室は重い空気に包まれ、長い沈黙が続いた。あくまでも不拡大主義で上海戦にとどまらせたい石原の意向は、松井には受け入れられなかった。

石原には、今の蔣介石の国民軍がどれほど脅威的な力をつけているか、また国共合作により、蔣介石はフラッグにすぎなくなっている事実を、松井軍司令官は認識していないと感じた。

もっとも十四日以来、新たな情報も入っていて、中国軍の戦争能力が今や第三国を味方にして対日戦を展開し、攻められたら奥へ奥へと逃げて抗戦する戦法で、長期戦になることは予想しているはずと見た。

その一方で、蔣介石とは北伐の頃から知己の仲である松井大将は、今の蔣介石が昔の蔣介石と同じと思っているのだろうと危惧した。

石原は、蔣介石をもっとも知る松井にそのことでは進言したが、松井大将は速戦即決で一気に南京まで攻めて、蔣を下野させる考えに固まっていた。

長期戦となれば、兵力は分散し、戦局は広がる。国力も戦力も衰え、日本はドロ沼から足が抜けなくなる。「もしも上海戦で、英、米、仏を敵に回すことにでもなったら……」と、石原は満州が気になった。

「それに……」と石原は考えた。

「この戦さは海軍が仕掛け、政府が作戦を立てている。参謀本部は南朝の楠正成《くすのきまさしげ》ではないか。あの時の楠正成は、朝廷に全員比叡山《ひえいざん》に上がり、京を空っぽにして敵を引き込み、足利尊氏軍を包囲する作戦を進言した。しかし、皇族たちは京都から離れたくない、なんとかせいと拒んだため、楠正成は湊川《みなとがわ》に出て負け戦さに備えたではないか……」と楠正成を思い出した。

統帥権はなきに等しくなったか、と石原は閣議での決定に不満だった。松井軍司令官の強い意見を聞いていた石原は、誰も質問しないので、松井軍司令官に質《ただ》した。

「今の作戦目的を達せられた後、南京を幾何《いくばく》の兵力を以て、幾何月にて攻略し得るか研究されたし。参謀本部にては、これらの資料がないのであります。今のところにては、昨年以来全然変化し、不可能と考えます。私個人としては、長引けば全体の形勢が危うしと考えます」

すると松井は、

「意見が相違するが、なお研究せん」と答える。

続いて中島鉄蔵総務部長が、

「南京攻略の着想は誰しも同様なるも、具体的に研究するは困難がますます加わります。蔣介石は如何なる情況にて下野しますか」と質した。

松井は、

「南京を攻略せば（蔣介石は）下野すべし」と答えている。

また、次長は山東問題で、

「山東方面には特設師団にて可との御意見なるも、野戦師団の素質も予想外に悪い。まして特設師団においてや」と質問した。

石原は、

「山東出兵は政策的にて約束済みです。書類は墨守さるる必要はありません。確実第一主義です」と答え、懇談会は四時前に終わった。

この日の午後四時、伏見宮軍令部総長と閑院宮参謀総長は、戦況奏上のため参内した。天皇は両総長が奏上したあと、

「戦局は漸次《ぜんじ》拡大し、北支のみに止まらず、上海の事態も重大となったが、青島も不穏の形成にある由。まことに困ったものだ。このように諸方面に兵力を使用しても、戦局は長引くのみである。重点に兵力を集中して一大打撃を加えたる上にて、わが公明なる態度をもって和平に導き、速やかに時局を収拾するの方策はないものか。作戦上、如何にするが適当なりや」

と、ご下問された。

両総長は、

「両統帥部でとくと協議の上、奉答申し上げます」とお答えして退出された。

閑院宮総長は帰庁すると、石原を呼び、ご下問の件を伝え、考えをまとめるように指示した。石原は部長室に戻ると考えを文章化して、作戦構想をつぎのように述べた。
一、陸軍兵力の一部を上海に、また要すれば青島に派遣して居留民の現地保護に任ぜしむ。
二、北支に対してはさらに若干師団を動員増加し、要すればその一部を南満に控置し、北部河北省及び察哈爾《チャハル》省の主要地を占拠し、敵が北上攻撃し来るあらば之を迎撃す。
三、前二項の態勢において、戦争持久の場合に対処することとし、何等かの関係により生ずる講和の機を待つ。
四、戦争の結末を求むるために、海軍の強力なる対南京空襲の成果に期待す。
この日、八月十八日、第三師団の先遣隊である歩兵一個大隊が、名古屋の熱田港を発った。

翌十九日午前九時、松井軍司令官は、大森の家を家族に見送られて、角良晴副官とともに軍司令部へ入った。

十時、司令部員一同を帯同して明治神宮に参拝し、神明の加護を祈願した。正午には軍令部に出向き、ここで一同会食し、杯を挙げ、「大元帥陛下万歳!」と三唱した。

十二時三十分、飯沼参謀長以下、司令部員二十名と一緒に軍司令部を出発した。途中、宮城を遙拝し、東京駅に着く。

東京駅には近衛首相、杉山、米内、寺内、大角大将、内山、柴将軍、それに陸海軍、軍令部、参謀本部の幕僚たちが出迎えた。石原は多田駿と並んで、松井軍司令官と派遣軍参謀たちを迎えた。

一行が乗り込んだ列車は、午後一時に東京駅を出発した。石原はプラットホームから一行を見送り、合掌して武運を祈った。

第五章――上海市街戦

海軍は短期決戦と判断

上海派遣軍松井石根司令官たちが明治神宮に参拝していた頃、軍令部は参謀本部より一日遅れて時局収拾案策定に入った。十九日の午前十一時、嶋田繁太郎軍令部次長からの下問で、横井忠雄大佐が参謀本部の河辺虎四郎第二課長室を訪れた。

横井は、ここで参謀本部の意見を確かめる。そこで河辺を通じて石原部長が参謀総長に述べた内容を知ると、横井は帰庁後、自分が以前に起案した「日支事変指導要綱」をヒントに取り組んだ。

横井は石原の意見だけでは戦果を収めることはできないと判断し、軍令部としての「速やかに時局を収拾すべき方策」を起案し、福留繁第一課長、近藤信竹第一部長を経由して嶋田次長に提出した。

しかし嶋田は、「なお参謀本部と協議の上、両部同一案を作成されたし」と命じた。

横井は直ちに協定案の作成に入る。十九日の午後四時というのは、派遣軍司令部を東京駅で見送った三時間後で、横井はふたたび車で参謀本部に向かい、河辺に軍令部案の趣旨を、つぎのように説明し、意見を求めた。

「目下の重点は速やかに上海を確保するにあり。これがため所要兵力を使用し、上海作戦において迅速に優秀な戦果を挙げ、同地を確保する必要があります。これにより、列国の干渉防止、経済中枢の破壊、大規模な要地空襲の実施、中国側士気の破砕など、大きな成果を挙げ得ることが必要であります」

海軍は、イギリスなど列国の干渉防止を強調している。日独防共協定を結んでいる陸軍とは、多少スタンスが違った。すでにこの頃には、第一次大戦中、マルタ島での日本海軍の貢献を評価されず、帰りのシンガポール沖で受けた恥辱を恨んでいた。

当時、イギリスの東洋軍事政策は、同盟国の日本を手先として起用しただけだった。決して対等ではなかった。そのことが当時の幕僚や将校たちの恨みを買うことになる。

なかでも帰還途中のシンガポール港では、イギリス海軍の兵隊たちは上陸して祝賀パーティーを催したが、日本の艦長や将校たちは招かれなかった。しかも、日本艦隊は着岸碇泊ではなく、沖待ちを命じられ、上陸が許されなかった。

マルタ島ではドイツ潜水艦に脅えながら、イギリスの客船や病院船を護衛するなど、日英同盟の使命を果たした。にもかかわらず、長い航海で帰途についていた日本艦隊は隷属的に扱われ、シンガポール上陸を許されないまま、涙を呑んで帰還している。

その後、アメリカの画策によるワシントン条約、日英同盟破棄、ロンドン軍縮条約と、日本海軍はイギリス海軍への不信を深めていた。

横井忠雄大佐が「列国の干渉防止」を強調したのは、こうした日英関係の背景があったからであろう。横井、福留、近藤ら軍令部首脳部は、端的に言えば「上海重点短期決戦」主義である。

河辺虎四郎は、横井の意見を聞いたあと、

「趣旨は分かった。自分としては異存はないが、部長以上のご意見も徴する必要があるので、回答を待たれたい」

と答え、その足で作戦部長室に入った。

石原の作戦部長室には、畳二枚ほどの中国の地図が床に広げられていた。河辺は軍令部案を説明し、意見を求めた。

「しかし、短期決戦とはあまりにも無知すぎる。あの広い中国で、空爆で南京を叩いたとて、蔣介石は揚子江の奥へと逃げるだけだ。それに、これは国共抗日とは名ばかりで、中国の内乱だ。日本はむしろ蔣介石を助けねばならん。北支にいるのは共産軍が主流だ。長期戦になるぞ」

河辺は、その足で就任したばかりの多田駿次長室に入り、内覧を求めた。

すると多田は、細い体を椅子に委《ゆだ》ねて、

「内容に異存はないが、重要問題であるから、ひと晩熟考したい」

と言って、即答を避けた。

この日は派遣軍を見送ったあと、陸海軍の両作戦課長が青島作戦で合同して協議する日である。気が張っていて、軍令部の福留繁第一課長に、参謀本部の武藤章第三課長は陸軍の用兵で、つい四個師団の動員を明かしている。

これを受けて海軍からは「空母一隻用意」まで出た。

両作戦課長会議では、つぎのような意見一致を見る。
一、上海目下の戦況に鑑み、青島は今暫《しばら》く刺激を与えないようにする。上海にて陸軍作戦の目鼻がついた時、空母一隻位を割き得るようになったら、作戦をする。
二、作戦開始は第二艦隊司令長官（吉田善吾中将）に委す。天谷支隊は第二艦隊司令長官所要の地に待機せしむ。
三、第十四師団の進出は、これに合致せしむるよう促進する。
武藤課長は作戦の用兵に触れた。それによると、「上海作戦は二個師団（第三、第十一師団）で作戦が進捗しない場合でも、第十四師団（長・土肥原賢二中将）をこれに転用することはない、その理由は、直ちに注ぎ込んでも効果がないから」と明言する。

また、上海、南口作戦のため、新たに四個師団の動員を行なうと打ち明けるが、そのうちの三個師団は南口方面に充《あ》てる方針だった。

しかし、四個師団の動員はまだ研究段階で、石原部長には相談もなかった。当時、石原はそういう考えは持っていなかった。

軍令部及び参謀本部としては、天皇への奉答を急がねばならない。時局解決のためには時間がなかった。上海派遣軍の第二波は、間もなく名古屋の熱田と香川県多度津《たどつ》港から出港する。それに天皇とは十九日の参内のさい、「なるべく早く」と約束している。

参謀本部は石原が作戦構想を閑院宮総長に口頭で申し上げていて、その要点は抜萃しているが、軍令部は遅れた。双方の事変処理についての奉答文を急がねばならなかった。

「どうしても大本営を立ち上げねばならん。このままでは政府が口を出して遅れる。いちいち軍令部と参謀本部間を車で走り回るようでは、陸海協同の作戦は錬《ね》れん。大本営設置を急がせよう」

石原は河辺からの報告を聞きながら、焦《あせ》りを覚えた。

両総長、天皇に事変処理方針を奉答

河辺虎四郎は翌二十日午前十時、多田次長が加筆、訂正した参謀本部作成の「御下問奉答要旨案」を持参し、軍令部の横井大佐に手渡した。

その席には、福留第一課長と近藤第一部長も列席した。二人とも参謀本部案には異存はなかった。だが横井は、第一項の「早期に目的を達成するため」のところに「海軍兵力をもって」を入れることを提案した。

河辺が参謀本部に戻ったあと、軍令部内では奉答文案を検討し、横井案を採用した。嶋田次長も内諾し、参謀本部に届ける。

しかし、奉答文案をめぐっては、ここから難航した。部内の課長会議で、まず武藤章作戦課長が、「これでは海軍航空隊の活動に全責任を持たせることとなる。航空機の効果のみによって、かならずしも目的を達成し得るものとは限らない、という意味に改める必要がある」と意見を述べた。

武藤は二項目の「⑴北支作戦」についても、陸軍用兵の点を修正することを提案した。河辺は武藤の意見を取り入れて修正し、ふたたび石原のところに持ち込んだ。

石原は前文の「支那をして戦意を喪失せしめ、抗日戦争継続の不利を痛感するに至らしむべき手段を講じたる後、最も公明正大にして求むる所――」から、第二項⑶の「対外経済活動を封止す」まで目を通した。内心では、「こんなものどうでもよい」という気持だった。要は早く和平に持ち込み、戦力を拡大しないことだった。

全文を読むと、海軍主導になっている。それはよしとして、河辺に返した。河辺は上司の決裁をとり、陸軍、海軍両省の首脳に内覧した。大本営がないばかりに、なんとも手間隙《ひま》のかかる奉答文作成だった。ついには海軍省首脳から、「統帥部と政府の一致を見る必要がある。それから奏上する方が妥当ではないか」と横槍が入った。

統帥部と政府一致となると、閣議に諮《はか》ることになる。軍令部としては、そんな時間はない。

「本奉答案は両統帥部にて研究のうえ成立したものであって、趣旨に反対なくば、政治的拘束を加えるものではないので、差し支えなければこのままとされたい」と応酬した。

すると、山本五十六次官も米内光政海相も異議なしとなり、参謀本部に連絡した。参謀本部は奉答文案を陸軍省軍事課を通して陸相、次官、局課長一同のもとで協議した。連絡にあたったのは、八月二日付で石原の命を受けて参謀本部から陸軍省軍事課に移籍した稲田正純中佐である。

稲田は四月一日付で河辺の第二課にいたが、軍事課との連絡をスムーズにするため、石原が軍事課に送り込んでいた。その稲田が窓口になる。

すると、陸軍省では梅津次官が、

「和平の条件とも見えるものを、ここに挿入することは適当ではないので、削除した方がよろしくないか」と修正意見を述べた。

しかし、時間的にも迫っており、参謀本部としては「折角、両統帥部にて研究のうえ成立したものであり、かつ時局の解決まで申し上げねば意を尽くさざること、なるべく差し支えなければ……」と応酬して了解を得る。

その夜、多田次長はつぎの「奉答文」を、伏見宮軍令部総長と閑院宮参謀総長に渡して説明し、ようやく左記の文で決裁を得た。

○事変処理に関する御下問奉答要旨。

支那をして戦意を喪失せしめ、抗日戦争継続の不利を痛感するに至らしむべき手段を講じたる後、最も公明正大にして求むる所尠《すく》なきを以て、和平の局を結ぶ如く施策す。

(一)早期に目的を達成するため、目下最も期待し得べき手段は、海軍航空兵力を以て敵国軍隊の白眉とする航空兵力を覆滅し、且つ重要なる軍事施設、軍需工業中心及び政治中心等を反復攻撃して、敵国軍隊並びに国民の戦意を喪失せしむるにあり。

之が為、速やかに上海付近に陸上航空基地の獲得を要す。

(二)右に拠り、必ずしも目的の達成を期する事難かるべく、従って戦局相当長期に亘る覚悟の下に、次の諸方策を継続若《も》しくは新たに実施するを要す。

⑴北支に於いては、平津（北平、天津）地方付近の安定確保に必要なる主要地を占拠すると共に、我に向かって攻勢を企図する支那中央軍に打撃を与えて抗日の自尊心を喪失せしむ。
（注）南京に対し陸軍部隊を指向して行なう作戦は、相当なる兵力を以て長時日を要し、而《しか》も水田乾涸せる季節なるを要す。
⑵上海を確保して其の経済的中心なるの機能を喪失せしむ。

⑶適当なる時期に支那沿岸の封鎖を断行し、以て支那国民並びに軍隊の生存を脅威し、且つ対外経済活動を封止す。


八月二十一日午前十時、両総長は揃って参内し、天皇に事変処理方針を奉答した。この時は主として閑院宮参謀総長から奏上した。


事変処理方針を奉答した直後である。天皇は二人に、

「青島に陸軍を派遣する計画があるか」とご下問した。これに対し参謀総長は、

「居留民保護のためには必要であると信じます」旨を奉答している。

また、伏見宮軍令部総長には、

「陸上航空基地はいずれに得んとするや」とご下問された。

これに対し伏見宮は、揚子江の河口にある島「崇明島《すうめいとう》に計画中」と奉答する。

また、青島派遣について、

「青島派兵はなるべく行なわざる如く、陸戦隊も旅順に待機させ、陸軍も準備出来たならば大連に待機するよう、それぞれ手配の予定であります」とつけ加えて奉答した。

だが、いずれも予定であった。当時参謀本部第三課員だった今岡豊参謀は『石原莞爾の悲劇』の中で、

「しかし、戦局打開の妙手は、陸海軍とも持っていなかった」と記している。

同盟通信上海支局、打電

この間、つまり八月二十日までの上海市街戦は、日本の陸戦隊が潰滅状態にあった。

同盟通信の上海支社長の松本重治は、上海市街戦の目撃者であり被害者となる。同盟通信は戦争が始まると、報道の方針を完全に切り換えざるを得なくなり、戦況の打電に全力投球することになった。松本は戦後に出版した『上海時代、ジャーナリストの回想（下）』（中公新書）の中で、十四日の様子をこう書いている。

『午後四時すぎ、私が同盟支社にいると、中国空軍の編隊が上手から黄浦江上空に進んで来て、旗艦「出雲」の高角砲や機関銃が反撃しているようだと、記者の一人が駈けよって知らせてくれた。すぐ窓側に行き、黄浦江の上空を眺めると、マルチン爆撃機が五機編隊で「出雲」をめがけて進んでいるではないか。私の肉眼では、編隊の高度は大体七、八百メートルとみた。「出雲」その他の高角砲がバーン、バババーンと鳴り響いている。ふと見ると五機のうち一機の急所に高角砲の弾が命中したらしい。その一機が隊伍を乱すかと見ると、中国軍の射手らしいものが、真っ逆さまに降ってきて黄浦江にじゃぶん。すると編隊は「出雲」の方向からやや左旋回し始めたと思うと、一つ、二つ、三つと大型の爆弾を落としつつ、租界上空を通って飛び去った。爆弾が落ちていくのが手にとるように判ったが、爆弾が惰性のためか、飛行機の進む方向に、一つは愛多亜路の上空に達し、同盟支社のあるビルの頭をかすめて約三百メートルほど先の愛多亜路の十字街の舗装道路上で炸裂した。その十字街の一角には大衆歓楽センターである「大世界」という四、五階のビルがあり、十字街上と「大世界」内にいた千人余りが爆風と破片とで死亡した』

『第二弾は南京路のカセイホテルの玄関先で炸裂し、数百枚のガラスが破壊された。そのため通行中の中国人約二百名、外人八名が死んだ。その外人のうちには、有名な日本古代史の学者、ロバート・ライシャワーも含まれていた。第三弾は南京路を隔ててカセイホテルの向かい側のパレスホテルの屋根を貫いて地階に達し、数十人の死傷者を出した。その第二、三弾の音響も支社に聞こえた』

爆弾は、いずれも二百五十キロの艦船攻撃用である。それがホテルや十字街に落とされている。

その後、中国機はアメリカの軍艦オーガスタの近くに爆弾を投下するなどして、対日戦をけしかけた。

上海市内では、日本の租界地の北部地区が中国軍に包囲されて攻撃を受け、これに応戦した。

北部地区は右側が体育会東路から開林公司、油公司、愛国女学校、広中路を経て水電路の東側付近沿いで、左側は攻撃にさらされている八字橋東方に至る約二千四百メートルにおよぶ区域である。

日本軍は橋本卯六海軍少佐が指揮する上海特別陸戦隊第一大隊が警備に当たっていた。兵力は第一大隊、速射砲小隊二個分隊、軽戦車、装甲車各二両、機銃車三両である。

右側の体育会東路橋から左翼の八字橋東方地域に至る間の要所に、A、B、C、D、E、F陣地を置き、それぞれ第二中隊の一、二個分隊の兵力を配置していた。

中国軍は一個師の兵力で、前方と正面と左右から包囲して攻撃してきた。この北部地区は、上海市街戦の中でももっとも激戦地区だった。

十四日の深夜三時頃、中国軍は正面全線にわたって攻撃を仕掛けてきた。正面のD陣地は園畑小隊が警備していたが、中国軍に包囲された。中国軍はD地点の広中路突破に出てきた。

園畑小隊は後退し、迎撃して耐えたが、中国軍はD地点を中央突破して、一気に陸戦隊本部及び虹口地域に流れ込む気配がした。

橋本少佐は増援を求めた。六時十五分、第六大隊から二個小隊がD地点に急行して掩護したことで、負傷兵を出しながらも耐え切る。

第六大隊の二個小隊のうち一個小隊をC陣地に配置して中央陣地を強化し、二十五分後の六時四十分頃、ようやく中国軍の攻撃を喰い止めている。

中国軍はいったん攻撃をやめたが、夜の八時近くになると、今度は朝の攻撃とは違って、北部地区全線に総攻撃を開始した。このため全線の戦闘は猛烈を極めた。両軍の激戦は四時間近く続き、夜の十一時三十分頃、ようやく撃退した。

ところが、それから二時間後の翌十五日午前二時十分、中国軍は八字橋方面の兵と呼応して猛烈に攻撃してきた。日本軍はこれに応戦して耐える。

昼間はいったん静まるが、ふたたび夜になると、八時すぎから攻撃を開始し、日本軍の兵士たちを眠らせずに疲労させようとする。

十六日、ふたたび中国軍は中央突破に出てきた。今度も陸戦隊本部を狙って深夜一時、以前よりも激しい攻撃に出てくる。

四時頃になると、中国軍はB陣地に攻撃重点を移し、大挙して攻撃してきた。日本側は五時に、戦車隊長の吉野捷三大尉が指揮する戦車、装甲車がB、C陣地へ増援に入った。また、第一水雷戦隊の先着部隊も戦線に加わり、応戦する。

粤東《えつとう》中学は、北部前線より約二キロ先の西に位置する。ここは中国軍の指揮所だった。

午前六時のこと、この中学の方で中国軍の信号弾が発射された。橋本卯六少佐は、この信号弾発射を見て、咄嗟《とつさ》に、「敵総攻撃の兆しあり！　警戒を厳にせよ！」と下令した。

予想どおり、中国軍は以前と変わって、今度は主な攻撃点をC点とD点に集中して総攻撃をかけてきた。

C地点で油公司を占領確保していた守備兵は、中国兵の二百名に包囲された。日本軍は手榴弾、肉弾戦で約二時間戦い、多くの負傷者を出した。

Ｅ陣地では、園畑小隊長みずから機銃を猛射して左翼から敵陣に突入して奮戦し、Ｆ陣地の秋吉小隊、八字橋守備隊と連絡をとり、前面の中国軍を喰い止めた。

北部地区の戦況がようやく一段落したのは十六日の午後で、二時三十分、大川内司令官は全線にわたる兵力の整理と北部地区戦線の強化を図った。

この日、台風は通過して天気も回復し出した。

八字橋及び北部地区の戦闘で、日本軍は戦死者百六名、重軽傷者三百三十七名を出した。中国側は戦死者六百名、負傷者三千名と推測された。

中国軍は十六日夜、全線各地を攻撃したが、十七日夜はＡ陣地方面を猛攻した。十九日には其美路を突破しようとしてきたが、日本軍に反撃され、主力を今度は東部戦線に移しはじめた。

東部戦線は、第五大隊長の柴北明少佐が指揮する第十一、第十二中隊、第九中隊第一小隊（山砲）、軽戦車一両、装甲車二両、機銃車三両の兵力である。十四日時点では、主力を公大第一廠に、一個中隊を日本商業学校に、一個小隊を大康社宅にそれぞれ集結させていた。

十六日の夜、中国軍は作戦をかえ、全線各所を攻撃してきた。日本軍は応戦するが、敵の火力の前に死傷者が続出した。翌十七日、中国軍は今度は体育会東路方面から、Ａ陣地を猛烈な火力で攻撃してきた。このため、Ａ陣地は中国軍に完全包囲される。

全滅寸前のところに、一個小隊が投入されて、ようやく中国軍を撃退できた。

開林公司に陣を張っていた日本軍は、数回にわたって中国軍の攻撃を受けて苦戦し、多くの負傷者を出している。

東部地区は比較的警備が希薄だった。日本側の状況を分析した中国軍は、この東部地区からの突破を試みる。十七日の朝八時のことである、中国軍は突如として江湾方面から急襲してきた。昆明路付近の租界線を突破して、日本の康泰メリヤス工場付近に進出してくる。

海軍の作戦に陸軍は振り回される

司令部は九時頃、一個小隊を応援に回した。さらに十時十五分頃、菊田三郎第十中隊長指揮の予備隊を急行させて応戦した。中国軍は康泰メリヤス工場付近から攻撃を加え、約三時間近く激しい戦闘となる。その間、中国軍は一個大隊にまでふくれ上がり、日本軍は押され放しになる。

ついには十七日の夕刻の戦闘で、菊田中隊長が敵弾により戦死した。中隊長の戦死を知らされた大隊では、公大第一廠を警備している柳瀬第十六駆逐隊陸戦隊指揮官が救援に回り、菊田中隊長にかわって指揮をとり、中国軍を喰い止めている。

柴北明少佐は、東部地区の戦線が広がりすぎたため、ただちに戦線を縮小し、第五大隊を公大第一廠に集結させた。ここを拠点として東部地区戦線の確保に出た。

第五大隊は翌十八日の朝、日本の租界線を奪還するため、進撃を開始した。昼間の戦いで中国軍を租界線の外まで駆逐し、滬江《こうこう》大学、大康、東華紡の陣地を強化して対峙した。

公大では十三日の朝から、居留民五百名でゴルフ場に公大《くんだ》飛行場造成を予定し、整地中だったが、滬江大学の北西から中国軍の襲撃を受け、工事を中断したままになった。この公大飛行場用地をめぐり、その後も日中両軍の死闘が展開されることになる。

八月十五日時点で七万余の兵力に達した中国軍が、昼夜、猛烈な攻撃に出てきたことで、長谷川清第三艦隊司令長官は、「このままでは、あと六日もたない」と危機を覚え、十六日午前十一時三十分に陸軍派遣の促進を、軍令部に電信で具申した。

一、公大飛行場掩護兵力は目下、佐世保鎮守府特別陸戦隊一個大隊のみにて、之が維持困難と認む。とりあえず海軍の二個大隊程度の兵力急派方、取り計られたし。

二、我が陸戦隊は数日来全員戦線に就き、士気極めて旺盛。寡兵克《よ》く大軍に対して善戦を続け居るも、此儘更《このままさら》に一週間の持続は極めて困難なるを以て、此の際一日も速やかに特別陸戦隊の派遣と共に、動員を待たず、少なくとも一個連隊程度の歩兵の急速派遣緊要と認めらる。然るべくお取り計らいを得たし。

また同十六日夜七時には、つぎの第二信を発信する。

「本十六日の激戦により、陸戦隊は可成りの損害を蒙《こうむ》りたり。士気は依然旺盛にして死力を尽くして戦線の維持に努めあるも、敵の兵力集中情況に鑑み、毎日この程度の激戦を予期せらるるに付いては疲労と兵力の損耗とにより、後六日間の維持は極めて困難なり。内地兵力急派困難なれば、旅順待機中の特別陸戦隊のみにても当方面に急派方取り計られたし。輸送上已《や》むを得ざれば、第八戦隊の一艦（乗員の三十五パーセント陸戦隊にて欠）を旅順に急行せしむ」

悲痛の要請である。

長谷川司令長官からの電信を受けた軍令部と海軍省は、陸戦隊の急派を決定した。ただちに佐世保で各五百名の二個大隊を編成し、十六日夕刻、軍艦「摂津」及び駆逐艦「矢風」で輸送する手配を終えた。青島派遣を予定して旅順に待機していた横須賀鎮守府第一特別陸戦隊及び呉鎮守府第一特別陸戦隊の二個大隊約一千四百名は、旅順にあった第四水雷戦隊、及び潜水母艦「長鯨」に便乗し、十七日の午前中に旅順を出港した。上海には翌十八日の朝に到着している。

一方、月岡寅雄、土師喜太郎少佐指揮の二個大隊は、「摂津」「矢風」にそれぞれ分乗し、十八日午前中に佐世保を出港し、十九日の夜、上海沖に到着した。

上海に派遣された陸戦隊の兵力は六個大隊となり、上海特陸の兵力と合わせて総兵力は約六千三百名となった。

さらに、青島作戦のために二個大隊を準備し、旅順に派遣して待機させた。

東部地区の兵力は、柴北明第五大隊長指揮の兵力と、十八日に横須賀から派遣した特別陸戦隊、呉からの特別陸戦隊とを合わせて、安田義達中佐を長とする東部支隊が編成される。

大川内司令官は十八日、東部支隊の編成を、つぎのように配置して強化した。

○第五大隊は右地区、許家宅、大康社宅の東端、騰越《とうえつ》路を連らねる線。

○呉第一特別陸戦隊は中央地区以東。

○横須賀第一特別陸戦隊は左地区、楊樹浦以西、虹口クリーク以東に配置する。

東部地区は呉淞港及び黄浦江の玄関口に当たり、中国軍は作戦をこの東部地区突破に変えてくる。

中華民国の『抗戦簡誌』には、東部地区への攻撃の様子をこう記している。

『わが空軍は滙山碼頭《がいざんまとう》と公大紡績工場及び敵の陸戦隊司令部を爆砕した。十五日から十八日の間、わが各部隊は勇奮攻撃し、同北—虹口—楊樹浦の線に進展して有利な態勢を形成したが、敵もまた大量の陸戦隊を増強した。

十九日夜からわが軍は猛烈な攻撃を続行し、犠牲を顧みず、戦友の死体を掩護とし、敵の砲火を冒し、二十日夜、滙山碼頭に進出した。敵は堅固な工事により抵抗し、国内からの増加援助を期待した——』

八月十八日、上海と公大紡績を結ぶ平涼路を境に、特別陸戦隊の増援部隊は、北方からの中国軍と睨み合いのまま対峙した。海軍としては一日も早く公大飛行場が使えるように工事を急いだが、中国軍は北方から砲撃し、日本機の離発着を妨害したため、派遣軍到着まで工事も止まった。

こうしたさなかの十七日朝十時、欧米人の租界地に入った中国軍は、占拠した北停車場駅から邦人居留民の密集地帯に迫撃砲を撃ち込んできた。このため、邦人婦女子約二千名は、老靶《ろうは》十路の中部小学校に引き揚げた。遅れた避難民に五発が命中し、女子供五名が負傷した。

この日の午後三時、海軍機は編隊を組み、中国軍の陣地、北停車場駅を爆撃した。しかし、中国軍の欧米人租界地からの無差別砲撃が続いたため、邦人婦女子は十八日朝、滙山碼頭に集合し、避難民収容船の「長崎丸」「上海丸」に、子供を抱いて、着のみ着のままで避難した。

ところが十八日午前十時、今度は浦東側（黄浦江の反対側）から猛烈な砲撃を開始し、避難中の邦人婦女子に砲火を浴びせかけた。八月十九日の大阪毎日は、「敵の鬼畜のごとき非人道ぶりは全く言語に絶する」と激怒している。

第六章——渡洋爆撃

ニューヨークタイムズ「支那機の不法爆撃」と報道

中国軍の避難民への無差別砲火は、欧米人の間でも、ついに激しい憤りを呼んだ。上海にはAP、UPなどアメリカの通信社が支局を出していたが、ニューヨークタイムズ紙は上海からの特電を、つぎのように取り上げて報道した。

「支那機の不法爆撃により、支那避難民の共同租界及び仏国租界地に逃げ込むもの、その数知れず。そのうちには全くの無一物で命からがら逃げ出して来たもの約四万人。惨状は目も当てられぬありさま。今やこの避難民をどう処置するか、重大問題化するにいたった」（八月十九日付、大阪朝日新聞）

欧米租界地に避難した者は中国人の上海市民たちで、フランス軍は十六日、南市の中国人街に退去させた。また田舎《いなか》へ逃げようと南停車場に約五万人が押しかけたが、列車は一日一便、それも客車を連結しただけで、ほとんどの人が乗れずに途方にくれる。

ニューヨークタイムズ紙はまた、市街で起きた中国人による暴力沙汰を、つぎのように伝えている。

「街頭の暴力沙汰は増す一方で、半島人に似た支那人は見つけ次第、支那人に殴打されるやら、日本人に似たポルトガル人は石を打ちつけられて瀕死の重傷を負うやら、全く正気の沙汰とは思われない。更に掠奪も行なわれた。十六日夜には、日本人が水道に毒を投じて支那人を殺す計画を立てている、などという支那紙のデマにつけ込んで起こった暴徒のために、三十人の支那人が殴打され、うち十人は無残にも虐殺された。（中略）あくなき支那軍は日本軍の強力なる防攻戦に辟易《へきえき》し、最近その作戦を一変して攻撃の目標を陸戦隊本部から、非戦闘員の多数集結している女学校や小学校に置きかえ、無防備な婦女子に対し砲火を浴びせかけ、幾多の犠牲者を出している」

また中国人の避難民は、白昼堂々と飲食店の料理を奪い合ったり、トラックで輸送中の米俵を略奪するありさまである。

中国軍は十八日、黄浦江の封鎖のため、日本の貨物船を拿捕《だほ》し、「南陽」「出陽」など六隻を黄浦江に沈めて、日本船の航行を封鎖した。

さらに国民政府は十九日午後七時、上海市政府（市長・愈《ゆ》鴻鈞《こうきん》）を通じてイギリス、アメリカ、フランス、イタリアの各総領事及び在上海軍先任指揮官に対して、

「黄浦江上の各国の軍艦は、日本軍艦より五海里以上の地点に転錨すべし。もし右転錨不可能なる場合、各国は日本当局に勧告し、日本軍艦をして英・米・仏・伊等の各国軍艦を隔てる五海里以上の地点に碇泊せしめること。前記の二項ともに実現せざる場合は、支那政府は今後惹起《じゃっき》さるべき事態につき責任を負わず」と通告した。

アメリカ租界地のマーカム路に十九日の朝五時頃、中国正規軍が十台のトラックで侵入してきた。アメリカ部隊が租界地侵入を阻止し、トラックの検査をした。すると中国兵は、「負傷兵を運んでいる」と検査を拒んだ。

一時、このマーカム路では両軍の押し合いが続き緊張したが、アメリカ軍の「入境拒否」で、中国軍は脅迫する言語を発して引き返した。

その翌二十日午後六時四十分頃、中国軍は南市、閘《ざ》北《ほく》方面から迫撃砲で、浦東税関碼頭《まとう》近くに碇泊中のアメリカ極東艦隊旗艦オーガスタ号を砲撃した。砲弾一発が上甲板に落下し、オーガスタ号乗組員十九名が死傷する。

対岸の浦東の砲兵陣地からは、二十日午後十時十五分、黄浦江上の日本軍の艦艇を砲撃した。日本艦艇はこれに反撃し、大火災となる。

米旗艦オーガスタ号砲撃は、当初は日本と中国のいずれ側からのものか不明だったが、二十一日、日本海軍側は、非公式に「支那側の迫撃砲以外にない」と、つぎのような談話を発表した。

一、同時刻には浦東黄浦江方面オーガスタ号上空には敵機はなく、従って我が方は砲撃しておらず。我が飛行機は当時楊樹浦方面を飛翔していたるをもって、当時我が方より高角砲を発射したることなし。

一、目撃者の談によると、右の弾丸は落下角が大きく、ほとんど垂直に落下したが、かかる落角を有する砲弾は日本側においては所有しおらず、支那側迫撃砲弾以外になし。かつ日本側高角砲弾は上空で散乱する。

一、右砲弾は高角砲弾にあらず。迫撃砲弾と認められるが、我が迫撃砲は自ら閘北方面に向けられており、かつ同刻頃は（日本側は）全く発砲しておらず。

一、黄浦江下流の我が艦砲よりはオーガスタ号は余りにも近距離。技術的に（上空からの落下）砲撃不可能である。

このオーガスタ号砲撃事件は、ルーズベルト大統領にも達する。ルーズベルトは二十日、ワシントンでの記者会見で、

「オーガスタ号事件に関しては、現地において決せられるであろう。現在の上海のような事態においては、かかる事件は不可避である」「中立法発動の議論が政府内で行なわれているが、日支両国は未だ外

交関係を断絶していない」と意味深長なコメントである。

「敵機パイロットの眼は青かった」

援軍を待ち切れない長谷川清第三艦隊司令長官は、馬鞍《ばあん》群島前進根拠地の設営を急がせた。設営命令を受けた第九戦隊小林宗之助司令官は十四日、「白鷹」艦長の稲垣義穐中佐に、「白鷹」、第一防備隊、第一掃海隊、第十一掃海隊を、馬鞍群島に進出させるよう命じた。

馬鞍群島は杭州湾の東にあって、日本海軍はここに水偵基地及び補給基地を設営していた。「白鷹」の艦長稲垣中佐は、泗礁山の北側海岸に補給基地を、同島の北側砂浜に航空基地を設営することにして、十四日夜、佐世保を出港する。馬鞍群島到着後は、泗礁山中部に八センチ高角砲四門と探照灯を、金雞山に十二ミリ機銃を据えた。

また見張監視所を泗礁山、金雞山、枸杞山《くこさん》に置き、基地本部を泗礁山中部北側に設置した。十六日、馬鞍群島到着後の午後には、各掃海艇が余山、花島山、陳銭山等を占領して無線発信を不能にした。一番東側の陳銭山では、中国軍が発信機を破壊して逃走したあとだった。

各島での設営作業を終えたのは、二十四日の夕方である。その間、上海派遣軍を乗せた艦隊が作戦と補給のため、群島に碇泊する。もっとも十九日、作業中のところを中国軍の襲撃に遭《あ》う。同日、第二十三航空隊（水偵十六機）が進出し、上海方面作戦に参加するが、二十五日以降、第十二戦隊は陸軍の輸送護衛に当たることになる。

長谷川長官は、上海陸上戦闘の苦境を脱するためには、中国空軍基地を叩くことが急務と考え、十四日夜七時、

「明朝黎明《れいめい》以後、なるべく速やかに当方面において使用し得る全航空兵力を挙げて、敵空軍を急襲す。

攻撃目標を第二空襲部隊は南京、広徳、蘇州、第三空襲部隊は南昌（台北部隊）、南京（大村部隊）、第四空襲部隊は杭州、第八、十戦隊及び第一水雷戦隊飛行機は虹橋とし、第一空襲部隊を使用し得る場合は別令とす」と命令した。

これを受けて戸塚道太郎第一連合航空隊司令官（第三空襲部隊指揮官）は、同日夜十一時三十三分、鹿屋、木更津両部隊に、「明早朝発進。南昌、南京を空襲せよ」と伝えた。

翌十五日は風速二十二メートルの台風下にあった。台風は上海の北方へ移動しつつあったが、まだ風も余波も強く、発進は遅れた。

鹿屋部隊（新田少佐指揮）の中攻（九六式陸上攻撃機）十四機は、朝七時二十分に台北基地（松山）を発進し、世紀の渡洋爆撃に出る。

しかし、東シナ海は密雲低く、しかも豪雨だった。視界は悪く、単機に分離して各隊所定の爆撃目標に向かった。それでも地形の判別がむずかしく、南昌には戦闘機約四十機、偵察機七機、その他重爆機があったが、目標発見に二時間近くかかった。

南昌基地を爆撃したのは、台北を飛び立って三時間三十分後の十時四十分頃である。八機が雲間から高度五百メートルまで降下して爆撃した。帰投したのは午後二時五十分だった。

木更津航空隊（林田少佐指揮）の中攻二十機は、九時十分に大村基地を発進して、雨雲の東シナ海を横断して南京に向かった。

南京には戦闘機九機、偵察機約三十機がいたが、途中、南西の風十五メートルの強風が吹き、しかも視界が悪い。やむなく、それぞれ四機ずつの中隊に分かれて南京に向かう。

だが、途中の蘇州上空で敵戦闘機の攻撃を受け、交戦となる。悪天候をついて南京上空に達すると、今度は地上からの対空砲火と敵機との交戦状態に入った。

それでも、高度五百メートルから二つの飛行場を爆撃した。その後、敵機に追撃されながら帰途につくが、済州島に帰還したのは二十機のうち十六機だった。

戦果は、南昌で旧飛行場、新飛行場、格納庫、指揮所、火薬庫等に大火災を発生させた。南京では大校場、明故宮の両飛行場を爆撃し、格納庫、飛行機を爆破した。

木更津航空隊は、南京上空で地上砲火を受けて被爆機四機、被弾による要修理機六機の被害を受け、勢力は半減した。

地上砲火、敵機追撃を受けた木更津隊は、中国軍機に比べて、日本の戦闘機の性能がきわめて低いことを知らされる。敵機はアメリカ、ドイツ、イタリア、ロシア機で、性能は非常に高かった。木更津隊は所見で、

「このたびの低空爆撃敢行は、実際の戦闘最高速力百五十節《ノット》付近にして現有支那戦闘機のそれに比する時は、極めて低性能なること銘記するを要す。本機の燃料タンクは、敵弾に対して極めて脆弱《ぜいじゃく》にして……速やかに対策を講ずるを要す」

と、報告している。

当時、海軍は敵戦闘機に関する情報が少なく、むしろ軽視していた。中国軍機はほとんどがアメリカ製、イタリア、ドイツ、のちにソ連機で、パイロットもアメリカやソ連兵だった。九月以降、攻撃に出た髙橋赫一大尉は日記に、

「すれ違った時に見た敵機のパイロットの眼は青かった。オレたちはアメリカ兵やイギリス兵と戦っていた」

とショックのほどを書き残している。

渡洋飛行距離は、台北・南昌の片道が七百十三キロ、大村・馬鞍群島経由南京が千百キロ、南京・済州島間が七百七十キロだった。燃料切れも起きた。

海軍航空機の見直しが急務となる。

参謀源田実の分析

韮山《きゅうざん》付近の第二航空戦隊空母「加賀」からは、十五日午前五時三十分に九四式艦爆十六機と九六式艦攻十三機、八九式艦攻十六機が発進した。

九六式艦攻十三機は南京攻撃に向かったが、付近一帯が密雲に覆われていたため、途中から引き返して帰艦した。

九四式艦爆隊は午前九時、喬司、紹興飛行場を爆撃し、中国軍機と格納庫を破壊した。

八九式艦攻の十六機は、午前八時四十分頃、筧橋《けんきょう》飛行場を爆撃して帰艦する。

各隊とも天候悪化から第二次の攻撃を中止するが、第一次攻撃では杭州方面の爆撃の際、敵機と交戦になり、艦爆一、八九式艦攻六機を失った。また艦爆の一機、八九式艦攻二機が被弾し、杭州湾に不時着した。

ここでも、航空機勢力は半減した。大損害だった。

当時、第二連合航空隊の参謀源田実は、『海軍航空隊始末記』の中で、十五日の第二航空戦隊の戦闘を、つぎのように振り返っている。

「この戦闘は苦戦であった。八九式艦攻隊は格納庫を爆破し、空中戦闘により敵のカーチスホーク型戦闘機（注・アメリカ製）五機以上を爆破したが、我もまた指揮官岩井少佐以下二十五名と八機を失い、九四式艦爆隊は地上の敵機六を爆破、空中戦闘によりカーチスホーク型四機以上を撃墜したが、我が方も二機を失った」

なお、第二航空戦隊の所見では、筧橋には空中に二十数機、紹興にては空中に五機、地上に約十機、喬司では空中に六機、地上に約十機を認めた。第二航空戦隊の報告では、

「これら総合するに、本方面には敵戦闘機約五十機が配備されあり。かつ付近対空哨戒また軽視すべからざると認む」として、こう指摘している。

「密雲視界のため一挙に敵機を奇襲すること能わず、返って索敵行動中、敵に充分の予報を与えたるが如き結果を招来せり。敵地深く空襲を決行せんがためには戦闘機の掩護を有する。九〇式戦闘機の能力に鑑み、陸上基地の獲得整備、優秀なる新機材の配給が必要」

また、第一航空戦隊（指揮官高須四郎少将）の第一空襲部隊は十五日、杭州、蘇州及び上海の虹橋基地を攻撃の命令を受けていた。だが天候が悪く、この日の午後に予定されていた発進を断念した。

第四空襲部隊（指揮官宮田義一少将）も十五日、杭州の中国軍航空基地攻撃を命じられ、発進準備に入っていた。

しかし、海上の風波が大きく、水偵機の離着水が困難となった。ようやく水上機母艦「神威」の水偵九機が発進して、杭州の基地を攻撃した。

第八戦隊の第一水雷戦隊では、「出雲」の艦載機が虹橋飛行場を爆撃して、陸上戦闘に協力した。

その日の夕方、虹橋と龍華の飛行場に中国の大型機四機が着陸した、との情報が入ったが、天候不良と夜間ということもあり、攻撃を中止した。

鹿屋、木更津両部隊の戦闘について、源田は、

「中攻自体が大型機であり、発動機は二個、機銃も数基保有している関係上、敵戦闘機との空戦にも、ある程度強靱性を持っているが、小型機である艦上機、殊に運動性も劣り、固定銃も持たない艦上攻撃機は、敵戦闘機に対して極めて脆弱であることを、この攻撃によって暴露した」

と分析している。さらに、

「十四、十五日の戦闘において二十機近くの犠牲を出したことは、海軍全般に対して相当の衝撃であった。昭和七年の上海事変（第一次）の感覚を持って臨んだ者は、全て予期せざる強烈な敵の抵抗と、惨

烈な航空戦の実態に、心の準備を立て直さなければならなかった。今まで図上演習とか兵棋演習とか、机上の戦闘にのみ現われていた犠牲率が、現実の血の流れを作って出現した」と反省する。

こうして十五日の航空機による攻撃は終わった。源田の指摘どおりに、結果的には失敗だった。台風が通過した翌早朝のことである。今度は中国軍機が総攻撃をかけてきた。

中国軍の総攻撃は十六日午前十時、台風通過と同時に始まった。

最初に攻撃したのは、陸戦隊が守備している租界地の北部地区で、猛烈な爆撃が続いた。日本の守備隊は一時後退したが、在泊していた艦船派遣の陸戦隊が戦線に加わって激戦となり、中国軍を北部守備陣地から撃退させた。

中国の航空機は延べ二十五機で、上海、呉淞沖の艦船や、陸戦隊本部を空爆した。日本軍は地上から二機を撃墜するが、北部地区の被害は予想以上に大きかった。

日本軍の航空機は十六日、一航戦の第一空襲部隊が馬鞍群島方面に行動した空母「龍驤」「鳳翔」から発進し、嘉興、虹橋、龍華、崑山鉄橋などを攻撃した。

この攻撃で敵機十機を破壊、二機を撃墜した。その他大型の格納庫一棟を破壊した。さらには陸上作戦用に、大場鎮、江湾鎮、浦東の中国軍陣地を攻撃した。

第二空襲部隊は十六日、空母「加賀」（二航戦）から発進し、終日、南翔、江湾、蘇州、崑山などを攻撃し、中国機二機を撃墜、基地及び陣地を空爆した。

第三空襲部隊（台北）の鹿屋航空隊は、十六日午前七時四十分に台北基地を発進し、二度目の渡洋爆撃に出た。

新田少佐指揮の中攻六機は、十時五十五分頃に全機が句容飛行基地を爆撃した。その際、中国空軍の戦闘機十機と交戦となり、二機を損失した。

六機のうち二機は、帰途のさい南京と嘉興を爆撃するが、一機は燃料不足から済州島に不時着陸した。

台北に帰着したのは、六機のうち三機だった。

石大尉が指揮する中攻七機は、同日八時三十分に台北基地を発進し、揚子江の北、楊州飛行場の攻撃に渡洋した。まだ台風の余波が残っていたが、十二時半頃、揚子江を越えて楊州飛行場を空爆する。そのさい、カーチスホーク型の中国軍機と空戦になった。

この空戦で一機を失った。

なお、石指揮官機はエンジン故障により途中で反転していたので、五機が午後三時頃に台北へ帰着する。

南京攻撃後、基地を済州島に移していた木更津隊は、十六日、南京空爆に出撃予定であった。しかし、台風で天候が不良のため、目標を蘇州飛行場に変更した。

平本少佐指揮の中攻九機は、午後五時十分に済州島基地を発進した。午後八時頃に蘇州上空に到着するが、すでに日没で暗い。暗がりの中で、蘇州飛行場を空爆して帰途につく。

しかし、天候悪く、二機が大村基地に帰投した。もう一機は朝鮮の沿岸に不時着したが、大破した。

済州島に戻ったのは六機だった。

二日間の航空戦につき、戸塚司令官は、「第二空襲部隊は中国軍に多大の損害を与え、中国軍の活動を封殺することができ、中国軍機の兵力覆滅の目的を果たした」と判断した。

しかし、鹿屋隊は飛行隊長を含め計五組、木更津隊は計四組の搭乗員を失った。作戦可能機は鹿屋隊が十八機のうち十機に、木更津隊は二十機のうち八機に減った。大損害だった。

これは不良な天候下に、低空飛行攻撃を敢行したことに原因があった。軍令部は、もともと中攻隊は対米邀撃《ようげき》作戦の攻撃兵力として育てた「虎の子」であったので、戸塚司令官に、「以後、中攻隊を使うな」と、特使を送り込んだ。

中攻隊は米戦艦、空母の雷撃用に訓練していたもので、ここで失うことを危惧したのである。

だが、戸塚司令官は、

「たとい全兵力を使い尽くすも、あえて攻撃の手はゆるめない」

と、決心のほどを伝える。

しかしその後は、被害を出さないため、単機分散を戒めた。同時に、編隊防禦《ぼうぎょ》銃火の発揮、五百メートルという超低空爆撃を禁止させた。

また、中国軍機との戦闘を回避するため、夜間攻撃を用いることとした。

こうして、十七日の空爆が始まる。

八月十七日、海軍機、呉松空爆開始

十七日の上海は、日中両軍最大の航空戦となった。中国軍機は昼間五回、夜間一回、延べ四十機が来襲した。中国軍は上海戦に集中し、陸戦隊陣地、楊樹浦飛行場建設地、旗艦「出雲」ほか艦船、公大飛行場、呉淞沖の艦船などを空爆した。

長谷川長官は十六日、

「十七日、木更津部隊は全力を挙げて蚌埠《ぼうふ》を攻撃せよ。鹿屋部隊は諸曁《しょき》、建徳、呉興、長興方面の飛行場を捜索、敵飛行機を発見せば攻撃せよ。但し同方面悪化の場合、之が実施は司令官の所信に一任す」

と命じた。

これを受けて第三空襲部隊の戸塚司令官は、鹿屋部隊の石大尉と、済州島の木更津部隊の曽我少佐に下令した。

台北の鹿屋隊は、軍令部が使用を控えるよう進言した石大尉指揮の中攻二機を諸曁と建徳に、日暮中尉指揮の中攻二機を呉興、長興に、それぞれ午前七時二十分に発進させた。

しかし、上空は雲が多く、悪天候のために呉興を偵察しただけで帰途についた。その途中、杭州湾の銭唐江北側の海岸に海寧飛行場を発見し、空爆して大型機四機を爆破させ、午後二時、全機とも帰着した。

済州島の木更津隊は、吉田大尉指揮の中攻三機が淮陰《わいいん》飛行場を、曽我少佐指揮の中攻八機が蚌埠を攻撃するため、午前十一時に出撃し、両飛行場を爆撃して全機無傷のまま、夜六時頃、済州島基地に帰着する。

その他の各部隊の飛行機は、上海の八字橋、特志大学、呉淞、浦東、羅店鎮、北停車場などの中国軍陣地や南通、蚌埠、淮陰の各飛行場を空爆した。

十七日を境に空中戦及び両軍の空爆は止み、戦況は落ち着きを取り戻したかに思えた。

ところが、中国軍は南京爆撃の報復手段として、あらたに六個師団を上海に送り込み、「虹口一帯の日本軍陣地を粉砕する」方針を決めた。

その情報に接した長谷川長官は十八日、第一空襲部隊に太倉、閘北を、第二空襲部隊に閔行《びんこう》、淞滬《しょうこ》鉄道以東、特に公大付近の敵陣地の攻撃を命じた。

第三空襲部隊には南京・上海を結ぶ崑山鉄道の橋、南の杭州・上海間の滬杭線の大運河鉄橋の爆撃を命令した。完全に鉄道を遮断して、南京方面及び杭州方面からの交通路を断つ作戦である。

しかし、鹿屋隊も木更津隊も使える中攻機は半数しかない。やむなく残余機で空爆に出る。

鹿屋隊は第一次隊に森大尉指揮の中攻六機を、第二次隊に石大尉指揮の中攻四機、合計十機で渡洋爆撃に離陸した。

しかし、陸用爆弾で鉄橋を爆撃するが、いずれも失敗に終わる。ただ線路を隆起させただけで、鉄橋そのものを破壊することはできなかったのである。

木更津隊も陸用爆弾で崑山鉄橋の爆撃に出たが、第一次隊の中攻六機とも爆撃したものの、効果はなかった。

第二次隊の六機も爆撃したが、レールを切断するだけに終わり、満足した成果はなく、失敗だった。研究不足としか言えない。

空爆が南京及び奥地に変更となるのは十九日の午後からで、中国軍の暗号解読が決め手だった。十九日の未明に一部を解読した。

それによれば、中国軍機は奥地に逃避し、一部は上海付近に分在し、大型機は奥地の漢口に集中、南京には戦闘機を集中——との情報である。

長谷川長官は、ただちに第三空襲部隊に、

「適宜敵後方の攪乱《かくらん》攻撃に任ぜせしむ。この場合、特に高々度、隠密攻撃を旨とし、天候不良にして奇襲に適せざる場合は之を取り止む」と命令した。

攻撃目標は大型機が集結していると思われる漢口、九江、戦闘機が集中している南京、滁州である。

渡洋爆撃は上海上空の制空権がないまま、さらに奥へ奥へと引きずり込まれて、消耗して行った。

鹿屋隊は中攻機七機が台北を発進し、午後一時三十分頃、南京の火薬庫、同兵器廠を高度四千メートルから爆撃した。爆撃後、中国軍機と交戦になり、一機が不明となり、六機が帰着した。

木更津隊は中攻機十四機で出撃し、日没十五分後の八時頃、軍官学校、国民政府参謀本部を爆撃し、全機帰還した。

日没十五分後の爆撃は、不意を衝いたかたちになり、中国軍機の追撃を受けずにすんだ。

このあと、六機しか残余していない鹿屋隊は、漢口、孝感の中国軍基地攻撃に出撃する。九六式陸攻三機は、二十日早朝の二時十五分に発進した。ところが急遽、戸塚道太郎指揮官に「命令取り消し」が入り、第二次の発進が中止される。

第一次で出撃した三機は、そのまま南京の後方攪乱の任務を続行し、八時二十分に九江飛行場を爆撃して、十一時三十分に台北に帰着した。

この朝の揚子江流域は霧とモヤがかかり、爆撃は困難だった。黎明時の視界は、上の方は明るいが、地上は暗いため、目標が見つけづらかった。

逆に地上からは上空の機影が見えるので、対空砲火が浴びせやすい。初めての体験だった。

海上なら不意を衝いて奇襲できるが、陸地の奥地となると、そこに到達する間に中国軍や民間人に発見されて通報されるため、隠密攻撃は不可能だった。

このことは、日本海軍航空隊が初めて体験する黎明攻撃である。搭乗員は帰着後、奥地は黎明攻撃より薄暮攻撃が有利であると、所見を述べている。

その後も漢口、滁州、楊州に中国軍機が移動中との情報に接し、鹿屋隊は二十一日黎明までに九江の各飛行場を、木更津隊は薄暮の楊州、滁州攻撃を命じられた。

木更津隊の村田少佐指揮の中攻機九機は、二十一日の朝六時四十五分に滁州飛行場を高度三千メートルから空爆し、中国軍機十機と格納庫を爆破して済州島に帰着した。

曽我少佐の中攻六機は楊州攻撃に出撃したが、そのうちの三機は中国軍機と交戦となり、一機を失った。

あとの三機は楊州爆撃後、中国軍機と交戦になり、三機とも撃墜されて不時着した。

木更津隊はこの楊州攻撃で、「虎の子」の中攻機四機を失った。

孝感飛行場は漢口よりも北へ二十キロの地点にあり、もっとも遠い飛行場である。なぜここまで攻めなければならなかったか、指揮官の大杉大尉には分からなかった。

しかし、中攻機三機で薄暮の八時三十分に孝感飛行場を爆撃し、中国軍機六機を爆破して帰着した。

この夜は月が出ていて明るかったものの、地形が変化していて、飛行場を発見するのに予想外の時間を費やした。

もっとも、その後の渡洋爆撃で、海軍は対米用に訓練してきた中攻機を、つぎつぎに失って行った。

軍令部はついに八月二十七日、戸塚司令官と第三艦隊参謀長あてに、

「敵の防禦厳重なる南京方面に対する航空攻撃は、陸上基地整備後、艦爆、艦上戦闘機を以てするを有利と認むるを以て、特に緊急とするか、若しくは大なる効果を期待し得る場合の外、中攻機に依る攻撃はなるべく差し控うる様考慮あり度し」と電報を打った。

第四部　果てしなき戦域

第一章――北支方面軍編成

陸士二十一期の四人

石原莞爾は、関東軍参謀長の東条英機中将が、満州事変の朝鮮軍越境を気どって内蒙古の察哈爾《チャハル》でみずから指揮をとっているとは知らなかった。それを知るのは樋口季一郎を送り出した後である。

満州の北西部に睨みをきかせるため、ドイツとソ連軍の動きに詳しい陸士同期の樋口季一郎少将を、阿南惟幾《これちか》人事局長に頼んでハルビン特務機関長として送り出したことで、秘かな期待と安堵を覚えていた。

ドイツ武官府にいた樋口を呼び戻したのは、樋口からもっとソ連の情報を知りたかったからである。

樋口は隣国のポーランドでソ連軍の動向を調査していた。ソ連の復興は驚異的で、自動車、飛行機、その他精密工業が高度に発達し、バム鉄道も完成間近にあり、いずれ極東ソ連軍の増強になると見ている。

ヒトラーのドイツ産業も急成長し、輸出が輸入を上回り、自給自足の経済に入っていた。いずれ、自惚《うぬぼ》れが強いヒトラーはポーランドに侵攻し、欧州大戦は不可避だろう、と石原に報告した。

詳細は本間雅晴第二部長及び陸軍省軍務課長らに報告したが、石原には欧州大戦や、モスクワからシベリア鉄道で極東軍が増強され、いつ得意の奇襲戦法で満州へ侵攻するか知れない、と個人としての意見を述べる。

関東軍への出発は八月十八日だった。そのとき、石原は樋口に、

「平林が満軍最高顧問で出ている」と伝えた。

「ここにきたのか」

「いや、そのまま京都師団から今月初旬に行ってもらった」

「お前の人事か？」

「満州を頼む。オレも行くから」

「どうりで、おかしいと思ったよ。平林は八月の異動だろうが、オレは中途半端だ。もっとソ連をさぐりたかったんだがね」

「ドイツやポーランド、リトアニア、ソ連にいるユダヤ人たちがシベリア鉄道で逃げてくるだろう。お前と、大連の安江でないと救えん。だから、支那戦は早く和平にしたいのだ」

「ユダヤ人のことはポーランドで見てきた。さもあろうな。それより極東ソ連軍がくるぞ」

「海の奴ら、上海でドジ踏んで。頭がイタイよ」

平林盛人《もりと》は、長野の松本中学から陸士に入った二十一期生で、陸大も同期だった。安江仙弘も二十一期生で、大連の特務機関長をしている。

その平林は京都第十六師団の参謀長をしていたが、八月の定期異動で突然、満州国軍の最高顧問として渡満することになる。

満州国には関東軍のほかに、満州国軍政部がある。初代大臣は張景恵で、張が国務総理になったあとの機構改革で治安部となり、于芷山《うしざん》が大臣になっている。その管轄下に奉天、ハルビン、チチハル、吉林、熱河、興安の六ヵ所に軍管区があった。そこでは日本軍の顧問が満州青年の育成指導に当たっていた。

六つの軍管区には、それぞれ満州人の上将（大将）がいるが、陸軍と海軍の顧問が指導に当たった。最高顧問は、治安部大臣と同格の扱いを受け、いわば関東軍司令官の代理として、満軍の育成指導に当たってきた。

指導者は日系の軍事顧問の下に、日系軍事教官がいる。また各隊内には日系軍官がいる。軍事教官は予備将校で、顧問の補佐任務に当たる。各隊の日系軍官は治安部大臣の指揮下にあった。

初代顧問は多田駿で、二代目は板垣征四郎、平林の前任の三代目が佐々木到一少将である。平林は四代目の満州国軍政部最高顧問となり、八月二日の異動発令から間もなく京都駅から下関経由で渡満した。

佐々木は初代・多田駿の下で満州国軍政部顧問をしていて、昭和九年十二月の異動で三代目の最高顧問になった。足かけ五年の満州国軍政部顧問を勤めた、育ての親とも言える。佐々木到一は八月二日付で歩兵第三十旅団長になる。

第十師団長になるのが十四年九月で、十五年七月二十三日付で東条が陸相になると、翌年四月、石原にひと月遅れで待命になった。

満州時代に、よほど東条に噛みついたのだろう。

石原は満州国軍の日系顧問たちが、マージャンをやったり、酒に溺れるなど指導者として問題があると耳にしていたので、石原の息のかかった平林に、満軍再建を頼んでいた。直接平林に会う機会はなかったが、東条が于芷山大臣あてに手紙を書き、紹介している。

同期のこの二人を関東軍に送り込んだのは、東条参謀長以下、作戦参謀たちが勝手に作戦をたてて、熱河省から内蒙古に入り、北支一帯に深く入りこんで政治工作を計画していたからである。これは第二の満州国を北支に樹立しようというもので、関東軍参謀と参謀本部、陸軍省軍事課の主戦派が連絡を取り合っている節《ふし》があった。

しかし、石原には確証が摑めなかった。上海に飛び火している最中に、内蒙古から攻めて中国軍を分散させる狙いもあったが、目的は親日政権を樹立することにあった。

それが八月十四日付で関東軍が計画準備していた「対時局処理要綱」である。

この要綱は、対中国政策全般に触れたものであるが、この中に五省連省自治の新政権樹立をはっきりとうたっていた。

「対北支政権施策」の骨子は、こうである。

「北支政権は概ね五省連省自治を究極の目標とし、其の政権の樹立は努めて現地住民の自主的発生、各地政権の自発的措置に俟《ま》つべき必要なる内面指導ないし援助を与えし気運を醸成す。

新政権樹立の為、該地域の要地に当分日本軍の所要部隊を駐屯せしめ、其の撤兵は政権の基礎確立するに従い、自主的に之を行なう。

新政権は親日満、防共、道義立国を以て根本政策とす。差し当たり拠るべき要領は左の如し。

一、河北及び山東を以て二省連省自治の一政権とし、北京に其の統轄機関を設く。将来、山西を統合す。但し、冀東《きとう》は当分現状通りとし、将来、現地区を右政権下に於ける一省として自立せしむ。

右政権の指導に関し、特に準拠すべき件は左の如し。

(1)、新政権統轄機関及び必要なる省政府に有能なる日本人顧問を配置す。

(2)、右統轄機関の内面指導に任ぜしむる為、北京に天津軍隷下の大特務機関を設置す。

(3)、治安維持の為、支那軍は保安隊に改編し、其の装備に関しては現地の現状に即応せしむ。支那軍兵は原則として之を認めず。

(4)、幣制《へいせい》を確立し、関税、塩税を接収す。但し外貨担保分は之を支払う。
二、察哈爾《チヤハル》方面粛正に伴い、察北、察南を統合する政権を樹立し、張家口に其の統轄機関を設く。将来、綏遠《すいえん》を統合す。右政権の指導に関し、特に準拠すべき件は左の如し。
(1)、新政権は、日、漢、蒙融和を図り、特に対内外蒙施策を容易ならしむるを以て第一義とす。
(2)、新政権総括機関及び省政府に、有能なる日本人顧問を配置す。
(3)、右統轄機関の内面指導に任ぜしむる為、張家口に関東軍隷下の大特務機関を設置す。内蒙自治政府に対する徳化機関の指導は、現状を維持するも、右大特務機関の統制を受けしむ。
(4)、察北に保有する内蒙古軍の外、原則として保安隊を以て治安維持に任じ、一切の支那軍を武装解除す。
(5)、機を見て幣制を確立し、特に察北、察南の財政調整に遺憾なからしむ。
三、交通、通信、郵政、配電等の技術援助及び大衆経済確立の件。
四、大特務機関長は重要軍事、渉外、経済事項及び内政上の根本方針に関し、顧問を通じ内面指導するを本旨とし、省以下の内政には努めて干渉しない件」
その後、政権樹立に向けて、陸軍省や参謀本部を無視して、この方針を政治工作を行ない、のちに十月、察哈爾省、綏遠省、山西省北部に察南、蒙古、晋北の三自治政府をつくり、軍の指導下におく。

「海軍の奴らめ！」

石原は、東條参謀長を中心に北支政権樹立に走り出した関東軍を歯止めする意味から、北支に強力な軍司令官のもとに北支方面軍編成に着手した。十五日に決断し、直ちに参謀本部と陸軍省との合同会議を提案した。

ちょうど松井石根大将の上海派遣軍の編成に入っていたときのことで、頭の中は大混乱していた。

「海軍の奴らめ！」と怒っても、今さらどうにもならない。

しかし、石原はすぐに北支方面軍編成構想に着手した。北支に二軍制、八個師団を送り、河北省だけの小規模作戦を行ない、中国軍が退いたら、北支方面軍から二〜三個師団を満州へ回す構想である。

石原は方面軍司令官に、松井石根大将と同期（陸士9期）の阿部信行大将を推薦した。阿部は二・二六事件後の陸軍の粛軍で、八期の林銑十郎、同期の荒木貞夫、真崎甚三郎三大将とともに軍事参議官を辞任し、予備役に退いていた。

阿部は参謀本部第一課長、陸大幹事、参謀本部総務部長、陸軍省軍務局長など、軍令と軍政畑を歩んできた地味な将軍で、阿部のことを「事務屋」という者もいた。

のちに昭和十四年八月、平沼騏一郎内閣が総辞職すると、白羽の矢は地味な阿部に向けられて、八月三十日付で内閣総理大臣に就任する。

阿部は軍人には珍しく、府立一中（現日比谷高校）から生まれ故郷、金沢の四高へと進み、日清戦争後、陸軍士官学校へ途中で転じて入学する。

陸士では松井石根、本庄繁、荒木、真崎らと同期で、陸大は十九期である。彼は切れ者ではなく、むしろ陸軍では稀《まれ》な常識人だった。

石原は、阿部なら戦域を広げず、両軍を抑え切れると確信していた。阿部が方面軍司令官なら、北支派遣師団をスムーズに対ソ戦用に満州へ回せるし、東条兵団の無謀を抑え込むこともできる、と期待した。

参謀本部の部長会で、北支方面軍設置案を提案すると、多田次長も本間も下村定も、「急ぐ必要がある」と賛同した。

「天津の支那駐屯軍を拡大して六個師団ではどうか」との案が出されたが、石原は二個軍八個師団を主張した。

陸軍省へ提案する前に、石原は武藤章課長以下、作戦課員を集めて北支方面軍構想を打ち明け、ただちに軍編成を研究するよう提案した。

さすがの武藤も、このときばかりは、

「急ぎましょう。短期決戦だ！」

と手を叩いた。そのとき、石原は、

「いいかい。決して短期決戦にはならん。長期戦になると想定してかかれ。支那軍は、こっちが出たら退く。奥は深く、補給路は伸びるぞ。終わりはないと思え」

と忠告した。

しかし、主戦派揃いの三課員たちは、

「八個師団もあれば、すぐに平定できますよ」

と自信たっぷりだった。

第三課は、ただちに編成の研究に入った。

北支には第五、第十、第二十師団が派遣され、混成第十一旅団は南口を制覇して奥深くに進攻したが、山間部に釘付けされていた。

同じ頃、支那駐屯軍（軍司令官・香月清司中将）では、八月二十日に北支作戦に関する状況判断を行ない、作戦目標を石家荘─徳州の線に定め、別途に一軍を編成して山東半島に作戦を実施する必要から、六個師団で速やかに作戦したい、と参謀本部に進言してきた。

参謀本部作戦課は、石原の起案で陸軍省と連日連夜、協議してきた「北支方面軍」編成と絡《から》んでくるので検討した。

支那駐屯軍は、現在の兵力を六個師団に拡大したい方向で、方面軍構想ではなかった。しかし、参謀本部は上海戦を早く終わらせたい。そのためには北支で河北省一帯を占領し、中国軍が退いたのを確認して、一部師団を満州に移したい。

対ソ連戦として作戦課は、満州の東正面に八個師団、北正面に四個師団、西正面に三個師団、軍直轄四個師団、合計十九個師団を割り当てていた。

第二部の情報では、極東ソ連軍はウラジオストックからハバロフスクまでのウスリー河を挟んで万全の攻撃態勢を固めていた。

満州北部の黒河の対岸、ブラゴベシチェンスクには極東ソ連軍の方面軍が戦車隊を中心に待機していた。奥地には飛行場があちこちに散見され、また大型艦が黒河のソ連側と、下流のハバロフスク間をしきりに航行しているのが、満州国境の監視所から確認されていた。

大興安嶺の向こう、東支鉄道の西端の満州里《マンチユリー》では、国境の西、オトボル・ヤリウダ駅を中心にソ連軍が集結し、いたる所に防塁を築き上げているのが、樋口の報告でも確認されている。

また、シベリア鉄道を往き来する貨車の数も頻繁で、虎頭からはウスリー対岸の向こうにあるシベリア鉄道を、戦車や自動車、野砲等を積んだ長い列の貨車がウラジオストック方面に南下しているのが確認されている。

そのウラジオストックでは、日本領事館がアメリカの貨物船の入港を確認していた。貨物船から陸揚げされていたものは戦備品ばかりではなく、缶詰など食糧品まであった。

ルーズベルトとスターリンとの間に密約がある証拠だが、それを知った石原は、日本が米英、ソ連、中国から包囲されている、と焦りを覚えた。

いずれ日米戦が最終決戦になる。アメリカは太平洋艦隊を現在のサンディエゴからハワイに移すだろう、と予測した。

「彼はアメリカ本土とハワイ、フィリピンを結んでシーラインを築く。そのときが決戦の年になる。それまでに日本は満州で重工業を興し、国力をつけなければならない。かならず航空戦になる。早く二千馬力のエンジンを開発しなければ戦えない。海軍はやっと九六式を開発して中攻機に使っているが、そんなものでは米英ソとは互角に戦えまい」

このときから、石原の頭の中にはサイパン島があった。アメリカがハワイに基地を移すなら、日本はサイパンに航空基地をつくり、迎え撃つことが出来る。長い航海で日本に接近するとなれば、おそらくウェーキやミッドウェー、または南方の島々を伝ってくるか、空母で編隊を組んでくるかだろう。そのためには、日本はサイパンに空軍司令部を置く必要があるし、南洋諸島にも航空基地をつくれば迎撃可能だ。

「満州国こそが生命線だ。中国とは早く和平を結び、備えねばならぬ」

ついに全面戦争へ

北支方面軍の編成がほぼ固まったのは、八月二十三日である。阿部大将の起用には、杉山元陸相も梅津美治郎次官も異存はなかった。人事局長の阿南惟幾は、すぐに電話で阿部に連絡を入れた。

石原は河北の戦場が、平漢と津浦沿線の二地区に大別されることを考慮して、二個軍を作った。また、北支から北西方面の蒙彊《もうきょう》に兵団を進める可能性を考え、ひとつの司令官に統一する必要が出た。そのため、支那駐屯軍の拡大ではなく、北支方面軍司令部を置くことにする。

二十三日時点での編成作業では、満州に師団を残す必要から縮小され、戦闘序列を左記のように内定した。

○北支方面軍司令部（方面軍司令官・阿部信行大将、陸士9期）
第一軍（司令官・香月清司中将、14期）
第二軍（司令官・西尾寿造中将、14期）
第五師団（師団長・板垣征四郎中将、16期）
第百九師団（師団長・山岡重厚中将、15期）
支那駐屯混成旅団（旅団長・山下奉文少将、18期）
臨時航空兵団（兵団長・徳川好敏中将、15期）
北支那方面軍直轄防空部隊
独立攻城重砲兵第一、第二大隊（丙）
北支那方面軍通信隊、同鉄道隊、同直属兵站部隊
支那駐屯憲兵隊
（注）方面軍の新設に伴い、支那駐屯軍司令部及び構成員は、方面軍と第一、第二軍司令部に分属され、解消される。

第一軍には、すでに永定河の北に駐屯している第六師団（師団長・谷寿夫中将、15期）、第十四師団（師団長・土肥原賢二中将、16期）、第二十師団（師団長・川岸文三郎中将、15期）、その他、戦車隊、独立山砲兵、野戦重砲兵など。

第二軍は第十師団（師団長・磯谷廉介中将、16期）、第十六師団（師団長・中島今朝吾中将、15期）、第百八師団（師団長・下元熊彌中将、15期）、その他、野戦重砲兵第六旅団、第二軍通信隊である。

すでに、板垣の第五師団の指揮下に入った独立混成第十一旅団は、昌平から南口を攻め、平綏線を八達嶺に向かっていた。

坂田支隊は、昌平から居庸関の南で万里の長城を越えて内蒙古領に入り、延慶《えんけい》をめざしている。

北支では衛立煌《えいりつこう》の第十四軍三個師が、保定の北方の山地から門頭溝の南北に進出し、第五師団の側背に脅威を与えながら北京に進出しようとしている、との情報が軍司令部に入ったため、司令部は第六師団の歩兵第三十六旅団（旅団長・牛島満少将、20期）を門頭溝の西方の山地に急派した。牛島旅団は第四十五連隊と第二十三連隊を基幹とし、北寧線を越え、北京城と豊台の間の平地を過ぎ、西へ約四十キロ先の門頭溝に達した。

八月二十三日から攻撃を開始し、鹿児島の第四十五連隊は下馬嶺へ、都城の第二十三連隊は板橋村へ進行し、中国の第十四軍と睨み合いになった。

牛島支隊が下馬嶺と板橋村、千軍台を攻略するのは、北支方面軍が編成された後で、それまでは山間での激戦だった。

内蒙古から入ってきた関東軍は、八月十七日に多倫《ドロン》に戦闘司令所を開設し、北支政権の樹立に向かって東条参謀長みずから指揮をとっていた。

指揮官の名をとり、この兵団を東条兵団と呼称した。多倫は内蒙古の察哈爾省の東端で、満州国の熱河省と国境近くの町である。

東条兵団は、京綏線の張家口から北十キロ先の内蒙古の南端の張北から攻勢をかけ、張家口の南西地区にある京綏鉄道の分断を計画した。

二十日午後、まず関東軍の飛行隊が張家口を爆撃し、張家口の中国軍第百四十三師司令部の兵営及び通信施設を破壊した。

これまで雨天と曇りが続いた内蒙古は、二十一日になって晴天になった。関東軍は張家口に進入している中国軍の司令部二ヵ所を空爆した。この空爆とともに、張北から北へ四十キロ先の公会では、蒙古軍が中国の第七師に攻撃されていたが、関東軍の飛行機が空爆して撃退した。この空爆は内蒙古軍の士気を昂揚させた。

二十一日午前十一時、張北に駐屯していた混成第二旅団の堤支隊、大泉支隊は、張北の南の長城線を越え、二十二日午前七時頃、張家口の西北十五キロの万全村に進出した。その前に、中国軍は軍用列車で大同方面へ退却していた。

大阪朝日新聞の阪元特派員は二十日、熱河省の承徳を出発し、二十二日午後に内蒙古へ入り、「馬べら」に静養中の徳王（蒙古軍総統領）との会見に成功し、インタビューした。途中の街は「万才陥落」の旗行列で沸いているのを見る。

徳王は、阪元記者にこう語っている。

「日本軍が東洋平和のために正義の刀をとられたことは誠に感謝に堪えない。蒙古軍は建設以来、日なお浅いが、建軍の目的は第一に日本軍に協力することで、第二に蒙古族の勃興に努めることを期している。私どもは世界最強の日本軍が、間もなく勝利を得られると信ずる。そして、蒙古建国の目的が達せられることを固く信じている」（八月二十四日付、大阪朝日）

石原はこの記事を読んで、苦々しく思った。中国の奥は広く果てしないのに、何が勝利だと。

北支では北西の張家口、西の下馬領、南への京漢線で中国軍と対峙していたが、豊台の西、長辛店に司令部を置く川岸文三郎中将の第二十師団は、京漢線に沿って長辛店からわずか十キロ南の良郷、朱紅崗で睨み合ったままだった。

京漢線を攻めない限り、南への進攻はむずかしくなる。

仮に支那駐屯軍を六個師団としても、短期攻略は困難視された。とても南京の蔣介石が、河北省に進出している大軍を引き揚げるとは思えなかった。

引き揚げとなれば、日本軍も攻撃をやめ、一部を満州へ回せるのだが、それには北支方面軍の編成と出撃しか考えられない。

日高代理大使、南京を脱出

南京大使館の日高代理大使ら、館員二十三名の消息は不明だった。

石原が日高代理大使の生存を知るのは十七日で、外務省アジア局長からの連絡による。詳細は十八日の昼間だったが、石原は北支方面軍編成等で忙殺され、意識が混乱した状況下で報告を受けていて、ほとんど聞き流しだった。

ところが、日高代理大使が十八日夕方、「奉天丸」で青島から門司に向かう、との報《しら》せを受けると、南京の状況が知りたくなって、東京到着予定を聞きかえした。だが、予定は不明で、外務省に到着しだい連絡をとる旨が伝わる。しかしその後、石原は多忙で、ついに日高に会うことはできなかった。

十八日の夜は、日高らは青島からの帰路にあった。

日高代理大使ら二十三名が南京を「岳陽丸」で脱出し、揚子江対岸の浦口に着いたのは、南京空爆が始まった十五日で、南京は雨が降り続いた。

日高は南京政府の交通部に、津浦線特別列車の仕立て方を何度も交渉したが埒《らち》があかず、また本国との交信も断たれてパニック状況下にあった。そのとき、友情の手をさし伸ばしたのがアメリカのジョンソン大使とイタリアのコラ大使である。引き揚げるにも外出できない日本大使館員に代わり、アメリカ大使館員が国民政府交通部と交渉し、ようやく十五日に了解を得ている。

日本大使館員は、浦口駅から津浦線に乗ることができた。十六日に浦口駅発の列車に乗り込み、同日午後四時二十分に浦口駅を発った。

ジョンソン大使は、済南のアメリカ領事館のアリソン領事に連絡を入れ、出迎えを頼む。また、東京の駐日大使グルーには、「無事出発」を打電して報せた。グルー大使が外務省に電話連絡したことから、南京大使館員全員が青島へ向かうため、津浦線で済南駅へ向かった旨を知る。

津浦線は、浦口と天津を結ぶ南北に走る鉄道で、青島へ向かうには途中、済南駅で乗り換えになる。また、済南から北へは交通が止まって不通だった。

済南には日本の領事館があって、十七日の朝五時、在留邦人七十名が集まり、最後の引き揚げ式が行なわれた。「君が代」斉唱のあと、一同は涙を呑んで領事館の建物に別れを告げ、午前七時の特別列車に乗り込んで青島に向かった。

済南駅には、前もって有野領事から伝言を受けたアリソン米領事が出迎えた。朝七時発の列車に合流する旨を伝える。一行は駅舎で朝を待ち、済南の邦人たちと一緒に列車に乗り込んだ。

途中の博山、淄河から邦人たち百八十名が乗り込む。張店では三十六名が乗車した。これで済南一帯に住む邦人全員が青島に引き揚げ、翌十八日午後五時の「奉天丸」で日本に向かった。

アメリカ大使や領事の働きかけで、南京の大使館員全員が無事、日本に帰ることができたのである。

帰国した日高は二十一日、広田外相を訪ね、南京政府の動向と見通しを、「南京政府は蔣介石、何応欽も含めて主戦論で、非戦論はゼロに近い」「外交面では日支間はまだ外交交渉開始の時期にあらず。日本はこの際、不法支那軍を徹底的に掃蕩《そうとう》すべき」などと、次のように語った。

「支那が時局の収拾を自国に有利に転回させるため、第三国の介入誘致政策に出ている。国際連盟への提訴、九ヵ国条約、不戦条約などの発動を促《うなが》す措置に出るだろう。連盟提訴の如きは満州事変の先蹤《せんしょう》に鑑《かんが》み、かならずしも大なる期待はかけていないものの、第三国介入の情勢誘致のため、九月に開かれる連盟総会の機会を利用するであろう。日本としては日支間の問題は、両国の責任において解決する方針で進むべきであろう」

「蔣介石政権は、日本が支那に多大な打撃を与えても、崩壊はすまい。蔣介石にかわる強力政権は現在の支那には求むべくもない」

「南京がわが軍の攻撃によって多大の打撃を受けた場合、首都を他に移す意向が看取される。遷都《せんと》の用意はある。遷都のさいには、南京市を焼くものと見られる」

石原は同日、石射アジア局長に電話を入れ、日高からの報告を聞いた。そのとき、もはや蔣介石は全面戦争で長期戦を固めていると判断した。

また、南京が日本からの渡洋爆撃に続いて、中国本土からの空爆で政府機能が果たせなくなった場合、蔣介石一行は南京を脱出して遷都するのは間違いないと確信した。

中国の遷都は、これまでの歴史から容易に考えられることで、石原は遷都先は空爆が届かない成都か昆明辺り、または重慶辺りになるだろう、その前に一時的に漢口になるな、と推測した。

漢口には各国の領事館があり、北と東西への道が開けられている。最後は「重慶」になると読んだ。

「これはいかん！　蔣介石をそこまで追い込んだら和平の道は断たれる。上海戦のさなかに和平させることだ！」

北支方面軍の編成は、その一つの布石だった。

第二章――呉淞鎮の攻防

派遣軍司令部、「足柄」で出港

上海派遣軍司令官松井石根大将ら司令部員が、熱田神宮参拝後に沖で待機している巡洋艦「足柄」に乗艦するのは、八月二十日午前十時である。

「足柄」は十一時半に抜錨し、日本を離れて揚子江口の馬鞍《ばあん》群島に向かった。第三師団第六連隊など本隊を乗せた第五戦隊（司令官・三木太市少将）の巡洋艦「足柄」「那智」「羽黒」「摩耶」、第二水雷戦隊旗艦「神通」ほか十隻の駆逐艦は、熱田港を離岸すると、まず歩兵四大隊と砲兵一大隊で編成された第三師団の先遣隊を見送る。

本隊が伊勢湾口に近づいた頃、松井軍司令官たちは伊勢神宮を洋上から遙拝し、「武運と隆盛と御加護」を祈った。松井にとっては、日露戦のときに出征して以来の出陣である。

当時の師団は四単位制で、平時編制の一個師団は一万一千八百五十八人前後だったが、戦時編制は倍の二万人以上になった。このときの第三師団（名古屋）は、それより三千人ほど多い二万五千一百七十九人である。

馬匹の数も平時の一千五百九十二頭の六倍近い八千一百七十七頭である。師団司令部だけでも、平時は人員が七十名前後、馬匹は十四頭だが、戦時下では五倍近い三百三十名、馬匹は十倍の百六十五頭である。

歩兵連隊は平時で二千人弱だが、戦時編制では二倍近い三千七百四十七人、馬匹は五百二十六頭。一個旅団の人馬は人員が七千五百六十九名、馬匹が一千一百二頭で、平時の一個師団に近い。

艦隊が仮泊先の馬鞍群島に着いたのは二十二日の朝二時である。多度津港を出港した第十一師団を乗せた第九戦隊（司令官・小林宗之助少将）は、すでに錨地に先着していた。

先発して事前に偵察していた上海派遣軍第一課長の西原一策大佐（騎兵）と第一課参謀の芳村正義中佐（歩兵）は、軍司令部のいる「足柄」に帰り、状況を報告した。

馬鞍群島に仮泊の間、松井軍司令官、飯沼守参謀長、参謀副長の上村利道大佐、北島熊男航空中佐、大坪一馬砲兵中佐、第二課長の長勇中佐、本郷忠夫少佐ら全参謀は作戦会議を続けてきた。

その結果は、第三、十一の両師団を呉淞《ウースン》港から上流十五キロ先の川沙鎮付近に併列しながら上陸させ、上海の背後を突いて退路を遮断し、中国軍を捕捉しようという結論になった。

ところが、海軍と共に上陸地点を偵察してきた西原、芳村からの報告により作戦を練り直した。

西原大佐の意見は上村副長らと違っていた。西原は両師団併列で川沙鎮からの上陸ではなく、第三師団を呉淞の南方地区に、第十一師団を川沙鎮付近に上陸させ、上海付近の敵軍を包囲して攻撃する作戦である。

第三師団が呉淞付近の敵前面に上陸するにあたっては、海軍の陸戦隊五百名と、艦船からの艦砲射撃で掩護しながら、先に第十一師団から上陸するという案である。

西原はそのさい、海軍の情報では湿地帯が多く、道路もなく、クリークが縦横に走っている状況を伝える。それらのクリークは深さ四メートル、幅二十五メートル前後で、中型船での航行は不可能である。

また、いたる所にレンガの小屋、コンクリート要塞が確認され、クリークを航行するさいは標的になるので、軍艦からの艦砲射撃で要塞を破壊しながら陸軍が上陸し、ある場合は上陸用舟艇でクリーク伝いに進入する作戦を提案した。

しかし、幕僚のほとんどは西原の第二案を相手にしなかった。

「ふた手に分けて上陸するより、背後を突いて一気に上陸すれば、ワケない。分断作戦だ」

「敵の火力はしれている。川沙鎮から羅店鎮を攻撃すれば、支那軍は退却する。その勢いで上海に攻め込むことだ」

松井は幕僚会議の模様を、口出さずに聴《き》いていた。作戦室には一枚の大きな地図を会議用のテーブルに広げ、上海への玄関口である呉淞港付近と十五キロ上流の川沙鎮付近に、模型の軍艦を突っ込む形で置いている。

呉淞港の近くには中国軍の駐屯基地呉淞鎮が、その二キロ先には公大《クンダ》飛行場と宝山城、揚子江に沿って獅子林砲台、川沙鎮、さらに上流に瀏河鎮があり、ドイツ顧問の築城による中国軍の要塞地帯になっている。

内陸側へは呉淞から蘊藻《おんそう》浜の川が約十キロほど続き、この川はさらに南北、東西にいくつものクリークとなっている。

松井は会議の結果、西原の第二案をとった。理由のひとつは、上海の居留民救済が急務だったからである。海軍の掩護射撃と同時に、呉淞と川沙から上陸することを決める。

この方針に基づき、作戦会議が行なわれた。

その結果、第十一師団は二十三日零時に川沙河口沖の錨地に進入し、朝五時、夜明けと同時に上陸を開始する。

江岸の敵軍を撃退したあと、午後、川沙鎮付近を確実に占領し、羅店鎮攻撃を準備する。

第三師団の上陸方面では、第一陸戦隊及び歩兵一個中隊の上陸掩護隊が、二十二日の夜半までに上海で汽船に分乗し、駆逐艦に先導されながら上陸する。そのさい、艦砲射撃を開始して敵を制圧し、二十三日の午後、呉淞鉄道桟橋付近に強行上陸を敢行する。

呉淞鎮を避けながら黄浦江に入り、蘊藻浜の川から南側の江岸を艦砲射撃しながら上陸するという、思い切った作戦である。

西原の報告では、中国軍の七個師団が前線に出て来ていた。松井軍司令官は、参謀たちの無知に呆《あき》れてしまい、二十二日の日記に、

「支那軍を蔑視して専《もっぱ》ら戦略行動に依り敵を敗退せんと欲するも、是れ支那軍の現情に適せざる結果にして、軍現在の兵力をもって、少なくも七個師団の支那軍に対する先遣部隊の行動として、余りに理想に捉われたるものにして、所謂《いわゆる》敵を知り己れを知り、百戦殆《あやう》からざるもの克《よ》く今日の状勢に適するものと認めたるに由る」

と、情報不足と作戦の甘さに焦りを覚える。

この日の午前九時、「足柄」の作戦室には、第三師団長の藤田進中将と第十一師団長の山室宗武中将が呼び集められ、作戦を説明した。

松井はその場で、両師団長に作戦命令を下達した。そのさい、松井軍司令官は、

「作戦は相当に困難することが予期できる。慎重に当たるように。なお、便衣隊及び土民の対日感情に鑑み、将兵たちはよく身辺を注意警戒するように。水及び耕作物を摂取するさいは、支那人の毒物投入も考えられるので、十分に注意するように」

と注意を与えた。

その後、「足柄」の作戦室で武運を祈って杯を挙げた。

昼食をとり、両師団長及び師団参謀たちは午後三時、「足柄」を離れて軽巡洋艦「神通」に移乗した。

そして、その夜の九時、錨地を出航して揚子江を遡航した。夜半、ビルブイ付近において駆逐艦「綾波」に転乗し、さらに遡航を続けた。

両師団の各部隊は、それぞれ馬鞍仮泊地において第一、第二水雷戦隊に移乗し、午後五時すぎに呉淞に向かい、揚子江を遡航して行った。

長い船団で、辺りは暗くなった。

第十一師団、川沙鎮の上陸準備

松井軍司令官は軽く仮眠をとると、翌二十三日の朝二時、幕僚たちとともに第八戦隊旗艦「由良」に移乗した。

「由良」は、呉淞の錨地に向けて遡航を続ける。揚子江の河口は暗く、辺りには何も見えない。移乗して艦内に入ると、第八戦隊司令官の南雲忠一少将が松井たちを出迎えた。

松井と南雲は、アジア協会の同志で面識があり、旧知の仲だった。南雲は、松井ら一行を艦橋に案内した。そこから第三、第十一師団の上陸地点を双眼鏡で観察する。

辺りはまっ暗だが、遙か左手前方のまだ暗い洋上に、中国軍を艦砲射撃する猛烈な砲声が響き、暗い夜空に発射炎が光った。

呉淞鎮付近では、艦砲射撃が命中して火災が起きるのが見える。海軍は前日の午後から呉淞鎮と川沙の上陸地域を砲撃していた。各輸送船には上陸用舟艇のダイハツが積み込まれていて、平時から上陸の訓練をしてきた。

上陸の順序として、午前二時、川沙に第十一師団の歩兵連隊がダイハツに移乗して上陸する予定だった。ところが、川沙鎮からの中国軍の抵抗が意外にも激しく、ダイハツへの移乗が遅れる。

第十一師団の上陸開始は、まだ暗い午前三時五十分頃となる。しかし、なかなか上陸できない。海軍の掩護と艦砲射撃で川沙鎮の要塞を攻撃するが、厚さ二メートルものコンクリート壁はビクともしない。

要塞のほとんどは、日本と防共協定を結んでいるドイツ顧問団によって築き上げられたもので、のちにフランスのノルマンディー海岸に築いたドイツ軍の要塞と同じ構造になっていた。

しかも、辺りはまっ暗で、敵陣は時に起きる火災の明かりで判断するほかなかった。

第十一師団の第一次輸送部隊が、川沙鎮の両側の浅い海岸に上陸用舟艇を突っ込んだのは、ようやく明るくなった午前七時頃である。

一方の第三師団は、第十一師団の攻撃から一時間遅れの三時に、陸戦隊に掩護されながら上陸を開始した。飯田隊は呉淞鎮を右前方に見て、真っ暗な黄浦江を、敵陣を艦砲射撃しながら遡航し、陸地に接近した。

中国軍は、砲兵二個中隊で猛烈に撃ち込んできた。巡洋艦及び駆逐艦からの砲撃で抵抗が弱まったところへ、ダイハツで突っ込み、呉淞鎮の上流に上陸を開始した。

午前零時三十分に上海埠頭を出発した竹下宣豊少佐指揮の横須賀鎮守府第一特別陸戦隊約五百人と、先遣していた第三師団の歩兵一個中隊と機銃、工兵各一個小隊の計六百七十人は、砲撃開始前に呉淞港岸壁を占領して上陸部隊を掩護することになっていた。

彼らは輸送船三隻に分乗して、上海埠頭から川下の呉淞港に向かい、午前三時十五分、艦砲射撃開始と同時に護衛駆逐艦の掩護砲撃を受けながら、輸送船を岸壁に横付けすることに成功する。

しかし、呉淞港の攻防は激しく、そこから動けなくなった。橋頭堡を確保したのは、その日の午後五時四十五分頃で、その間、第三師団の第一次部隊が上陸を開始した。

午前八時頃、ようやく師団司令部が上陸し、第一次部隊三千五百人の上陸を終える。

第二次部隊二千人は、同日の午後十時頃、呉淞桟橋に上陸を完了した。

川沙に向かった第十一師団の第二次部隊はまだ到着しておらず、待つことになる。この川沙上陸が二時間近く遅れたのは想定外だった。

この日、呉淞、川沙からの上陸作戦で、日本軍は死傷者四十名を出した。川沙の上陸遅延の原因は、海岸一帯が遠浅だったことによる。満潮時を待っての上陸は、充分な調査にもかかわらず、手こずった。

翌二十四日朝九時、松井軍司令官ら派遣軍幕僚が移乗した「由良」は、呉淞錨地を出港して上流の川沙鎮沖に遡航し、第十一師団の正面で状況を視察した。

状況把握のため、松井は軍参謀を師団司令部に派遣する。

報告では、第十一師団の第二次部隊は昨夜半に錨地に到着していたが、全員が寝ていて開始が遅れ、遠浅のため上陸の機会を失っていた。満潮時の三〜四時間が勝負で、それを外したら、つぎの満潮時を待たねばならない。

しかも、揚子江の岸辺は干潟《ひがた》になり、うっかりすると、上陸用舟艇そのものが干潟に置いてきぼりになりかねない。午前十一時三十分、ようやく潮が上がり、揚陸作業を開始した。

この干潮で諸隊の揚陸作業は大幅に遅れ、第二次部隊員の八割しか揚陸できなかった。諸材料、弾薬、糧食も、所要の一部を揚陸したにすぎなかった。

また、師団が前進したくとも、後方との連絡、補給がきわめて悪く、やむなく海軍から人夫を借用して輸送に当たらせた。せっかく中国軍の背後に上陸したものの、師団は後方からの連絡がなく、前進できずに待つことになる。

松井は、派遣した参謀の報告を受けると、

「前進できずに遺憾だ。要は揚陸及び補給に必要な人員と材料の準備不足に起因する」

と、この夜の日記に記す。

呉淞では、この日未明に二回逆襲され、双方撃ち合いになった。呉淞鎮の家屋に堅固な陣地を敷く中国軍は、第三師団を側射してくる。

上海への出入口である黄浦江口では、中国軍が日本の上陸用舟艇を攻撃して上陸を阻む。また、背後の浦東地区にも中国軍の陣地があり、そこからも第三師団の小艇を射撃しはじめてきた。

松井たちは夕方、川沙の第十一師団を見届けると、揚子江を下り、呉淞の錨地で仮泊した。

敵は同盟国ドイツの軍事顧問団

二十キロ離れた上海市内では、「日本軍、呉淞港上陸」の報せを受けた邦人たち及び陸戦隊員たちは勇気百倍を得て、包囲している中国軍と戦い、攻勢に出た。

もっとも激しかったのは午前五時から六時頃で、中国軍の飛行機が飛び交い、爆音が響いた。

二十三日の午後一時頃、南京路の目抜きにある永安公司やデパートでは、中国軍機が爆弾を投下し、永安公司の大部分のガラスを破壊して百数十名の死傷者を出した。

日本の海軍武官室は、閘北《ざほく》方面の中国軍の砲弾と見ている。また、同時刻に中国軍の砲弾は、広東路にあるアメリカのスタンダード石油会社裏のアメリカ海軍軍需倉庫付近にも落下した。

八月二十四日付の大阪朝日新聞は、二十三日の中国軍機の上海市内爆撃の様子を全五段で、つぎのように報じた。

「支那空軍は一万フィート（約三千二百八十メートル）の高空から爆弾を投下したもので、この高空を飛ぶ飛行機は音は聞こえず、その姿も見せない。惨事の発生と共に浦東側支那陣地あるいは北停車場付近の支那陣地からの砲撃の犠牲だろうと見られていたが、支那軍機による無茶苦茶な爆撃に、ふたたび南京路が犠牲となった。

永安公司の二階で買物中のニューヨークタイムズ特派員ピリンガム氏は重傷を負った。彼を待っていた同紙支局長のアーベンド氏は、自動車のガラスを粉砕されたが幸い難を免《まぬか》れた」

同盟通信社の松本重治上海支局長は、中国幣制改革のためイギリス政府が送ったリース・ロスの特別補佐官の一人、エドモンド・ホールバッチと親しく、英国人の間で交わされている日中戦に対する見解を聴き出している。

エドモンドは、「中国側は、情報によれば一方においては六年とか八年とかの長期抗戦計画を決定しているという。他方、上海地区の死守命令が出ているとの話だ。中央軍の精鋭をつぎ込みかけているようだから、さしづめ上海付近は大激戦が予想される」と、日中戦は長びくと予想した。

二人の一致した見解は、「蔣介石の戦略は、日本軍との主戦場として、華北よりは、むしろ上海地区を選んだらしい」ということだった。

松本支局長の見解は、エドモンドに語った次の言葉に読みとれる。(『上海時代』より)

「ドイツが送った軍事顧問のフォン・ゼークトやファルケンハウゼンなどが勦匪《そうひ》事業のためばかりではなく、抗日戦のため呉淞地区に堅固なトーチカを造ったためなんだ。おまけにトーチカの利用のために、ドイツ軍の砲兵将校数人が今度の戦争に参加しているという噂まである。

それが本当なら、今度の上海戦争は、ある意味では日独戦争だ。日独は防共協定をやっておきながら、ドイツの軍需商人はしこたま金を儲《もう》けている。そのあげく、日本軍がその犠牲になっている。

上海が大激戦になると、第三国の上海内外における厖大な権益が少なからず飛ばっちりの損害を受けることは間違いない。日本側が第三国の権益を保護しようとしても、中国側としては、第三国の権益に損害を与えることによって、第三国の干渉を招こうとする策略をもっているかも知れない。このあいだのジャーディン・マセソンの倉庫に落ちたり、米国のアジア艦隊の旗艦オーガスタ号の舷側付近に落下した爆弾といい、中国側の手口が判るような気がする」

松本が指摘したように、蔣介石は対日作戦を転換するため、宋哲元を南京に呼び寄せ、協議に入っていた。上海大作戦への方向転換は、やがて各地前線に送り出した雑軍の後方にいた中央軍を、上海の前線に送り込むことから容易に窺《うかが》える。

雑軍、中央軍を合わせて、上海戦に送り込まれた中国軍は約十四〜十五個師団に達している。しかし、松井軍司令官には、まだ正確な師団数は伝わっていなかった。海軍側が調査した七万人と見ている。

派遣軍では予期せぬ出来ごとが起きた。かつてない史上最大の上陸作戦だけに、思いもしないことになる。

第十一師団司令部は二十四日、昼夜にわたる火光信号により爆撃を受けたのである。また、中国軍機の爆撃で師団司令部が被弾し、参謀の下坂正男歩兵中佐が戦死した。同室にいた山室師団長は土塊をかぶり、危ういところだった。その他、主計科員ら相当の戦死者を出す。第十一師団だけで、この二日間の戦闘で戦死者は十五名、負傷者五十余名である。

第三師団でも、死傷者は六十名に達した。

第十一師団が上陸した川沙鎮では、中国兵の抗日意識は強く、夜襲をかけてくる者もいた。また、逃げ残りの者は射殺されたり、同士討ちも起き、口封じに出ている。居残った中国兵の中には、みずから稲の中などに身を伏せ、日本軍を狙撃する者もいた。師団参謀も、そうした伏兵に狙撃されている。飛行機と連絡をとり続ける敵兵もいた。飯沼守軍参謀長は、相当に訓練された兵士がいるとの報告を受ける。

その第十一師団は、二十四日午前十一時頃、第四十三連隊（連隊長・浅間義雄大佐）その他をもって羅店鎮攻撃開始の命令を受ける。

だが、戦闘が始まると通信は不能となり、軍司令部と第三、十一師団に配属させている参謀からの連絡もとれなくなった。

二十四日の夜、第十一師団の一部が羅店鎮の正面に進んだところ、五、六百名の敵に包囲された、との報《しら》せが入ったまま、連絡が途絶えた。

ところが、第四十三連隊は瀏河鎮の占領に成功し、海軍機からの連絡では、二十五日午前十時頃、「中国軍が羅店鎮より南に向かって退却中」との報せも入る。

川沙鎮近くの上陸地では、前日揚陸できずにいた人馬や材料が、ようやく陸揚げされた。

しかし、呉淞鎮からの攻撃で、第三師団の上陸は難行、苦戦で進展がない。二十五日も朝から深夜まで攻撃を続けるが、ようやく黄浦江岸に沿った一部に戦線を前進した程度である。

ドイツ顧問団が築城した要塞は頑強で、日本海軍の艦砲射撃を受けてもビクともしない。そればかりか、黄浦江を航行する日本船を砲撃し続けるので、容易に近づけない。

また、第三師団を側射するため、師団は針付け状態のまま翌朝を迎えた。

陸戦隊からは、正面の敵が退却をはじめたので、第三師団で大場鎮の方へ追撃してはどうかとの連絡が、師団参謀の大西一大尉（陸士34期）から入った。

「由良」の軍司令部では、作戦会議にかけて協議し、第三師団の残置人馬を揚陸して、江湾鎮方面に追撃する作戦を決める。その案を松井軍司令官に進言したところ、松井は、

「さらに慎重にやれ」

と制した。

第三師団の残りの人馬は、前夜のうちに輸送されてきているはずが、天候が悪くまだ到着していなかった。輸送船は呉淞には来ず、三隻とも川沙口へ遡航していたのである。

三隻の輸送船には、人と馬匹が移乗して揚陸を待っていた。それぞれ一隻に人が百人、馬匹百頭である。前夜に揚陸の予定だったが、満潮時はちょうど波が高く、作業できなかった。

また、発動艇は破損が多く、荷役も遅延した。そのため、ハシケに移乗して上陸しようとするが、む

き出しのままでは、揚陸中に中国軍の便衣隊（ゲリラ）に射撃されかねないと判断して困窮する。

軍司令部では、第三師団の兵を借りて続行する考えだったが、松井は芳村正義参謀を第三艦隊に派遣して交渉させるため、五時三十分に出発させた。

軍司令部内では、呉淞鎮の攻撃を強行することは、第一次上海戦当時の失敗の例もあり、速急に実施しない方がいいとの意見になる。

ところが松井は、

「黄浦江口の交通脅威を速やかに除く必要がある。あくまでも呉淞鎮を攻撃すべし」

と判断し、明日、第三師団で攻撃する方針を決める。

ところが、新しい情報が司令部に入る。それは、陸戦隊正面の敵兵が次第に減少したので、陸戦隊が前進したところ、閘北より大場鎮に至る間の湿地帯には、かなり堅固な陣地が築かれている、との報告である。

夕刻になって、第三師団方面から艦砲射撃が始まった。それと同時に、第三師団は呉淞鎮の攻撃に出る。

この頃、すでに弾薬が不足しはじめた。派遣軍は二十四日の午後、海軍より小銃弾を受領し、第三師団に補給した。

混乱は輸送船の廻航にも出る。前夜、三隻の輸送船のうち一隻は第三師団方面に行くことに電報で命令していたが、川沙口方面に行った輸送船にたいして碇泊場司令官は、呉淞に廻航する処置をとらずに誤って廻航しなかった。

初めての、しかも急場凌《しの》ぎの派遣で、思わぬ事態が発生し、軍司令官の松井は、「由良」の艦内で幕僚たちを怒鳴るありさまである。

その呉淞では、中国軍の歩兵が第三師団の背後より射撃してきて、互いに撃ち合いになる。それでいて前面の中国軍は、午後に至ってふたたび兵力を増加し、激しい攻撃となる。

この戦いで、日本軍の死傷者が続出した。上陸以来、戦死者は三日間で合計百余名、負傷者数は三百余名に達した。

第三師団、挾み討ちで苦戦

翌二十六日も第三師団は現状のまま、正面と後方から挟み討ちになり、動けずにいる。

松井の二十六日の日記には、苦悩のほどが読みとれる。

「特に呉淞鎮付近の状況依然とし、間断なく背後より脅威を受けあるも、師団の現状は未だ直に同地を攻撃する能はず。これが為、揚陸地付近も屢々《しばしば》敵の射撃を受け、今後の揚陸に支障あるを以て、第三師団を督励して呉淞鎮を攻撃せしめんとし、尚《なお》成し得れば海軍陸戦隊の協力を得る為、海軍側の意向を質しつつあり。師団正面の敵は計約一師団にして、江湾鎮付近のものを合すれば約二師団内外なるべし。

これが為、幕僚中には、第十一師団の一部を以て呉淞鎮攻撃に協力せしめんとの意見あるも、是れ過早に軍の根本的作戦方針を動揺せしむるものなるを以て、之を採用せず。依然第三師団をして海軍の協力（或はたぶん艦砲援助のみならん）により、之を奪取するの方針を継続し、之が準備の為、時日の遷延は已むなきこととせり」

現実に二日間も釘付けされている第三師団では、食糧と弾が不足し始めていた。幕僚会議では、第十一師団から二大隊くらいをもって、羅店鎮から敵の側背を攻撃して呉淞鎮を奪おう、という作戦を提案するが、松井は、派遣軍の方針どおり「第三師団の任務につき、敢行させる」と方針を変えなかった。

ここは軍司令官の苦渋の決断であった。

一方の第十一師団の主力は、後方からの補給が間に合わず、羅店鎮付近で中国軍と交戦中で、司令部に艦砲射撃を依頼するが、いっこうに応援なく苦戦する。

浅間義雄大佐が指揮する第四十三連隊は、瀏河鎮の南方地区で中国軍の二個連隊と交戦中だったが、こちらも強烈な抵抗に遭い、足どめを喰らっていた。

連隊では捕虜から敵情報をとりながら交戦して行くが、二十六日の午前中の段階では、いまだ羅店鎮を占領できずにいた。飯沼日誌によれば、「第十一師団の二十六日の午前中の死傷者は二百名」とある。いかに不利な状況下で苦戦しているかが窺われる。

また、第十一師団でも二日分の糧食が切れてコメの調達に入り、カユをつくって食するありさまとなる。

こうした苦戦のさなか、軍司令部には二十五日の夜、「政府は青島の現地邦人保護方針を改め、全員引き揚げ、武力を用いざること」との報せが入る。これは海軍に入ったもので、飯沼参謀長は情報参謀から聞く。

松井軍司令官は翌日、飯沼から、「青島、邦人引き揚げ」を知る。その報せは、松井にかすかな期待をいだかせた。それは、青島派遣用に大連に仮駐屯する第十四師団（師団長・土肥原賢二中将）が、上海戦に回されてくるかも知れないという期待と、石原の作戦への批判である。

松井は日記に書く。

「参謀総長、陸軍大臣、小磯朝鮮、香月北支那司令官より上陸戦闘成功の祝電を受く。

又、此日、廟議に依り山東省に於ける軍の作戦を止め、青島居住民は要すれば撤去のことに決したる旨海軍へ入電あり。又、参謀本部より北支作戦を迅速に解決する目的を以て、方面軍を編成し（寺内寿一司令官）新たに十六Dおよび特設一〇八、一〇九の三師団を派遣し、第一軍（香月清司）、第二軍（西尾寿造）を編成することに決したる旨電報あり。

当軍に対しては、昨日更に重砲兵及び攻城砲の一部を増加するの入電ありたるも、第十一師団の一連隊及び第十四師団に就ては尚何等の電示なし。参謀本部は尚当軍の兵力増加の意決せざるものの如く。況《いわん》や根本的対支作戦の方針としては依然、北支に重点を置くの意変わらざるものと思われ、当局の固執せる作戦方針の持続に関し、不少《すくなからず》遺憾の念に禁せず」

松井は、原田熊雄少将を呼びつけるや、

「大使館付武官の見地から、当方面の敵状判断につき意見を当局に打電してくれ」

と申し含めた。

第三章――中ソ不可侵条約

モスクワより堀場参謀帰朝す

珍しく石原は、ヨーロッパを回っている秩父宮雍仁《やすひと》親王ご夫妻の夢を見た。秩父宮がドイツ訪問中にヒトラーと握手しているシーンだった。次の夢は画面が変わり、ホテルに戻った夜、ベルリンの宿泊先でひどく咳き込みながら青白い顔で、

「イシワラ、イシワラ！」

と、手をさし出しながら叫んでいる夢だった。

石原は、ハッとして眼がさめた。

腕時計を見るとまだ三時である。暑い夜で、開け放した借家の窓外からは、迷ったのか野鳥の脅えた啼《な》き声が聞こえてきた。

ひとつの蚊帳のなかで寝ている銻子は、背を向けて寝息をたてている。起こしてはいけないと、そのまま右に寝返った。そして、いましがた聞こえてきた秩父宮のことを思った。

「何かが起きている」

心配になった。出勤したら堀場一雄参謀を呼び出すことにする。「それにしても……」、石原は眼を開いた。眼が冴《さ》えて眠れそうもない。前線にいる兵隊たちのことを思うと、このまま参謀本部に出勤したくなった。

石原が秩父宮ご夫妻を横浜港で見送ったのは、昭和十二年三月十八日である。秩父宮は昭和天皇の名代として英国王ジョージ六世の戴冠《たいかん》式に出席するため、横浜港発の「平安丸」で出発した。途中ニューヨークに寄り、そこからイギリスの客船クイーンメリー号に乗り込み、イギリス南部のサザンプトンに着いたのは四月十二日の夕方である。そこから列車でロンドンのビクトリア駅に行き、ハイドパークホテルに入り、五月十二日の戴冠式に出席した。

当時の駐英日本大使は吉田茂で、一ヵ月前に日本政府が謝って解決したスパイ誤認の「基隆《キールン》事件」のあとだけに、秩父宮ご夫妻の戴冠式出席を好機と捉えた。

五月のロンドンはまだ寒い。そこに過密スケジュールがたたり、秩父宮は戴冠式から二週間後に肺炎になった。ほぼ同時に、勢津子妃も風を引いた。ロンドンにいる日本人医師や欧州各地にいる日本人の医学研究者たちが呼び集められ、治療に当たった。その結果、勢津子妃は流行性感冒に似た症状だったが、秩父宮は軽い肺炎が悪化していた。

一行は予定を変更し、ロンドンのハイドパークホテルでひと月ほど療養すると、そのあとスイスの保養地に移って静養した。

北支事変を知るのは、スイスで療養中のときである。病状は一進一退していたが、落ち着いた折りを見計らってオランダを訪問し、オランダ王室の晩餐会に出席することになる。その後、ハーグから二時間ほど車を走らせ、ユリアナ王女の晩餐会に出席するが、この時も三十九度の高熱と下痢に苦しみ、意識朦朧《もうろう》の日が続いた。

ロンドンに戻る途中、陸軍省、外務省、宮内省で話し合われた結果、ヒトラー政府の招待に応ずることになる。勢津子妃を先にロンドンに帰して、秩父宮はオランダからベルリンに向かい、ニュールンベルクでナチ党首のヒトラーと会見した。両国は日独防共協定を結んでいたが、ヒトラーとの会見のさなか、秩父宮はヒトラーに不快感を持った。理由は乱暴な言葉遣いと、共に敵であるスターリンを激しく憎み、攻撃したことである。

たとえ外交上の言葉とはいえ、一国の指導者にしてはあまりにも乱暴だった。秩父宮はヒトラーの人間性を疑い、防共協定に不安を持った。聞くと見るとでは大違いで、疑念さえ抱いた。

その夜も高熱に苦しんだ。

ロンドンに戻ってホテルで療養するが、このとき、上海事変のことを吉田茂大使から聞かされる。

「石原作戦部長が苦しんでいるな」

何もしてやれない部下の自分を責めた、と想像する。

「秩父宮は何を伝えたかったのだろうか」

石原は、たった今しがた見た夢を、もう一度リピートしたが、答えが出ない。ただし、ドイツで何かあったな、と直感するものがあった。

この朝も朝食抜きで出た。参謀本部には一時間早めに着き、いきなり作戦指導課をのぞいた。真夏の暑さで、寝泊まりしている課員たちは、しきりに団扇《うちわ》で風を煽っている。石原は開け放しの入口から入り、奥の窓を背にした秩父宮参謀の机の前に立って、しばらく沈黙した。

「堀場が見えたら、部屋に来るように」

石原の早い出勤に、課員たちは互いに顔を見合わせた。呉淞の戦況は苦戦続きで進展がないばかりか、浦東からも攻撃を受けて、立ち往生していた。

部長室に入ると、石原は床に広げていた地図を取り上げた。そして、入口近くの壁に張った。それから中国全土の地図を取り出すと、反対側の壁に張った。三枚目は全満州地図で、それは応接椅子近くの壁に張り、各師団、旅団の位置の記号と符号を鉛筆で書き込んだ。満州の八個師団の位置を書き込んだあと、極東ソ連軍の司令部ハバロフスクとブラゴエシチェンスクには旗印をつけ、師団数、飛行集団の位置を書き込んだ。常設の極東ソ連軍は狙撃師団二十八ヶ師団、騎兵師団四・五ヶ師団、機甲旅団六ヶ師団、航空機千五百機、それに蒙古の騎兵十ヶ師団、戦時極東兵力三十一～五十ヶ師団と書き込む。

そのあと、七個師団が守備するチチハルから西の満洲里、ノモンハンに「？」をつけた。対ソ連軍に対して、旅団か騎兵を置く必要を感じるが、関東軍第二師団は独立混成第十五旅団を編成して内蒙古の承徳、また独立混成第一旅団（酒井兵団）は万全に、関東軍の察哈爾《チャハル》兵団司令部は多倫から張北に移っている。満州の守備は、非常に危険な状態にあった。

石原は満州国の全土の地図の前に立った。そして腕を組み、目を閉じた。東部の東安、綏芬河、東寧、間島（延吉）の守りは手薄なのが気になる。

「満州東部には十二個師団が必要だ。佳木斯《チャムス》に一個師団を置く。松花江を上がってくるソ連海軍軍艦を喰い止める必要がある。それには兵も弾も足りない。従来の四単制を三単制に編成して、師団を増やす必要が出てくるな」

思い悩んでいたところに、ノックする者がいた。堀場だった。顎の張った堀場は、何も言わずに応接椅子に腰かけた。

そしてたった今、石原が張りつけた三方の地図に目をやった。

「ときに、大島から何か連絡が入っているか」

と石原が尋ねた。

すると堀場は、

「宮内と外務は殿下の体調を考えて、ヒトラーとの会見に反対されていましたが、杉山大臣がなんとかならんかと押し切りました。スイスでの療養を切り上げて、ロンドンに戻る途中でベルリンに立ち寄ったはずですよ」

「どんな様子なんだ、体調は。ただの風邪じゃないだろう。肺がよろしくないから心配でならん。じつは今朝、夢を見ての。しきりにオレの名前を呼んでいたんだ」

「夢ですか？」

「うん。不吉な夢だった。何か忠告しているんだな、腕を伸ばして、こうだ」

と言って、右手の指を広げて見せた。

「殿下は、無理をなさっているのかも知れません。大島武官から省の方に連絡が入っているかも知れませんから、これから出かけてきます」

「会議までには戻れよ」

廈門の抗日運動

部内の会議は毎朝八時に行なわれる。これは定例だが、それ以外に臨時の突発会議のほか、参謀本部内定例部会が週一回のペースで開かれていた。陸軍省との連絡会は毎日、突発的に行なわれ、石原はほとんど自分の席にいない日が多い。

二課の会議前に堀場が戻ってきて、ドイツ時間の昨日、秩父宮がヒトラーと会見したことが明らかになった。

日本時間の午前八時は、ドイツ時間の深夜午前一時である。七時間前だから、昨日の正午は日本時間の夕方七時である。外電に出てないということは、会見は午後から夕方であろう。

それにしても、なぜ正確な時間を伝えないのか、石原は引き続き連絡をとってくれ、と堀場に伝えた。

朝の連絡会議では、新たに広東から廈門《アモイ》で抗日運動が激化し、領事館員と邦人が襲撃されるという事件が報告される。

場所は台湾海峡の西。かつてイギリス軍が駐留していた貿易港で、邦人のほとんどは台湾籍の住民である。

数日前から、中国の便衣隊が領事館を偵察にきていた。二十七日夜になって、便衣隊は突如として領事館を包囲し始めた。このため、領事館員は外部との連絡が断たれる。

海軍に入った情報では、中国軍は八月に入ってから、厦門市の近くに飛行場を建設し始めていた。格納庫や砲台を建設し、第百五十七師の軍隊千八百名が常駐していた。二十七日夜、領事館を包囲した便衣隊は第百五十七師の軍人たちで、高橋総領事から外務省に入った電報によると、千名近い台湾籍の中国人が「売国奴」の汚名を張られ、中には銃殺された者もいる、との連絡である。

厦門には高橋総領事以下、日本人六十一人がいて、二十八日、外務省は、「いつでも引き揚げられるように準備せよ」と訓電した。

石原は、中国軍は広東、南支方面に仕掛けて日本軍を疲弊させる持久戦と、援蔣ルートの確保に出てきたと判断した。

「それにしても早いな。邦人追い出しに入ったか」

台湾籍民の厦門在留は三千人と見られていた。そのうち百三十三人が、領事館員らとともに大阪商船の「長沙丸」に乗り込み、その日の二十八日午後五時、駆逐艦に護衛されて出港する。

石原が気にしたのは、厦門が第二の通州事件になりはしないかだった。

当時、被害者が現存せず、事件の有無は不明だった。ところが、外国船に乗って二十九日に香港に着いた台湾人の貿易商、林武男から報告された「脱出記」で、全容が明らかになった。

報告によると、二十日、居留民の総引き揚げが終わると、二十三日、公安局は居留民の有無調査を開始し、「日本人は安全地帯を選んで特別保護を加えるから至急届け出たし」と布告を出し、同日、突如として一斉検挙を行ない、台湾籍民男女四十六名を安全地帯と称する青前山へ連行した。その夜、郊外の練兵場で暴行を加えた上で、全員が銃殺された、とのことである。

本人はその夜に脱出し、ボロボロの支那正規兵の服を手に入れて着替え、二十六日早朝、厦門行きのバスに飛び乗り、奥地を走破、途中、伝令兵に見せかけて関所を突破した。二十六日夕刻、厦門に着き、支那服を脱ぎ捨てて、香港行きの外国船に潜り込んで脱出している。

記事では、林武男の報告を、

「現在福州には残留台湾人二百余名がいるが、おそらく全員殺されたであろう」

と、九月二日付で報道している。まさしく第二の通州事件になっていた。

なお現地厦門港は、日本軍艦の来航を恐れて馬尾の入口で、二十屯《トン》級の艀《はしけ》十一隻に石を積んで沈め、港口を遮断していることも報告される。

「厦門は海軍にまかせればいいが、それにしても蔣介石は先手を打ったな。もしかしたら、何応欽《かおうきん》かもしれない。台湾に睨みを効かせ、香港はイギリスにまかせる腹だ」

中国がオーストリアから飛行機と武器を七千五百万シリングで買い付けたとの情報を、ウィーンの同盟通信が二十七日付で報道した。

買い付けたのは、ロンドンで英国政府から借金した孔祥熙財政部長で、オーストリア滞在中にヒンデンブルク軍需工業会社を視察した。それをＵＰ通信社のウィーン支局が嗅ぎつけて取材し、配信した。ウィーンの同盟通信支局はＵＰ通信の記事を日本に送信し、大阪毎日新聞が紙面に出したことで明るみになる。

外電はまた、ドイツと中国間に航路開設のテスト飛行に成功したことを、ベルリン発で全世界に報道した。飛行機は、ベルリンを出発後、アフガニスタンのカブールに到着し、給油すると、世界の屋根パミール高原の横をかすめ、新疆省の莎車《さしゃ》に着陸した。所要時間は十一時間とある。

「十一時間で支那とベルリンか……変わってくる」

そのとき、航空エンジン開発の進展を確認したくて、第四部長に電話を入れた。河辺課長も開発状況の確認に入った。しかし、千馬力のエンジンには、まだまだほど遠かった。

中国軍、細菌兵器を使用

北支那方面軍の出発準備は順調に進んでいた。ただ噂では、寺内大将の方面軍司令官就任について、本人が不満をもらしていた。先に方面軍が編成され、寺内の意向とは違った方面軍編成になり、作戦も「中部河北」と限定されて、寺内自身の考えは無視されたからである。

寺内が、杉山、梅津に追い出されたのは事実で、そのことに本人も気づいてはいたが、いかんともしがたかった。

その北支では、中国軍が「細菌兵器」を使っているとの、恐るべき事実が明らかになった。場所は永定河方面で、第二十師団の部隊が、投降した中国兵の所持品を調べた際に発見したものである。

中国兵は軍隊独自に、またその地方の中国人を使い、糧秣などに細菌を混入させたり、井戸に散布して日本兵を毒殺しようとしていた。

こうした中国兵の動きは、八月二十日頃から目立ちはじめていて、支那駐屯軍は厳重に警戒していた。特に中国人提供の飲食物には手をつけないよう、各部隊に伝令した。所持者が分かり次第、司令部に報告させていたが、二十八日の朝、ほぼ全貌が判明した。

細菌を使った戦法は国際法で禁止されていたが、日本軍の前線に近い土地では、日本人使用の井戸に細菌を散布していたことが判明する。

細菌戦術は上海戦でも発覚した。井戸水やクリークに、中国軍は赤痢菌やコレラ菌を散布していたのである。

不覚をとった上海派遣軍の兵士たちからは、赤痢に感染する者が多く出る。最初の患者は九月一日、川沙方面から上陸した第十一師団の兵隊二十名あまりに症状が出た。そのうちに野戦防疫部が調べた結果、九月十日現在で八百名がコレラに感染していた。

これは中国軍が赤痢菌、マラリア菌、コレラ菌を、クリークや飲料水に散布していたことが、のちに判明する。

日本軍は催涙弾の「みどり筒」を積み込んでいた。敵陣に射ち込み、戦力を喪失させるのが狙いだが、邦人や中国の居留民のことを考え、石原は北支の例もあり、八月三十日夜、次長名で松井軍司令官に使用中止の電報を打った。

「みどり筒」は第三師団が準備していた。三十日夜、飯沼守派遣軍参謀長には第三艦隊の参謀長から、「みどり筒の使用を見合わせられたしとあるが」と、問い合わせがあった。海軍としては、「みどり筒」を上海で使用した場合、上海居留邦人への報復が考えられるので見合わせてはどうか、との照会だった。じつは参謀本部からも、飯沼参謀長に「中止」を打電していた。しかし、飯沼が参謀本部からの電報を受けたのは、一日遅れの三十一日の朝七時だった。

電文は「使用中止」である。飯沼は、電報が前夜十一時頃、海軍から第三艦隊に届いていたのに、陸軍には八時間遅れての中止命令になったことで面子《メンツ》を潰された。

現地軍は次長電報が遅延したことで、ひどく僻《ひが》んでしまった。第十一師団の参謀の一人は、飯沼に食ってかかり、

「東京にては、軍は何らの損害なく上陸し、きわめて容易に作戦を進捗しているものと考えておられるようで困ります」

と、不満を述べている。

参謀本部の即中止で、日本軍は「みどり筒」を使用せずに戦うことになるが、かえって前線は苦戦をしいられた。

共産主義の極東進出

北支で赤痢菌、コレラ菌の散布が発見された翌二十九日、参謀本部を揺るがすニュースが入った。二十九日午後五時、国民政府外交部（王寵恵部長）は、突然、八月二十一日付で中ソ間で締結された「中ソ不可侵条約」の内容を発表したのである。

中ソ間の不可侵条約締結の噂は、内外の記者の間で知れ渡り、参謀本部第二部や陸軍省、外務省も把握していたが、正確な内容及び公表できない密約の有無が気懸《きがか》りだった。

南京には同盟通信社しかおらず、各紙とも上海で同盟の記事を受けて日本へ配信していた。またAP、UPなど外電は同時に配信したが、現地にいた国民政府ドイツ軍顧問団にも知らされていなかった。

ドイツの新聞「フエルキッシャー・ベオバハタ」は、三十日付で怒りまくって、

「ソ支不可侵条約の成立は、南京政府が日支事変によって非常に緊迫した状態に陥った結果であるとはいえ、支那の政治家は共産主義の侵略的な事実を十分承知し、かつモスクワとの協力が何を語るかは十分知り尽くしているはずである。吾人は蔣介石がモスクワとの共同危険が何であるかを十分に自覚せんことを切望する」（大阪毎日）

と非難した。

また、同じドイツの有力紙「モンターゲ」も同日付で、

「共産主義が過去において支那をいかに毒したか、歴史的に明らかである。この点から見て、今回の条約は支那にとって極めて危険である」

と指摘したあと、甚《はなは》だしい犠牲を払うことになると、つぎのように非難している。

「共産主義の極東進出に脅かされた南京政府は、日本との対立に圧迫されて背後の安全を望むというが、侵略的共産主義は防禦的な協定を結ばない。共産主義は目的のため手段を選ばない、積極的な捌《は》け口を求めるのみだ。ソ連と国境を接しない国さえ、ソ連のために甚だしい犠牲を払わねばならない。一例がスペインやフランス両国がそれだ。ソ連と国境を接した中国が好い餌食となっているが、どれだけ犠牲を払わねばならぬか分かっているはずである。

中国はソ中の不可侵条約により、国内では共産主義を蔓延《はびこ》らせ、国外では現在の日中の対立をさらに激化し、日中妥協の道を塞《ふさ》ぐものである。今回の条約成立によってソ連は北叟笑《ほくそえ》んでいるであろう。なんとなれば、戦争と不安のあるところにソ連の乗ずる隙があるからである」

と、鋭い指摘をしている。

やがて八年後の昭和二十年八月、国民政府は満州をソ連と中国共産党に奪われる。それから三年後には、今度は蔣介石そのものが毛沢東の共産軍に追い払われ、台湾へ逃げ込むことになる。

モンターゲ紙の記者の指摘は、一〇〇パーセントの確率で当たったわけである。その指摘のとおり、ソ連は防御協定は結ばず、弱り切ったときに毛沢東を使って中国全土を乗っ取り、共産化した。顧問を送り込み、武器を売りつけているしたたかなヒトラー政府だが、ここにきて蔣介石に、みごとに裏切られることになる。

「中ソ不可侵条約」は、一九三七（昭和十二）年八月二十一日、南京において調印したもので、条約はつぎの四条で構成されている（原文、同盟発）。

「第一条

条約国は国際紛争解決のために戦争に訴えることを排撃し、かつ相互の国際関係において国策遂行の具としての戦争を否認することを厳粛に再確認し、この条約を遵守するために締約国は単独に、また他国との共同動作により他の締約国に対して一切の侵略をなさざることを誓う。

第二条

締約国または敵国の第三国より侵犯を受けたる場合においては、他の締約国は当該第三国に対し紛争の全期間に亘り、直接間接の援助を与えざることを約し、かつ侵略国により被侵略締約国のために不利なる結果を齎《もたら》すべく利用さることあるべき一切の行動をとらず、また一切の協定をなさざるべきことを約す。

第三条

本条約の規定は、本条約成立以前に締約国双方が調印したる二国または数国間の条約、または協定に基づく誓約双方の権利義務に影響なきよう解釈すべきものとする。

第四条

本条約は二通を英語にて作成し、上記諸全権の調印の日より効力を発生し、かつ五ヵ年間有効なるものとす。締約国の一国が本条約を廃棄せんとする時は、期限満了六ヵ月以前において、相手方に通告すべし。若し満期前に双方とも右通告なさざる場合は、本条約は最初の五年満了後（注、昭和十七年八月）、更に二ヵ年自動的延長さるるものとす。

右二カ年の期間満了六ヵ月前に当たり、条約国双方が本条約廃棄の意思を表明せざる場合は、更にまた二年間継続さるるべく、その後もこれに準ず」

この条約全文が外務省に届くのは深夜の十一時頃で、参謀本部も入手している。

日本の新聞は、翌三十一日の朝刊で大きく取り上げた。詳細は同盟の配信で知るが、石原は不可侵条約の骨子は、「中ソが他の国の援助を受けて、ソ連もしくは中国を侵さない」の締結で、まんまとスターリンの手に乗せられた、と残念がった。

しかも、太平洋に面した中国が、ことあろうに共産国との不可侵条約である。この不戦条約は一九二八（昭和三）年に両国間で進められていたが、国民政府側は通商条約にとどめていた。

ここにきて不可侵条約を締結した背景には、中国共産党の力が強くなり、国民党の左翼将校の反蔣介石や何応欽、汪兆銘のグループが指導権を握る「内乱」に火がついたと判断した。

石原は、抗日運動をスローガンに掲げる中国共産党の指導者が表に出てきていると推測し、戦争指導班と第二部に調査を頼んだ。

すると、軍組織に大幅な異動が見てとれた。ひとつは、蔣介石とは盟友の何応欽を中支前線司令に、また腹心の陳誠を上海前線の指揮官に任命していたことである。

同時に、中国共産党軍も紅軍を先頭に立てた。国共合作の南京政府軍事委員会は九月一日付で、紅軍委員会委員長に毛沢東を、紅軍司令官に朱徳を、周恩来を政治訓練所長に任命し、蔣介石も認める。

「蔣介石、呑み込まれたな」

石原は、この裏には中ソ間の密約があると読み、さらに調査を命じた。しかし、本間第二部長には情報入手がなく、外電を待って知るほかない。

ドイツ、フランス、アメリカ、それにイタリアも、日本同様に「中ソ間に密約あり」と推測して、裏面密約の調査に躍起になっていた。まず最初にスクープしたのはフランスのル・ジュール紙で、国民政府発表の翌日、中ソ密約により、ソ連の武器供給と引き換えに金をソ連政府の銀行に供託させた、と報道した。

記事は、同盟通信社から一日遅れの三十一日に配信される。

ル・ジュール紙によると、ソ連政府は国民政府にたいして、「本年（昭和十二年）十一月末までに、飛行機三百六十二機（うち戦闘機百五十機、偵察機百機）、戦車二百台（そのうち重戦車二十五台）、馬五千頭、荷馬車二千台、自動自転車二千五百台、重砲牽引用トラクター千五百台、銃十五万梃、銃弾十二万個、薬筒六千万個」を供給するという。

国民政府軍の蔣介石離れ進む

このほかに、ソ連政府は北支において、中国・シベリア連絡鉄道の建設その他の利権を摑んだ。モンゴルのウランバートル市経由で南へ一直線の軍用鉄道を敷く権利である。短時間で大量に軍需物資の輸送が可能になる。

現在もこのルートは温存され、シベリア鉄道の分岐というよりも、北京への最短ルートとして、政治的支配力を強めている。いみじくもドイツの新聞が報道した結果となった。

しかし日本では、この鉄道権利がいかほどの意味を持つか、石原以外の陸軍省幹部は気づいていない。それまでは新疆省の飛行場へ、ソ連の軍用機が持ち込まれていたが、これからは北支に近い陝西省の西安飛行場に運ばれてくる。この一帯は中国共産党軍の支配下で、内モンゴルから陝西省、山西省近くまでが中国共産党軍の勢力下にあり、北支に狙いをつけていた。

委員長に毛沢東が堂々と名乗り出て、蔣介石と対極にたった。また、朱徳が軍司令官に任命されたことは、反蔣介石グループの一人、馮玉祥ら親共産党系に近い国民政府軍の蔣介石離れが加速しはじめたことになる。面従腹背の軍人が増えてくるだろうな——と、石原は記事を読みながら、そう思った。

「これは国民政府の共産化だ！　そのうちに財政問題にも口を出し、富豪に課税して軍資金を捻出しはじめるだろう。それも先のことではなく、ひと月以内に発言しはじめよう。そして、スターリンは対日開戦に出てくると見てよい」

国民政府が「中ソ不可侵条約締結」の内容を公表した当日、すでにソ連から外蒙を経て、二百機が陝西省の西安飛行場に到着した、との情報が、西安に潜入している特務機関員から入った。

また、百四十四機が外蒙を経て輸送中との情報も入る。二回に分けての輸送で、三百四十四機が陝西省の飛行場に到着することになる。

香港からの情報も入ってきた。ソ連の飛行士十六名が八月三十日に広東に着き、そのうち四名ずつが東江と汕頭《スワトウ》に急行した、とある。

東江は香港の空港で、汕頭は厦門の南海岸に位置する。ここには掲陽に軍の飛行場がある。

陝西省西安飛行場への輸送ルートは、外蒙から綏遠省に入り、鉄道で西から東へ進み、山西省の大同駅に出て、そこから南下して西安にたどり着いたと見るべきだろう。

西安近くには、西安飛行場と隣り合わせに咸陽飛行場がある。二十九日に目撃した二百機が西安に着くまでには、少なくとも半月はかかる。

石原は、密約が先行し、西安に合計三百四十機以上が運び込まれるのを待って、内外の新聞に公表したと判断した。

「ソ連という国は、そういう国だ。絶対に信じられない。日露戦、その前にはシベリアで清国領土を奪い、アムール河まで清国民を追い払い、占領した事実を忘れるでない」

満州への侵攻に備えなければ、満州が危ない、と石原は焦りを覚えると同時に、大同駅を占拠して、ソ連からの軍需品を遮断する必要があると、武藤に指示した。

第四章――呉淞鎮総攻撃前夜

倉永六連隊長の戦死

上海派遣軍参謀副長上村利道大佐（陸士23期）は、八月十五日から翌年二月十五日まで作戦日記を書きとめている。

松井石根軍司令官も飯沼守参謀長も詳細を記しているが、いずれも予想外の事態に苦悩した。上陸訓練が不足していたのが主たる原因で、上村は八月二十九日付にこう記している。

この日は呉淞鎮を攻撃する第三師団（長・藤田進中将）が反撃に遭って前進できず、多くの戦死者を出した日である。

「由良で遡行。川沙鎮沖に至る。上陸して軍需品の集積状況を視察す。流汗頻《しき》りなり。
倉永歩六（歩兵第六連隊）長、本朝戦死の報あり。午前五時半頃、戦況視察の為本部家屋を出し途端、小銃弾飛来し胸部を貫通せし由なり。気の毒なり。
呉淞鎮攻略の要、愈々《いよいよ》切なるものあるを覚え、軍司令官は３Ｄ（第三師団）の面目を重じ、本日も11Ｄの一部を以てする此攻撃を承認せられず。３Ｄは明後三十一日午前十時実施する予定にして、目下準備を実施中。本日閑を得て理髪す」

そして、欄外に、「倉永6・i（歩兵第六連隊）長戦死」と書く。陸士二十三期の同期生、倉永辰治連隊長の死である。

参謀長飯沼守少将の同二十九日の日記は長いもので、各師団の状況、参謀への指示など詳細に書かれている。

飯沼は松井軍司令官、上村副長と一緒に川沙口方面へ視察に出かけるが、陸揚げ作業、道路状況を確認すると同時に、中国軍の攻撃状況を把握する。

この朝、「日の丸」印をつけた飛行機二機が、第十一師団司令部を狙って爆弾を投下した、との情報がある。中国機かアメリカ、またはイギリス機か、ソ連機かは不明ながら、「日の丸」印をつけて飛行するという大胆な爆撃に不覚をとった。

飯沼は二十九日朝、倉永連隊長の戦死を知り、こう記している。

「歩6倉永連隊長戦死の報告あり。戦死者に対し云々するは礼にあらざるも、師団幕僚の間に於て、同連隊長の二十三日以来の戦闘指揮勇敢にもあらず、巧にあらずとの声ありしを以て、之を耳にし強いて戦死したるにあらずや、との疑を抱く向《むき》あり。其の真偽は別として、殊に緒戦に於ける隊長の指揮、勇敢は隊の掌握は勿論延《ひ》いては其の隊の戦力に影響する処少なからず。

68ｉⅡ（歩兵第六十八連隊第二大隊）長矢住少佐も二十三日の戦闘にて戦死。足柄にて航海を共にしたるだけに印象深し。下坂参謀と云い、幹部の戦死多し。殊に各司令部を狙う。68ｉ長鷹森大佐も之が為軽易ながら負傷し、連隊副官その他本部員の大半死傷せり」

川沙から侵攻した第十一師団の前線は、直接、司令本部を狙う中国側の攻撃に晒《さら》されていた。

中国軍は夜間攻撃が多かった。呉淞鎮方面では、昼間は輸送船等には射撃しないが、夜間になると攻撃を開始した。昼間射撃すると発射位置が判り、日本の駆逐艦に攻撃されるためで、二十九日は下流の

「御影丸」「海福丸」が松浦桟橋で荷役中のところに、江湾方面から六十余発の重砲弾が撃ち込まれた。衛生隊を開設している日清汽船には、各方面から負傷者が運び込まれ、治療を受けていた。そこにも重砲や機関銃弾が射ち込まれ、医長や看護兵数名が被弾し、死傷者を出した。また、輸送船「御影丸」も、夜間に機関銃弾と重砲弾を受け、将校一名と船長が負傷し、荷役作業を中止した。

川沙の第十一師団司令部も、中国機が夜間攻撃を繰り返すので、手に負えないでいる。

二十九日、「日の丸」印の中国軍の二機が、第十一師団司令部を爆撃したことで、松井軍司令官は、二十六日のイギリス大使爆撃事件は、「もしかしたら、この二機ではなかったか」と疑った。

三十日の日記に、こう書く。

「数日前、在南京英国大使ヒューゲッセン氏は陸軍武官その他と共に自動車に依り南京上海道を上海に来る途中、某飛行機上より機関銃射撃を受け重傷を負えり。これは多分我海軍飛行機の射撃に依るものらしきも、昨今支那軍飛行機も機体に赤丸の印を付し、我飛行機に模する事実あり。果して日支何《いず》れのものなるや明らかならず。殊に支那共産党は此際日本軍のみならず、上海租界その他を爆撃せし事実あり。又一昨日、米国商船フラバー号は、呉淞下流揚子江内に仮泊中、支那飛行機の爆撃を受け、死傷者を生ぜし事実もあり。今後共産派の行動に付ては、端倪《たんげい》し難きものあり。自然上記英国大使の負傷の如きも、敢《あえ》て我軍のものと断定さるのみならず、仮令《たとい》、我軍の射撃によるものとするも、警告なく戦場内を通過する内外人が戦闘の傍杖《そばづえ》を受くることは已《や》むなき次第にして、我国より敢て慌てて遺憾の意を表わす性質のものに非ず。我政府及び上海の外務、海軍の態度は余りに慌て過ぎたる感あり（後略）」

上海派遣軍は上陸から一週間たっても、先遣隊の集結が遅れていた。

独立飛行大隊は二十三日、天津で積み込み、上海派遣軍に転属することになっていたが、予定の日になっても届かないでいた。飯沼参謀長は天津駐屯軍に連絡するが、まだ天津から積み込んだという返事はない。

飯沼は参謀本部総務部長の中島鉄蔵少将に電報を打ち、北支軍はいつ飛行大隊を出発させたか、まだならいつ出発するか、を問い合わせた。しかし、返事は届かない。

海軍は連日、南京への渡洋爆撃を続けているが、上海上空は中国軍機が飛行し、爆撃するので、陸軍の飛行隊の到着が待ち遠しかった。海路で運ばれるため二日ばかりかかるが、それにしても何の返事もない。

独立飛行大隊を積み込んだ船が、馬鞍群島の港に接岸するのは翌三十日で、上陸用舟艇母船「神州丸」（通商MT）で運ばれてきた。

しかし、飛行場の設定がなく、陸揚げできずに、海軍の指示を待つことになる。

二十九日、「由良」で松井軍司令官、飯沼参謀長、上村副長、第三師団長ほか関係参謀が会議室に集まり、第三師団の呉淞攻撃日を協議した。先遣隊がすべて集結するのを見計らい、また海軍の協同偵察結果を待つことにした。

それまでの一週間は、思いもしない中国軍の攻撃に、多くの犠牲を払った。二十九日も輸送船は接岸できず、松井軍司令官の言葉を借りれば、揚子江に「ミミズの如き形にして輸送せられつつ」の状態で沖待ちが続いていた。

これまでの一週間の苦闘を、第三師団、第十一師団ごとに、何がどうなっていたかを、以下に飯沼、上村、松井軍司令官の日記から列記する。

陸軍、クリークに苦戦

呉淞鎮を攻撃する第三師団は、二十三日午前三時、第六十八連隊が暗い中を、陸戦隊の掩護を受けながら上陸を開始した。中国軍の歩兵第二中隊の待ち伏せを喰らいながらも、つぎつぎに上陸する。四時三十分頃には第二次部隊が上陸した。

この上陸のさい、部隊は戦死五名、負傷四十七名、陸戦隊五百八名中、戦死二十五名、負傷六十二名を出した。

同日、川沙に上陸した第十一師団は、午前四時前に第一次上陸を敢行する。第二次部隊も続くが、中国軍の抵抗で戦死者二十二名、負傷者十三名、海軍十五名を出した。その後、戦死者は将校三、下士官二、負傷者四十余名となる。

中国軍は夜襲をしかけてくるため、日本軍の死傷者は続出した。特に第三師団は上陸訓練をしていなかったために苦戦する。夜襲を受けたさい、同士討ちも出ていた。ほとんど釘付け状態である。

二十五日、海軍が呉淞鎮を艦砲射撃したあとで、陸軍の第六十八連隊は攻撃を開始するが、弾薬が欠乏し、動きがとれずにいた。司令部は海軍に頼み、二十五日の午後、小銃弾を受領して第三師団に補給した。

第三師団は二十六日、呉淞鎮攻撃を準備していたが、一時延期する。その後、攻撃を続行し、黄浦江岸に沿って戦線を前進した。しかし、呉淞鎮付近の中国軍陣地は頑強で、歩兵砲が師団の背後より射撃してきた。

また、前面からも射撃を加え、兵力も増加してくる。日本軍は犬死にも等しい被害を受ける。上陸開始から三日間で、第三師団の戦死者は百余名、死傷者三百余名に達した。

二十六日、第三師団は前日のまま動けず、戦線を保持したままだった。わずかに西方正面に前進しただけである。また、江岸に沿って前進するが、中国軍陣地からの攻撃に遭って動けず、膠着《こうちゃく》状態になる。

揚陸予定地も中国軍の攻撃に遭い、揚陸作業が止まった。それればかりか、その後の揚陸に支障をきたした。

松井は、師団正面の中国軍は二個師団ほどと推定した。状況を打開するため、松井軍司令官は芳村正義参謀を第三師団に、海軍の松田千秋参謀を海軍の水雷戦隊に派遣して、陸戦隊を出動させるよう頼む。

旗艦「由良」では、参謀たちを集めて幕僚会議を召集した。作戦課長の西原一策と飯沼参謀長は、このとき、

「三師団は上陸訓練が乏しいので、十一師団の二大隊くらいを羅店鎮より敵の側背から攻撃させることにより、呉淞鎮を奪取してはいかがかと思います」と提案した。

だが、松井軍司令官はこれを拒絶した。その理由を、松井は幕僚たちに、

「かくの如きは軍の方針を変更するものなる。この攻略は三師団にすでに与えたる任務なれば、三師団に敢行せしむべし」と述べた。

第三師団の面子を重んじた松井の配慮だったが、飯沼参謀長にはそれがまだ分かっていなかった。彼は日記の中で、このときの気持を、

「軍司令官らしき決心にて一言なし」

と記している。

その夜、第三師団に派遣していた二神力参謀が「由良」に来て、第三師団の現況を報告した。二神によれば、中国軍のトーチカは厚いコンクリートに囲われ、鉄板のＨＭＧ（重機関銃）座が無数に重畳《じゅうじょう》し、とても攻略できそうもない旨を具申した。呉淞鎮攻略の中止である。

ところが、西原作戦課長は激怒して、これを一蹴した。その理由を芳村参謀、二神参謀に説明していなかったため、二人は「攻略中止」を具申したものである。

飯沼と西原はそのあと、こう説明して納得させた。

「軍は将来、この揚陸地より主力を北方に、呉淞を通して転回する予定である。現在は夜間、敵の射撃を受けているが、昼間は何ら不安なく揚陸できているから、呉淞を攻略する必要はないと考えたである

うが、北方へ転回するため、何が何でも呉淞鎮は攻略しておかねばならないのだ」

二人はその意図を知り、納得して帰った。

松井司令官、苦渋の決断

翌朝、藤田進第三師団長より、松井軍司令官あてに、

「呉淞は誓ってこれを攻略す。方法は、クリークの上流より当面の敵の右側に進出する」との電報が入る。

松井軍司令官は、河岸より陸戦隊及び陸軍を上陸できなければ、第三師団の攻撃は成功しないと考えていたが、口に出せず、藤田師団長に委ねるほかないと肚《はら》を決めて耐えた。あとは海軍側が、どれほど協力するかにかかった。

そのことに気づくと、飯沼は松田海軍参謀を使い、第三艦隊の長谷川清司令長官に伝えさせた。

夜間戦闘が始まった。松田参謀の働きで、海軍は午前零時三十分に、軍艦「北上」が第三師団の左翼正面の中国軍を攻撃した。この艦砲射撃で、中国軍は江湾地方へ退却しはじめた。

その報《しら》せを「北上」からの電報に接して知った飯沼は、

「これで前面の敵は、そろそろ挫折する頃だろう」と、ひと安心した。

三時間後に、第三師団は左翼の殷行鎮に進出しはじめるのが、海軍側でキャッチできた。その報せが、海軍からの電報で入る。前線の第三師団は無線電話がなく、電報も打てない状況だった。

中国軍陣地からの射撃、砲撃はすさまじく、輸送船の揚陸作業はまたも中止され、輸送船二隻は「由良」の付近に停船したまま待機する。

この夜、中国軍は東正面の呉淞付近に二、三大隊で夜襲をかけてきた。水雷艇二隻に射撃して被害を

与えた。

第三師団の占領区域内でも、二十八日の昼間も、厚いコンクリート要塞から重機関銃で射撃してくるため、揚陸作業ができずにいた。

師団は釘付け状態で、この夜は激しい撃ち合いになる。上陸訓練が足りなかったことが原因とはいえ、呉淞鎮攻略ができず、藤田師団長はクリーク上流より渡河して攻撃する案を伝えてくる。しかし、松井はあくまでも河岸からの上陸にこだわった。

上陸していた第六十八連隊の一小隊が、昼間不意を突いて鉄道橋を渡り、中国側の岸にたどり着いた。だが、そのあとに続く者がなく、左右から中国軍の攻撃を受け、退却した。ネズミ一匹入れないほどだった。

司令部がかすかな期待を抱いたのは、二十八日、第三師団が呉淞鎮のクリークにかかる白川橋を、戦車が通れるほどに修築したとの報せである。中国軍がみずから破壊した白川橋を、戦車が渡れるかどうかで、戦局は変わってくる。

にもかかわらず、師団は完全に釘付け状態で進展がない。前線の連隊長たちは、一週間近く動きがとれないことで、相当に参っていた。

その夜、「由良」での幕僚会議で飯沼は、軍司令官が第三師団の面目を重んじて拒絶した第十一師団の応援を、もう一度提案した。

松井はしばらくの間、腕を組んで考え込んだ。すでに師団は疲労し、苛立っているのを思うと、ここは次なる手が必要と考え、

「ようし、十一師団の有力なる部隊をもって、月浦鎮、楊行鎮方面より協力させる」

と決断した。

西原、飯沼の他全幕僚は、一同互いに顔を見合わせ、大きく頷《うなず》いた。松井はこのときの決断までの心

境を、日記にこう書きのこしている。

「第三師団の呉淞鎮攻撃は、第三師団の兵力余力少なきこと、同地陣地の堅固なるに因し、師団の計画意の如く進捗せず。よって第十一師団をして月浦鎮、楊行鎮方面より有力なる部隊を以て之に協力せしむことに決し、其の内意を第十一師団に伝え準備せしむ。蓋《けだ》し幕僚の意見は寧《むし》ろ第十一師団をして呉淞を攻撃せしむるを利とするの意見多きも、予は第三師団の名誉の為、依然同師団をして之を実行せしめ、第十一師団の一部をして之に協力せしむるを可なりとし、右様取り計らいたるものにて、海軍の密接なる協力を頼り、呉淞鎮北方江岸方面より之を攻撃せしむることとなれり」

ただし、海軍は陸戦隊をこれに協力させることには積極的ではないと思い、陸軍としては要求しないことにしている。

飯沼は、日記にこう記す。

「司令官は第三師団長の面目と第十一師団が漸《ようや》く羅店鎮を奪取したる今日、直に従来の任務外なる呉淞攻撃に向わしむるは、給養その他の点をも考えざるべからずと云う理由にて、真に同意せられず。遂に3Dの攻撃実行と同時に、之に11Dを協力せしむることに決す。

依て3Dには攻撃計画決定せば、直に報告すべきを要求し、11Dへは参謀長より軍司令官の意図として、以上の準備を希望す。尚《なお》、参謀長宛羅店鎮攻略の祝電と共に、一部を刈家行に出さるるを望む旨、電報す」

その第三師団の正面、呉淞の正面に中国軍は夜襲をかけ、砲弾と機関銃弾を撃ち込み、応戦となった。それが約一時間近く続いた。

川沙鎮から上陸した第十一師団（長・山室宗武中将）の戦闘も、予想以上の中国軍の防御陣地からの攻撃、空爆で苦戦した。満潮に合わせて輸送船を川岸に近づけるが、発動艇を下ろすタイミングがずれて上陸が遅延し、川沙河口より一時引き返した。

主力の天谷旅団を引き抜かれた第十一師団は手薄だった。第四十三連隊（長・浅間義雄大佐）を川沙河口から上陸後に北側の劉河鎮へ、その他を羅店鎮へ攻撃させる作戦だったが、進捗しないまま夜を迎える。

揚子江には揚陸物資と兵隊を下ろすのを待って、輸送船が投錨して待機している。

第四十三連隊は劉河鎮を占領し、主力は川沙鎮根拠地より羅店鎮に向かって前進した。しかし、羅店鎮の北方で猛烈な反撃に遭い、後退する。この戦いで大隊長が戦死、死傷者は約四百名と見られた。

また、師団参謀の下坂少佐は、上陸直後の中国軍機の爆撃により戦死した。中国軍機は数回にわたって襲来し、川沙の泊地にも爆弾二個が投下された。

二十五日の戦闘では十一機が襲撃し、爆弾を投下した。このため、第十一師団の兵隊四百余名が死傷する。

上村副長は、二十五日の日記に、

「晴れ。大なる変化なし」と書く。

作戦は一日ずれこんでいた。

翌二十六日も晴天。

第十一師団は、劉河鎮、羅店鎮とも占領できずに一進一退する。この日だけで死傷者は約二百名に達した。幕僚会議では、

「第十一師団の正面の敵は約四千人、第三師団の正面に二万四千人」と推定した。

しかし、羅店鎮には敵の軍隊がぞくぞくと増加されていた。

二十七日、松井軍司令官は、幕僚会議を前にして原田熊夫少将に、

「敵は閘北、大場鎮の線に防勢をとり、北方より軍の右側に向かい、逆襲に転ずるものと判断する。こ

の情勢を機宜、武官側として中央部に報告してくれ。ついでながら、天谷支隊等を派遣軍に増加してほしい。中支に徹底的に打撃を与えて、根本的に解決する」

幕僚会議で松井は、「南京に向かわねばならないだろう」と述べた。それには呉淞鎮の潰滅が必要だったからである。

八月二十一日、呉淞を総攻撃

二十六日の深夜すぎのことである。海軍は羅店鎮、劉河鎮を爆撃した。かなりの効果が見られた。第十一師団の将兵たちは大喜びし、士気が昂《たかま》り、二十七日朝八時に突撃することを決めた。

師団長は松井軍司令官に、「突撃直前に爆撃を頼む」と電報を打った。

第三課の参謀、榊原主計少佐が、第十一師団の揚陸状況視察から「由良」に帰艦した。榊原は二十七日の揚陸状況を飯沼に、

「本朝、人夫九十六名、十一師団方面碇泊場に送り届けました。十一師団方面の揚陸工程は順調で、十四隻のうち、すでに十隻は午前中に揚陸を終わり、十一師団の山砲、MG、大小の行李の馬はだいぶ揚陸しました」と報告した。

榊原参謀の報告に、松井も飯沼も他の幕僚全員もほっとした。

朝八時三十分に、今度は芳村正義参謀が戻り、第十一師団の揚陸状況の詳細を報告した。

芳村によると、十一隻の大部分は揚陸作業中で、明日二十八日の午前中に終える。輜重《しちょう》その他も揚陸を終え、陸上運搬もスムーズとのことである。

また、師団と海軍との連絡は、陸岸と海軍無線、陸岸と師団司令部とは「三号」で、完全に連絡がとれるようになったことも報告される。

この日の幕僚会議で、第十一師団の小尾哲三参謀から、羅店鎮の損害と戦闘経過が詳細に報告された。

小尾参謀の報告――。

「羅店鎮は、上陸当初は守備なかりしが如く。工兵中隊長以下三十名は羅店鎮に至る道路偵察を命じられ、難なく羅店鎮を占領したが、これと同行すべき歩兵大隊がこれに続かず、途中に停止せるが如きを以て、その間に敵は自動車に依り急行し、工兵はその自動車を壊し、弾薬を河に投ずるなど、適切に奮闘したるも、敵は逐次増加し、全く包囲された。近接する味方大隊の方向に血路を開かんとして奮戦苦闘、准尉以下七、八名、辛うじて脱走し、中隊長以下二十余名は、今もって行方不明。戦機を捉うることの必要を痛感します。これが為、多大の損害を出し、師団主力を用いて今日尚、奪取しえず――」

偵察を毎日続けてきた航空参謀光成省三大尉は、撮影した写真を提出して、第十一師団の羅店鎮攻撃の模様を、こう語っている。

「実視した処によれば、二十五日午前十一時頃でした。確かに我第一線の左半分は羅店鎮に入り、村落内に彼我の戦線がありました。確言できます」

飯沼は、光成参謀の報告と師団参謀長の「羅店鎮の敵撃破、これを追撃中」との電報と対比してみた。そこからは、日本の部隊はいったんは村落内に入ったが、敵に撃退されたのではないかと疑ってみた。すでに第十一師団では携帯口糧を使い果たし、食料も欠乏状態にあった。人家から米を徴発し、粥《かゆ》にして食べるありさまである。

翌二十八日は昼間晴れていたが、夕刻から雨になった。

第十一師団は海軍の爆撃についで、午前八時より羅店鎮を攻撃し、正午頃、占領に成功した。川沙口から羅店鎮へ重砲を運ぶ予定だったが、道路が悪く、届けられなかったあとのことで、副長の上村には前回の電報が誤報だっただけに、にわかには信じられなかった。しかし、今回だけは間違いなかった。

「今度は確実なり、事実なり。聊《いささ》か明朗なる気持す。三師団の呉淞鎮攻撃尚策定まらず。徒《いたずら》に焦慮せるやの感あり。十一師団に救援をなさしめんとせしが、軍司令官は師団の面目を思い、之に同意せず。武士の情けもツライモノなり」と記している。

また、下山航空兵少佐の報告では、中国軍は「羅店鎮より大場鎮方向に退却しつつあり」とのことで、今回は間違いなく羅店鎮の占領である。

幕僚会議で、松井軍司令官が第十一師団の一部を第三師団の応援に回すことを決断したのはこのあとのことで、武士の情けにようやく決着がつく。

松井は、すぐに第十一師団の参謀長片村四八《しはち》大佐宛に祝電を打たせた。と同時に、一部を南の刈家行に出されるようにと、これは命令ではなく希望を伝えた。

海軍からの情報では、日本軍の上陸によって中国軍はいったんは後退し、陣地に拠ることが考えられるが、すでに行動力は迅速ではなく、兵力も少数になっているので、「もって攻勢をかけられよ」との進言である。

しかし、飯沼も松井も、上陸当初は準備十分ならず、第十一師団正面は逐次兵力を自動車で移動して、村落に入って防備を固めているものと判断し、すぐに追いかけず慎重になった。

村落の家々は、厚さ二十センチものレンガの壁やコンクリート壁で、日本軍を迎撃するために要塞化されていた。海軍の偵察では、その構築が摑めなかった。

この日の幕僚会議での分析では、中国軍の主力は南の大場鎮方面へ、一部は呉淞クリークの上流で、羅店鎮から西の方向になる嘉定方向へ退却したものと判断した。

また、中国軍の兵力は五、六個師団と推定した。

川沙上陸後、北の劉河鎮への攻撃には進展はなかった。劉河鎮の前には劉河があり、その前には双草墩の要塞がある。

松井は、あえて劉河鎮攻撃は急がなかったが、それにしても師団からは、何ひとつ情報が入っていなかった。

翌二十九日朝、松井軍司令官は、上流の川沙鎮江岸へ回り、第十一師団の状況を視察して、夕方に「由良」に戻った。

先遣支隊の残留人馬はこの日、全部揚陸を終え、根拠地の設備も海軍の協力で整備された。上海から徴用したライター（はしけ）や小蒸気船が到着し、水路の設定に入った。珍しく空爆もなく、揚陸現場には活気がみなぎった。

「由良」に戻った幕僚たちは、松井軍司令官の命令を待った。状況を把握した松井は、第三師団、第十一師団の揚陸作業がほぼ終了したのを見届けると、

「明後日（三十一日）午前十時、呉淞を総攻撃する。十一師団をして有力なる歩砲部隊を以てこれに協力せしめ、かつ呉淞砲台、宝山県城付近の敵を掃蕩する」

と、命令を下した。

問題は、第十一師団の一部を呉淞攻撃に回すさい、海軍の艦砲射撃があるので、どこで止めるかだった。

作戦会議では、誤射の危険を避けるため、呉淞から西六キロの楊行鎮、北へ十キロの月浦鎮の線に進出して中国軍の退路を遮断する案が出るが、松井軍司令官は、第三師団のみでの呉淞攻撃は困難なので、第十一師団に協力させることを直接指示した。

ところがこの日、海軍から「潮の関係で上陸は午後十二時三十分に延期されたし」との急電が入る。結局、松井軍司令官は、「上陸開始は三十一日正午」と決定し、各師団、海軍に連絡参謀を派遣した。

第五章——天谷支隊、迷走す

前線師団、作戦への不満を漏らす

八月三十一日の総攻撃を決定した上海派遣軍は、松井石根軍司令官名で東京の杉山元陸相に、

「一個師団の増兵を必要とす！」

と、急電した。

呉淞鎮上陸を前に第十一師団の応援を決めた軍司令官だが、その第十一師団からの応援も、軍司令部からの要請電報がうまく届かず、行き違いから一個大隊と山砲兵一個中隊のみとなる。戦死した下坂参謀の後任の桜井参謀からの着艦報告で、行き違いが確認できた。

その間、軍司令官は十五キロ北の第十一師団にしきりに打電させていたが、通信事情が悪いため届いていなかった。これは中国側の通信妨害によるものと思われた。川沙鎮の第十一師団からの電報も、軍司令部には届いていなかった。

応援部隊がたったの一個大隊と山砲兵の一個中隊と知り、派遣軍参謀副長の上村利道大佐は呆れはて、「三師団の呉淞攻撃に、十一師団の僅かに一大隊と山砲一中隊を以て協力せしむるのみにて軍の意図に

合せず。然《しか》も此大隊長は一番鈍重なるものなりと、軍と師団との間に於いて感情の疎隔を来せるものなきや」

と嘆く。

第十一師団の応援部隊は、三十日午後九時、楊行鎮、月浦鎮の中間地区に着くと、軍司令部へ三十一日の攻撃準備完了を伝えてきた。

さすがの飯沼守参謀長も、たったの一大隊と山砲兵中隊だけの協力に、行き違いとはいえ愕然とし、憤りを抑え切れなかった。

「少数の兵を出す如き消極的なやり方にては、将来の命令に就き、考えざるべからず」

と、日記に書く。

のちに呉淞総攻撃の三十一日深夜二時、情報参謀の長勇中佐が「由良」に帰艦し、第十一師団の様子を伝えてきたときのことだが、第十一師団は苦戦中だった。

長中佐の報告によると、第十一師団の正面の中国軍は意外にも優勢で、絶えず背後から侵入して攪乱するため、第十一師団は疲労していると苦境を訴えた。この作戦をとった作戦課長の西原一策大佐への反感が強い、とも伝える。

前線師団が作戦の悪口を言うなど、羅店鎮を攻め落とした直後に、その一部を第三師団への応援に回すと決めたことへの不満も出るようになった。

午前十時、まず海軍は一斉に呉淞鎮の砲台に向かって空爆と艦砲射撃を開始した。このあと歩兵第六十八連隊（長・鷹森孝大佐）の主力が上陸し、正面の陳誠指揮の第十一、十四師と激しい撃ち合いになる。

中国軍はこのときの総攻撃で、南市より浦東地区に、猛将で鳴らす張発圭《ちようはつけい》の軍が陣を構えていることが明らかになる。

陳誠は蔣介石直系の軍で、北伐、ソビエト地区包囲戦で猛将ぶりを発揮した。戦後は蔣介石とともに台湾に渡り、国防部参謀総長、昭和二十四年には台湾省主席になる。台湾上陸のさい、十万人もの台湾人を虐殺したことで、台湾人の間では評判が悪い。

張発圭は広東省出身で、武昌軍官学校卒業後、広東派として蔣介石の北伐に参加した。のちに汪兆銘政権に与《くみ》し、昭和五年には馮玉祥、閻錫山と共に反蔣介石に立つが、敗北する。

支那事変のときは第四戦区の司令官で、上海戦に送り出されていた。蔣介石とはソリが合わない軍人で、上海戦には、どちらかと言えば忠誠の証《あかし》として軍司令に任命されたいきさつがあり、実績を求められていた。

松井司令、参謀本部に増派を要請

「由良」の軍司令部では、艦砲射撃に続いて第六連隊（長・倉永辰治大佐）が攻めて行く姿が双眼鏡でも確認された。

鷹森大佐の連砲中隊は、午前十一時半頃、呉淞鎮村の五百メートルの線まで進出に成功し、一帯の中国軍と対峙していた。

鷹森部隊は午前十時、艦砲射撃と同時に上陸を強行し、鉄道橋を通過して前進を続け、やっと五百メートル地点に進出して北方に進んだ。

しかし、第十一師団の浅間部隊（歩兵第四十三連隊、長・浅間義雄大佐）は上陸したものの、通信事情が悪く、消息がつかめぬままだった。夜になっても連絡がなかった。

第三師団司令部では、鷹森部隊が午後三時頃に攻撃方向を北にとり、水産学校付近にいる中国軍に迫った。この水産学校は、上陸したのちに軍司令部の本部になる予定で、鷹森部隊はクリークを越えて進撃した。

浅間部隊からの連絡が師団司令部に入るのは午後四時頃で、獅子村の西方約二キロ地点にいる中国軍と対峙し、撃退して前進していた。

軍の幕僚会議では、毒ガスの「みどり筒」の使用が協議された。確認のため、参謀本部の武藤章作戦課長に使用の可否を求めたところ、石原莞爾部長によって中止が決定された旨の電報が入る。

そのことが海軍ルートで入電されたことで、前線の軍司令部としてはおもしろくなかった。特に苦戦している第十一師団としては、早くからガスの使用可否を問い合わせていたが、軍司令部からも、参謀本部からも返事が届かず、苛立っていた。一旅団を指揮から外された第十一師団の桜井参謀は、

「東京にては、上海派遣軍は何らの損害もなく上陸できたと思っているのだろう。天谷支隊を軍に復帰させようとしているが、まったく前線のことが分かっていない！」

と、飯沼参謀長に喰ってかかった。

第二課の長勇課長は、

「このままではいかん。五個師団で攻めないと勝てない。陳誠軍は合わせて十五、六個師と見られる。天谷支隊と十四師団を回してもらいたい」

と状況を分析し、松井軍司令官に迫った。

松井はただちに、参謀総長と杉山陸軍大臣に直接、江南方面の情勢を具申し、

「支那軍は津浦鉄道方面より招致せる陳誠の軍を併せ、計十五、六個師を以て機を見て我が軍に対し攻撃を開始する如く。軍は是らの大兵団に対し、鉄槌《てっつい》を加うるを要す。少なくも五個師団を要すべく、差し当り第十一師団の天谷支隊及び待機中の第十四師団を当方面に派遣するを要すと言うにあり。尚この判断は第三艦隊及び川越大使に通報し、其の同意を得たるを以て、右両方面よりもそれぞれ外務、海軍に意見を具申することに取り計られたし」と、至急電報を打たせた。

同時に、長勇参謀を第三艦隊司令部に派遣し、この申し出を伝えて第三艦隊の協力を求めた。

二十九日までの両師団の戦死者は約千五百人に達した。なかでも第三師団の戦死傷者が多かった。将校の損害では、第十一師団に多く見られた。

石原、崇明島《すうめいとう》上陸を命じる

天谷支隊（旅団長・天谷直次郎少将、21期）は、歩兵第十二連隊（長・安達二十三大佐、22期）、山砲兵第十一連隊第三大隊、工兵第十一連隊の第二小隊通信隊の一部で編組され、第十一師団の隷下《れいか》にあった。兵員数三千四百名。

天谷は石原と同期の少将で、連隊は上陸訓練を充分に積んだ、第十一師団の中でも最大の旅団だった。石原部長は上海派遣軍編組に当たり、青島付近の事態が悪化した場合は、まず第十一師団の一旅団を青島に敵前上陸させ、続いて第十四師団（長・土肥原賢二中将）を上陸させて青島付近の要点を占領し、海軍と協力して居留民の現地保護に当たる。そして第十一師団の旅団は速やかに師団長の隷下に入ることを「北支作戦要領」でまとめ、八月十五日付で天谷支隊の編組を定めた。

これは、昭和十一年十一月の陸海軍協定で結んだ約束に基づくもので、当時作戦課長だった石原が起案して海軍間に提案している。

当初案は、「上海に事態が起きたならば、陸戦隊増援のため陸軍二個師団を出すか、もし青島付近だけを警備する場合は一個師団を出す」だった。

だが、北支事変が始まると、陸海軍間で作戦協定が行なわれ、二つの案が研究された。その一つは、相当有力な部隊、あるいは軍を進めて、膠済沿線、済南を占領し、平津地方の作戦を容易ならしめる案である。

もう一つの案は、単に居留民の現地保護のため、最小限の兵力を派遣するものである。

八月二十三日からの川沙作戦で、第十一師団が多くの被害を出し、作戦が進捗《しんちょく》しなかった原因は、この主力旅団を抜かれたことにあった。

天谷支隊は大連に派遣されるが、内地港湾を出発した時点から、参謀総長の直接指揮下に入った。

天谷支隊は八月二十一日、充足部隊は二十五日に四国の多度津《たどつ》で乗船し、六隻の輸送船団で二十五日頃、大連に回航し、二十七日に着いた。その後、出来る限り速やかに上海方面に転用される予定だったが、邦人全員が引き揚げることになり、思うようにならない。

上海派遣軍は、この天谷支隊と第十四師団を呉淞に回してもらうように、参謀本部に要請してきた。活用されていない上陸部隊を、川沙上陸後、羅店鎮攻めに苦戦している第十一師団に戻すと同時に、五個師団による攻撃態勢を具申している。

石原は、作戦会議室に第三課員全員を呼び集めると、天谷支隊の上海への転用を協議した。

松井軍司令官の要請からみて、呉淞と羅店鎮占領で、中国軍の増兵と強固な陣地構築に苦しんでいる様子が手にとるように判った。

天谷支隊を第十一師団の隷下に戻し、上海上陸戦に回したいが、満州と山東半島の邦人保護のためには大連にとどめておかねばならず、石原は悩んだ。

参謀本部直轄にしたのも、天谷支隊は将棋で言えば「飛車・角」の存在だからで、スピーディーで行動範囲も広く、破壊力もある。その天谷支隊（二個大隊）を上海戦で消耗したくない。それに上海ではまだ正面が開かず、上陸できない軍隊が、揚子江の輸送船内で待機している。天谷支隊は三方で使う戦力で、時期が悪かった。

その天谷支隊に、事態の急変があった。

天谷支隊を乗せた六隻の輸送船団を護衛していた潜水母艦「迅鯨《じんげい》」と第十一水雷隊は、二十七日に大連港に到着していたが、同日午後、海軍中央部から「青島沖待機」を命じられ、二十八日の正午、「迅鯨」と第十一水雷隊に護衛されて大連を発った。

輸送船は山東高角沖に進出し、ここで投錨して待機する。船内には三千四百名の支隊員と軍馬が乗船している。天谷が一番心配したのは、軍馬の疲労と飲料水だった。「いつまで」という期限がない。山東に上陸できれば人馬用の水が確保できるが、それも外交交渉次第だった。

青島からの引き揚げは、最初は総領事以下、特殊権益に必要な官民約二百名が残留予定だった。ところが、中国側の態度が強硬に変わったので、「これでは残留は不可能」と判断し、日本の陸軍、海軍、外務省が協議のうえ、全面撤退を決定した。

決定の旨の訓電を受けた青島駐在武官、大鷹総領事、下村正助第十戦隊司令官は、中国当局と引き揚げで交渉した。引き揚げ終了は九月二日頃を見込み、三十一日には大部分が終了すると思われた。

その間、天谷支隊には海上警備の協力が要請された。三十一日に大部分の引き揚げが終了したので、これで大連に引き揚げられるものと安心していたところ、吉田善吾第二艦隊司令長官は、天谷直次郎支隊長に、

「青島居留民全部の引き揚げ予定時期の九月二日まで、現態勢のまま続行してほしい」との要請である。

しかし、天谷支隊は人馬が疲労していることを理由に、

「このまま洋上に待機は困難。一度大連で清水を補給したい」と窮状を訴えた。

参謀本部は、海軍からそうした状況を聞かされ、天谷支隊の大連での清水補給を承諾し、海軍側に伝えた。軍令部は吉田司令長官に伝え、司令長官からは第二潜水戦隊司令官の大和田芳之介少将に連絡し、輸送船団の大連までの護衛を命じた。

天谷支隊は、ふたたび「迅鯨」と第十一水雷隊に護衛されて、三十一日の夜七時、大連に向かった。馬係の軍属たちの大変な姿が想像できる。

天谷支隊を護衛する艦隊が大連へ引き返す間、青島沖には運送艦「鳴戸」と第二十一航空隊、第二潜水戦隊及び各潜水隊が警戒に当たっていた。

三十一日に全邦人が引き揚げると、工場も機械も財産も中国人に奪われるが、吉田長官は同日深夜十一時、全艦及び航空隊に、山東半島の北側の裏長山列島（現・南長島）への帰還を命じた。

裏長山列島は山東半島の北、北緯三十八度線付近、満州国の遼東半島と山東半島の間に点在する島々で、第二潜水戦隊、第二十一航空隊はここを基地にしていた。満州、北京、青島を結ぶ三角形の中心位置にある。

三十一日正午、清水補給のため大連に向かって北上していた天谷支隊の輸送船団は、九時間後の夜九時、今度は参謀本部から上海へ向かうように命令された。参謀本部と協議した軍令部は、「急速、上海方面に向かうよう」発令した。

天谷支隊の人馬は大連を眼の前にして、無念のUターンである。

「なんということだ！」

軍馬係の兵隊たちは、馬の手綱をつかんでは揺れる船上で、馬に「もう少しの辛抱だぞ」と慰め、励ました。

海軍でも第二艦隊あてに、

「天谷支隊を上海に向け航行せられるについては、同隊の護衛は概ね現状のまま之を続行せしめられたし」と打電した。

翌九月一日の大海令第二十九号では、

「天谷支隊を上海方面に派遣せらる。連合艦隊司令長官は、第二艦隊司令長官をして天谷支隊を馬鞍群島もしくは揚子江口まで護衛せしむべし」と発電した。

遼東半島を眼の前にした天谷支隊、それを護衛する「迅鯨」と第十一水雷隊は、八月三十一日の深夜十一時四十分に南へ反転、そのまま上海に向かった。

一行の艦隊が揚子江の呉淞沖のロベルベイ付近に到着したのは、九月二日の夜七時頃である。石原と武藤は陸軍の飛行場確保のため、揚子江の中洲の島、崇明島《すうめいとう》に上陸を命じた。

ところが、派遣軍は第十一師団の下に戻り、第十一師団と軍主力方面との陸路連絡を完成させるため、天谷支隊を呉淞鎮―月浦鎮―羅店鎮道に沿う地区に前進させ、羅店鎮付近にいる中国軍の右側背を攻撃する部署につかせる。しかし、激戦の真っ只中に入り、上陸十日後にして、三千四百名の兵力のうち二千五百名の死傷者を出す運命になるとは、誰ひとり予想だにしなかった。

これは上海戦最大の人馬の死傷数で、参謀本部内では、この敗北をめぐって殺気立った。当初の参謀本部案は、崇明島に上陸後、軍令部との約束である陸軍の飛行場確保が先であったが、松井軍司令官からの要請に押し切られた結果だった。

そうなる運命とは知らず、第十一師団下に入った天谷支隊は、呉淞の北に上陸した。

武藤作戦課長、石原に噛みつく

参謀本部では増派兵の協議を進めていたが、石原はまだ慎重だった。

作戦室の壁には、全中国の地図を四方に貼りつけた。床に広げていた二万五千分の一の上海方面の地形図だけはそのままにしていた。

西村敏雄少佐は、戦況報告を受けると、赤と青の鉛筆で爪状に両軍の位置を引いた。赤は中国軍陣地で、青は日本軍の前線である。

羅店鎮の攻防戦、日本人の租界地に近い公大《クンダ》飛行場より黄浦江の下流には、陸戦隊に守られながら小船で上陸した飯田雅雄（中佐）支隊が、公大飛行場確保のために苦戦し、二十一日から八月三十一日まで釘付け状態になっていた。糧食もなくなり、水補給にも事欠く始末だった。

「三個師団の増派をやりませんと、この作戦は全滅ですぞ。部長、決断して下さい！」

　作戦課長の武藤章は、拳で机を叩いて抗議した。作戦課員たちは、五個師団で一気に攻め、蔣介石に白旗を掲げさせる自信があると強気である。武藤はさらに怒鳴る。

「あなたは現況が分かっていない！　軍司令官の要請に応えるべきです。呉淞鎮も羅店鎮も序の口です。見て下さい、蔣介石軍の配置を。後方には二十万の兵が陣を張っている！」

　武藤は、作戦班の西村少佐が書き込んだ上海方面の地図の赤鉛筆の部分を指さした。

　蔣介石は、北支へ送り込んでいた中央軍を後退させ、揚子江を渡って上海戦の第一線に配置させていた。

　山東方面を守備していた胡宗南の三個師と于学忠の一個師は、上海の後方陣地である崑山駅まで進み、陣を張っていた。

　殷行鎮は呉淞の南にあるが、ここには第五十五師と第七十八師、それに保安隊と称する中国軍約二万五千名が配置されている。

　また、嘉定と羅店鎮の北方には第二十七師、三十六師、五十八師、百七十六師、六十七師の各師が控えていた。このほか、第十一師、二十四師、六十師、五十六師、百十二師が第一線にあって日本軍と交戦中で、大被害を与えていた。

　後方陣地の嘉定、大倉間には第八十七師、八十八師、九十八師の三個師が駐屯しており、トーチカとクリークで日本軍を潰滅させるに近い戦果を上げていた。

　西村は、それらの中国軍の陣地を横一線に赤鉛筆で印をつけた。線の幅と長さは中国軍の戦力を意味した。

「たったの二個師団で戦えるわけがないでしょう。公大の飛行場もとれず、陸軍機は出撃できず、海軍の陸戦隊は租界地で釘付け状態。おまけに陸戦隊はこれ以上出せんときた。十四師団を満州から回すほかないでしょう」

石原は黙って聞いていたが、海軍機と艦砲射撃の同時攻撃での突破を願っていた。

上海派遣軍からの意見具申の電報が届いたのは、三十一日の正午である。上海では午前十時、一斉に呉淞鎮の総攻撃に入り、正午からは海上に待機していた各船団の上陸が開始されたばかりである。

電文は総攻撃開始前に準備された。総攻撃のさなかに発信され、暗号解読して参謀総長と陸軍大臣あてに届いた。

増兵の急務を松井軍司令官は、つぎのように具申している。

「上海方面の敵は十五個師を以て二十九日以来攻撃を採る。我はこの中央軍に鉄槌を加うるの要あり。五個師団を必要とす。差し当り第十四師団及び天谷支隊を上海に急派するを要す。

（一）軍当面の敵は平漢、津浦沿線より転用せし中央直系軍の精鋭を併せ、総計十五個師として、二十九日より其の主力（九個師）を以て山室部隊（第十一師団）正面に攻撃を開始せり。該方面に支那軍中最も精鋭なる第十一、十四師の陳誠軍を使用しあるは注目に値す。

（二）戦場一般の地形は大クリークを除き、一般にクリークは徒歩兵の徒渉《としょう》を許し、水田は概ね乾涸しありて、用兵作戦に支障なし。

（三）上述の敵情並びに地形に鑑み、軍は当面の南京軍に鉄槌を加うるの要あり。従って当軍の兵力を最小限五個師団とし、差し当り待機中の土肥原兵団（第十四師団）及び天谷支隊を神速に急派せらるること、極めて肝要と判断せらる」

また同時刻、長谷川第三艦隊司令長官からも、「上海派遣軍に急速に増兵を必要と認む！」との電報が届いた。

石原は作戦会議で天谷支隊の第十一師団帰属を認め、上海派遣軍の指揮下に入れることにしたが、大連を出港以来、人馬の疲労が気になっていた。崇明島上陸ならひと息つけるが、上海派遣軍は呉淞鎮の北から上陸させる作戦なので、気懸りであった。

増派については三十日、武藤作戦課長と軍令部の福留繁課長との間で協議が持たれ、激論が戦わされた。福留は、二十五日からの上海方面の空爆による陸戦協力に触れて、こう語る。

「二十六日は第一空襲部隊延べ十六機で、嘉定、太倉、南翔、真茹、崑山、松江を偵察攻撃し、上陸部隊を上空から警戒。二十七日は二十九機で羅店鎮、劉河鎮、大場鎮、嘉定、馬橋宅等を爆撃しました。二十八日は第一空襲部隊延べ二十四機で羅店鎮、劉河鎮、呉淞鎮、揚家上を爆撃、また二十七機で崑山、松江鉄橋、南停車場を爆撃。

昨日は第一隊の三十六機で周家宅、大場鎮、松江鉄橋、杭州付近の飛行場を、第二隊三十四機は呉淞砲台、クリーク北方の砲兵陣地、広徳飛行場、第三隊の二機は劉河鎮、太倉、嘉定地区を空爆し、敵陣地に多大な被害を与えましたが、中国軍の魚雷艇を発見、これを爆沈させるなど、協力態勢は進んでおります。長谷川長官からの報告では、陸軍の増派が急務で、ただちに陸軍機を上海に出すことが肝心かと」

武藤は、

「増派は研究中であるが、水田には水が多く、また道路は少なく、増派しても兵力は後方に溜まるばかりだ。乍浦に天谷支隊、第十四師団が上陸するのは困難で、目下、平綏線方面にいる第五師団の手の空くのを待って用いるしかない。第五師団は上陸作戦部隊として訓練されており、海路進出させる考えです。今しばらく戦況の推移を待ち、正面が拡がった上で決定したい」

と答えた。

この日、作戦会議室では、海軍からの増派をめぐって検討した。

海軍機の爆撃ははたしてどれほどのものか、状況が把握されていなかったが、現地からは水田や湿地帯に落下した爆弾は爆発せず、有効とは思えないとの報告があった。

また、三個師団を増派しても、現状では上陸が満潮時に限られ、急派しても長いこと沖待ちの状態になる、との意見が強かった。

この席で石原は、情報が交錯し、作戦命令が陸海でバラバラになっていることから、日露戦争当時のように、天皇の下に大本営を設置し、陸海共同で戦時態勢をとる必要がある、と提案した。

これには武藤も賛成した。石原は、

「明日、軍令部に提案する」と、皆の前で公言した。

そのさい石原は、

「井本、お前が事務方の窓口になって進めよ」

と、井本熊男大尉を指名した。

石原、大本営の設置を提案

翌朝、石原は軍令部に車を走らせた。武藤も同乗し、軍令部第一部長の近藤信竹少将、福留繁課長との間で、上海増兵、和平問題、そして大本営設置案で協議し、最後の詰めに入った。

石原は増派について、

「上海方面の作戦は予期の如く進捗《しんちょく》せず、兵力を注ぎ込むも、呉淞、江湾、閘北の線くらいで、なかなか困難である。北方においても作戦は思うように進捗せず、われわれが望まない、何よりも避けたい長期戦になろうとしている。

陸軍統帥部としては、何かのきっかけがあれば、なるべく平和に進みたい。その場合、われわれは平和条件として領土的野心のないものに定めておきたいが、どうであろうか」

「もっとも陸軍大臣は誰に吹き込まれたものか、穏和な平和条件に満足しないようだ。ここは両統帥部で、条件の決定を促進したい。参謀総長殿下は、みずから陸軍大臣に話をしてもよいと仰せられている。両次長の懇談で大綱を定めたいと思う」

「このさい、大本営の設置を進めたい。国民は戦時態勢になっているのに、軍部が平時のままであってはならないからである」

そのとき、石原の提案を聞いていた近藤は、口を真一文字にして、

「戦時状態となると、米国は中立法発動に出てくる恐れがある。石油も鉄屑も我が国に輸出しなくなる。そうなると、日米関係が心配になりますが」

と反論した。

「それは大いにありえるでしょうが、大本営設置は急がねばなりますまい」

近藤も大本営設置には賛成し、海軍でも考えていたことを打ち明ける。

大本営設置案は陸海の参謀の間で進められ、十二年十一月二十日に発足することになる。


両統帥部長会から帰ってみると、上海では満潮に合わせた予定時刻の日本時間、三十一日午前十一時に陸海軍協同の呉淞総攻撃が始まった。

海軍は第一空襲部隊延べ二十一機が空母を飛びたち、揚煥橋、大場鎮、広徳飛行場を爆撃した。

また、第二空襲部隊延べ三十三機は、呉淞地区渡河作戦に協力し、十五機が筧橋、嘉興方面の飛行場を攻撃した。

第三航空戦隊は終日、陸軍の戦線の正面を攻撃した。

第二十三航空隊の延べ十二機は、黄浦江沿いにある要塞と陣地、なかでも江湾鎮、廟行鎮、呉淞鎮、

閘北の中国軍陣地を爆撃し、第三師団の上陸作戦を成功させた。揚子江を航行する中国海軍の魚雷艇を発見すると爆撃したが、効果は不明。

第二十二航空隊の五機は、尹家屯《いんかとん》、姜宅《きょうたく》、朱家濱《しゆかひん》、密集部隊を攻撃した。

揚子江の軍艦、駆逐艦からは、呉淞砲台に向けて一斉に艦砲射撃が始まった。それと同時に、第三師団の第六十八連隊は、艦砲射撃に続いて強行上陸し、鉄道橋を通過して渡河に成功した。

総攻撃開始から一時間半後に、第六十八連隊は、呉淞鎮村の端から五百メートルほどの線まで前進した。

鷹森支隊は午前三時頃、戦線の北方まで進み、水産学校付近にいる中国軍の前面に迫った。

夜九時頃、税関桟橋付近より永安紡績の線まで前進し、野砲隊も呉淞クリークを越えて北方へ進出した。

ところが、津浦方面より上海戦へ引き戻した陳誠軍と合わせると、中国軍の兵力は十五個師と判明する。

ただちに外務省と海軍に、

「差し当り天谷支隊と十四師団を当方面に派遣するを要す」との意見を打電した。

呉淞鎮は空爆と艦砲射撃の下、海軍の協力による上陸艇での上陸成功から、呉淞砲台を取り囲む形で前進した。ようやく上陸は成功し、中国軍の大兵団と対峙する形になる。

この夜、松井軍司令官は幕僚を集めた会議で、

「支那軍を正確に認識して情況判断を誤ることなく、師団を信頼し、その労に同情すべきこと、及び各自本分を尽くして、協同を充分にすること、是《これ》なり」

と注意を与えた。

第六章──若き作戦参謀の予言

石原の危惧

上海派遣軍が陸上に司令部を移してから、上海周辺の戦いは急展開した。三日後には宝山飛行場が完成した。また公大《クンダ》飛行場も、中国軍からの砲弾が届かなくなり、陸軍機の出撃が続いた。

派遣軍も十日以後、二個師団を残して北支と満州へ転用することに同意してきた。しかし、石原は新しい問題に、不吉な予感を覚えはじめた。それは、南支方面の動きと、アメリカ人の中国からの総引き揚げである。

ルーズベルト大統領が、中国に居留するアメリカ人の引き揚げを勧告したのは九月七日であった。この中には、南支の厦門《アモイ》、福州など、日本海軍の攻撃を受ける惧《おそ》れのある南支沿岸各地のアメリカ領事館の閉鎖も含まれる。

ルーズベルト大統領の記者会見の内容は、ニューヨーク特派員から日本に伝えられた。内容は（東京朝日）、

「戦地の支那各地に在留する米国人安全のために、すでに避難せよと警告したにもかかわらず、容易に

避難しない。余は在留米国人に至急、支那より引き揚げるよう勧告する。これに応じない者は自己の危険において残留すべきであって、政府はその安全を保障しない」

中立維持法の発動については、「いつ発動されるか知れないが、米国政府は出来るだけこれを避ける方針である」。

だが、アメリカは中国向けのベランカ爆撃機十九機と軍需品を積んだウイチタ号を、ボルチモアから出港させ、明らかに中国支援に出ていた。

ドイツも、シーメンス社を中心に、兵器会社が発注した武器を積み込んだ香港籍船会社所有の「泰山号」が香港を出港し、広東へ航行した。

日本海軍は中国沿岸の海上を封鎖していて、中国への武器輸送船を取り締まっていた。「泰山号」は貨客船だが、香港で武器を積み込んでいるところを香港の日本領事館員が発見し、海軍に通報している。「泰山号」は香港と広東の厦門を結ぶ定期船で、珠江河口で日本海軍に阻止され、香港に引き返している。この船には、ドイツ人の武器会社代表者が乗船していた。

武器輸送の実態は、香港に引き返した翌日、

「昨夜十一時四十五分、香港を出て銅鼓沖を航行中、日本海軍軍艦に航行を阻止されたので、イギリス領海に引き返し、青山沖で夜を明かして、今朝六時にふたたび遡行しつつあるとき、赤江の沖で再度停船を命じられた。このとき、日本軍艦が船に軍需品を積載していることを知っている、と見たので、船員、旅客に損傷を与えぬために、そのまま引き返した」

と、船長が語ったことから、「泰山号」がドイツからの軍需品を積み込んでいたことが明らかになる。

石原が危ぶみ恐れたのは、アメリカだった。中立国とはいえ、すでに顧問団と武器、飛行機を中国に送り込んでいる。そのさなかの民間人の中国からの総引き揚げである。

アメリカのアジア艦隊旗艦オーガスタ号は、上海のバンド付近の黄浦江上に繋留《けいりゅう》されたままであるが、

アメリカ海兵隊員の家族までを乗せて、日本経由で本土に引き揚げる準備に入っていた。

ただし、百年近く続いた中国での権益を放棄できない在留米国人の間では、上海米国人商業会議所が中心になって、「支那における米国商業利権の撤退もしくは放棄に反対する」と声明を出す者もいた。

石原の危惧は、日本と中国が全面戦争になり、海上が封鎖され、政府関係者及び軍人家族、民間人が総引き揚げとなったあと、アメリカが軍事的に中国支援に回り、また国際連盟でも中国側の提訴を支持することになりはしないか、ということである。

ドイツ留学中から、日本はアメリカとの間で最終戦争となると予見し、関東軍作戦参謀となった翌年の昭和四（一九二九）年七月四日、北満参謀旅行第二日、新京（当時は長春）宿泊先の名古屋ホテルで『戦争史大観』をまとめたが、第六項目で、将来戦争の予想を、つぎのように立てた。

「最近の欧州戦争は欧州諸民族最後の決勝戦なり。『世界大戦』と称するに当たらず」

と断言した。

さらに、将来の戦争につき、

「欧州大戦後、西洋文明の中心は米国に移る」と予言した。そして、

「来る可き戦争は日米を中心とするものにして、真の世界大戦、人類最後の大戦争なり」と予測した。

しかも、「来る可き戦争は飛行機を以てする殲滅《せんめつ》戦争にして、人類争闘力の最大限を用うるものにして、人類最後の大戦争なるべし」と予言した。

その日が早くも近づいている。

石原は今から八年前の七月、参謀旅行中のホテルで、「日米戦の時期」を問われ、つぎの三つを上げている。

「イ、日本が完全に東洋文明の中心たる位置を占めること。
ロ、米国が完全に西洋文明の中心たる位置を占めること。

ハ、飛行機が無着陸にて世界を一周し得ること」
そして、右三条件は同じ速度で進み、遠き将来のことではない、と四十歳の作戦参謀は予言してやまなかった。

日華事変を契機に、アメリカが日本軍の対中国戦を捉えて、秘かに準備を整え、機会をうかがいはじめた、と石原は判断した。

中国沿岸にある領事館の閉鎖と撤退、アメリカ居留民と軍人家族の総引き揚げは、まさしく日米戦の前兆を意味した。

「早く来たなー」と、石原は、ルーズベルト大統領の「総員撤退」に「日米対決」を読みとる。

「さすがは海軍出身の大統領だ。日本に揺さぶりをかけてきた。覇道主義者の常套手段だ」

このとき、石原の頭の中には満州国が閃《ひらめ》いた。アメリカが一番手に入れたい大陸である。日露戦のときから狙っていた満州国に、機会を見て喰い込みたがっている。

前陸軍参謀総長のダグラス・マッカーサーをフィリピンに追い出し、反対する軍人をことごとく追い払ったルーズベルトにとり、満州は手に入れたい大地である。かならずや日本に挑んでくるはずだ。陸軍予算を削り、海軍予算を拡大した軍事予算に、それが読みとれた。

海軍航空隊、広東を空爆

香港のイギリス領海を外れた南支那沿海の港は、中国共産党軍が潜入してきた広東省、福建省に多い。香港を起点に、第三国は援蔣ルートを海路に求めていた。

中国軍は広東方面に集中し始めていた。南京政府は九月八日、日本軍艦、船舶への爆撃を宣言し、空軍を広東方面の南支に増強し、活発化しはじめた。

イギリス、ソ連、アメリカの飛行機が、香港から船積みされて広東省の港に陸揚げされているのが確認されると、長谷川清第三艦隊司令長官は、第二十九駆逐隊に、南支作戦のため航路遮断を命じた。

ところが、中国軍機は九月七日と十二日、さらに十四日にも、第五水雷戦隊旗艦「夕張」を爆撃した。

大熊（政吉、五水戦司令官）封鎖部隊指揮官は、南支部隊指揮官及び第三艦隊参謀長宛に、「広東航空兵力の増強と、第二十九駆逐隊の防空兵装の貧弱に鑑み、大産島付近（珠江河口）の封鎖を一時南方に引き下ぐることとせり。航空兵力は速やかに撃滅を要するものと認む」と具申した。

前後して、海軍は初めて広東の東山軍用飛行場と銃砲製造工場のある沙河を爆撃すると同時に、香港と厦門の中間にあたる汕頭《スワトウ》、さらに広東の虎門砲台、黄浦港に建設中の埠頭をも爆撃している。

援蔣ルートを断つため、九月七日には日本軍はフィリピンと台湾、香港との中間地にある広東軍の作戦根拠地、プラタス群島を攻撃した。

プラタス島は中国語で東沙島といい、香港から南へ四百キロ、台湾より四百数十キロにある群島で、海の要衝だった。灯台、気象台、無線電信所があり、航行中の船を監視している。

日本軍は広東軍と交戦して上陸し、この島を占拠して守備にあたった。

灯台守りの中国人たちにはガソリンを支給し、モーターボートで香港に帰した。彼らは四十一時間かけて香港に帰還している。

前日の六日午後には、日本海軍は厦門を空襲し、要塞地帯一帯を爆撃している。さらに、抗日分子が策動する主要な建物を爆撃した。七日午後にも、厦門の要塞を爆撃する。

九日には汕頭市政府、機関銃陣地、司令部、兵舎を空爆し、多大な損害を与えた。空爆は九日正午より始まり、午後六時まで続いた。

十日午後には広東省の恵陽飛行場、広九鉄道、石龍鎮を空爆した。十一日には汕頭と広東との中間にある紅海湾と媽宮《ぼきゅう》兵舎を空爆した。

十二日には恵陽無線台を爆撃して使用不能にし、その帰路、バイアス湾の砲台を空爆して帰投する。

駆逐艦は十二日午後六時半頃、平海、欽街の広東海軍特設無電台を砲撃し、使用不能にした。

十三日には陸戦隊がバイアス湾から上陸し、野砲二門を破壊する。

最初の援蔣ルートは、こうして断たれたかに思えたが、中国軍はさらに別ルートで飛行機を陸揚げし、日本の艦隊を空襲して反撃に出てきた。

海上封鎖をめぐっての日中の攻防戦は、九月十四日の「広東方面夜間攻撃」下令を機に、激しくなった。

中国軍はソ連機、アメリカ機、ドイツ機など、外国人パイロットによる日本艦への攻撃に出てきていて、洋上に浮かんでいられなくなった。長谷川司令長官の「広東と中国奥地への爆撃」下令が出た翌十五日の朝九時三十分のことである。

汕頭を封鎖していた日本の駆逐艦「若竹」に対して、中国軍機六機が約三十分にわたって爆撃を続けた。それも五回である。

封鎖を指令していた第一連合航空隊司令官の戸塚道太郎大佐は、中国軍機の果敢な攻撃に驚き、台北基地が攻撃される危険を感じた。「若竹」は中国本土と台湾の間にあって、中国軍機を警戒していたが、とても持ちこたえ切れそうもない。

戸塚は、台北基地を自衛する必要から、潮州、汕頭の北西にある掲陽の飛行場を、「捜索攻撃の要あり」と判断した。

翌十六日、台北基地に駐機している鹿屋航空隊の陸攻三機をもって掲陽を、潮州方面は六機をもって広東の天河飛行場を攻撃させた。

しかし、掲陽、潮州方面の飛行場には中国軍機はおらず、兵営などを爆撃して帰着した。

広東方面の攻撃機は、密雲のため目標地点の発見に苦悩する。六機のうちの三機が雲の下に出たが、突然、敵機五機と交戦になる。爆弾投下後の交戦とはいえ、青い眼のパイロットが操縦する戦闘機との空戦で損傷を負い、辛うじて台北基地に帰投した。

南支方面では、広東省の航空基地からの攻勢が活発となる。かなりの「援蔣機」が運び込まれているようだ。

これを受けて、第一空襲部隊は、広東省内の各基地を攻撃することになり、中支方面での作戦終了後、いったん佐世保に帰投した。

長谷川長官は十四日、中支の奥地にある航空基地の攻撃を下令したが、同日、軍令部は第一空襲部隊の広東方面での行動をなるべく短時日に切り上げる方針で、第三空襲部隊も広東方面への攻撃に参加させるよう、長谷川長官に「申進電」を発信する。

中支の奥地攻撃に入っていた第三空襲部隊は、十五日以降、南支作戦に振り向けられた。

長谷川長官は、十五日午前十一時になって、第一空襲部隊に対し、「南支部隊作戦に協力するよう」、また南支部隊には、「第一空襲部隊を支援するよう」、第三空襲部隊に対しては、「第一空襲部隊の広東方面空襲に協力するよう」にと、それぞれに下令した。

この命令を受け、第三空襲部隊は広東方面を夜間空襲したが、十七日午後三時、戸塚司令官は長谷川長官に、

「広東空襲は一航戦の同方面作戦行動開始と同時に、一挙に行なうを有利と認められる。本日の鹿屋部隊（台北基地）の空襲を取り止めたい」旨を報告した。

南支方面の空襲は大々的になる。

十七日、木更津航空隊の九六式陸攻十八機は台北基地に移動し、南支作戦に従事した。

空母「鳳翔」と「龍驤」は十六日午後、佐世保を出港し、二十日早朝には広東沖に近づく。

高須四郎第一空襲部隊指揮官は十五日夕方、戸塚指揮官に天河飛行場、白雲飛行場、石井兵工廠、茶

頭増歩火薬廠を、四次にわたって攻撃する作戦を通報し、これを「X方面攻撃計画」と称した。

こうして九月二十日から、第一空襲部隊の鹿屋空十二機が天河飛行場を、第三空襲部隊の木更津空六機が白雲飛行場を空爆することになる。

第一空襲部隊では、第一次に爆撃機十五機と戦闘機十五機で、天河と白雲を四次にわたって攻撃に向かうが、悪天候で思うようにならず、途中で引き返した。

攻撃隊を驚かせたのは、高度四千メートル以上で炸裂する地上対空砲火がいたる所にあり、しかも精度も高いことだった。容易には近づけないほど、地上対空砲火が準備されていた。

南支方面作戦はその後も続けられ、その間、中支方面の空爆は手薄になる。

兵隊は水攻めに苦しむ

軍令部からの報告を受けた石原は、

「ますます戦域が広がるなー」

と、嘆いた。

つぎつぎに海軍は戦域を広げ、弾薬を使っている。石原の思惑とは逆方向に進んでいた。

「それで、支那側が講和するとは思えない」

統帥部の乱れを思い知らされる。

上海では、松井石根軍司令官が、水産学校校舎で最初の一夜を過ごした翌日から、一ヵ月ぶりの雨が降り出した。十三日は朝から降り出し、夕方は本格的な雨になり、冷え込んだ。

松井軍司令官ら参謀たちの宿舎は、雨漏りが激しく、夜はバケツや洗濯用のたらいなどを床に置いた。

戦況は雨で進まず、第十一師団は羅店鎮方面で攻撃するが、情況は入らない。和知連隊の一大隊と砲兵一大隊が練塘の線を攻撃していたが、情況は変わらない。

　前日、月浦鎮を占領した天谷部隊は、二キロほど先の銭橋、張宅の線まで前進したが、川を渡れない。架橋中隊を配属して、船による舟橋の架設を行なって川を渡り、西毛巷、北字宅の線まで進出した。しかし、中国軍のトーチカからの抵抗に遭い、そこから先は前進できずにいる。

　偵察機の報告によれば、中国軍は十二日正午より月浦、楊行から西南の方向に退却しているのが確認された。最大の要塞地である大場鎮よりも、南翔方面へ自動車で退却している。

　この報せを受けた松井軍司令官は、

「とにかく、敵の前線は一体に崩壊せること疑いなきが如し」と日記に書く。

　だが、第三師団の主力方面では、中国軍のトーチカからの攻撃に足止めを喰った。東方の陳宅、王宅付近から周家巷付近にわたる線の陣地からの抵抗が強く、難行する。

　呉淞《ウースン》クリークは、上流の十五キロ先で右は北に向かって嘉定まで、左は大きく曲がって大場鎮、江湾鎮に至る。

　クリークの両岸には要塞が築かれ、船で航行することもできない。また、橋が少なく、いずれも天然の要塞が続く。十三日の夜には、要塞から日本軍に夜襲をかけてきた。それも三度も仕掛けられ、両軍は撃ち合いになる。

　大隊長なき飯田支隊は、雨の中で進めず、片山支隊とともに時間をかけて上海の北停車場と呉淞を結ぶ淞滬鉄道の東側地区より江湾鎮の方に前進するよう、師団司令部より指示を受けていた。

　だが、クリークの向こうにある無数のトーチカからの射撃を受けて動けず、兵隊たちは雨に打たれたまま、じっと耐えるほかなかった。

　司令部や前線の兵隊たちを苦しめたのは、「飲料水」だった。クリークの水はコレラ菌があって飲めない。かといって飲める水はない。水筒は空っぽである。

兵隊たちの中には、

「飲めば確実にコレラになる。飲まなければ動けない。飲んでもコレラにならない人もいる」

頭の中では各自が葛藤《かっとう》し、気が狂う者も出た。「水だけ」は不注意というか、準備不足だった。「水はどこでも手に入る」と考えたことが、そもそもの作戦ミスだった。

「誰も考えなかったのか」と、軍司令部の幕僚たちも、前線の兵隊たちも反省した。

コレラ患者は、西原一策作戦課長のような幕僚の中からも現われ、隔離された。

松井軍司令官も、船中生活のときは決してあり得なかった下痢に悩まされる。それは十三日の朝からである。陸上に司令部を移し、起居しはじめた直後のことである。

本人はコレラを疑った。

角良晴副官は、料理人の川井磯一郎に相談し、十三日の朝から粥食にした。松井は、「水が合わなかった」と思ったが、幸いコレラ菌は混在していなかった。

しかし、前線の第六十八連隊では、一大隊で三十名がコレラを患《わずら》い、うち四名が死亡した。天谷支隊では十四日に判明しただけで、死傷者は九百人近い。そのうちコレラに罹《かか》った者が多数発生し、ほとんどが死亡した。軍司令部では、

「一段落つけばまず隔離し、健康診断を厳密に行ない、伝播せざる如く処置すべし」と伝える。

ここでも「水」攻めに兵隊たちは苦しんでいた。中国兵が去ったあとにコレラ患者が出ていることから、中国兵たちがクリークや水溜りにコレラ菌を撒《ま》いて去ったのだろうと見られた。

十五日に判明しただけでも、天谷支隊のコレラ患者は百五十名になった。軍司令部ではコレラ専門の軍医五名を、第二防疫部員として前線に派遣した。

上海の日本人たちはどうしていたのか。

その代表的な証人が、同盟通信の松本重治支社長で、彼は『上海時代』にこう書いている。

「九月一日から数次にわたり増援陸軍部隊が虬江碼頭《きゆうこう》に上陸を敢行し、また新たに増援された陸戦隊と協力して、九月四日から激戦ののち、ドイツ人将校の指揮のもとにつくられた半永久的なトーチカを一つずつ占領して行った。やっと十三日には軍工路に蟠踞《ばんきよ》していた中国軍の第一線部隊が嘉宅方面に退却を始め、同日、はじめて軍工路を通じての呉淞と上海間の連絡が確立され、居留民ははじめて胸を撫で下ろした」

同盟通信松本重治、松井に直訴

松井軍司令官が松本重治と接触するのは、軍工路が安全に往来できた翌十四日のことである。角副官を通して、上海駐在の原田熊吉武官（少将）に電話を入れ、同盟通信上海支社に連絡をとってもらった。地上での電話が通じることで、連絡はスムーズになる。

朝九時、上海駐在武官室からの電話は、

「松井軍司令官が会いたがっている。なるべく都合して、早く呉淞に行ってもらいたい」ということだった。

二人は二年ほど前からの知り合いである。

当時、松井は退役して、大アジア主義協会の会長をしていた。彼は予備陸軍少将の佐藤安之助や朝日新聞（東京）の前田多門論説委員などと勉強会を主催していた。

松本が東京本社から呼び出されて東京に帰るたびに、松井や前田、佐藤らは、松本から中国の近況を聞く会をつくった。近況報告が終わると、日中問題について互いに意見を交換し合った。

松井は熱海の伊豆山の裾に借地して家を建て、冬の間はそこに住んでいた。松本が帰朝するのを知ると、会を催して熱海から上京している。

この勉強会には、満鉄の金井清、同盟の岩永祐吉社長らも、ときどき顔を出し、日中問題、第三国の権益など、情報を出し合って勉強した。

松本には、司令部が水産学校に移った情報は、まだ知らされていなかった。極秘中の極秘だったし、交通や通信手段もない。まったく司令部の情報は入らない。上海の陸軍武官府との連絡もとれないでいた。

松本は、上海や呉淞の戦況を逐一報道してきた。九月一日の呉淞砲台総攻撃や中国の日本への賠償金問題、中国側の二十個師の配置や上海戦での兵力の報道があるが、いずれも中国側から得た情報で、日本軍側からの情報は連絡がとれないことから、ほとんどゼロに等しかった。

戦時下になると、中国軍は南京路競馬場前のパークホテルで、情報将校が中国側の新聞記者や第三国の新聞記者たちに対して毎日、プレスインタビューを始めていた。日本人は断わられ、ホテルに入ることもできないでいた。

支社では中国人の傭人《やといにん》もやめ、松本一人が支社の部屋に寝泊まりして、情報を流していたが、日本軍の様子はまったく分からないままだった。そこに松井軍司令官からの呼び出しである。

彼は、臨時の日本人運転手を雇って車を運転させ、軍工路を呉淞の水産学校へ走らせた。着いたのは午前十一時である。

玄関で迎えたのは角副官であった。

車から降りると、角は、

「松本同盟支社長ですね」と言って確認した。

松本が名乗ると、

「軍司令官がお待ちかねです」と、司令官室に案内した。

戦のあとで軍司令部を中国本土に置いたのは、日露戦の大山巌以来である。

軍司令官室の木製のドアを開けて入ると、痩せて小柄な松井は、椅子から立ち上がると、

「松本君、よく、すぐに来てくれたね。忙しいのに」

と、礼を言った。

「いや、こちらもお目にかかりたいと思っていたのです。松井閣下、ご健康はいかがですか」

と、礼を返すと、松井は小さい眼をさらに細め、

「君、閣下呼ばわりは止めてくれ。東京でやったように、松井さんと呼んでくれたまえ」

と言って、椅子をすすめた。

そして、松井は初めて新聞記者に会う動機をこう語った。

「松本君に来てもらったのは、まず第一に、英国その他の外国の反響を君から聞きたいと思ってね」

松本はそのとき、イギリス大使事件が知りたくて、こう述べている。

「私の率直な所感を申せば、イギリスはじめ、関係第三国はみんな、上海事変を、できるものならなるべく拡大せしめたくない、という考えのようです。戦争が激しくなれば、租界の中立性が危うくなります。先月末にヒューゲッセン大使遭難事件がありましたことは、ご存知の通りです。あれは、イギリス大使が、川越大使と新しい停戦協定ができるかどうかを打診するために、南京から上海まで、わざわざ車を飛ばして来たんですよ」

するとと松井は、硬い表情になり、

「その内部事情は、まったく知らなかったよ」

と、無念そうに言った。

松本は、このときばかり続けた。

「ご存じないのが当たり前です。日本側で内情を知っていたのは、川越大使と私の二人だけですから。イギリス側では、外相イーデンもＯＫした計画でした。というわけで、イギリスの意向もお判《わか》りになる

でしょう。川越大使は東京の考え方が判らないし、これは難しい構想には違いないが、イギリス大使と話が少し煮詰まりそうになれば、軍司令官とも相談し、それによって本省へ請訓するという考えだったと推察しています。だが、ああいうことになって、おじゃんになりました」

「英国が、そこまで留め男に乗り出しかけたとは知らなかったよ。君の話は俺にも少なからず参考になった。中国軍がなかなか抵抗しよるのも、あるいは外国のモーラル・サポート以上のものがあるからだとも思われるね」

そこで松本は、今の中国人の気質に触れて、こう語る。

「松井さん、今の中国は、もう以夷制夷政策なんかだけに頼ってはいけません。国を護ろうとする切羽詰まった感情が、士気を昂揚せしめているのです。中国も、この一両年間にずいぶん変わってしまったことは、ご承知のとおりです。絶対に馬鹿にはできません」

「俺も、今はそう思っている。上陸作戦に対する抵抗を見ても判る」

松本には、これ以上、日中間の戦さが広がらないように、松井に言いたいことがあった。彼の妻は、薩摩の松方正義の娘で、日露戦での大山と山本権兵衛海相とのやりとりを聞かされてきた。

このときも、こう引き合い出して松井に言った。

「松井さん、一つお尋ねしたいことがあります。じつは、大山元帥が満州軍総司令官として新橋駅を発つとき、山本海相を顧みて、戦争はやりもうすが、打ち方止めの合図だけはお頼みします、と言ったとかいう伝説を聞いていますが、閣下は上海派遣軍司令官として、いつ、どういうふうに戈《ほこ》を収めるか、という問題をお考えでしょうか。軍の機密を知ろうというのではありません。中国通の松井さんには、何かの成算がおありだと思いますがね」

すると松井は、

「大山元帥の当時の心境を、かねてから尊敬しているよ」

と言ったあと、松井は自分の質問に切りかえた。

「君の質問に答える前に、すでに五年間も上海で観察してきた君から、どうしたらよいか、どうすべきであるか、これこれのことはやってはならぬ、というような点について、俺の参考のために話してくれたまえ。戦地の上海と東京とは違うが、東京での例の会合で君が述べたような、率直な意見を述べてもらいたいものだ」

するとと松本支社長は、

「要点は二つあります……」

と言って、松井軍司令官を直視した。

第七章——二つの朗報

松井司令「南京に行かず戈《ほこ》を収める」

石原莞爾は松本重治同盟上海支社長とは、まだ一度も会ったこともなければ、意見を交わす機会もなかった。石原自身、満州事変後は上海に出かける機会がなかったからである。

だが、この二人には「不拡大」という点が共通していた。上海攻撃時点で講和の機会をつくり、南京までは攻撃しないという考えである。

松本はひと息つくと、松井石根軍司令官との会話を続けた。

「陸軍大将と海軍の尉官待遇の従軍記者とでは、逆手《さかて》にとられても致し方がありません。では、お叱りを覚悟して申し上げます。

要点は二つあります。

第一には、南京を占領してしまったら、日中戦争が全面戦争になります。中国側は長期戦を覚悟しております。日本側はそれをできるだけ避け、一撃で話し合いをつけたい、というのでしょう。そういう構想が、上海派遣軍の名称から見て判るようです。しかし、問屋はおろしますまい。だから、南京まで行かないうちに停戦を結ぶことが上策です。この策は、失礼ながら松井さんでなければできないし、同時に松井さんならできると信じます。

第二点は、言うまでもなく第三国の権益をなるべく損なわないようにするのはもちろん、第三国の武力との摩擦を絶対に避けるべきである、ということです。重要なことは、この二点に尽きると思います」

以下は、『上海時代』（松本重治「ジャーナリストの回想」中公文庫）より引用する。

松本の意見に耳を傾けていた松井は、鼻髭に右人差し指を当てた。これは困った時の松井の癖だった。

「あまり俺を持ち上げるなよ。君の話については、第二点は全然同感だ。これについても君の協力を期待する。だが、戦争には相手があることだから、こちらだけの計画どおりにはならんこともあるだろうし、また、軍をいったん動かすとなると、勢いが加わって、止めることが容易でない、ということもあるだろう。

しかし、松本君の言うとおり、上策としては、南京に行かずに戈《ほこ》を収めるにある。これについて俺は日夜、心胆を砕いているところだ。この点については、絶対に他言は無用。まだ、ゆっくりしていってくれ。陣中でご馳走はないが」

松井は副官の角良晴を呼んだ。そして、隣りにある食卓に誘った。

運ばれてきたものは、フランス式の一品料理である。船から一緒に下りてきた料理人の川井磯一郎が、間に合わせの材料でつくったものである。

戦争状態になってからは、まともな食事をとってない松本にとっては、白い平皿にフォークとナイフを見るのも久しかった。思わず、

「松井さん、大変なご馳走じゃないですか」

と、声にした。

食事の合間に、松本は痩せ細った小柄な松井の健康状態が気になって、

「ご健康はいかがですか」

と尋ねた。すると松井は、軽い下痢症状だったが、

「ウン、ちょっと風邪気味なんだが、熱もないし、大したことはない。じつは、こんなことになるんじゃないかと思って、一年前から熱海で静養しつつ、体力を養成してきたので、身体の調子は全体としていいんだ」

と繕《つくろ》った。そのあと、間を置き、体調不良を隠すため、

「大丈夫だよ」

と念を押した。

確かに、真夏だというのに連日の雨で冷えた。そのこともあって、胃腸が弱い松井は、体調をくずしていた。

食後はコーヒーの代わりに番茶が出た。角副官が、二人分の湯飲み茶碗を盆に乗せて運んできた。テーブルに置くと、

「司令官、原田大使館付武官が着任の挨拶に参りましたが」

と、松井に告げた。

すると松井は、番茶に手をつけずに立ち上がった。それから、すぐ横の軍司令官の執務机の方に移り、着服を点検すると、椅子にかけた。

角副官が入口のドアの方に引き揚げて副官室に戻ると、間もなく、入れかわりに大男の原田熊吉少将がドアをノックして入ってきた。

入るなり、原田は直立不動で武官府着任の挨拶のあと、上海派遣軍上陸成功の祝詞を述べた。

松井は原田の祝詞を聞きながら、ウン、ウンと声に出して頷《うなず》いているだけだった。祝詞が終わると、

椅子にかけたまま、

「しっかりやれ！」

と、大声で言った。

原田少将は大阪の生まれで、満州事変が起きる前の昭和六年八月一日付で南京駐在武官になった。そのあと、七年二月に上海駐在武官代理、同年八月には関東軍第三課長、三年後の十年八月一日付で近衛歩兵第四連隊長を勤めている。

上海の駐支武官就任は、上海派遣軍が編成された十二年八月十三日付で、中国通として起用される。のちに原田は翌十三年二月、松井軍司令官の進言で、特務機関をつくらない陸軍省を口説いて、特別に中支那方面軍特務部長となり、宣撫に当たった。

十四年には中支維新政府の顧問となり、翌十五年五月に新設された第三十五師団長、十七年十一月に第十六軍司令官になる。

中支那方面軍が編成されると、特務機関同様に宣撫で活躍する。六尺（約百八十センチ）近い大兵肥満の男で、小柄な松井とは対照的だった。

松井は原田の挨拶が終わると、隣りの食卓の椅子に腰かけている松本を顧みながら、

「原田。お前は同盟通信上海支社長の松本さんを知っておるか！」

と言った。

原田は松井を見下ろしたまま、

「はい、承知しております」

と答えた。

松本は、原田が武官着任後に一、二度会ったばかりだった。松本は場を繕うため、原田に一礼した。

すると松井は、

「お前は、これから松本さんとよく連絡して、国際情勢、第三国の意向などをよく教われ！」

と、命令口調で言った。

松本はこのシーンを、こう書いている。

「こっちは困っちゃって、武官とも連絡しております、と助け舟を出すと、武官も、充分に連絡しております、と言う。それならばよろしい。こちらの二人は坐ったまま、原田武官は終始突っ立ったままであり、いささか叱られに来た恰好《かっこう》で、十五分足らずで司令官室から出て行った」

このときの松井がとった原田への態度は、下剋上《げこくじょう》と言われていた陸軍を、松本が見直すきっかけとなる。松本は、陸軍は下剋上で上司がオロオロしているものとばかり思っていたが、小兵の松井が大兵の原田少将に向かって発した命令口調を聞いていると、そうではないことを知り、心強いものを感じた。

広田外相、クレーギー英大使会談

この日は午前十一時、松本重治が呼ばれる前に、台湾の重藤支隊の重藤千秋少将（福岡出身、陸大30期）が軍司令部を訪れ、松井に挨拶している。

重藤支隊は、十四日朝二時に貴陽湾に到着した。到着後、すぐに上陸を開始した。重藤少将が上陸の様子を報告すると、松井は派遣軍の今後の方針を説明し、「重藤支隊は第十一師団と協力して、まず前面の敵を撃攘するように」と命じた。

重藤支隊は、応急動員兵力の歩兵四個大隊と砲一個中隊にすぎないが、ほかに台湾から労働者千人ばかりを連れて補修の任に当たらせていた。

十四日の戦況は、第十一師団が羅店鎮を攻めていたが、進展はなく、天谷、浅間支隊が少し前進したにすぎなかった。

天谷支隊ではコレラ患者が増え、中国兵のトーチカからの攻撃に苦しんでいた。前線では、クリークと塹壕が網の目のように絡み、ただでさえ歩き辛いところに、連日の雨で道路も塹壕も泥沼のようになり、前に進めないでいた。

　壕の中は深さ三十センチもの雨水が溜まり、歩けなかった。天谷支隊のある中隊では九月十三日、羅店鎮の東方地区を前進していたが、小顧宅で一泊、十四日は四百メートルほど進んだ。全員、アメーバ赤痢に罹《かか》り、下痢に苦しむ。

　青森からきた機関銃隊は、一時間もせずして中国兵の前で全滅し、連絡にきた三名だけが辛うじて後退してきた。

　小顧宅をクリーク伝いに出て間もなく、松山連隊の田中中隊長が撃たれて死亡した。呉家橋には五、六軒の家しかないが、そこから中国兵は激しく撃ってくる。中隊長をはじめ、分隊長たちが敵弾に斃《たお》れ、生き残った中隊の兵力は半分のわずか八十名になっていた。

　十五日には、荻洲部隊が宝山北方の揚子江岸に上陸し、呉淞には第九師団の田上、石井、鷹射、竹田の諸部隊が上陸しはじめ、天谷支隊の南方地域に進出した。それを知った天谷支隊第十二連隊の間では、だれいうとなく、

「上海―羅店鎮の道路はもう近い。この道路さえ取れれば、上海戦は終わるのだ」

と、励ましの風聞が伝わった。

　実際に道路に出たのは、それから十二日後の二十七日である。その間は、汚水、コレラ、雨と冷え、食料、飲料水なしのむごい戦いが続いた。

　しかし、こうした前線の様子は、軍司令部にも松井にも届かなかった。

　第三師団も前面の中国兵の抵抗に遭い、進めずにいた。片山支隊にも変化はなかった。

海軍陸戦隊は元飯田大隊と連繫《れんけい》しながら、松颺路《しょうようろ》の線まで進出した。敵機の来襲もなく、松井は妻の

文子に手紙で、「留守中、各地留守司令部、予備病院を慰問してくれるように」と頼んだ。

また、建川美次、西原一策にも手紙を書いた。

その翌日の十四日、同盟通信の松本重治は上海大使館武官府を訪れて、原田少将と会う。着いたのは午後二時で、武官室の応接間で約三十分ほど意見を交換し、三時頃に武官室を出て支社に帰っている。

ところが、帰社して十分ほど後のこと。武官室に中国側の迫撃砲弾が命中した。もしもあと十分ほど長居していたら、原田も松本も砲弾が命中して即死していただろう。危ないところだった。

「それにしても、正確な迫撃弾だ」と松本も原田も、のちにそう思った。

ちょうどこの頃、イギリス政府は日中間の全面的調停の役を買って出ようとしていた。ヒューゲッセン大使が乗った車が日本海軍機に襲撃された後も、イーデン外相は日本駐在のクレーギー新大使に、広田外相との交渉を続けさせた。

イギリスがそれほどまでして、調停役を買って出た理由は、対ドイツにある。蔣介石はドイツ顧問団を雇い、また軍事顧問を会議に出席させて、ドイツから武器を大量に買い込んでいた。

もともと外国の権益の中では、イギリスがもっとも大きかった。ところが近年、ドイツが中国との武器貿易を盛んにし、顧問団をも送り込み、蔣介石の懐《ふところ》に入っている。

イギリスに代わりドイツが仲介役を買って調停に出るようになっては、イギリスの立場がない。そこで、ドイツが調停に出る前に、東京で調停を決めようと計った。

クレーギー新大使が広田外相を直接訪ねたのは、日本側が中国に対して、どういう要求を持っているかを突きとめたかったからである。

このとき、広田はクレーギー大使に、「個人的意見だが」として、つぎの五項目を提示した。

一、天津、北京の線からやや南の辺りに線を引いて、その間を非武装地帯とする。この地域には日中両国とも軍隊を駐《と》めないこと。

二、満州国の承認を行なうこと。

三、排日、侮日を停止すること。

四、防共を実現すること。

五、華北における対外機会均等を行なうこと。

これに対してクレーギー大使は、

「防共の点は、日中間の直接交渉により密約でもって作ってはいかがか」

と提案した。

外務省の分析では、当時イギリスはヒトラー・ドイツに対抗するため、ソ連との提携を考えていた。だから、ソ連を刺激するようなことには手を触れたくなかった。

ドイツに調停役を取られまいと、イギリス政府はヒューゲッセン大使に代わり、R・B・ハウを駐中国代理大使に任命し、クレーギー駐日大使と協力して調停交渉に当たらせた。

このイギリス調停の情報は、参謀本部の石原の耳にも入った。石原は外務省の石射猪太郎と連絡をとり、交渉の成りゆきを見守った。というよりも、祈り続けた。

新任のハウ代理大使が、川越大使を上海の駐日大使館に訪ねたのは九月十二日で、この間のことは同盟通信上海支社長の松本重治が事情通で、『上海時代』に書きとめている。

ハウ代理大使は川越と会談した後、日高信六郎参事官とフランス租界のイギリス大使館員の家で三時間近く、戦況や租界の問題、上海派遣軍の意向などについて意見を交換した。

二人の間に、イギリスが日中の調停をやる話が出たのは想像するまでもない。主導権をドイツに取られたくないからである。

石原、馬奈木中佐に「ドイツ側の調停」を進める

二人の会談の様子は、十二日発の同盟電で上海から日本の同盟通信本社に伝えられ、各紙は十四日付夕刊で取り上げた。なぜか一日ずれている。

石原も陸軍省、外務省も、それに軍令部も、松本からの記事を、ひとつひとつ噛むように読んだ。陸軍省と参謀本部はただちに合同連絡会議で、この問題を取り上げた。イギリスに日中の停戦講和をやらせるべきかどうかである。

道路ひとつ隔てたドイツ大使館も、ハウ代理大使の動きに注目していて、主導権を取られまいとする。また、ソ連スパイのリヒアルト・ゾルゲは、ドイツ大使からこのやりとりを聴き、ソ連に通報していただろう。

陸軍省と参謀本部では、

「イギリスは中国の肩を持ち、日本には不利な条件を出すだろう。日本軍が中国全土から撤退することが条件となったら、断乎反対である。ここは、ドイツにお願いした方がよい」との意向で固まる。

石原自身も、イギリスは中国寄りに立つので、あまり好きではなかった。ドイツが停戦の仲介に入るなら、早くやりたい気持だった。

しかし、ここは早い方がいい。外務省がイギリス側に働きかけて停戦可能なら、一日も早く講和したい。

石原は馬奈木敬信中佐に、ドイツ側の調停を急がせており、オットー大使館付武官に相談して、なんとか実現の目途を探っていた。

ハウ代理大使は川越、日高会談後、東京のクレーギー大使とも連絡をとり、広田外相の私案を分析し

て十四日朝、上海にいる財務官のホール・バッチとロバート・フレイザー少佐を同伴して南京に赴いた。

南京では外交部長を通じて蔣介石と会い、広田私案を停戦条件に出した。

この席に蔣の妻の宋美齢も同席し、自分の意見を述べている。

会談で蔣介石は、

「私は、和平のことは自分からは言い出しにくい。しかし、いつでも和平に応ずる用意はある」

と胸中を語った。

だが、同席していた宋美齢は、広田私案には反対した。特に第一項の「北京、天津の線からやや南の辺りに線を引いて、その間を非武装地帯とし、この地域には日中両国とも軍隊を駐めない」ことにこだわった。

ハウ代理大使はこの後、その他の要人たちと数次にわたって積極的に会見している。日本駐在のクレーギー大使は、非武装地帯について、

「期限をつければよいではないか」

と、広田に示唆した。広田の考えを、ハウ代理大使に伝えるためだった。

広田の返事は、乗り気だった。その旨をハウ代理大使に伝える。

しかしその後、蔣介石側からだろう、イギリス大使と国民政府との間に和平交渉は進展しなかった。

第一項目の非武装地帯の設定が、たとえ期限付でも応じられなかったからである。

確かに、立場をかえて見れば、北支では十年の梅津・何応欽協定で、国民政府は政府機関、軍隊を緩衝地帯から撤退させて中立地帯をつくったが、その後、北支での抗日戦を理由に、緩衝地帯は事実上、日本軍の支配下に入ってしまった。

宋美齢及び政府高官の中に、広田私案に反対する理由として北支の一件がある。日本軍は、また何かやらかして支配してしまう懸念があった。

そのうちに、クレーギー大使と広田外相との交渉内容が民間人に漏れ、陸軍省が横槍を入れたこともあって、イギリスの調停交渉は、次第に望み薄となった。

四面楚歌の石原に、かすかな希望を与える二つのことが起きた。

その一つは九月十三日、秩父宮がアルプスの山景を観光して午後零時半頃、ニュールンベルクのカイゼル城に到着、ヒトラー総統、ヘス無任所相、ゲーリング空相らドイツ要人三十名と握手した、との同盟通信の報道である。

九月十三日付の各紙は、秩父宮とヒトラーの顔写真を並べ、会見した様子を掲載している。

このときの日本側の陪席者は、武者小路大使、大島浩、小島秀雄両陸海武官、前田和為書記官、山脇事務官で、午後一時半からは、観兵式参観のため、ツェッペリン練兵場に出かけている。

石原は、身体の弱い秩父宮のことが心配でならなかった。帰国を早めることは出来ぬものかと思案した。一日も早く会い、日中間の和平交渉を結びたく、秩父宮から天皇に働きかける機会をつくりたいと思った。

九月十三日は国民精神総動員実施要綱が決まり、九月二十二日、実施を発表した。

もう一つの朗報は、陸士同期の安田武雄少将からの報告である。安田は陸軍航空本部第二部長である。石原は電話で問い合わせた。千五百馬力のエンジン開発と、一万台の生産に向かって、どの程度進んでいるのか、気が気でなかった。

安田によると、航空兵備は現在のところ、国内の年生産力は一千機だが、十三年度までに二千機に増強の見通しだとの報せだった。

「なにせ人手が足りない。それに工作機械、特殊鋼、軽合金が不足している」

「動員が実施されるから、人手は足りてくるぞ」

「そうなれば、来年一月以降から効果が現われてくる。七、八月頃から本格的な機能が発揮できるんだが」

「満州でどんどん製造してやるよ。陸軍機一万機だからな。さすれば、ソ連もアメリカも攻めてこれんさ」

安田には、イタリアからの飛行機が到着すれば、エンジン開発はもっと早く進む、と明るかった。

安田も石原と同様に、秩父宮が帰国するまでに、千五百馬力のエンジン開発の見通しを立てておきたかった。秩父宮のことだ、ドイツで相当な資料を摑んでくるだろう。帰国が待ち遠しかった。

安田が陸軍大臣に航空兵備計画を報告するのは九月十六日付だが、石原にはおおよその見通しを伝えておいた。

「あと三年か……」

満州国での航空機、戦車の製造は、技術的には今からでもかかれるが、鉱山開発、マンガン、ニッケル鋼材の製造には、早くて二年、遅く見ても三年と予測した。そこから一気に航空機の製造は、四平街を中心に着工できる。

満州国用の航空機、戦車、自動車、兵器などは、満州で自給自足できる。

「それには、このまま日中が和平することだ。不拡大で停戦に入ることだ。一度、渡満してみたいところだが……」

彼の胸中には、満州の様子を一度見ておきたい気持が、次第に強くなっていた。

ジュネーブ国連総会

ところが、日本を取りまく外交上の問題が起き、気になり出した。それは九月五日に青島総領事館を閉鎖したことに続き、ソ連側が、ソ連にあるオデッサ、ノヴォシビルスクの両領事館を、九月十五日付をもって閉鎖するように要求してきたことである。

オデッサとノヴォシビルスクは大正十四（一九二五）年、モスクワでの交渉で、両国はそれぞれ相手国に九ヵ所を最大限として設置することを申し合わせ、それぞれ両国は八ヵ所の領事館を設置した経緯がある。

ところがその後、ソ連側は長崎にある領事館に続き、十二年六月には東京の総領事館を廃止することにした。これでソ連の領事館は六ヵ所となった。

これにより、ソ連側は不均等になったこと、およびオデッサとノヴォシビルスクには日本人が居留していないことを理由に、閉鎖を求めていた。

日本政府は、「九ヵ所以上は設置しない」との大正十四年のモスクワでの日ソ交渉、並びに七月の口上書交換に基づくことを主張して、拒否してきた。

「今は居留者はいないが、将来必要となる」との理由だった。

ところが、ソ連側は一方的に閉鎖を通達し、外務省は「閉鎖要求の経過」を記者団に公開した。

外務省は、ソ連側の通告を受けてひとまず引き揚げるが、ソ連の主張は、完全に留保することにした。

ジュネーブで十三日から始まった十八回目の国際連盟総会も気になった。

中国の首席代表の顧維鈞《こいきん》は、国際連盟事務局長ジョセフ・アブノールに日支問題を提訴、通告した。

通告の内容は、ジュネーブの同盟通信が詳細を十三日に発信してきた。参謀本部は大まかな情報を当日摑むが、新聞は十四日、各紙が全文を報道した。

石原は紙面に釘付けになった。通告文はつぎのとおり（十四日、東京朝日）である。

「余は本国政府の命令に基づき閣下に対し、日本が陸海空軍を動員して支那を侵略せる事実を検討せんとすることを要請するの光栄を有する。日本の行動は、連盟の一員たる支那の領土保全並びに政治的独立に対する侵略行為であって、明らかに連盟規約第十条に基づき検討すべき問題である。日本の侵略行為によってもたらされた重大なる事態は、同時に規約第十一条によって検討されねばならぬ。

本問題に関しては、余は支那政府が去る八月三十日及び九月十二日に連盟に提出した通牒に対し、閣下の注意を喚起するの光栄を有する。

右通牒は各連盟国並びに規約第三条に基づき、一九三五（昭和十）年二月三日、連盟総会によって設置された諮問委員会に通達さるべきものである。

更に連盟に対する日本の地位並びに支那に対するその行動に鑑み、支那政府は規約第十七条をも適用すべきものと思考する。

余は理事会に対し、事態に対処すべき必要適切なる手段を研究し、これを実施することを要請する。

右通告は更に日支紛争の軍事的問題を詳細記述している」

中国側は通告文とともに、日支紛争を、つぎの五項目に大別した長文の書翰《しょかん》を送っている。

「一、日支紛争の軍事的政治的様相。
二、日本海軍の支那沿岸封鎖。
三、日本軍の赤十字隊砲撃。
四、日本海軍の非戦闘員攻撃。
五、日本軍の学校その他文化機関破壊」

同盟の記者は、

「あることないこと、さんざん日本軍を密告している」と書いている。

だが、六時間に及ぶ十二日の理事会の協議で、中国側提出の決議案を修正のうえ採択した。要旨は、

「日本の今回の軍事行動は一九三二（昭和七）年に始まった支那征略の継続なり。連盟は財政的、その

他の方法により、日本の行動を阻止すべし」

中国側は連盟代表者のほかに、「支那連盟協会」なる民間団体を通じて、連盟に決議案を提出して働きかけていた。

出席した二十の理事国のうち九ヵ国が棄権し、十一ヵ国の理事で協議した。採択結果は十対一で通過した。反対した国及び棄権した九ヵ国は不明。

総会は翌十三日午前十一時二十五分から五十四ヵ国代表出席のもとに開催され、うちイタリアとエチオピアが欠席した。結論として、「規約の原則を発動し、各連盟国が誓約を尊重し、忠実に実施することが必要」と強調した。

取材した同盟の記者は、総会の様子をこう伝えてきた。

「ジュネーブの空気は冷静だ。しかし、支那側は大、公使動員で日夜ホテル会談を行ない暗躍、狂奔しているため、小国の中にはこれに乗ぜられ、日本制裁論も相当強く、『日本の断乎たる決意が徹底していない』」

と、某国代表談話を引用している。

第五部　北支の戦い

第一章――早期和平への道

閣議後の杉山陸相談話

石原は九月十一日の朝刊各紙に、あらためて眼を通した。各紙とも十日午後二時、首相官邸で会見した近衛文麿首相の「時局と戦況」について所信を語ったものである。

同じ内容は十日夕方、ラジオ放送で近衛みずから語っている。石原はラジオで近衛の所信を聞いていたが、改めて各紙に眼を通しているうちに、「企画院」新設が気になった。

大筋の内容は変わらないが、つぎのように報道された。

「議会後の時局処理については、事態が事態であるだけに、政府としては今、戦争以外のことを考えることはない。すべて戦時情況に適合するよう持って行かねばならない。

今、日本の最大目標は戦争に勝つことで、この戦争の目的に国家の全機能を挙げて進むべきである。従って、従来組閣当時に考えていたような、直接戦争目的に関係のないことがらは準備調査を進むることは差し支えないと思うが、貴族院改革その他、政府が当初企画した色々の改革については、来るべき通常国会に提案することは不可能であろうと思う。

要するに、今は戦争以外のことは考えられない。しかし、文官任用令の改正などについても、一つの国家統制の問題に関連して、官吏制度の改正、自由任用なども時局に適応しておのずから生じてくるのではないだろうか。内閣の補強工作について目下考慮中である。これに関連して広く英知を集める」

「機関の設置についても、政治的な意味と技術的な意味の両方の意味の機関が考えられるが、自分は二本立てで行くのが良いと思っている。無任所大臣を設けることについては、まったく考えていない。また、内閣を改造する意思も持っていない。

企画院総裁については、近く専任総裁を置くことになっているが、これを無任所大臣にしようと思えば出来ないことではないが、無任所大臣にするかどうかについては考慮中である。

その人選については詮衡《せんこう》中であるが、これをまったく政治的な意味で、すなわちこの内閣の補強工作の意味である、政治的人物を持って来る考えはないが、しかし政治的意味を離れた純然たる事務家でも困る」

「露支秘密協力については、的確なことは分からぬ。政府としては今年中にも今回の事変が片づくという考え方でなく、最悪の場合を予想してかからねばならないと思う。もちろん戦争を目的とする軍事費中心になることはやむを得ないことで、さらに国家経済上から言っても、為替問題、公債消化、物価問題など、深刻な問題が横たわっているが、政府としても財界方面の助力を求めて、この難局突破に邁進《まいしん》しなければならないと考えている」

「すなわち最悪の事態を予想して、長期の戦争に堪えるためには、あらゆる方法を考えねばならない。場合によっては、財界方面の有力者を招いて、挙国一致の援助を懇請するようなことになるかも知れない。

物価対策、消費統制についても慎重に考究すべきであるが、結局こういう事態の下にあっては、増税は免《まぬが》れなくなるだろう。

欧米に派遣する使節については、着々と人選中であるが、その目的とするところは、広く欧米に通じ、日本の真意が誤解されて伝えられているので、日本のやっていることを諒解させるためである」

石原は近衛の所信を読んでいるうちに、政府は「日満産業五ヵ年計画」を企画院に移す腹だな、と直感した。陸軍省と参謀本部から取り上げようとする近衛の意向が読みとれた。

陸軍省と参謀本部が上海戦で夜も眠れずに戦っているというのに、近衛のブレーンたちは企画院を新設して、管理下に置こうとしている。

もう一点の疑問は、無任所大臣の新任である。近衛は明言せず、他人の言葉を引用して様子を見る癖がある。この「無任所大臣」という曖昧なポストの新設は企画院総裁を意味しているが、うまく言葉を濁している。

もう一点は、貴族院の改革である。

所信表明では、貴族院改革は「議会に提案するのは不可能であろうと思う。今は戦争以外のことは考えられない」と、ここでも貴族院に代わって重要な参議官制を設け、内閣強化の措置に出ていると読んだ。

石原は閣議には出席していないので、政府が何を考えているかを知る手段はなかった。しかし、近衛首相周辺の動きが気になり、後宮淳軍務局長に直接電話をかけて探った。

「私も耳にはさんでおります」

後宮は、自信なさそうであった。

「内閣に臨時的な参議官制を置く方針のようだが、すでに人選は決まっているのだろうか。軍参議官とかち合わないですか」

「多分に、陸、海、財界人で構成されると耳にしております。こちらからは荒木大将や宇垣大将の名もちらほらと……」

「なに？　それじゃ、陸軍内部に干渉することになるのかな」

「そればかりか、責任内閣の本質に違反しますな。作戦にも口を出しかねません」

「ありうるぞ。海軍はどうなんだろう」

「末次大将の名も上がっております」

「で、大臣は何と言っとるんですか。今朝の新聞記事では、内閣改造や補強が話された様子だが」

「議会で各党に、何かしなければいけない、と言った手前、ジェスチャーを見せるんでしょう。大臣はカンカンです」

石原はそのとき、これは近衛個人の意見を聴く参議官制度だな、と判断した。自らの判断能力に欠け、行動力のなさを、陸、海、財界人の意見で埋めようとする、責任分離である。

石原はもう一度、閣議終了後の杉山陸相の会見記に眼を通した。東京朝日は、「長期戦を覚悟」の見出しで、杉山談話をそのまま掲載している。

「非常時局の真の姿をそのままに、議会も全く挙国一致の精神を発揮して、何らの滞《とどこお》りもなく終了することに至ったことは、国民が時局克服のために、如何に重大な覚悟をしているかを如実に示したものであって、真に喜ばしい次第である。

戦局は各方面とも着々と所期の効果を納めているが、一層奮起努力を為し、なるべく戦局を速やかに収拾すべきであると思う。しかし、戦さは変に応じ、機に処するものであるから、長期に亘って戦さが持続されることも十分に顧慮して、これに対処すべき重大なる覚悟が必要である」

「北支戦線、上海戦線ともに、戦局は一段と進捗の度を示している。敵は目下、上海方面に主力を注いでいるようであるが、支那側としては、その心臓部ともいうべき上海を、大部隊をもって死守しようとするのであろうが、これに対しては陸海協力の下に十分の自信を持って戦いを進めている。北支方面は軍略上から徹底的に打撃を与えねばならぬ戦線であるから、今後の戦況は一段と発展して行くであろう。

内閣補強問題については、議会終了後早々であるので、具体的に何ら話は出ていないが、政府は議会にて十分考慮を約してあるから、将来着々具体化して行くことになるものと解しておってよいと思う」

内閣補強は議会で野党各党議員に約束していて、近衛首相は陸、海、財界人に当たりをつけていた。九月十一日には「国民精神総動員運動」が発足し、十二日には「国民精神総動員中央連盟」が結成された。

政府としては国内政治力の強化のため、内閣制度の改革と改造を検討し、企画庁と内閣資源局とを統合して、総務院の設置を考えていた。これは、陸軍省、参謀本部が戦時統制、国民動員の機関として必要だと推し進めてきたもので、海軍はむしろ反対であった。

このため総務院を企画院と名称を変え、十月一日付で設置が決定し、十月二十五日に「企画院官制」が公布される。

初代総裁は法制局長官であった瀧正雄で、次長に青木一男が就任する。のちに瀧の後任に船田中が就任した。

この企画院は内閣総理大臣の管理下に属し、予算の統制、国家総動員計画の設置と遂行、国力の拡充運用等、重要事項を調整する。

一方の内閣参議官制度は、近衛首相の所信表明の日から具体的な人選に入った。

また、内閣参議官は国務大臣なみに礼遇され、勅任とした。のちに十月十五日、正式に「臨時内閣参議官制」が勅令五九三号で公布され、十名の参議官が勅任される。

陸軍からは宇垣一成、荒木貞夫、海軍から安保《あぼ》清種《きよかず》、末次信正大将。財界からは三菱重工の郷誠之助、三井の池田成彬、政治家から町田忠治、前田米蔵、秋田清、満鉄総裁の松岡洋右《ようすけ》の十名が任命された。のちに松岡は昭和十五年、米内内閣を不満として内閣参議官を辞める。

石原が参謀本部を去ったあと、日満産業五ヵ年計画及び宮崎機関が、新設された企画院にその業務を移され、産業五ヵ年計画も廃止される運命になろうとは、予想もしなかった。

北支方面軍の北支作戦

北支方面軍司令官となった寺内寿一大将が天津の司令部に着任したのは、発令から五日後の昭和十二年九月四日である。

寺内軍司令官は出発にあたり、参謀本部との打ち合わせのさい、石原部長から、「長期持久戦となるので、中部河北省を作戦地域とする」旨を伝えられた。このときの石原の考えは、「長期持久戦となるので、保定会戦が終わったら、要線を確保して戦面を拡大することなく、兵力の弾発性を保持して、講和の機会を待ち、不拡大方針」だった。

しかし寺内は、参謀本部の「臨参命第八十八号」の作戦命令を不満とし、中部河北省の作戦地域制限を無視した。

九月四日、軍司令官は就任の挨拶で、
一、方面軍の作戦目的は、
保定、滄州の敵を撃滅するため、易州—馬廠の線に進出して、爾後の攻撃を準備する。
二、第一軍は当面の敵前進兵団を撃滅し、易州、定興、白溝河鎮、覇県の線に進出して保定の敵の攻撃準備。
三、第二軍は馬廠に進出、滄県の敵の攻撃準備。

と、下達した。

天津に着いた寺内は、前支那駐屯軍司令官で第一軍司令官の香月清司中将（14期）に、「新たに北支方面軍司令部を編成することなく、現支那駐屯軍司令部の機構を拡大して、そのままこの方面の作戦を担任した方が有利とする旨の意見を中央に述べたが、採用されなかった」と述べた。

編成方針では、香月駐屯軍司令官が橋本群参謀長を上京させて、陸軍省と参謀本部に、「中部河北省程度の小規模作戦ならば、方面軍司令部を作らなくても、従来の駐屯軍司令部の機構を拡大すれば可能であり、その方が業務の渋滞を避けられる」

と、進言していた。二人は編成方針では一致した考え方だった。

そのこともあり、寺内軍司令官は参謀本部、陸軍省の作戦にも不満があった。参謀本部は、「中部河北省」と小規模に限定していて、どこからどこまでと規定していない。

当初のやりとりでは「保定、独流鎮の線以北」だったが、その後「中部河北省」と漠然としたものになる。兵力配当にも重点がなく、不明確なものとなる。

もっとも、参謀本部の石原が、あえて京漢線の保定、津浦線の独流鎮までとしなかった理由は、長期戦になるため、保定会戦が終わったら戦面を拡大せず、兵力の弾発性を保ち、講和の機会をつくる必要があったからである。

しかし、そのことは成り行き上どうなるか見えないため、漠然とした表現にとどめておいた。作戦の手の内を蔣介石側に明かすわけにはいかなかったからである。

八月三十一日付臨参命第八十八号による北支方面軍司令官寺内大将の任務命令は、つぎの表現になっている。

「命令。

一、北支方面軍司令官は、平津地方及び其付近主要地を占拠し、是等地方の安定確保に任ずべし。敵の戦争意志を挫折せしめ、戦局終結の動機を獲得する目的を持って、速やかに中部河北省の敵を撃滅すべし。

二、細項に関しては参謀総長をして指示せしむ」

この中で注目すべき表現が二つある。

一つは「敵の戦争意志を挫折せしめる」、二つ目は「戦局終結の動機を獲得する」である。

参謀本部の武藤も石原も、方面軍編成にあたっては、ひとまず「保定、独流鎮」まで攻めて、中国軍の出方を待つ考えであった。「戦局終結」は、中国軍との和平交渉の機会を窺う、との意味である。

ところが、寺内軍司令官は天皇の勅語、

「朕、卿に委するに北支那方面軍の統率を以てす。今日夫れ宇内《うだい》の大勢に鑑み、速やかに敵軍を戡定《かんてい》し、威武を内外に宣揚し、以て朕が信倚に対《こた》えよ」

を重く受け止め、「速やかに敵軍を戡定」を実行することにし、参謀本部の命令を無視同然にする。

勅語には攻勢範囲の制限はなく、寺内は「敵軍の戡定」で天皇に応える腹だった。のちに、石家荘・徳州（県）の線まで攻めることになるが、それはいみじくも、八月二十日の支那駐屯軍の北支作戦の目標「石家荘・徳州の線」と一致する。

当時の香月駐屯軍司令官は、このほかに山東半島に一軍の作戦が実施されるものとして、駐屯軍の兵力を概ね六個師団とし、なるべく速やかに作戦行動を開始するを要す、との判決を得ていた。

六個師団のうち二個師団は後方地域の警備にあたるので、特設師団でもよいとも進言している。

北支駐屯軍の要望と、北支方面軍編成とはほぼ似たものであり、方面軍編成では特設の第百八師団（弘前）と第百九師団（金沢）が編組される。

北支方面軍の戦闘序列は、

○第一軍（軍司令官・香月清司中将・14期）
○第二軍（軍司令官・西尾寿造中将・14期）
○第五師団（長・板垣征四郎中将・16期）
○第百八師団（長・下元熊彌中将・15期）
○第百九師団（長・山岡重厚中将・15期）
○支那駐屯混成旅団（長・山下奉文少将・18期）
○臨時航空兵団（長・徳川好敏中将・15期）
○北支方面軍直属部隊
○独立攻城重砲兵第一、第二大隊（丙）
○北支那方面軍通信隊、同鉄道隊、同直属兵站部隊
○支那駐屯憲兵隊

三方から南下作戦

「厖大なる兵力――」

石原は、上海派遣軍へ二個師団、北支方面軍に八個師団と一個旅団、それに航空兵団、独立重砲兵二大隊、戦車二大隊、山砲・野戦重砲兵旅団など、三十個師団のうち十一個師団を中国戦線に送り込むことになり、満州への二十五個師団の常駐は、泡の如く消えようとしているのを嘆いた。

寺内も、また参謀本部の第二部及び石原の第三課も口を揃えて、

「短期決戦、早期和平」

と、敵状を知りながら、持久戦にはならないと意気込んでいた。

しかし、参謀本部には八月三十一日に、「津浦線、京漢線に守備していた中央直系軍が上海戦に転用され、合わせてその数は十五個師になった。上海派遣軍の兵力は五個師団として、第十四師団、天谷支隊を至急派遣されたし」との意見具申があり、中国軍は北支から上海に転用していることを摑んでいた。

その中国軍は、天津から滄州の津浦沿線に第一集団の三個軍、五個師（集団長・宋哲元）が、北京から石家荘の京漢沿線には第二集団の五個軍、十三個師が北上していた。

九月上旬、津浦線方面では、宋哲元の第一集団が北上し、永定河の南岸地区に迫っていた。

中国の抗戦体制は強化され、一部の中央軍を上海戦に転用すると同時に、中共軍の方針を受け入れて、北支方面に転用しはじめた。

八月下旬に国防最高会議の軍事委員会は、北支方面の中共軍四万五千人を一個軍、三個師に編成し、「国民革命軍第八路軍」として国軍に編入させた。

略称して「八路軍《パーロー》」と呼ばれる軍の編成は、以下の通りである。

○総司令　朱徳
○副司令　彭徳懐
○第百十五師長　林彪
○第百二十師長　賀龍
○第百二十九師長　劉伯承

この八路軍は、のちに九月二十三日、第二戦区の序列に入り、「第十八集団」として山西省方面でゲリラ活動を続け、北支の第五師団、関東軍を脅《おびや》かす存在になる。

中国共産党は先に八月十五日、「抗日救国十大綱領」として、毛沢東報告をさらに発展させた内容にして発表していたが、蔣介石の「容共方針」でも、その実態は変わらなかった。徹底した抗日教育で、以下の項目になっていた。

㈠日本帝国主義打倒、㈡全国の軍事総動員、㈢全国人民の総動員、㈣政治機構の改革、㈤抗日外交政策、㈥人民生活の改善、㈦対日経済政策、㈧抗日教育、㈨漢奸の粛清、㈩抗日民族戦線の結成。

この八路軍は九月に入ると、韓城と潼関の二ヵ所から黄河を渡り、山西省に入った。その後は、大同駅と浦州とを結ぶ同浦線の貨車で北上し、原平鎮で下車、集結した。

第百十五師は晉東北方面へ、第百二十師は晉西北方面へ進出して、日本軍の正面に出てきた。

劉伯承の第百二十九師は原平鎮の北方で待機して、山西軍諸隊と協同作戦に出てくる。


この頃、平漢線の板垣征四郎中将の第五師団は、関東軍察哈爾《チャハル》派遣兵団（長・東条英機中将、関東軍参謀長）の応援を得て、南西へ進軍していた。

北支方面軍では、八月初旬に天津入りしていた第五師団が、当初は豊台南方地区に、第六師団（長・谷寿夫中将）が楊村と楊村から西北西へ約二十一キロ先の落岱《らくたい》、郎坊、武清の間の地区に集結、第十師団（長・磯谷廉介中将）は津浦線の天津より南の馬廠を占領し、つぎの作戦準備に入る予定だった。

ところが、関東軍が察哈爾方面に作戦を進めたため、参謀本部作戦部は、北支の作戦を全面的に見直すことになった。

このため、第五師団は北平（京）西方を経て、逐次、平綏線に沿って北上し、第六師団は第五師団が駐屯予定だった南苑以南の地区を攻め、保定方面への作戦に切り換えた。

さらに作戦は変更され、第二期作戦計画を、石原は作戦課、陸軍省軍事課と協議して、つぎのように方針を修正した経緯がある。
一、軍は河北省に侵入せる敵野戦軍を求めて之を撃滅す。之がため軍は概ね集中完了を待って決戦を企図し、先ず保定、滄州の線に向かい前進す。

二、第五師団及び鈴木兵団（重康中将）を平綏線に沿う地区より作戦せしめ、察哈爾省を席巻し、北部山西省及び綏遠方面に進出せしめる。之がために、特に関東軍と緊密に協同する。
三、保定、滄州付近の会戦では、石家荘、徳州の線に向かって追撃する。
四、以後の作戦指導は状況によって定める。

こうして参謀本部は、指導要綱で、

「逐次集中する第五師団を平綏線に沿い、先ず張家口に向かい作戦しながら、察哈爾省に侵入せる支那軍を撃滅せしむ。八達嶺以西の作戦は、第五師団長が之を指揮し、密かに関東軍と協力せしむ」

「軍は二個師団（第六、二十）を以て平漢線方面より、一個師団（第十）を以て津浦線方面より攻勢を採り、保定、滄州の線に前進す。

九月中旬に前進を開始し、下旬に保定、滄州付近の敵陣地前に進出す。決戦の時期は九月下旬、若《も》しくは十月上旬を予定す」

すべては、中国軍が支那駐屯軍の側背及び満州国の西部を脅威するようになったことから作戦を変更し、前進せざるを得なくなってしまっていた。

以後、独立混成第十一旅団は、平（京）綏線に沿って山岳地帯の南口、八達嶺、延慶へ、満州国境の西側を攻め上がって行った。

板垣の第五師団の第四十連隊、第四十一連隊及び第二十一連隊は、平綏線の山岳地を攻め、懐来駅へ北進した。万里の長城を越えて北上する。

また、第五師団の第十一連隊は、白瀑嶺、鎮辺嶺を攻め、西溝子へ進んだ。長城と山岳では中国軍が陣地を張り、攻めあぐんだが、主力は敵陣を突破して北進した。

八月二十九日、主力は沙城堡へ進撃し、第十一連隊は南下して桑園へ、第九旅団は寺内方面軍司令官の下達後、保安、桃花堡、西河営への進撃を待った。

一方の関東軍は、沽源に待機していた大泉支隊が南下し、八月二十三日、中国中央軍と撃ち合いとなる。

二十五日、長城の外側の三間房に陣を張っていた強硬な中国軍と対峙し、さらに城壁の内側に後退した中国軍と激しい戦闘を展開しながら南下した。

大泉支隊が、平綏線の宣化に着いたのは九月七日である。

また、蒙古の張北に司令部を置く関東軍（東條英機参謀長）の堤支隊と第三連隊は、万全から張家口に攻め入り、八月二十九日には堤支隊が平綏線の孔家荘から柴溝堡に進んだ。

第三連隊は張家口で激しい攻防戦のあと、東の宣化に進み、九月七日に大泉支隊と合流した。

九月四日、寺内軍司令官は板垣の要請を受け、第五師団に対し、蔚県付近に進出して保定平地に対する作戦を準備するように、また臨時航空兵団には、第一軍及び第五師団の作戦に協力するように命じた。

板垣の第五師団は山岳戦を戦い抜いて、懐来の平地に出たが、追送補給の目途がたたず、食料も水もなく、困難な状況下にあった。しばらくの間、兵を休ませて戦力を整えた。

軍司令官は保定戦を急いでいた。南下して蔣介石の戦意を断つ狙いがあった。

したがって、参謀本部が修正した「保定、滄州」の線まで攻め、早期講和の機会を窺う作戦である。

中国軍、三方から北上

第五師団の板垣師団長は、前面の中国軍は淶源―易県道を保定方面に退却し、広霊付近に半永久陣地を設置して、第七十三軍が守備しているとの情報に接していた。

九月六日、板垣師団長は北支方面軍の作戦を考慮し、一とき兵を休ませたあと、戦力がまだ充実しないまま、約百キロ先の蔚県付近の中国軍撃破に向かった。

作戦は平綏線の宣化駅、新保安駅、懐来駅の駐屯地から三縦隊となり、南下を始めた。

宣化からは三浦敏事《としわざ》少将の歩兵第二十一旅団（歩兵第二十連隊、長・栗飯原秀《あいはらひいず》大佐、歩兵第四十連隊、長・大場四平大佐）が、新保安からは国崎登少将の第九旅団（歩兵第十一連隊、長・長野祐一郎大佐、歩兵第四十一連隊、長・山田鉄二郎大佐）が、懐来からは第十一連隊の基幹二大隊が花梢営—西河営南北の線に向かって前進を開始した。

ところが、第十一連隊の基幹二大隊は、十キロ先の桑園付近で、数日前から降り続いていた雨で桑乾河が氾濫し、渡河できずに立ち止まる。旅団は内長城線の陣地からの左側背を襲撃される恐れがあり、一部を陣地に残して師団の左側を掩護させ、第九旅団の中央縦隊に合流させた。

第九旅団は十キロ先の保安を過ぎた桑乾河上流で、第四十一連隊を花梢営に向かわせ、第九旅団と山砲兵連隊の主力は、八十キロ先の西河営に向かって南下した。

第四十一旅団は九月九日、花梢営で右縦列隊の第二十一旅団と合流し、花梢営の中国軍と戦い、南へ進撃した。

花梢営での戦いが終わると、第二十一旅団の主力は、桑乾河に沿って右側を南下し、翌十日には陽原に到着した。

桑乾河を挟んだ南村と広霊は中国軍の巨大な陣地で、河に沿って陣地が築かれ、難攻不落の要塞である。第二十一旅団主力は九月十日、戦力を整えた。

第二十一旅団第二十一連隊は、花梢営で主力隊と分かれると、桑乾河を渡って南下し、広霊陣地の中国軍と対峙した。

一方の保安から桃花堡、西河営へ前進した第九旅団と騎兵第五連隊は、西河営で三方に分かれて前進した。騎兵第五連隊は右側から十一日、蔚県に突入して占領する。

第九旅団の主力は十一日、二十キロ先の大固城を攻撃して占領した。東側に回った第四十一連隊の二大隊は、河北省の省境の高地、同溝を占領した。

大固城に入った第九旅団第四十一連隊の一部は、そのまま南下し、河北省の省境で同溝より南へ二十キロ地点の伊家堡まで攻めた。

二つの隊に分かれた第四十一連隊は、省境を越えて河北省に入り、二十キロ先の淶源を左右から攻撃しはじめる。

第四十一連隊が淶源を占領したのは、省境でひと休みして戦力を整えたあとの九月十六日のことになる。

第九旅団の主力は広霊陣地の東側から入り、十三日には前線の陣地を突破し、十四日、広霊陣地に入る。ここで第二十一旅団第二十一連隊と左右から広霊陣地を攻撃し、方面軍の作戦に間に合わせた。

第五師団は南村、広霊の陣地で戦力を整え、予定通りの戦さに出ることになる。

第二章——東条兵団独走す

東条と板垣五師団長

石原莞爾作戦部長の頭の中は、一日も早い蔣介石との講和工作しかなかった。

上海戦でも、南京まで攻め、南は杭州、東は上海を結んだ三角形内にとどめ、和平の機会を作ろうと考えた。

もし、それでも蔣介石が外交ルートを使っての和平に応じなければ、上海・南京、上海・杭州間の鉄道線路すべてを取り外して交通を遮断し、中国軍の移動を封鎖することも考えた。

石原は部長室に貼った中国全土の地図を見上げ、蔣介石の弱点を推測する。すべての線路を取り外せば、車でしか移動できない。そうなると、陸上からの攻撃は不可能になる。

あとは制空権を確保するだけである。

それには上海全域を確保し、蔣介石軍が攻めてこられない状況下に置く。さすれば南京まで攻めずにすむし、戦力をそれ以上費やすこともない。

「どろ沼に片足を入れずにすむ」

石原は、蘇州と嘉興の線まで攻め上げたあとが最初の講和の時期と考えた。それでも講和の機会がなければ、すべての上海に通ずる鉄道レールを取り外して遮断に出ることを考えていた。

「それよりも満州と北支だ。関東軍は深追いをやめ、満州へ引き揚げさせないといけない」

石原は、河村支隊が張家口から南西の南壕堡、興和、京綏線の豊鎮駅へ、第一、第十五旅団が京綏線に沿って永嘉堡、鎮宏堡駅へと攻め下って行くのが気になり出した。

報告では、関東軍は張北の司令部から堤支隊（長・堤不夾貴《ふさき》中佐）と独立混成第二旅団の第一連隊、第三連隊が万全と張家口を攻め、京綏線に沿って独立混成第一旅団、第十五旅団が九月五日には張家口より五十キロ南の永嘉堡を、第二旅団は九月四日に柷児嶺を占領、堤支隊は南壕堡の陣地を攻撃、大泉支隊は九月七日、宣化駅まで攻めて戦陣を立て直した。

張家口から京綏線の宣化へは、第三連隊の二大隊が八月二十八日に十キロ近くまで攻め、大泉支隊、第五師団と合流している。

「山西方面を制して事変の早期解決」を図る板垣征四郎と、関東軍参謀長の東条英機中将（17期）が宣化で会ったのは、関東軍の察哈爾《チャハル》派遣兵団が宣化駅に駐留した後の九月上旬である。

第五師団が懐来駅から北の沙城堡に進出したのは八月二十九日で、九月上旬に板垣は張北に来ていた東条と電話で連絡をとった。二人は九月に入って、治安が納まった宣化で会う約束をする。

宣化は張家口から約四十キロ東にある。九月七日に駐留すると、関東軍は戦備を整えた。その間の両軍の情報交換である。

「なんとしてでも、早期解決をやらねばならない。方面軍司令官は津浦線の滄県まで、京漢線は石家荘まで攻めて蔣介石の反応を見る方針で、まず蔚県から広霊陣地を九月中旬までに確保する」

「こっちは右側背を攻めるから、第五師団に協力して行く。独立混成第一旅団と第十五旅団で平綏線の天鎮から大同まで進める。安心してくれ」

早期解決では、二人とも同意見だった。二人には上海戦の様子は詳しくは入ってこなかったが、参謀本部の不拡大方針には不満である。

「たった二個師団でとは……。参謀本部は無茶だ」

「敵情偵察が失敗だな。海軍側には陸のことは分からないからね」

「偵察を出して、陣地、要塞を詳しく偵察すべきだったが、あまりにも急だったな。なにしろ、こっちは飛行機がないから、空からの偵察は不可とくる」

「満州を安泰させるには、永定河南に緩衝地帯をつくり、北京に治安政府をつくることが先決だ。急がねばなるまい」

板垣には、石原が上海への増派をめぐって孤立していることは、容易に想像できた。満州を安泰させるには北支政府をつくり、緩衝地帯とする以外にない。東条も同じ考えだった。その関東軍は、中国中央軍の第八十四師、八十九師の抵抗に苦戦する。

中国軍は日本軍の進攻を喰い止めるため、山西省及び綏遠省の防禦を固めていた。まず察哈爾省境（察哈爾省と山西省）の天鎮、広霊付近及び内長城線、大同の北方四十キロ先の豊鎮、さらには大同から北方九十キロ付近に半永久陣地を構築していた。

そのほか、山西省を直接に防衛するため、太原北方においては忻口鎮付近、太原の東、井陘《せいけい》付近にも堅固な陣地を構築していた。

関東軍、満州を離れる

参謀本部では七月二十八日時点で、関東軍の内蒙古工作を促進するため、兵力の行使を認可している。ただし、一部の兵力を内蒙古領の多倫《ドロン》に派遣し、内蒙古軍を支援して国境を掩護する。国境を越えて前方に進出することは容認しなかった。

関東軍の内蒙古工作は八月二日、中国軍の第八十九師が京（平）綏線の南口付近を占領して、平津地方に展開する日本軍の支那駐屯軍の側背を脅かしはじめたのが、きっかけとなる。

中国軍は北支事変前までは、察哈爾省に第二十九軍（長・宋哲元）の一部である第百四十三師、独立第四十旅、独立騎兵第十三旅が、綏遠省に山西軍及び綏遠軍の主力、五個師、三個騎師、さらに中央軍の第八十四師、八十九師がそれぞれ駐屯していた。

北支事変勃発後は、第二十九軍に代わって中央軍が進出し、ついには八月上旬、満州国境を侵犯した。同時に、中国軍の騎兵第一軍（騎兵二個師、歩兵二個師）は、わずか九千余名で装備不良の徳王の内蒙古軍を襲撃してきた。

関東軍は、のちに八月中旬から中国軍を徳化、商都、さらに張北の北西六十キロ先の尚義付近に後退させることになるが、中国軍の陣地構成はさらに強まっていた。

参謀本部には植田謙吉軍司令官名で、しきりに内蒙古工作を進言してくる。武藤章作戦課長は、なるべく関東軍は動かしたくなくて、石原の意見を求めてくる。

それが「一部兵力の多倫派遣」であった。

先に触れたように、関東軍司令官は、独立守備第三大隊で堤支隊を編成して多倫に派遣し、内蒙古軍を支援していた。

それは、あくまでも国境を守備する狙いからである。堤支隊は長い行軍のすえ、八月八日に多倫に到着し、満州国境の警備に当たった。

関東軍はこのほか、第二師団から大泉基少佐の歩兵第四連隊歩兵一大隊を沽源付近に派遣した。

この第四連隊は二年前まで石原が連隊長をしていた部隊で、一大隊を出して国境を守備させた。

当時の関東軍には、失敗した綏遠事件の後遺症が残っていた。大同方面に積極的に出て、後遺症を取り除きたいという意志が強く、歩兵第四連隊の一大隊を沽源付近に派遣する前に、北支方面の作戦に連繋して、綏遠省の平地泉と大同方面に進出する作戦を準備し、参謀本部に意見を具申している。

参謀本部作戦部では、武藤課長は関東軍の作戦を支持したが、石原は、

「不拡大方針を堅持すべきだ。積極作戦を行なってはならん。今、何を優先すべきかを考えてみろ」

と言って反対した。

だが第一部会では、第三課員の中にも綏遠事件の失敗を取り戻して、奪還したいとする関東軍の面子を重んじる者もおり、武藤課長が代弁して支持している。

もちろん、石原は彼らの胸中を見抜いていた。

「面子で戦さをするほど愚かなことはない。勝った例もない。真っ向から挑むのではなく、和して勝つものだ」

すると、武藤は激しい口調で反論する。

「そんな手ぬるいことで満州が守れますか。支那軍は察哈爾省に侵入していて、つぎは満州国ですぞ。国防上、放任できんです」

「あの広い砂漠で、それ以上攻めてくるとは思えん。むしろ東満と西満の対ソ戦備強化を急ぐべきだ」

「作戦課長として申し上げます。満州国防からして、多倫に駐屯している堤支隊を張北に前進させるべきです。東条参謀長も強く具申しております。万一、敵が国境を越えてきたら、それこそ手遅れです。二度あることは三度あると思うべしです。ただし、張北以後は前進させない。あくまでも満州国を守備する範囲ということで、承認して下さい」

「武藤課長、まだ十三年度の作戦計画案もできていないではないか。九月上旬までに作れるか。対ソ作戦もまだではないか。先に打つべきことから始めてはどうだ」

「それは約束します。徹夜してでもやらせますから」

「それが条件か……」

またも石原は、武藤に押し切られた。武藤が、堤支隊は張北から前進させない、作戦計画案を急ぐことを条件に出してきたからには、石原はそれ以上、反対するわけにはいかなかった。

「次長と話してみる」

そう言って、石原は作戦会議室を出た。

関東軍の張北への前進と察哈爾作戦は、次長と部長の容認後、ただちに実行に取りかかり、臨参命第七十二号で八月九日、つぎのように命令を伝宣している。
一、支那駐屯軍司令官は適時有力なる兵団を以て、概ね張家口以東に支那軍を剿滅《そうめつ》すべし。
二、関東軍司令官は所要の部隊を以て、熱河省及び内蒙古方面より前記の作戦を容易ならしむるべし。
三、支那駐屯軍司令官は右の作戦のため、所要に応じ、其の指揮下に在る関東軍司令官隷下の一部を関東軍司令官の指揮下に復せしむることを得る。
四、細部については参謀総長をして指示せしむ。
だが、この命令よりも早く、独立守備第三大隊の堤支隊は行動を開始し、八月八日に張北に到着していた。関東軍が参謀本部の命令を受ける前の行動である。

察哈爾作戦の目的は、単純な理由からである。それは、支那駐屯軍の側背と満州国境の脅威を取り除くことにあった。そのためには、察哈爾省内にいる中国軍を剿滅することが急務である。

直接の指揮は支那駐屯軍で、関東軍はあくまでも主役の駐屯軍の策に応ずる立場だった。

そのため、斉斉哈爾《チチハル》の第一師団から編成した独立混成第二旅団（長・本多政材少将、22期）は、支那駐屯軍の指揮下にあったが、臨参命第七十二号の伝宣で関東軍に復帰した。

独立混成第二旅団は、北支へ応急的に派兵された旅団で、歩兵第一連隊、第三連隊、第五十七連隊の第三大隊、騎兵第一連隊の第二中隊、野砲兵第一連隊の第四大隊、工兵第一連隊の第一中隊で編成されていた。

このうちの歩兵一大隊は、十四日に張北に到着し、堤支隊に配属された。

このほか、関東軍からは哈爾濱《ハルピン》駐屯の大泉支隊が八月八日に出発し、十三日に内蒙古との国境の沽源に到着する。

この二つの部隊は、独立混成第二旅団の指揮下に入り、一部を先発させた。主力の大部分が張北に着いたのは八月十九日である。

関東軍はこのほかに、第二師団の中から独立混成第十五旅団（長・篠原誠一郎少将、17期）を編成し、北京から北東の満州国領の承徳に派遣した。

この旅団は別名「篠原兵団」とも呼ばれ、錦州から列車で西へ移動し、二十四日に承徳に到着している。その後、万里の長城の外城にある河北省の張北に前進した。

昭和十二年三月一日に編成された関東軍の独立混成第一旅団（長・酒井鎬次少将、陸大24期）は、十六日付で支那駐屯軍の指揮下から離されて関東軍に復帰した。同旅団は通州に駐屯していたが、十八日に通州から列車で移動し、二十五日には張家口の北西約十二キロにある河北省の万全に到着する。

万全は、北の張北と張家口を結べば三角形になる。左右に移動しやすい位置にある。

このほかに、関東軍の第二飛行集団（長・安藤三郎少将、18期）は察哈爾作戦への参加を命じられる。しかし、急には準備に入れず、十日間の予定で支那駐屯軍から復帰した集成飛行集団を指揮下に入れた。

この間、東条英機参謀長は八月十四日、察哈爾派遣兵団司令部を編成し、満州国境沿いの内蒙古領の多倫に戦闘司令部を置いた。

戦闘司令部の長は東条参謀長で、いわば関東軍の出先司令部となる。

この司令部の参謀の顔ぶれは、新京の関東軍司令部参謀を兼務するが、体は多倫にあって、新京の司令部はもぬけの殻同然になっていた。主な参謀及び分担は、つぎのとおりである。

◇作戦参謀／綾部橘樹大佐（27期、関東軍参謀作戦課長）、陸上担当参謀・中山貞武中佐（29期）、航空担当参謀・安藤尚志少佐（24期）
◇情報参謀／冨永恭次大佐（25期）、田中隆吉大佐（26期）、白崎嘉昭少佐（34期）、松井忠雄大尉（35期）
◇兵站監／中村明人少将（22期）

ドロ沼へ進む

察哈爾戦闘司令官東条英機は、当初は参謀本部の命令どおり、満州国境を守備するため中国軍を剿滅する方針でいた。だが、次第に異常なまでの熱意をもって独走しはじめた。

関東軍からは堤支隊、独立混成第二旅団の本多支隊に続き、酒井兵団、大泉支隊、独立混成第十五旅団の篠原兵団を察哈爾作戦に送り出したが、支那駐屯軍の独立混成第十一旅団（長・鈴木重康少将、17期）が西側地区を長城線に向かって攻撃し、さらに板垣の第五師団第四十二連隊が増援に回って長城線の最高峰一三九〇高地を奪取すると、関東軍の察哈爾派遣兵団は、北の張北方面から攻勢をかけた。

関東軍は張家口から南西地区で京綏鉄道を分断するため、多倫に司令部を置いた二日後に、ただちに各支隊の部署準備にとりかかった。

まず独立混成第二旅団（堤支隊）は十九日以後、前面の敵を撃破して張家口南西地区に前進し、平綏鉄道を分断、以後、宣化（南東十キロ）に向かう前進準備に入ること。

内蒙古軍の主力は張北付近に集結し、堤支隊の二個中隊基幹で編成した大原支隊とともに張北、康保付近を確保し、兵団の右側背を掩護する。

大泉支隊は沽源付近に歩兵一個中隊を残置し、独石口方面（南へ約十五キロ）に対し、兵団の左側背を掩護するよう準備に入った。

関東軍の察哈爾派遣軍戦闘司令部が、多倫から張北に移った翌日の二十日、独立混成第二旅団が攻撃を開始した。

その日の夜、長城線の一部を突破する。中国軍は死守せず、日本軍が攻める以前に退避していたので、二十三日には万全付近の中国軍を撃破した。

万全は難攻不落の山岳陣地で、独立混成第二旅団はかなりの犠牲者を出した。山に囲まれて道路は狭く、左右前後からの攻撃を受ける。

この一帯は高地が続く。

旅団は南下して孔家荘駅を占領すると、京綏鉄道を確保し、中国軍の移動を遮断することに成功する。京綏鉄道の南西から張家口へ兵を送り込む中国軍は、鉄道を遮断されたため、柴溝堡駅で足止めされた。

鉄道を日本軍に遮断された張家口の中国兵は、逃げ場を失った。そこに孔家荘駅から、主力を京綏線に沿って下花園、柴溝堡方面に進撃させると同時に、一部の兵力をもって、逆に張家口へ攻め上がった。

一方、沽源に駐留していた大泉支隊は二十日、沽源を出発して南下を始めた。途中で中国軍の抵抗に遭うが、二十六日には三間房に入り、万里の長城に達した。

長城線を占領すると、その後は張北の司令部直轄に入り、長城を越えて宣化の北の高地を前進し、京綏線の宣化駅をめざして南下を始めた。こうして九月七日に、大泉支隊と第二旅団及び板垣の第五師団が合流する。

関東軍は二個師団に相当する四個旅団のほか、航空兵団を北支に派遣している。このうち、鈴木少将の独立混成第十一旅団は、八月十一日付で関東軍への復帰を命じられた。

京綏線に沿って南下して進撃する独立混成第一旅団は八月二十九日、柴溝堡付近を占領するが、すでにそのときには中国軍は全軍後退したあとで、待機、駐屯する。

石原は、関東軍が参謀本部の命令を無視して戦局を拡げて行くのを危惧《きぐ》していたが、現場の作戦課はむしろ煽り立てていた。すでに北支方面軍編成が終わり、方面軍司令官も決定した後で、寺内軍司令官が天津に着く前には、京綏線に沿って大きく南下していた。

東条と板垣が宣化で会談するのは、寺内が天津に着いた後になる。方面軍司令官が天津の司令部に着く前の八月三十日、参謀本部と陸軍省は「臨命第四八一号」で、関東軍と北支方面（支那駐屯）軍との協力を、つぎのように指示していた。

「一、支那駐屯軍司令官及び関東軍司令官は、各々第二項に示す作戦地境内の察哈爾省、特に平（京）綏鉄道沿線の安定確保に任ずべし。

二、支那駐屯軍と関東軍との作戦地境を、左の如く定む。

○靖安堡─下花園─保安、保安より上流の桑乾河の線。

○線上は支那駐屯軍に属す。

三、支那駐屯軍司令官は、独立混成第一旅団を関東軍司令官に復帰せしむべし。

四、支那駐屯軍司令官は、張家口方面に在る関東軍司令官隷下部隊のため、補給を援助すべし」

こうして、七月十一日の北支派兵下令の日から、天津の支那駐屯軍の指揮下に入っていた関東軍の各旅団、飛行集団は、察哈爾派遣兵団の東条司令官の隷下に戻った。

関東軍は北支方面軍の隷下ではなく、協力関係にあったが、石原はこの時点で全兵力を満州に戻し、東満、北、西の守備に当たらせる考えで、部課長会議を招集した。

だが作戦課は、関東軍は京綏線に沿って南下し、第五師団を側面から掩護しながら天鎮から鎮宏堡、大同へ、第十五旅団の独立歩兵第十一連隊は京綏線に沿って平地泉まで攻める方針を決定している。

石原は方面軍編成前の作戦に入っているのを、あらためて思い知らされる。命令系統が方面軍へ伝わり、そこから第一、第二軍司令部へ、さらに各師団司令部へ下達されることになり、はたして正確に伝達されるものか不安を覚えた。

張北の東条戦闘司令官には、新京の植田関東軍司令官から下達されるが、その東条司令官は北支方面軍の第五師団と連携しながら進撃して、中国軍を南へ南へと追い返している。

堤支隊と大泉支隊は宣化で合流すると、本多少将の独立混成第二旅団の指揮下に入った。

また、第五師団の第二十一旅団（長・三浦敏事少将、19期）第四十二連隊（長・大場四平大佐、23期）は宣化に集結した。第四十一連隊（長・山田鉄二郎大佐、20期）は新保安に集結し、それぞれ九月七日、両旅団は南へ約四十キロ先の花梢営をめざして進撃する。

関東軍は堤支隊と大泉支隊を指揮下に入れると、張家口から二手に分かれて、第五師団の進撃と同歩調で一斉に南へ進撃を開始した。

鈴木兵団の独立混成第一旅団は、京綏線に沿って柴溝堡を、本多兵団の独立混成第二旅団は、第五師団の第二十一旅団と京綏線との中間の綿花畑を南下し、柷児嶺を攻め、九月六日、中国軍が退避したあとに占領した。

第十五旅団は京綏線を南下し、永嘉堡の陣地を九月三日から五日にかけて攻撃して占領する。

両旅団はそれぞれ二十キロ先の天鎮陣地に向けて進撃を開始した。

天鎮は、京綏鉄道の中ではもっとも強固な陣地である。関東軍の両旅団は、進撃を前に戦陣を整えている。両旅団は二手に分かれて総攻撃を仕掛けた。

鉄道沿いに進撃した永嘉堡の第十五旅団は、右（西）側を第十六連隊が、左（東）側を第三十連隊が進撃し、正面から攻撃した。綿花畑には川を挟んで幾重にもトーチカが築かれ、また左右に長い塹壕が掘られ、対戦車用の塹壕も構築されていて進撃は難航した。

東側から攻めた独立混成第二旅団は柷児嶺で戦陣を整えると、十キロ先の天鎮要塞陣地に向けて、二手に分かれて九月五日から攻撃に入った。

右手を歩兵第三連隊（長・湯浅政雄大佐、19期）が、左手を歩兵第一連隊（長・十川次郎大佐・23期）が進撃した。

ここに出てくる第二旅団の歩兵第三連隊及び第一連隊とは、昭和十一年二月二十六日の「二・二六事件」を起こした連隊である。第一師団は十一年五月に北満の斉斉哈爾に駐留していた。

関東軍では、二・二六事件の汚名を晴らすべく、両連隊を北支へ派遣した。両連隊は九月七日、中国軍が大集結した天鎮を攻撃し、多くの犠牲者を出しながら、ようやく最初の難関を突破した。

第一、三連隊は、そのあとさらに南下し、大同駅をめざして北支の奥へ奥へと進撃して行く。

東条兵団の深入り

第十五旅団の第十六連隊と第三十連隊は、九月五日から天鎮城を西側から攻め、陽高駅をめざした。独立混成第二旅団と第十五旅団は、ほぼ同じテンポで敵陣を攻め、第十五旅団は九月八日、鉄道を使って陽高駅付近の中国軍を攻め落とした。

独立混成第一旅団の酒井兵団は、独立歩兵第一連隊の第三大隊（河村支隊）とともに察哈爾省と綏遠省の境界にある南壕堡の中国軍と戦い、これを突破して二十キロ南の興和の陣地を攻撃した。その後、寧遠方向に前進する。

東条戦闘司令官は、内蒙古軍を北方の大清溝へ進撃させた。九月八日、内蒙古軍は大清溝を占領する。もう一方の内蒙古軍は、徳化に向かって進撃し、九月十六日に徳化を占領する。続いて紅格爾図を占領し、陶村に進撃して行く。

参謀本部では、関東軍があまりにも北支に深入りし過ぎていることから、関東軍司令官に東条参謀長の帰還を命じた。

ひとつには笠原幸雄少将（22期）に参謀副長の内示があり、交替の用意があったからである。しかし東条は、大同を落とすまではその気はなかった。むしろ、引き続き山西省境に進出し、板垣兵団の攻撃を支援する考えであった。

酒井兵団の独立混成第一旅団と第十五旅団は、競うようにして天鎮城から攻撃を開始して行く。すでに天鎮城攻撃で、両旅団は多大な戦死者を出していた。それは京綏線の鉄道で後退してきた中国軍が孤立したためである。退却できなくなった中国軍は、ここで日本軍と激しい死闘を展開した。

両軍の攻防戦は三日に及んだ。共に京綏線戦域における最初の激戦となる。第一師団の第一、第三連隊は、北支戦で初めて予想外の犠牲者を出していた。

彼ら二・二六事件の投降兵たちは、「昭和維新」のためクーデターを起こし、有望な将校たちを自決と処刑で失うという悲劇の連隊だったが、天鎮城の攻防戦で、汚名を晴らすことができたのである。

両旅団が天鎮城を攻略し終えるのは、実際には九月十一日のことであった。相当の犠牲者を出した末に、聚楽堡の陣地に突入し、九月十二日には大同に向けて進撃を続けた。

第十五旅団は、天鎮の北から万里の長城伝いに、九月九日には陽高を、そこから二手に分かれて攻めた。右側を第三十連隊が鎮宏堡へ、主力は聚楽堡を京綏線伝いに攻めた。

軍の予備であった独立歩兵第十一連隊も、両旅団に加入された。十一日、第十一連隊は途中の陣地を突破して進撃する。だが、日本軍の攻撃を予知して、中国軍は大同の守備を捨てて、二手に分かれて後退した。

ひとつは大同から真南へ七十五キロの茹越口《じょえつこう》へ、綿花畑の中を敗走したかに見せて無傷のまま、途中の桑乾河の上流を渡った。

茹越口は恒山山脈にあって、万里の長城を背にした村である。ちょうど山脈の切れ目に当たる。山脈を越えれば長城の南で、そこからは山西省に入る。

もう一隊は鉄道で岱岳鎮《たいがくちん》へ出た。そこから綿花畑の中を山陰村へ。さらに桑乾河を渡り、恒山山脈の長城の村、雁門関へ後退した。

雁門関は地名の如く、長城の関門になっていて、大同からは南西へ約百キロである。門の向こうは山西省で、大きな町の代県に通じる。大同から代県、その先は、もうひとつの長城を越えれば京漢線の石家荘に通じている。

大同から石家荘へは距離にして約三百キロである。山西省は、北側に恒山山脈に築かれた長城があり、東側は河北省境の長城が、石家荘から分かれた正太線の鉄道を縦断するようにして南北にそびえる。いずれも長城の内側は強固な陣地が築かれていて、守りは固い。それに、長城の北には桑乾河があり、戦車、野砲隊の進撃を喰い止めていた。

石原部長は十日、作戦会議で東条兵団の深入りを止める方針を決め、多田次長名で関東軍の植田司令官に急電を送っていた。文面は、

「大同方面には我が兵力増加を企図せざるのみならず、復帰するを要すべき状態なり。貴軍の任務は内蒙古処理要領を以て承知せしめた通りであって、北部山西省及び綏遠省に対する勢力関係から大なる新作戦指導に就き再考せられたし」だった。

だが、東条戦闘司令官は、参謀本部の意見を無視し、勢いに乗って九月十三日、山西軍が総退却して無人状態の大同に入った。

関東軍部隊の積極前進控制《こうせい》のため、石原は次長名電で北支方面軍司令官に、ふたたび「現況および今後の企図を明瞭に報告するように」と要請した。

蒙古軍、大同方面に作戦す

内蒙古軍を支援して満州国を護る、それが関東軍の使命だった。察哈爾《チャハル》作戦を参謀本部が容認したときも、また北支方面軍の作戦に連繋して、京（平）綏線の西の果ての平地泉、山西省まで百キロ手前の京綏線の大同陣地への進出を意見具申してきたときも、参謀本部は、

「不拡大方針を堅持すべき時期に、積極作戦を行なってはならない」と控制した。

さらに中国軍が察哈爾省に侵入してきたとの情報に接した関東軍は、満州国と内蒙古国との砂漠の国境の町、多倫《ドロン》から河北省の張北へ前進させたいと言ってきたときも、石原作戦部長は猛然と反対した。

「内蒙古領内の多倫に駐屯して、中国軍の満州国侵入を防ぐだけにとどめ、内蒙古軍を支援して国境を守備することだ」というのが、石原の反対理由だった。

昭和十二年九月上旬の北支進攻は、まさしく綏遠《すいえん》事件に失敗した関東軍の後遺症的な作戦だった。関東軍が先へ先へと進撃し、板垣兵団の第五師団が引っ張られるように、それについて行った。京綏線の戦いは東条参謀長の関東軍がリードし、第五師団が遅れまいと南西へ進撃している。そして、つぎつぎと深みにはまり、参謀本部も引きずられて行った。

作戦室での緊急会議で、壁に貼りめぐらせた中国本土の地図を見上げていた石原は、全作戦部員に、

「二部のロシア班は、ソ連の満州侵攻はないと言っているが、何も見えないのか。凍結河からの侵攻は当たり前と思うべきだ。この年の暮から一月の間に武力援助がありうると見ていい。したがって、北支方面軍からの戦況報告を急いでほしい」と、再度指示した。

次長電を発信するのと同時に、東条兵団の第十五旅団（篠原誠一郎少将）と第二旅団（本多政材少将）が大同を占領した、との報告が入った。

大同まで占領すると、桑乾河を挟んで山西軍と正対する。そこから先は恒山山脈の長城線で、そこを越えれば山西省である。

「武藤課長、これ以上の進撃はならぬ。関東軍は満州へ引き揚げて守備につくべし。参謀長が張北にい

ること自体問題だ。先に十日付の次長電で伝えた如く、復帰すべしだ。抽出転用が困難になる。任務を越えている」

武藤も、満州は気がかりではある。関東軍の察哈爾の東条戦闘司令官への伝達は、直接ではなく、新京の関東軍司令部を通して張北の東条司令官に連絡するため、うまく伝わっていないふうである。

第五師団の板垣師団長にも、方面軍司令部から伝達させているが、方面軍自体が第五師団の行動をはっきり摑んでいなかった。それが正しく伝わらない原因だった。

武藤はやむなく、九月十三日、

「大同付近要地を占領し、作戦地域内、察哈爾省の安定確保に任じ、かつ第五師団の保定に向かう用意をせられたし」

と、関東軍司令官に任務を打電した。

いつまでも大同に置くのは、満州への回帰を不可能にし、危険だ、というのが石原の判断である。

だが、関東軍は山西作戦を行なう腹で、北支方面軍司令部にその旨を打診していた。

四日後の十七日に、関東軍参謀作戦担当の綾部橘樹大佐は、天津の北支方面軍司令部を訪れて、北支方面軍参謀長の岡部直次郎少将（18期）と会い、山西作戦の実施を強調する。綾部は関東軍の意志として、「山西作戦に協力する」と語り、岡部参謀長を激怒させた。

「こちらの参謀部第一課（長・下山琢磨大佐）は、山西作戦に関東軍の協力を望んでおられる。しかし、関東軍の協力はいつまでも期待できない。結局は方面軍の兵力を山西作戦に吸収され、主力方面の兵力が劣勢となる。現在の準備では、後方の追随が至難である。保定作戦は予定どおり、北支方面軍会戦指導の方針及び要旨に変わりはない」と、関東軍の山西作戦に反対した。

この頃、中国軍の兵力、要塞、陣地築城の全容が明るみになる。偵察機による津浦線、京漢線、京綏線沿いの陣地、築城及び兵力が、ある程度把握できた。

北支方面軍も参謀本部も、中部河北省に進出した第一戦区の中国軍兵力は、約四十万人と推定した。編成は、全軍を統括しているのは第一戦区の劉時であり、その下に津浦線方面が第一集団軍で、司令は宋哲元、京漢線方面が第二集団軍で、司令は劉時が兼任していた。

京漢線の石家荘に第二集団軍司令部を置き、劉時が指揮している。中国軍は保定城から北へ十キロ先の、東西にわたる大冊河の手前に、河に沿って横に七つの大きな陣地を築いている。

京漢線の保定駅から北十キロ先にある漕河頭駅は、ちょうど東の白洋淀（湖）に注ぐ大冊河の手前にあり、北京方面から保定に入るには、漕河頭駅の北にある大冊河に架かった鉄橋を渡らなければならない。また、保定の東南方面には、白洋淀に注ぐ猪龍河が流れていて、川上は京漢線の新楽駅の辺りになる。

つまり、北からも東からも、また南からも、二つの河を渡ることになり、保定城は外堀の役目をする河に守られている。

中国軍の陣地は、河の手前に戦車が渡れない幅の塹壕を掘り、迎撃の態勢をとっていた。さらに北に向かって、保定から六十キロ北の高碑店でも、東西に九つの陣地を築き上げていた。東側には白洋淀に流れる大清河があるが、この大清河も要塞の役を果たしていた。

大清河は北から南の白洋淀に流れるが、この河に沿って手前に塹壕を掘り、陣地を築き上げていた。

この大清河の上流は琉璃河鎮《りゅうりがちん》駅である。大清河、琉璃河に沿って十三の陣地が築き上げられている。

中国軍の最前線の琉璃河鎮の駅から北京までは、鉄道路で約八十キロである。ここを京漢線の前線基地としている。琉璃河鎮から南へ約四十キロ先が高碑店で、ここを第二基地、さらに南へ七十キロ先が保定城である。

京漢線の中国軍は退避戦法を採り、河を自然の要塞として、三段階に大きな陣地を築き上げていた。

それがいつできたか。盧溝橋事件前なのか、後に築いたかは不明である。事件後となると、わずか二ヵ月で塹壕を掘り、前線の陣地を築いたことになる。

二ヵ月間で築いたとすれば、攻めるための陣地ではなく、守備戦の退避戦法である。守備では万全に思えた。

第三章――戦争計画要綱

馬廠陥落に石原不快

宋哲元の第一集団軍は、平津地方から追われて保定付近に退却したあと、約五個師で編成された軍で、津浦線の馬廠に前線基地を築き、司令部は滄県に置いていた。

日本軍は、七月末に関東軍から派遣された歩兵第二旅団が天津の暴動鎮圧に出ていた。代わりに第十師団歩兵第三十九連隊の三大隊が、馬廠河を船で大沽《タークー》の河口から上流の小站に向かって宋哲元軍を攻撃し、八月二十六日にいたって、ようやく馬廠から東へ四十キロの小王荘まで進撃し、独流鎮―小站の線を占領して、馬廠の宋哲元軍を警戒していた。

歩兵第二旅団は、八月七日付で関東軍に復帰するため、歩兵第七十七連隊の主力及び歩兵第十三連隊の一部が歩兵第二旅団と交替し、津浦線の守備についていた。

さらに、第十師団が八月十四日に大沽に上陸すると、二つの連隊は第十師団と交替した。

第十師団は大沽上陸後、その主力は大沽―天津―馬廠道を、一部をもって大沽―小站―馬廠道を前進した。

第十師団の磯谷師団長は、歩兵第三十九連隊の三大隊で小站、大沽及び鹹水沽《かんすいこ》付近を占領し、師団の上陸を掩護した。

師団の主力が天津付近に集結すると、歩兵第十連隊（長・赤柴八重蔵大佐）の主力を右側の掩護隊とし、独流鎮、良王荘付近に前進させた。

歩兵第七十七連隊（長・鯉登行一大佐）は、良王荘付近を警備していたが、八月二十一日に第十連隊と交替する。

第十師団が上陸を終えると、軍司令官は第十師団に二十三日以降、随時、馬廠の宋哲元軍を撃破して、馬廠付近を占領するように命令を出した。

馬廠は津浦線上の要地で、馬廠鎮は大運河の東岸に位置する。清朝の光緒《こうちょ》年間に初めて軍隊が駐屯して以来、軍事上の要所となった。鉄道、運河が南北に伸び、交易の要所でもあった。

馬廠鎮の周囲には高さ四メートルほどの城壁があり、その外周の東と南は湿地帯である。西側は大運河に臨む堅固な都である。

馬廠河は、川下で永定河の河口にあたる白河に合流し、水運の便に恵まれているが、両岸の堤防は堅固な陣地で、戦術上の一要線である。

方面軍が編組されるまで、第十師団に馬廠鎮占領の命令が下った。二十四日、歩兵第六十三連隊の一大隊は、鉄道により独流鎮に前進して、王口鎮方面に対して攻撃準備を命じられた。長瀬武平少将の歩兵第八旅団及び砲兵二中隊基幹には、天津―小王荘道を馬廠方面へと前進を命じられる。

師団主力は、二十五日までに独流鎮付近に前進した。

磯谷師団長は二十九日、王口鎮及び馬廠へ三十キロの陳官屯付近の中国軍を撃滅したあと、馬廠付近の攻撃に備えた。

第十師団麾下《きか》の中井重義大佐の歩兵第六十三連隊は、大運河と子牙河が合流する独流鎮から川上に向かって進み（南下）、八月三十一日に王口鎮を占領した。

田島栄次郎少将の第三十三旅団の主力及び砲兵二中隊基幹は二十九日、津浦線沿いに南下して陳官屯を、続いて馬廠河の上流に架かる橋周辺の唐官屯に進出した。唐官屯と馬廠鎮とは目と鼻の先に当たる。歩兵第八旅団は、湿地帯の小王荘に進んで中国軍と交戦するが、ここには堅固な陣地があり、難行する。道路の外が浸水して行動できなくなり、攻撃は頓挫した。

長瀬支隊（第八旅団）は、師団命令で三十一日の夜、暗闇を利用して陳官屯へ移動した。足場が悪く、ようやく陳官屯に到着したのは九月三日のことである。

中国軍は退避戦法で、馬廠鎮へ逃げ込んでいた。

馬廠鎮と第十師団が駐屯している唐官屯との間には、幅三十メートルの馬廠河が流れている。南からの大運河は馬廠の北西で二つに分かれ、右が馬廠河で、左が独流鎮へ流れる。北と西側が河に守られた二千メートル四方の自然の要塞である。

第十師団は唐官屯に集結すると、歩兵第八旅団を右翼隊に、歩兵第三十三旅団を左翼隊として、命令を待った。第三十三旅団の第六十三連隊は、子牙河下流の良王荘から河沿いに南進し、王口鎮から姚馬《ようば》渡《と》への攻撃準備に入った。

第二軍司令官の西尾寿造中将が天津に着任したのは九月九日で、その間は第十師団長が指揮を代行してきた。

馬廠鎮への攻撃開始は九日の夜である。十日払暁には、航空兵団が朝六時四十五分頃に、馬廠上空から堅固な中国軍の陣地空爆を開始した。

二つの旅団は九日夜に、馬廠河の渡河を開始し、人和鎮の二千メートル四方の堡塁《ほうるい》を目がけて進撃した。

沼田多稼蔵大佐の第三十九連隊、長野義雄大佐の第四十連隊も南下を開始、保定線の中断態勢をとった。最右翼の中井部隊の主力は、子牙河の中国軍陣地を攻撃した。各隊の進撃は早く、十日午前十時頃には難攻不落の流河鎮を陥《おとしい》れ、二キロ先の馬廠への攻撃に入った。

東京は九日から雨になった。参謀本部は九日の夜、攻撃命令の報を知り、刻々と伝わる大陸からの報告に大混乱した。

十日は西村敏雄少佐の上海視察の報告があり、第一部全員が報告を聞いた日である。また、第二課長の河辺虎四郎が、「第二課の意見が軽視され、責任を感じる。辞任したい」と辞意を洩らした日でもある。この件は翌十一日、多田次長が「編成改正は保定会戦までは実行しない」と言明した。

石原は馬廠陥落を聞くと、不快でならなかった。

九月十二日は日曜日である。第二課員の高島辰彦は、九月十二日の日記に石原の心情を、つぎのように記している。

「昨日、馬廠陥落。第一部長、又好意ならず。不快のこと多し。近衛首相、街頭に立ちて国民精神総動員を叫ぶ。評判よし」

石原作戦部長は、上海戦、北支戦、南支戦と満州を忘れて戦火が拡がって行くのが止められず、このところ不快感を隠せずにいた。

武藤・田中の主戦派に押し切られ、戦火はますます拡がり、軍隊をつぎつぎにドロ沼に送り込む。深入りすれば、広い中国全土で持てる軍備すべてを使い果たし、疲弊して行く姿が見ていられなくなった。

北支では、参謀本部の指示を無視して、方面軍は手柄を立てようと進撃を重ね、留まろうとしない。中国軍の「退避戦法」の図に乗せられていることに、現地の方面軍は気づいていなかった。

「これで三度目だ。何が何でも保定―滄県で止めるまでだ」

石原は中国全土の地図を眺め、そう決意した。

行けども行けども敵はいず

津浦線の馬廠付近一帯の基地を陥落させると、第十師団は勢いに乗って、潰走する宋哲元軍を追撃した。

従軍している各紙の報道は戦勝ムードで、負傷兵たちについては語られていない。これは軍の報道が中心になるためで、アメリカといえども内外の報道は皆、同じである。

九月十二日付の東京朝日新聞は、

「皇軍全線に夜襲決行、敵兵潰乱、総退却」

「息も継かず残敵急追」

「空軍呼応し猛爆撃」

馬廠を死守していた中国軍独立二十五旅は、日本軍の夜襲と空軍の猛爆撃で十一日、馬廠駅から退避戦法で、南へ八キロの青縣に向かって退《さが》っていた。

平定後の十一日、現地入りした朝日新聞林田特派員が目撃した記事に、城内の様子が窺える。以下は林田特派員のレポートである（原文のまま）。

「高田決死隊の果敢な敵中渡河上陸により、敵は仰天、十日夜から十一日朝にかけて一齊に退却を開始した。敵は二十九軍独立第二十五旅三千の兵隊。しかも背後から死守せよとの命令書（我が軍入手）まで受けている部隊だが、この待ち構えた敵を衝いて上った我が大和魂の肉弾の前には命令も一片の反故《はご》同然で一齊に敗走し、赤柴、中井両部隊はぐんぐん衝いて、午前七時十五分、遂に馬廠兵営東南部から人和鎮の兵営に雪崩《なだれ》込んだが、中は既に殆《ほとん》ど空っぽだ。一方は長駆馬廠駅を取ってしまって、南下また南下。午前九時姚肝子《ようかんし》を確保、破竹の勢いで突進また突進。午後三時三十分、青縣城を攻落したものである。

この一戦で敵の遺棄死体のみで四百、その他死傷者は二千にあがるものと見られている。余程慌てたものと見えて、要図その他、重要書類、物品の外銃剣類を無数に残してあり。手榴弾、小銃弾など袋のまま路傍に棄ててある。我が軍は十日夜の高田決死隊の損害の外は極く僅少で、板井部隊長ら敵の手榴弾を鉄兜に受けながら不発に終わるなど、まさに天佑的な話もあった」

第十師団はその後、退却する中国軍を追撃して、南の興済鎮まで南下した。空軍機も装甲列車を空爆した。

林田特派員は十二日、馬廠兵営の様子を、さらに報告する。

「八日間、激戦地の跡を観る——陳官屯を出て五千メートル（五キロ）南下すれば馬廠攻撃の際の激戦地・寺院高地だ。煉瓦とコンクリート造りのトーチカ、佐藤上等兵の日の丸の戦功輝くところには、見よ寺院の石の獅子の鼻先にさえ弾丸が二十三という痕がついているではないか。その直ぐ南は我が軍が苦心した馬廠河と運河との間の巨大な五個の堰《せき》、東沿いの土橋は木っ端微塵に壊され、河を渡る辺りは名誉の戦死を遂げた軍馬の屍《しかばね》が転々としている。

河沿いの塹壕には支那兵の死骨が累々と横たわり、手榴弾が散乱した中に、支那兵が略奪使用していた洋傘の紺碧の色が生々しく目を惹く。

見ると毒々しい青竜刀が死骸の血の間に入り混じっている。敵兵の持っていた軍隊手帳には『人の生まれ出るや自らの天命在り』と諦《あきら》めの言葉と塹壕構築図が書いている。草原の中をうっかり歩くと敵兵の頭だ。

運河沿いに進めば隊長戦死の岸だ。高田決死隊勇士の英霊が河畔の下に並んで安置されている。傍《かたわ》らには高田部隊長が血の涙を流して何時までも何時までも凝視している。この勇士の力に依って馬廠は落ちたのだ（中略）。

門の上に登れば兵営を足下にした隊員一同は、部隊長の発声で東の青空に向かって力強い声で、天皇陛下、皇后陛下万歳を三唱する」

中国軍退却の一報は、十一日午前零時頃だった。十日夜から前屯の線に進出して中国軍の動きを注視していた斥候兵の偵察による報告では、中国軍は退却の動きが見られ、指揮官が必死に防備命令を出しても、一斉に総退却していた。闇に紛れて馬廠陣地を見捨て、泥水に溺れながら雪崩れの如く潰走する姿が見られた。

十二日の同盟通信は、馬廠兵営所在地の人和鎮に進撃する日本軍に同行し、つぎのように報道している。

「我が軍の総攻撃を開始するや、敵第一線の要地・流河鎮は我が空軍の猛烈なる爆撃と地上部隊の突撃により行動開始後、僅か五時間にして早くもこれを抜き、次いで午後四時半（十一日）には前屯を占領するにいたったが、余りにも物凄い我が空爆に次ぐ阿修羅の如き歩兵の猛突撃は、浮足立った敵の心臓を奪い去り、忽《たちま》ちにして人和鎮を抜き、十一日午前零時を期して敢行された全線夜襲攻撃は、完全に敵の死命を制し、追撃また追撃――敵の遺棄物、死体等は累々としている」

馬廠を落とした第十師団の赤柴部隊（歩兵第十連隊、長・赤柴八重蔵大佐）は十一日午後二時頃、馬廠から十五キロ南の青縣駅を、沼田部隊（歩兵第三十九連隊、長・沼田多稼蔵大佐）は同三時五十分頃、青縣政庁を占領した。

赤柴部隊に従って行動を共にした記者の一人は、青縣の様子をこう伝えている。

「馬廠から十五キロを運河沿いに歩いて青縣入城、愉快極まる遠藤准尉の率いる将校斥候隊は午前十時、勇躍津浦線に沿って快スピードで南下したが、行けども行けども敵がいない。

遂に青縣駅に到着したとき、初めて残敵を発見、たちまち二名を狙撃してその場に倒したので、他の者は自動車三台を放棄したまま興済に逃げる。部隊は直ちに駅の西方にある青縣の城下町に突っ込み、残った五、六十名の退却監視隊のうち四名を鮮やかに倒したので、大部隊と思って、これまた運河に馬槽満載の軍用船を二隻残し、水中に飛び込んで逃げた。

部隊はさらに運河の西に城壁高き青縣政庁を三時に占領、ここでも二名敵兵を打ち取り、つづいて入城した沼田部隊に引き継いだ。

我が軍としては青縣政庁は遙か北にあたる静海縣と肩を並べる要塞の境で、かくの如く速やかに我が軍の手に帰するとは予想していなかったため、我が空軍から一時、遠藤部隊が敵の敗残兵かと疑われたほどで、少人数をもってこの進出ぶり。

しかも一名の死傷者も出さず、多数の戦利品を得たのには、全軍声を上げて感嘆している。青縣は運河に跨《またが》った美しい水郷、恰《あたか》も奈良を思わせる三重の古塔などもあり、城壁は煉瓦造りで美しい。

同部隊の三段跳び占領により、戦火を被《こうむ》らずにすんだ住民に避難者は殆《ほとん》どなく、我が兵に親しんで、十二日洗濯や炊事を手伝って大喜びで、和やかな風景を呈していた」

十六師団、塘沽《タンクー》に着く

この日、歩兵第六十三連隊（長・中井重義大佐）は、唐官屯の西十五キロの姚馬渡を占領した。

磯谷師団長は、姚馬渡を占領した第六十三連隊に、「十六日、南趙扶鎮《なんちようふちん》攻略」を命じた。

これは、寺内方面軍司令官から、九月十一日付で第二軍に「速やかに滄州以南に進出し、主力を以て保定南側地区への前進を準備せよ」との命令による。

第二軍司令部への到着が遅れている西尾寿造司令官に代わり、磯谷第十師団長が代行している。

参謀本部は八月二十八日起案、九月四日修正の「北支那方面軍会戦指導の方針」の中で、「保定―滄州の線及びその付近に進出せる支那軍を勉めて捕捉し、撃滅す。主決戦方面を平（京）漢線の地域とし、決戦時期は概ね十月上旬」と予定していたからである。

南趙扶鎮は、馬廠の西約二十キロで、中国軍は馬廠から西四十キロ先の文安鎮まで大規模な要塞を築いていた。

日本軍が子牙河を船で、天津から武強経由で平漢線の石家荘に続く国道沿いに攻めてくるのを想定して、陣地を構築していた。

京都の第十六師団が塘沽《タンクー》に上陸するのは、第十師団が馬廠攻撃を終わって占領した九月十一日である。第十六師団は鉄道と、大運河を船で南下した。大運河は馬廠から白河に至る間に流れる川幅約千メートルの巨大な河で、八月から降り続ける雨で川幅は広がり、道路までが水没していた。

馬廠から西の南趙扶鎮、そこから子牙河に架かる石橋を渡った約五キロ先が大城鎮で、さらに北西へ三十キロ地点の高台に文安鎮がある。

大城鎮を西へ進むと任邱《にんきゆう》に出る。そこから高陽と保定に通じる。平漢線の保定と馬廠の距離は直線で約百キロだが、八月から九月は雨季でいたる所が水没し、大城鎮も文安鎮も孤島化していた。したがって、馬廠から保定への進撃は不可能になる。逆に西の方から日本軍を攻めることもできない。

第十師団は大城、文安鎮攻撃をとらず、青縣、滄州をめざして鉄道と鉄道沿いの道、それに子牙河を南下する輸送船を使って進撃した。

第十六師団は十一日に第二軍に配属され、師団司令部（長・中島今朝吾中将）は十八日に到着した。

第二軍の第百八師団（長・下元熊弥中将）は、二十一日に方面軍の直轄となる。

方面軍司令部の参謀の間では、第十六師団が天津に到着する前から、津浦線は滄州まで攻めた後、一気に南下して済南まで攻める計画を打ち出していた。

参謀本部は津浦線の徳州、平漢線の石家荘を横に結んだ線まで進撃し、蔣介石の出方を待つことになる。

滄州付近の中国軍陣地は、津浦線沿線では最大のもので、馬廠と滄州との中間地点になる興済鎮の南から大運河沿いと、子牙河の上流沿いの南側には最大の陣地が築かれていた。

第十師団は津浦線に沿って青縣を攻め、十三日、ようやく興済嶺の正面に進撃することになる。当初予定の滄州までは十キロほどである。

十三日の大阪朝日新聞は、馬廠攻撃及び占領後に写した写真を、みごとな早さで十三日の朝刊と夕刊、及び号外で速報した。

十三日の朝刊では一面の中央に、航空機から撮った馬廠兵営を掲載している。この写真は空軍の写真を借り、「福岡より電送」とある。白雲の上から、高度約三千メートル上空あたりで撮った一枚の写真で、左手に運河が流れ、城内の様子がみごとに映っている。

同じ十三日の号外では、二面にわたって前線の写真七点が掲載されている。写真はいずれも十日と十一日に写したもので、どういう方法でフィルムを運んだものか、十二日中には大阪本社に運び込まれ、現像して活版にして発行している。

写真はすべてを語る。写真に興味のある石原が、馬廠の様子を写した写真を初めて見たのは十二日付の東京朝日新聞の夕刊である。

早朝に「馬廠陥落」を聞いて、石原はじつに不快な思いをしていた。部下たちにも不機嫌な顔で応じている。

十二日の夕刊の見出しは、

「皇軍全線に夜襲決行、敵兵潰乱、総退却」のほかに、

「馬廠ついに陥落す」である。

その左横には、上海戦の見出し「楊行鎮で大激戦、我が軍、南北から挟撃」「戦局、太倉・嘉定に展開」と景気がいいが、その下には「支那共産軍改編、平綏線へ出動」ともある。

「新聞は情報取りでもあるが、国民を煽る一方的な報道記事ともなる」とは承知の上だが、写真だけは、みごとにその事実を語っていた。十二日の夕刊一面に掲載された四段の大きな写真は、前線の兵隊たちの苦戦を物語っていた。

写真は東京朝日新聞の木村特派員が唐官屯で撮影した一枚で、「馬廠へ進撃、悪路を突破する〇〇部隊」と部隊名は隠してある。

写真の右側には、今しがたぬかるみの土を掘ったと思われるスコップが、一人の兵隊の左手にある。そして、十人の兵隊が野砲の車輪を必死に押している。

翌十三日の夕刊には、沼地の手前に備えた二門の野砲が、遠く馬廠の城壁に向けて砲身を上げ、ヘルメットを被《かぶ》った砲兵が配置についている写真で、いずれも木村特派員が撮影している。

左に写真の説明文がある。それには、「わが砲兵、馬廠を猛撃」とある。

写真では、前方の馬廠の城壁から野砲陣地までが沼地で水面が光っている。まだ火砲がない時代なら、難攻不落どころか、近づけないほどのみごとな要塞である。

しかし、空爆、砲撃の時代には通じないものがある。中国軍は退避戦法を取らざるを得ないことが容易にわかる。

東京で発行する各紙とも、馬廠、上海戦、平漢線大房山の最前線の兵隊たち、永定河敵前渡河の写真と進軍の兵隊たちの写真のほか、十六日付の朝日新聞は、なぜか九月四日、天津に着いたはずの寺内司令官の「天津着の写真」を載せている。

国民を安心させるために、十二日前の写真を掲載したのだろう。

石原が大阪朝日新聞の「号外写真特集」の新聞に接し、馬廠の様子を知るのは後日のことである。写真は木村特派員が撮影し、大阪朝日新聞の飛行機「朝風」（川崎飛行士、永田機関士）で大阪へ空輸している。

当時はフィルムが重いガラス板で、カメラマンは常に二人雇ってガラス板を運ばせていた。撮ったガラス板を、飛行場は明らかにしていないが、おそらく天津へ引き返して、そこから乗り継いで運んだものだろう。それも途中、給油のため済州島か朝鮮の航空基地か、または福岡で給油しながらの緊張と興奮の長い空輸だったであろう。

号外には、トップに人和鎮上で万歳三唱している兵隊たちの写真と、その右下には場所は伏せているが、運河を小船で渡河する兵隊の姿と向こう岸の土堤、高粱《コーリャン》畑が写っている。

左下には、十一日に悪戦苦闘の末に馬廠に入城する疲れ切った姿の兵隊たちの写真がある。

左頁には人和鎮兵営に入る赤柴部隊の後ろ姿と、潰走する中国軍を兵営の望楼より双眼鏡で望む兵隊の立ち姿、左下には落城した人和鎮兵営、右下には趙官屯より馬廠に向けて前進を開始した赤柴部隊長が、工兵たちが作った舟橋を渡る十日撮影の写真である。

赤柴八重蔵大佐はこの後、徐州会戦に参加する。徐州戦後は、十三年七月に陸士生徒隊長に、十四年十月に陸士幹事、十六年十月には新設三単位編制の第二十五師団長となる男である。

支那事変収拾に動く

石原はそれらの写真報道を見ているうちに、「これでますます和平工作は難しくなった。新聞は日本軍が勇敢に攻め、万歳三唱までして勝ち取った様子を報道するが、国民は次第に好戦的になっていく。そして、もっと攻めろ、揚子江から北全部を占領してしまえと、言い出すことになる」と嘆く。

寺内司令官が、「兵隊たちは黄河の水を水筒一杯に詰めて帰らないと気がすまん」と言ったのを思い出していた。なんというバカ大将だろう、と石原は、寺内の無能ぶりに呆れてしまった。

このまま奥深くに進撃すると、引き返すこともできなくなる。各師団は主力を天津、北京に残しているとはいえ、背後を突かれて逆に包囲されかねない。第一に、北支方面軍の任務を忘れている。参謀本部は当初、保定・独流鎮、さらに南下して保定・滄州の線まで攻め、交渉の機会を窺《うかが》うことに決定していた。

だが、方面軍は中国軍の退避作戦に乗じて、果てしなく南へ南へと追い込んでいく。

「方面軍に限らず、この戦《いくさ》の目的は講和条件を明示するにある。蔣介石軍に和平の途に出るまでの考慮期間を与え、日本国民も戦争の目的が何か、どこまで攻めて蔣介石軍に知らしめるかを明示し、政府は言論機関を動員して中国側に働きかける。沈着にして希望をもって困難に当たる覚悟を持つべきである」

「国力の消耗を防ぐために、極めて重要なり。しかし、現在の如く戦線を四方に展開し、孤城の奪取、僻地の攻略を以て国民の士気を興奮せしめ、延《ひ》いては内閣の面目を保たんとする如きは、徒《いたずら》に兵をして奔命に疲れしめ、敵の乗ずる処となるのみ。仮に漢口、広東を陥れるも、蔣必ずしも屈するものに非ず。全土抗日の気勢の潰滅に至っては、望み得べからず」

「戦局の縮小は、我が国防産業拡充の急速なる実現を図る上に於いて不可欠なり。もし大量の兵器、予備の弾薬等の生産に国力の過半数を挙げつつある現状に於いては、これら生産の根底たる生産力自体の拡充は第二次的となり、大国防産業の確立は到底《とうてい》之を期すべからず」

さらに石原は、十五日の戦争指導方針説明会で、

「兵器の生産は守勢に必要なる最小限に止め、全力を挙げて既定の日満産業拡充計画の繰上げ遂行なすべからず。之真に耐久的国力養生の唯一の道なり」と主張する。

これを遂行するため、軍需省、大貿易省、国務院の設置を急ぐべきだと、行政機構の改革に及ぶ。

石原は支那事変収拾のため、つぎの四点を銘記して取りかかるべきとしている。

一、日本の武力行使に対して支那の挙国的戦意は頗《すこぶ》る強固なること。

二、戦局は必ず持久戦に陥るを免れざること。
三、時局収拾の方針は適正を欠き、徒に我が権益の進展を図るに於いては永く東洋和平を絶望的ならしむ。
四、我は当面の敵として支那の他にソ連をも考慮せざるべからざること。
「だが、今の方面軍は中国の『退避戦法』をまったく理解していない、かならずや図に乗り、一気に徐州から揚子江まで攻めようというバカ参謀が出てくる」と読んでいた。

参謀も寺内司令官も、満州国の建国の源《みなもと》となった日露戦争、遼東半島の戦いの意味を忘れている。またそういう輩《やから》が多かった。彼らは目の前の中国軍と戦い、領土を占領し、深入りしてドロ沼に両足とも突っ込み、蔣介石の思うままになることが読めないでいる。参謀本部の制止も聞かず、この先も南へ南へと進撃して行くだろう。

すでに陸軍省、参謀本部内には、津浦線の徳州と平漢線の石家荘を結んだ線から北に緩衝地帯をつくり、蔣介石に日本側の意向を呑み込ませようという和平案が持ち上がっていた。

戦略上から見れば、津浦線は済南ではなくて徐州まで攻め、徐州に司令部を置くことで東西及び南北に作戦行動がとれる。

しかし、それは満州国を安定させた後のことである。謀略手段をとり、親日的な将軍たちを口説き、反共政策の自治国家を、彼らの手で樹立させた後になる。将軍や政治家の中には、反馮玉祥、反毛沢東の者がいるはずである。

第三国のイギリスやドイツを仲介して緩衝地帯を作り、講和するとともに、援蔣政策に出るわけである。

石原には、今の蔣介石や何応欽たちが日本に望んでいることは、日本と国民政府が一つになり、毛沢東やスターリン系の軍人、顧問を中国から追い出すことだと確信している。

和睦条件に、日本軍を中国全土から撤退させる条件に出てきたら、石原はその条件を呑んでもよいと考える。もっとも一度に撤退はできないが、段階的に数年をかける。同時に、満州国は満州人に経営させる。対ソ連に備えて関東軍を常駐させ、中国人は自由に満州国へ出入りできるようにする。

満州国では関東軍の政治介入、内面指導はこれを認めない。協和会という日満人の思想グループで国政、外交を司《つかさど》る。政治、経済の中枢が国務院となる。

満州国を健全に経営し、不戦十年の間に日満重要産業計画を予定通りに実施させ、軍事力を強化し、最終戦争となる日米戦に備える。

最終戦争に勝つためには、陸軍機一万機の製造が絶対条件だった。日中戦争を止めて満州国の産業を開発し、国力を強化して対ソ連戦と日米戦に備える。さすれば、戦わずに五分五分の引き分けか、運が良ければ勝利する。

講和条件大綱

石原莞爾は、この頃から「戦争計画要綱（戦争指導方針案）」に取りかかった。

第一稿は九月十五日に脱稿し、のちに手を加えるのは関東軍参謀副長時代で、昭和十三年六月三日に完成する。

六月三日は、東条参謀長が陸軍次官として内地に戻り、後任に磯谷廉介中将が就任する間、石原が参謀長を代行する頃である。

要綱は、戦争目的、戦争指導方針、戦争指導要綱、附記として講和条件大綱で構成する。

第一の戦争目的では、「速やかに具体的講和条件を確定し、以て戦争の目的を明らかならしむ」とする。

第二の指導方針では、

「戦争規模を成るべく縮小し、国力の消耗を防ぎ、以て戦争持久の態勢を確立すると共に、好機を把握し、速やかに和平を締結す。武力の積極的使用は之により迅速的確に敵を屈服せしめ、講和に導き得る見込十分なる場合に於いて始めて集中的に果断敢行す」

第三の指導方針では、統帥部事項と政府事項に分け、つぎの四項を打ち出している。

一、統帥部事項。

1、帰順支那軍の活用を図り、成るべく速やかに少なくも山西、河南の軍事を之に一任す。これ等地方の行政に関しては自治を認め、華人自ら華人を治むるの原則を採るものとす。

2、日本軍主力を徐州付近に集結す。天津方面軍司令官は右の方針に基づき、其の陣容の根本的な改革を行なう。

3、兵器製造並びに軍需品購入を極力節約す。

4、成るべく多くの兵力、作戦資材を北満に配置す。

二、政府事項。

甲、外交。

1、支那に対し、恩威並び行なって相侶《とも》に東洋新建設に邁進すべき大方針を披歴し、速やかに和平を締結す。

2、日独伊三国関係の強化に努むると共に、支那を防共協定に加入せしむ。

3、英米両国との国交を調整し、摩擦を防遏《ぼうあつ》し、以て将来戦計画上、我が国に有利なる情勢を展開するに努む。

乙、内治。

1、現行の内閣制度を廃して国務院を設け、前陣の大目標に向かって志を同じくする少数国務大臣を以て国政の参画運行に当たらしめ、総力戦計画上必要なる適切果敢なる国内の諸革新を断行す。各省には別に長官を置きて、その事務を掌握せしむ。

2、財政及び産業行政を一元化すると共に、軍需品需給の調節と国防産業生産力の急速なる拡充を図る為、之が強力なる実施機関として軍需省を置き、又貿易省を設けて貿易及び為替の適切なる国家管理を行ない、国力の充実、国際収支の改善に全力を傾注せしむ。

3、和平と共に将来戦に備える為、軍需拡充計画を断行す。

4、今後約十年間戦争持続の為、国民精神動員を更に徹底強化す。

附、講和条件大綱。

日支事変は道義東洋建設途上に於ける真個傷心の不祥事たり。宜《よろ》しく彼をして容共の迷妄と排日の非違を断乎一擲せしむると共に、我は彼の公正なる統一を援助して、その分割離列を防ぎ、以て日支両民族一体共栄の根本義を顕現する為、左の諸原則に基づき、速やかに和平を招来せしむべし。

一、中国政府を防共協定に加入せしめ、東洋の赤化を防遏すると共に、右目的確保の為、日支相互の軍事関係の緊密化を促進す。

一、独立国としての満州国の存在と、その健全なる発達の事実に基づき、中国政府はこれを正式に承認す。

一、帝国は中国の現領土に就きては、その完全なる主権を尊重す。而して北支及び中支臨時政権に就きては、日支両国政府はその治安維持その他の過渡的意義に臨み、特に之が早急なる解消を図ることなく、漸次中国統一政府をして吸収せしむ。

一、日本軍は治安回復し、講和条件実現の見透し確立すると共に全部撤収し、原則として駐兵権を要求せず、既存の特殊協定は之を廃棄す。
一、但し蒙彊《もうきょう》地方は防共目的上の特別地域とし、特に日満支三国共同の軍事力を以てその防禦に当たるものとす。
一、また上海に就きても、将来紛争の再発を防止する為、両国政府は適当にして充分なる保障手段を講ず。
一、中国全土に於いて邦人の営業、居住並びに土地所有の自由を認めしむると共に、治外法権は之を廃止す。
一、北支に就きては、特に重要資源の共同開発に関し、強力且《かつ》緊密なる日支提携の具体的促進を実現す。
一、帝国政府は今次事変の戦費賠償は之を要求せざるものとす。但し、邦人及び第三国人の受けたる損害に対しては、中国政府は之を賠償の責に任ずるものとす。

「あゝ、国力が消耗して行く。国力が衰え、国防産業拡充を急がねばならない。それには戦争の目的を明示して国民に知らせることだ」

刻々と伝わる景気のいい戦況報告を受けていた石原は、参謀たちとは逆に嘆いた。そして、「この戦いで一時の戦勝を得たりとするも、中国は十年後には国力を恢復《かいふく》し、再びことを構えるだろう」とメモした。

第四章――航空兵団突撃す

作戦は保定・滄州の線まで

九月四日修正の「北支那方面軍会戦指導の方針」の策定により、第一軍（軍司令官・香月清司中将・14期）には平（京）漢線地域の敵軍捕捉と撃滅が指導方針とされた。

参謀本部は主決戦方面を平漢線の地域とし、決戦時期を十月上旬と予定した。

方面軍には平漢線の保定、津浦線の滄州を結んだ線及びその付近に進出している中国軍を捕捉、撃滅させ、参謀本部は講和の機会を窺う方針をとった。

小さく占領して、持久戦にならないように蔣介石の動きを見る、それが石原部長の考えだった。

当初は保定と滄州の会戦でひとまず休戦することを、参謀本部と北支方面軍との間で申し合わせている。

「くれぐれも、それ以上に進まぬように」

石原は、方面軍参謀長の岡部直三郎少将（18期）に念を押していた。

第一軍、第二軍への指導方針では、

「一、第一軍をして第十四師団（長・土肥原賢二中将・16期）の到着に伴い速やかに其の当面に近く触接しある敵に対し、東南方よりする大規模の包囲により之を撃滅せしむ。

二、方面軍主力は第一軍の敵先進兵団撃滅に伴い、九月中旬頃迄に易州—白溝河鎮—覇県—馬廠の線に進出し、保定—滄州の線付近に於ける敵に対し攻撃を準備す。

第一軍、第二軍作戦地域の境界は概ね西淀（白洋淀）及び東淀を連ねる河流の線とす。

三、第一軍はその重点を平漢線西側地区に指向し、敵を急襲突破し、その機動的部隊を以て神速に敵陣地後方交通の要点を占拠して敵の退路を遮断し、その逸去を阻止しつつ、主力を以て概して東方に敵を圧倒し、第二軍の西進と相俟《ま》ち、保定—滄州道以北の地域に於いて敵主力を捕捉撃滅す。

四、第二軍は概ね第十六師団の到着を期とし、第一軍に先立ち行動を開始し、先ず勉めて遠く南方に地歩を進め、爾後とくに適切なる機動により、敵兵団の間隙を突破し、神速に猪龍河の線に向かい、楔《せっ》入《にゅう》して主決戦方面の敵の退路を遮断す」

参謀本部の会戦指導方針に基づき、寺内方面軍司令官は第五師団（長・板垣征四郎中将・16期）に対し、「第五師団は当面の敵を急追して速やかに蔚県付近に進出し、保定平地に対する作戦を準備すべし」と下令した。

また、第一軍に対しては、

「第一軍は第十四師団の到着に伴い当面の敵先進兵団を撃滅して、易州—定興—白溝河鎮及び覇県付近の線に進出し、保定付近の敵に対する攻撃を準備すべし」と下令した。

第一軍の香月軍司令官は、豊台の司令部で方面軍命令に基づいて作戦計画に入った。

作戦協議の結果、つぎの計画を策定する。

「先ず第六（長・谷寿夫中将・15期）、第二十師団（長・川岸文三郎中将・15期）を以て九月十二日頃行動を起こし、涿州《たくしゅう》、固安付近の敵を攻撃し、概ね定興東西の線に進出し、会戦を準備す。

此の間、第十四師団主力を逐次易州付近に集結せしむ。次いで主力を以て西北山地を繞回《じょうかい》し、保定西南平地に進出し、保定付近の敵を攻撃して一挙に決戦を求む。

敵を撃滅せば一挙に石家荘に追撃す」

この作戦計画は、参謀本部の指導方針を逸脱していた。参謀本部は「保定─滄州の線及びその付近」と制限していた。

それにもかかわらず、寺内軍司令官は方面軍司令官への任務発令の中で、「敵の戦争意志を挫折せしめ、戦局終結の動機を占拠する目的を以て速やかに中部河北省の敵を撃滅すべし」と、範囲が漠然と指示されている点を曲解してしまった。

方面軍司令官の了承があってのことだろうが、香月第一軍司令官は保定決戦後、「一挙に石家荘に追撃す」と作戦計画を決定し、各師団に指示している。

この一件が、のちに参謀本部と現地軍との間に問題を生じさせ、石原部長を窮地に追い込む結果となる。

各連隊、斥候兵を出す

七月二十七日の支那駐屯軍司令官への臨参命第六十五号により、第五、六、十師団の北支派遣の大命が下達されると、第五、六師団は朝鮮経由で八月中旬に天津に到着している。

第十師団は海路で八月中旬に大沽《ターク－》に上陸し、大部分は八月二十二日頃に天津付近に集結を終えていた。

第二十師団の主力は支那駐屯兵旅団と交替し、長辛店を占領して逐次、涿州に地歩を拡張する予定になっていた。

だが八月六日、察哈爾《チヤハル》方面で作戦が展開されたため、当初の作戦は大幅変更となる。

このため第二期作戦計画で、各師団の集中計画はつぎのように変更された。つまり、
○第五師団は北平（京）西方を経て逐次、平綏線沿いに前進する。
○第六師団は第五師団の集中予定であった南苑以南の地区に集中し、固安を経て保定方向に作戦を準備する。
○第十師団は津浦沿線の要地を占領して馬廠攻略を準備する。
○集中間の軍予備は独立混成第一旅団及び第六師団の歩兵第十三連隊（長・岡本保之大佐・21期）とし、第十三連隊は天津付近に位置す。

第六師団の先遣隊は、八月十二日に永定河の北側に集結していた。

ところが、宇都宮第十四師団の集結が遅れたため、軍司令官は衛立煌《えいりつこう》が指揮する中国軍の約三個師が保定北方山地を経て門頭溝南北の線に進出してきたとの報に接し、八月十九日、第六師団の一部、牛島支隊（歩兵第三十六旅団、長・牛島満少将・20期）を門頭溝西方の山地に急遽、派遣している。

この牛島支隊は歩兵五大隊が基幹で、支隊は八月二十三日から攻撃を開始した。

門頭溝は軍司令部のある豊台から直線で約三十キロ西にあるが、永定河上流を渡河しなければならない。しかも、門頭溝一帯は山岳地である。

北に万寿山、南に鉱山の天子山、房山の連山が立ち塞がる。中国軍はこの山地一帯に陣地を構築していた。日本軍は下から攻め上げる形になる。

中国軍は第十四軍の三個師が西溝子、下馬嶺、千軍台、その北方の山地に進出して、第五師団の側背を脅威していた。

中国軍が北京平地に進出してくるだろう、との情報が司令部に入ると、門頭溝の西側山地に派遣されていた牛島支隊に、中国軍攻撃を命じた。

牛島支隊の鹿児島歩兵第四十五連隊（長・神田正種大佐・23期）は、北方の下馬嶺の中国軍を攻撃し、続いてその西側の伝家台へ進軍して、激戦のすえ八月二十五日、中国軍と対峙した。

また、都城歩兵第二十三連隊（長・岡本鎮臣大佐・22期）は、飯橋村を経由して千軍台へ進撃するが、けわしい山岳戦に苦しめられて難行する。

中国軍は永定河手前の長辛店に集結し、平漢線の良郷駅を中心に左右に強力な陣を築き、第二十師団に抵抗した。

良郷の北西山岳地帯はけわしい峰が続く。第二十師団は二十日から良郷西方の高地を攻撃し、八月三十日までには要所を占領した。

しかし、独立機関銃第四大隊、戦車第一大隊、野戦重砲兵第三連隊、野戦高射砲二隊配属の第二十師団でも、良郷から北西山岳戦では苦戦し、多くの戦死者を出している。

この頃から保定に司令部を置く中国軍は、第二集団の三軍の大半を前線の永定河岸、その二十キロ南の琉璃河岸約六十キロにわたり強固な陣地を築き、そこに多くの部隊を送り込んで死守に出ている。

日本軍は偵察機でそれらの陣地を調査して報告を受けるが、てっきり中国軍が北上してきたものと判断した。

中国軍は、永定河北西の山岳地の天子山の裾野から流れ、平漢線の琉璃河鎮の北方から南へ曲がり、大清河となって白洋淀に注ぐ琉璃河の河岸約六十キロに及ぶ陣地を築いていた。

永定河岸を第一前線基地とすれば、琉璃河岸の陣地が第二前線基地で、平漢線の琉璃河鎮から南へ約四十キロの高碑店の北西山岳地帯が第三前線基地、そして保定から北へ二十キロ先の漕河頭の陣地が第四前線となる。

漕河頭駅の北側には、西の易県から流れて白洋淀へ注ぐ大冊河がある。ここには東西約四十キロにわたって陣地が築き上げられていた。

いずれも河を前に、また橋を前にした築城で、第一前線を退いたら、河に架かった橋を渡って退却して、第二前線陣地で守備する。その前に日本軍が渡れないように、すべての橋を爆破して退避していた。

九月四日前後の平漢線沿線及び第六、十四、二十師団の戦況状態は、以下のようであった。

保定から約二十キロ北を西から東へ白洋淀（湖）まで流れる大冊河の南側を主陣地帯とする中国軍の第三十二軍、五十三軍、六十三軍は、八月下旬から九月上旬にかけて、保定から約百キロ北の涿州付近に兵隊を送り込んでいた。

高碑店、辛橋、牛駝鎮付近にも兵を送り出し、三重、四重の陣を敷いて構築していた。

涿州の北には東西に流れる拒馬河があり、この河に沿って陣地を築いている。

太行山嶺から門頭溝西方の山岳地には中央直系の第十四軍が北京への進出を企てていて、二十三日、第二十師団と遭遇して戦闘状態に入り、互いに一進一退を繰り返している。

北京に近い房山の山岳地帯と北方の山岳地には、孫連沖の第三十軍が陣地を構え、第二十師団は長辛店から南へ二十キロの良郷駅付近に集結して、西方の山岳地帯で第三十軍との交戦が続いていた。

第二十師団には、間もなくして天津、北寧鉄道（北京から真西）の警備に当たっていた歩兵第三十九旅団（長・高木義人少将・19期）が同師団に復帰する。

充足要員も良郷に到着し始め、九月十日までには全員が到着した。これで第二十師団は戦時編制を完結する。

一方の第六師団は、充足人員が到着すると、永定河の北側にある龐各荘《ほうかくそう》付近に集結し、永定河の向こう岸（南側）に陣を取っている中国軍の攻撃準備に入っていた。

ところが九月七日、軍命令により、永定河に近い大黄岱―固安道を含む以東の地区に集結地を変更させられた。

第十四師団に代わって八月下旬から下馬鎮、千軍台付近の中国軍と山岳戦で一進一退を繰り返して苦戦中の牛島支隊（歩兵五大隊基幹）は、九月五日過ぎにようやく戦況が好転し、中国軍を西方に追撃した。

宇都宮の第十四師団は九月五日頃になって、北京の西郊外に集結しはじめた。第十四師団は、八月二十八日から三十一日にかけて神戸で乗船した。乗船した連隊から、ぞくぞくと大連港に向けて航行する。同師団は、青島方面作戦のために準備中だった。青島作戦が中止になったことから、八月二十五日の臨参命第八十号で「大連に到り待機すべし」の命令を受ける。

今度は大連に航行中の八月三十一日、北支方面軍が編成され、第十四師団は第一軍の戦闘序列に入った。

第十四師団を輸送中の各船団は、途中で針路を西に取り、大連寄港を取りやめて塘沽《タンクー》に直航した。同師団を乗せた輸送船が、永定河の河口北側の塘沽に上陸開始するのは九月三日であった。全員が上陸を完了するのは八日後の九月十一日で、逐次、易州付近に集結した。

寺内方面軍司令官が方面軍命令を下達した頃は、第六師団が攻める永清の前面は八月の豪雨で、とくに固安から東側一帯は湿原になった。

寺内司令官は十一日、十月の保定会戦に向けて、第一軍の攻撃開始を二日後の十三日とする。

中国軍が永定河畔に増強していることが偵察機から確認され、方面軍参謀たちは、これを「永定河地区で主決戦を仕掛けてくる」と判断したためである。

中国軍の増強は、日本軍の集結に合わせるように、保定陣地からつぎつぎに兵を送り出していた。保定陣地の前進部隊だったが、これを方面軍は「永定河決戦」と誤判断する。

このため、方面軍は永定河地区の中国軍を一挙に撃滅すべく、保定攻略を決定した。これは予期せぬ判断で、計画の一部を修正することになる。

第十四師団の集結が遅れたため、攻撃開始は十四日に変更となる。その頃、第十四師団は北京の西郊外にいたが、集結を急がせて涿州南方地区の永定河右岸に進出する。

十一日、第一軍司令部は、豊台において作戦会議を開いた。その結果、中国軍が永定河を挟んで攻撃してくるものと判断し、第一軍の三個師団に涿州攻撃作戦を下達した。

第一軍の主攻となる第六、十四師団が平漢線を遮断して、保定より北に増援している中国軍を捕捉撃滅することで、各師団に命令を打ち出した。

各師団への命令下達は、つぎのようになる。

○第二十師団は、独立機関銃第四大隊、戦車第一大隊、野戦重砲兵第三連隊、野戦高射砲二隊配属で、十五日の日没後に行動を開始し、当面の敵を攻撃し、涿州の北方地区を撃滅し、その後は速やかに易州の南方地区に進出すべし。

○第十四師団は、歩兵第五十連隊欠のまま、戦車二大隊、野戦重砲兵第六連隊、迫撃第五大隊、架橋材料中隊及び小隊を以て、十四日日没後に行動を開始し、涿州南方地区に進出し、第二十師団正面の敵の退路を遮断すべし。

○第六師団は、牛島支隊欠のまま、独立軽装甲車第六中隊、独立機関銃第九大隊、野戦重砲兵第二旅団、迫撃第三大隊、架橋材料三個中隊を以て十四日の日没後に行動を起こし、当面の敵を攻撃し、固安の南方地区に於いてこれを撃滅したあと、定興付近に進出すべし。

第一軍の予備兵力は、第十四師団の歩兵第五十連隊（長・遠山登大佐・23期）で、良郷に位置することになった。

こうして各師団は十四日から総攻撃を前に部署し、十三日にはそれぞれ各連隊から斥候を出して敵陣地の様子をさぐった。

連隊長、渡河戦を決行

永定河は川幅が約千メートル以上もあり、黄色い濁水が急流となっている。八月中旬頃からの豪雨で流量が多く、広範囲で水没していた。

第十四師団では、十三日夜から中隊ごとに七組の斥候を敵陣地に潜入させていた。ところが、斥候が見たものは、中国軍の陣地では意外なことに守兵の姿が少なかったことだ。

それればかりか、車輌の軋《きし》む音が西の方に向かうのを耳にした。そこですぐに各大隊に報告した。のちに第十四師団の参謀たちは、中国軍は退却するであろうと判断し、一部を以て十四日九時頃、攻撃前進を開始した。各隊は三時間後に永定河右岸の敵陣地に入る。

その後、師団主力は行動を開始し、日没までに永定河から七キロ先の北公田まで攻め上げた。

この辺りは、固安から五キロほど北にあって、湿地から免《まぬが》れる。水没した湿地帯は固安から東側一帯で、第六師団の攻撃ルートの前面になる。

しかし、北公田を攻めたあと、第十四師団はふたたび拒馬河の前で立ち止まってしまった。拒馬河を挟んだ対岸は最大の要塞陣地で、野砲を撃ち込んで敵陣を攻めるにも、その後に橋が破壊されて渡河できない。

同じことは潘家荘に集結した第六師団の場合にも言えた。約千メートルの黄色い濁水《だくすい》の永定河の対岸は中国軍の前線基地で、猛反撃を受けて渡河できずにいた。

第六師団の大分歩兵第四十七連隊（長・長谷川正憲大佐・24期）は、八月上旬に小倉から大連港に向かい、上陸後、奉天で乗り換え、山海関を通って河北に入り、黄村で下車すると、永定河の第一線に合流した。

永定河を挟んで日中両軍は攻め合っていて、第五中隊の小隊長立山見習士官が戦死していた。永定河の中国軍側では、便衣隊員に変装した斥候が永定河を渡ってくる姿が散見された。

第四十七連隊の第二大隊第五中隊に、

「明日十四日正午より渡河戦を決行する」

との長谷川連隊長からの命令が伝わるのは、前日の十三日朝のことである。

第四十七連隊の兵は、昭和六年の満州事変以来の歴戦の召集兵が多かった。中隊では敵状を探るため、斥候を出すことにした。

斥候長として誰を出すか、厳選した。その結果、金城第一小隊の川野傳伍長に斥候長の命が下りた。川野は二名の兵を連れて斥候に出ることになる。

川野は昭和九年一月十日、現役兵として第四十七連隊に入営し、第五中隊に編入された。その後、青年訓練所の修業兵として早期除隊するが、十年七月原隊に復帰し、上等兵に昇進。十月、宮崎地方特別大演習の前に、大分県九重山麓における旅団演習に参加する。

これは大分連隊と熊本第十三連隊との演習で、大分側は豊肥線の三重、竹田から九重展望台をめざした。熊本側は阿蘇、小国方面より九重展望台をめざす。同時刻に両連隊が出発し、どちらが先に展望台を占領するかを競った。

このとき、川野は第五中隊の斥候長に選抜され、熊本隊より五分も早く九重展望台に辿り着き、競争に勝った。九月十三日の斥候長起用は、川野の脚力を買ってのことであった。

川野傳伍長は「丸」誌二〇〇八年一月号に、『弾雨の大陸戦線を生きのびた奇蹟の戦闘記録』を寄稿している。

この長編戦記の中で、九月十三日の斥候の様子をこう記している。

「機関銃の応射にはじまり、友軍飛行機は（永定河）対岸の敵を爆撃する。敵の重火器による弾丸がスコールのように降りそそぐなか、兵二名を連れて私はまっ先駆けて永定河に向かって走る。

敵の重火器が私たちをつつんだ。弾雨はアラレが降りそそぐよりも激しかったが、天佑によるのか、無事に土手から川原におりることができた。

葦の原のなかに身を伏せた。スコールのような敵の探り射ちが襲ってくる。私は川原に伏せると、這いながら位置を変えていった。みるみるうちに、葦原は重火器によってなぎ倒されていく。

情況報告のために部下の一名を帰らせたが、無事に中隊までたどり着いた。斥候は三名とも無傷で生還した。

中隊長以下は激しい弾幕を見て、とても駄目だろうと案じていただけに、われわれの生還をとても喜んでくれた」

第五中隊は川野斥候長たちの敵状探りで、無事に永定河の渡河に成功する。工兵たちが素裸で橋を架け、首まで水につかって橋をささえて、戦車、重砲隊を渡した。

しかし、上流からは斃《たお》れた兵が、つぎつぎに永定河の濁流に流されて行く。

平漢線の山岳戦

両師団の永定河突破及び第二十師団による房山の大連山攻撃を容易ならしめた要因のひとつに、航空兵団の活躍があった。

中国軍は、八月中旬から保定の既設陣地を捨て、山岳地帯を通過して大規模な攻勢に転じていた。

中国軍が山岳戦に出てくるとは、日本軍側としては考えてもいなかった。標高二千メートル級の房山の大連山の各地に陣地を築き、上から日本軍を包囲して攻勢に出ていた。

中国軍が平漢線西方の山岳越えに出た背景には、板垣師団の左翼を衝く狙いがある。

また、日本軍の集結が遅れているのを斥候たちの偵察で知ったのか、中国軍は日本軍の集中未完に乗じて、永定河畔に大部分の諸部隊を前進させていた。日がたつにつれ、それらの陣地は堅固になり、日本軍の永定河偵察もままならぬ状態で、幾人もの斥候が狙撃により命を落としていた。

航空兵団の中国軍陣地攻撃は、各師団の前進を容易ならしめた。

航空兵団の臨時編成は、七月十三日の陸軍首脳会議で決定され、参謀総長は十三日の夜七時十五分に参内して裁可を得た。

その内容は、

㈠内地航空部隊各種の機種合計十八個中隊（偵察六、戦闘五、軽爆四、重爆三）の山海関、錦州、大連地区への進出、

㈡関東軍及び朝鮮軍から派兵したものに対する兵站《へいたん》部隊の派遣――である。

天皇の裁可を得た陸軍省は、十五日に動員を下令し、航空機は空中輸送、その他は関釜航路経由で集中させた。

航空部隊は七月十五日の臨参命第五十八号で「臨時航空兵団」を編成し、満州派遣を命じられた。兵団長には徳川好敏中将（18期）が親補され、諸隊はつぎの態勢で待機した。

○承徳付近／戦闘隊一中隊、軽爆隊二中隊
○山海関・綏中間／偵察、戦闘隊の主力
○錦州付近／爆撃隊の主力
○周水子（大連近郊）／戦闘、重爆隊各一中隊

偵察隊は津浦、平漢、平綏線に沿って中国軍の陣地、移動の様子を調べると帰還した。偵察機の活躍で、中国軍の移動や集結の様子が把握でき、作戦が立てやすくなる。

しかし、航空隊は天候に左右され、かなり危険を冒しての飛行もあった。八月は天候の悪い日が続く。それでも、悪天候を衝いて偵察と爆撃に出ざるをえない。このため、集中間に十二機、攻撃中に七機を損耗している。

陸軍省は合計十九機分を補充するが、残念ながら内地と台湾、朝鮮にはわずかに偵察三個中隊、戦闘六個半中隊、軽爆三個中隊、重爆二個中隊、合計十四個半中隊しか残っていない。

そこで航空機の製造を急ぐが、年産二千機しか製造できず、追いつけないのが実状だった。

航空兵力は九月四日の北支方面軍編成では、軍直属の臨時航空兵団として編成され、偵察と爆撃に向かった。

九月九日、察哈爾軍の航空隊は午前と午後、聚楽堡の中国軍陣地を空爆した。津浦線では第十師団の攻撃の前に馬厰の陣地を空爆し、中国軍の戦力を分散、弱体化させる。

十日、富田部隊は午前と午後の二回、約一時間にわたって馬厰方面の空爆を敢行するが、中国軍は列車砲で応戦した。これを数回にわたって攻撃し、破壊した。

その後、第十師団の地上部隊が前進した。空・陸の連携がうまく行ったが、航空隊の被害も大きかった。

被弾したまま、滄州方面へ逃げる中国軍の自動車隊を空爆し、さらに南下して敵状を偵察して帰還した機もあったが、なかには天津の飛行場まで戻れない機もあった。このため、津浦線近くに臨時の滑走路建設に入る。

平漢線方面では、保定近くまで飛行して中国軍の陣地、列車移動の様子を偵察し、軍司令部に報告したあと、軽・重爆撃機が地上部隊に呼応し、敵陣地を爆撃して帰還する。

地上部隊が苦戦した房山連山の山岳戦では、まず航空隊が中国軍の主な陣地を空爆した。十一日の房山北方高地の空爆は、午後三時頃に開始され、山頂の敵陣地を破壊した。

このあと、地上部隊は房山北側の高地に突撃し、完全に占領する。

また、中富部隊は房山連山の楊子崗の通称三〇八高地西南側の中国軍根拠地を猛空爆した。この空爆は正確で、すべての陣地、家屋、車輌まで爆破に成功した。このあと、平地と傾斜面に張り付けられていた小林地上部隊が突撃に出て成功した。

平漢線の山岳戦は、八月二十五日から開始されていたが、「中国の妙義山」とも言われた険峻な房山連山の要塞に苦戦する。しかし、空軍の基地爆撃で中国軍は潰滅状態になる。これだけは、北支方面の中国軍の不覚だった。

最後に残った山岳要塞は、楊子崗北側の高地である。

同盟通信の記者は九月十三日の「大阪朝日」に、「大房連山、敵陣潰ゆ」の見出しで、つぎのように報告している。

「大房連山の敵陣地も皇軍の威力の前には一つ落ち二つ落ち、ついに要害を誇る楊子崗北側高地ただ一つを残すのみとなっていた。最後の堡塁とたのみ、最後の陣地とたのむ北側高地こそ天のなせる要害である。切り立った絶壁に據《よ》る敵はここに無数の機関銃を配置し、この陣地こそは死守しつつあったのだが、皇軍は空陸一致の猛攻撃を行ない、十一日午後四時四十五分、攻撃、前進を開始した中山部隊は山頂の敵陣に斬り込み、壮烈な肉弾戦を展開。一時間半後の同六時二十五分には敵は潰え去り、死体二百を残して退却し、山岳戦はここに終了したのである」

大房連山の山岳戦は、半月ほどの厳しい戦いだったが、何よりも空軍の集中爆撃が功をなした。こればかりは、中国軍にとって予想外だった。

その理由は、上海戦が激化し、河北省の各基地にいた中国軍機が南京方面に全機移動となったことである。

いわば河北省の中国陸上部隊は、見捨てられた状態になった。日本軍機との交戦も、また日本軍陣地の偵察や空爆もできないままで死守せざるをえなかった。

それでも蔣介石は、河北省では唯一、洛陽基地に八機の戦闘機を残していた。

十八日に洛陽入りする予定の蔣介石の掩護のためで、十五日、爆撃に出た日本軍機との間に初めて空中戦となる。

日本の空軍部隊は、洛陽飛行場を飛び立った八機を撃退して無事に帰還している。また、大同方面では十五日、山西省の内長城線を越え、長駆、太原（山西省の首都）の兵工廠を午前と午後の二回にわたって空爆した。河北方面では、日本軍が制空権を握っていたことが、地上戦の展開を可能にしていた。

第五章――敵前渡河会戦

十四師団（宇都宮）、夜の渡河作戦

北支那方面軍第一軍第二課参謀の桜井徳太郎少佐は陸大三十七期で、生まれは福岡である。野戦向きの武将として知られる。

日支事変勃発当時は、北支の特務機関員であった。広安門事件（昭和十二年七月二十六日）で巻き込まれると、丈余の城壁から飛び降りる離れ業を演じた。昭和十二年八月三十日付で、第一軍第二課参謀（情報）として北支の前線に出る。

十三年二月には陸大教官となり、十四年大佐。十五年九月、第三十四師団参謀長に。十七年、歩兵第六十五連隊長、十八年八月少将、二十年二月、ビルマ国軍事顧問。四月に第二一二師団長となる。

十八年の第一次アキャブ戦では、第五十五歩兵団長だったが、敵線突破と反転攻撃という奇襲戦法で敵に大打撃を与え、桜井戦法と賞讃の的となった。とにかく着想と閃きにすぐれ、そして行動家だった。

第十四師団（長・土肥原賢二中将）の会戦に先立ち、桜井参謀は香月軍司令官及び橋本参謀長と作戦を協議し、謀略工作に出ることになる。どういう方法か、具体的な手段は不明だが、敵将軍の説得に出た。

第十四師団は永定河の左岸に集結していた。第十四師団の正面、永定河を挟んだ向こう岸には、馮占《ふうせん》海《かい》の第六十三軍が前線を守備していた。

第十四師団より川下の第六師団（長・谷寿夫中将）の正面には、萬福麟の第五十三軍が守備していた。

桜井参謀がどのような方法で両軍長に接触したかは不明だが、両軍は桜井の謀略工作に応じ、急遽、撤退を始めたのである。

中央直轄の商雲の第三十二軍は、第二十師団（長・川岸文三郎中将）の正面、天子山、房山、石楼村、琉璃河鎮を守備し、平（京）漢鉄道を挟んで東西に陣を築き、山頂から攻撃していた。

そのほか、察哈爾《チャハル》方面で板垣第五師団に撃退された湯恩伯の第十三軍の主力である第四、八十九師の部隊が涞源方面に退却し、平漢鉄道の定興駅から西へ三十キロの易県（州）へ移動し始めていた。

易県から西へ四十キロ先は太行山嶺で、万里の長城のひとつ。大同から攻める板垣師団に追われた湯恩伯軍の二個師は、蔚県と霊邱から涞源へ逃げ、大行山嶺を越えて内城に入り、第二集団が守備している平漢線に向かい、そこから定興経由で保定の司令部へ合流するものと思われた。

日本軍としては湯恩伯軍の合流もあり、十月上旬の保定城攻撃に合わせて三個師団は十四日、横烈で涿州・保定会戦に向かった。

永定河から二キロ北に集結していた第十四師団では、軍命令により、十四日の日没後の攻撃開始を準備していた。

前日の十三日、歩兵第五十九連隊（長・坂西一良大佐）の第二大隊から、七組の斥候を出していた。斥候からの報告を得ての出撃の予定だったが、意外な情報が入る。中国軍陣地には人影が少なかったのである。

そればかりか、斥候たちは、馮占海の第六十三軍の前線の兵士たちが抗戦するそぶりがない上に、車輛の軋む音が西の方へ遠のいて行くのを聴き取った。

　このことを斥候兵が隊に戻って報告すると、土肥原中将は、「敵さんは退却している」と判断した。

　その後の参謀会議で、予定を大幅に繰り上げ、一部をもって十四日の午前九時、攻撃前進を開始した。

　永定河近くの岸に着いたのは、出発して二時間後の午前十一時頃である。永定河は川幅千メートル、場所によっては歩けるが、車は通れない。

　第十四師団は戦車第二大隊、野戦重砲兵第六連隊、迫撃第五大隊、それに渡河用に架橋機材中隊と小隊で編成されている。

　戦車隊は浅い流れの所を渡河したが、野戦重砲隊、迫撃隊は渡れないので、架橋隊員たちが裸になって丸太を川床に打ち込んで五、六本の橋脚をつくり、その上に長い丸太を何本も乗せてズレないように結び、さらにその上に隙間なく厚い板を寄せて並べる。

　兵隊たちは、丸太橋をつぎつぎに渡った。

　昭和十二年九月十九日の「東京朝日」の夕刊のトップには、『永定河上流、暁の進軍』と題した、架橋を渡る兵隊たちの行列の写真が載っている。写真撮影は「東京朝日」の奥野特派員で、写真説明には、「橋は我が工兵の架設」とある。

　しかし、敵前架橋は大変に危険だった。

　第十四師団の永定河渡河は、「渡河会戦」とも言われるほど、苛酷な戦いだった。

　永定河は土堤から土堤までの川幅は千メートルほどだが、実際の流水域は二百メートルである。土堤から流水域までは葦の茂みで、歩兵たちは葦をかき分けながら前進した。

　第十四師団の場合は、馮占海軍の一部が永定河の向こうに陣を張って第十四師団の渡河を許さず、迫撃砲と機関銃で抵抗した。

　第十四師団の土肥原師団長は敵前渡河を決めると、河畔に馬を進め、全軍を指揮した。土肥原師団の永定河渡河にあたっては、飛行兵団の爆撃機が敵陣を空爆した。

そのあと、野砲で千メートル向こうの陣地を砲撃した。ほぼ中国軍からの攻撃がなくなった頃、機関銃隊が葦の茂みから、向こう岸の葦の茂みを掃射しながら前進を始めた。

それでも居残った中国軍は、河岸の向こうから散発だが、銃火を浴びせてくる。機関銃隊がほぼ完全に掃射をし終える頃、工兵第六連隊（長・中村誠一大佐）は敵弾を浴びながら丸太を組み、架橋に取りかかった。

架橋が終わるのは夕刻で、完成すると同時に第十四師団の戦車隊など大部分が渡河して、永定河の向こう岸に踏み込んだ。

空爆と野砲の掩護射撃で、中国軍は弾薬や軍馬を遺棄したまま敗走した。十キロほど先の北公田の陣地に進むのは翌十五日午前九時頃で、なおも騎兵第十八連隊（長・安田兼人中佐）及び今田戦車大隊は拒馬河へと進撃した。

六師団（熊本）、湿地帯を攻めあぐねる

永定河の渡河会戦では、第六師団も架橋に苦しむ。

第六師団は平津線の中間に位置する郎坊駅から南へ三十キロの潘家荘に集結していた。潘家荘は永定河に近く、十四日の攻撃命令を受けて準備していた。

第十四師団が午前九時に出撃開始したため、夜の渡河作戦を十四日の午後二時十五分に繰り上げて出撃する。

約二時間後に永定河の岸に着く。

午後二時十五分、先に野砲兵第六連隊（長・藤村謙中佐）の藤村、遠藤両部隊が川岸から一斉に砲撃

を開始した。

砲弾は二千メートル向こうの敵陣地を正確に捉え、地上に砲弾を炸裂させた。

対岸の中国軍は萬福麟軍の三個師である。敵も迫撃砲と機関銃で反撃し、日本軍の集結地に着弾する。

永定河を挟んだ両軍の攻撃は約二時間近く続いた。

日本の野砲により、向こう岸の陣地では、中国軍の人馬から建物までが爆撃され、宙に吹き飛ばされる様子が手に取るように見えた。

第六師団に従軍していた「東京朝日」の根津記者は、渡河会戦の情況を前線で目撃していて、つぎのように報告している。

「この日午後二時十分頃、まず遠藤、藤村両部隊が左岸地区から一齊に火蓋を切った。どかん、どかん地響きを立てて打ち出す砲弾は確実に対岸の敵陣に命中、矢継ぎ早に地上に炸裂する。

敵が長期間にわたって築いた塹壕が木破微塵に宙に舞い上がるのが、手に取るように見える。ああ遙か千メートル位の彼方の家に命中したと思う間に燃え上った物凄い火力だ。敵は迫撃砲や機関銃で盛んに応戦し、砲声、銃声は秋天を振わすのだ。この間に敵の迫撃砲は記者のいる三十メートルの前方に炸裂し、中村部隊の松垣、豊田両上等兵、松永一等兵の三勇士は戦死を遂げた」

歩兵部隊の攻撃は、野砲の砲撃から三十分後に始まった。

熊本の歩兵第十三連隊（長・岡本保之大佐）は北各義方面から、大分の長谷川正憲大佐指揮の歩兵第四十七連隊は劉各荘付近から、川床に生い茂った葦をかき分けながら弾雨の中を前進した。

敵弾に当たって倒れる者が続出すると、後続の兵たちが収容する。

濁流の川幅は約二百メートル。その向こうにも葦の茂みが広がり、生き残った敵兵からの銃弾が発射される。

長谷川、岡本の両部隊は機関銃で掃射しながら、中国軍を潰滅させて行った。

両部隊は濁流の中に浅瀬及び水深が比較的浅い個所を膝まで入って前進して行く。銃弾に倒れた兵たちは濁流に呑み込まれ、そのまま川下の方へ流されて行く。

堤防の上から見ていた根津記者ら日本の従軍記者の目には、

「敵弾雨飛の中を勇壮なる敵前渡河」と映った。

遮二無二に中国軍陣地に突入して行く。

工兵第六連隊の駒沢挺進隊は、その間、素っ裸になると鉄兜をかぶり、鉢巻姿でシャベル、架橋材料を担いで土堤から駈け出した。

彼ら架橋兵たちは、川岸の向こうから撃ってくる銃弾に晒《さら》されながら、十メートル間隔で橋脚を組み、その上に丸太を縦に置き、厚板を乗せて野砲隊を通過させた。場所によっては、工兵たちが胸まで濁流につかり、全員で支えた橋もあった。

第六師団の架橋が成功してほとんどの部隊が通過し終わると、対岸の中国軍陣地に進撃した。永定河から約十キロ奥の司令部陣地となった永清県城は、友軍の飛行機によって空爆され、四時頃には完全に占領した。

日章旗が対岸の堤防に上がる。その頃に、従軍記者たちが工兵が築いた丸太橋の上を渡り始めた。

永定河を初めて渡り終えた記者たちは、目の前に見る光景を記事にした。軍の発表記事とは別に、当時は見たものを日本に送っていた。

根津記者も渡河後に、つぎのような記事を書く。ただし、部隊名は〇〇として隠した。

「河北平原を帯の如く流れる永定河は〇〇部隊の掌中に落ちたのだ。敵の死傷約一千を超え、武器や屍を遺棄して洪水の如く潰走した。敵の虚を衝いて中央突破を敢行した我が軍は、逃げる敵の大軍を追って息もつかぬ追撃に移った。

午後五時、敵の後方、根拠地たる永清県城は我が空軍の爆撃により火災を起こし、黄昏の空を炎々と焦している。

かくして永定河の会戦も、僅か二時間足らずで我が軍の一挙に攻略するところとなり、我が軍は引続き南へ南へと進撃を開始した」

第六師団の前面には永清県城、牛駝鎮の陣地がある。敗残の中国兵たちが、チェコ製の銃で攻撃してきた。チェコ銃はカチャカチャカチャカチャと神経にさわる疳高《かんだか》い音をたてる。日本兵たちは、この疳高いチェコ銃に悩まされた。

第六師団を悩ましたのは、固安鎮、牛駝鎮から東南一帯が洪水で湿地帯になっていたことである。十九日付の「東京朝日」は、「我が騎兵、堂々永定河渡河」の写真を掲載している。写真は十四日、喜多カメラマンが撮ったものだが、編集局の誤判断であろう。「湿地帯」が「永定河」になっている。

写真から判断するに、渡河する騎兵隊員は七名、七頭。手綱を両手に摑み、対岸からの射撃を警戒している様子ではない。

しかも、後方に土堤はなく、また葦の茂みもない。あるのは灌木の森である。たぶん果樹園であろう。それに渡河する馬の足もとを見ると、濁流はなく、湖水のようになっている。水深も馬の腹部くらいで、洪水による湿地帯を、南へと偵察に行く騎馬隊員たちと見られる。

第十四師団が攻める固安から南東一帯は大湿地帯で、東湖まで続く。東の方の津浦線では鉄道線路と、それに並行する国道、集落のみが洪水から免《まぬか》れていた。

第六師団の歩兵連隊は、湿地帯の中を偵察しながら中国軍を追っている、と見るべきだろう。

牛駝鎮は固安から南へ約二十キロである。途中に柳泉鎮がある。やや高台のこの一帯には陣地が築かれているが、湿地帯は互いに攻撃には不都合である。

第六師団は湿地帯の中を永清から南の覇県へ、正面の萬福麟軍を攻めた。萬福麟軍は湿地帯を覇県へ敗走し、さらに西の雄県に潰走した。

中国軍を南の覇県へ攻めていた第六師団は十六日午後、湿地帯のため西の牛駝鎮の南側を攻めて、拒馬河に進んだ。

逃げまどう中国軍

拒馬河は太行山嶺から白洋淀（西湖）へ流れる全長百キロの濁流の河で、途中で天子山から流れる琉璃河と涿州の東十キロほど先で合流し、大清河となって雄県の辺りから白洋淀に注ぐ。

中国軍は西の高地である天子山、房山、石楼村から琉璃河、拒馬河中流の辛橋まで約八十キロ近く、拒馬河の後方に長い陣地を構築していた。

第六師団が拒馬河の手前に到着したのは十七日の夕方であったが、すでに土肥原第十四師団は固安城を攻め落とし、十五日払暁の頃、北相鎮を攻め、河向こうの中国軍陣地と対峙していた。

拒馬河は約五十メートルの川幅だが、岸壁は十メートルと高い。上流の太行山嶺から平漢線の涿州駅の下をくぐり、白洋淀に注ぐ。平漢鉄道から東南は大原野が広がる。その中を流れる琉璃河と拒馬河は、敵の渡河を防ぐ自然の要塞である。

中国軍は撤退し終えると、すべての橋を爆破し、日本軍が通れないようにした。しかも、拒馬河の左側（中国陣地）には萬福麟軍、馮占海軍が、平灘線と西側には約四万の孫連仲軍三個師が、涿州鎮を中心に強固な陣を張っていた。

第十四師団には、良郷駅から平漢線を南下して涿州、保定へ進撃する第二十師団よりも早く、涿州の南方地区に入り、中国軍の退路を遮断する使命がある。

前後で挟み撃ちの形をとると同時に、保定会戦に進撃する作戦である。第十四師団が拒馬河を渡って、前線基地の涿州を右に見て涿州平野を南西に突っ切ることで、涿州を死守している孫連仲の三個師が動揺する。

かつて日露戦のとき、秋山好古旅団がロシア軍の背後に回り、奉天から旅順までの鉄道を遮断する戦法をとったことと同じで、土肥原師団は拒馬河を渡河して涿州駅と二十キロ南の松林店駅の中間に入る作戦をとった。

第十四師団の第五十連隊（松本、長・遠山登大佐）は十六日、實店鎮を攻撃し、午後四時頃、中国軍を撃退して實店鎮を占領した。

その後も實店鎮より南へ約二十キロ東まで中国軍を攻め、十八日午前には、ついに涿州を陥れて一番乗りの凱歌を挙げた。遠山部隊は歩兵と砲兵の共同戦術がうまく協力し合い、中国軍を南方へ追い払った好例である。

第五十連隊は明治三十八年に宮城県仙台で編成され、四十三年に長野県松本に移転した連隊で、昭和三年の済南事件に出動、七年には満州で馬占山軍を討伐した。中国では昭和十三年九月の徐州会戦まで参加している。

十九年には南方戦線に従軍し、三月、マリアナ諸島のテニアン島に上陸した。マリアナ戦ではテニアン島最南端のカロリナス高地に追い詰められ、最後の突撃を敢行して玉砕する。

遠山登大佐は千葉県生まれ。陸士二十三期、陸大三十六期で、昭和十二年三月一日付で歩兵第五十連隊長となる。

十四年一月、朝鮮の羅津要塞司令官に、同年十一月、歩兵第二十四旅団長に、十七年四月、第七十一師団長（中将）となる。

石黒貞蔵大佐（19期）の歩兵第二連隊と坂西一良大佐（23期）の歩兵第五十九連隊を指揮下に置く第十四師団の歩兵第二十七旅団（長・館余惣少将）が、宮村鎮付近から拒馬河渡河作戦に出るのは十五日の夕方である。

まず黒田、野間地両中尉が率いる戦車隊が、拒馬河を挟んで敵陣を砲撃した。戦車隊はその後、拒馬河を渡河した。上空には月が上がり、月光下での攻撃である。

歩兵連隊の坂西、石黒部隊は、五十メートル幅の濁流を、小舟を使って何回も往復しながら兵隊たちを運ぶ。

向こう岸からは、中国軍が砲弾を撃ち込んできた。

約千メートルの横隊で、両部隊は小舟を使って向こう岸に渡る。だが、天嶮の岸壁に遮《さえぎ》られる。拒馬河の岸壁の高さは約十メートル。容易に這い上がることはできない。そこを両部隊の兵隊たちは、まるで猿の如く岩を摑み、足を乗せて這うようにして登って行く。

月明かりだけが頼りだった。

両部隊の兵隊たちは千メートル幅で一人、二人、そして十人ずつ向こう岸に着くと、岸壁をよじ登って敵陣に銃口を向けた。

両部隊の全員が岸壁を登り終えたのは、十六日の朝方だった。

敵陣からは威嚇《いかく》する声や砲声が続く。

孫連仲軍の三個師が死守する涿州城までは約二十キロである。

第十四師団は拒馬河を渡り終えると陣を立て直し、進撃に備えた。ところが、散発的に撃ってくるにもかかわらず、馮占海軍は南へ撤退していた。

坂西、石黒両部隊、それに歩兵第二十八旅団（長・酒井隆少将）の歩兵第十五連隊（長・森田範正大佐）の部隊が、涿州城の南八キロ地点の松林店付近に進出したのは十七日の午前八時である。

中国軍は保定方面へ撤退したため、ほとんど無傷のまま、涿州城の孫連仲軍を後方から遮断包囲することができた。

残された孫連仲軍は涿州を死守していたが、後方の退路を第十四師団に遮断され、狼狽し始めた。

午前七時、坂西、石黒部隊が側面から涿州を攻め上げると、萬、馮の両軍は鉄道を断念して、西南方の涞水、易州方面へ潰走した。

涿州には、四万の孫連仲軍が取り残された。

涿州城は、綏遠探題《たんだい》の傅《ふ》作義《さくぎ》が張学良の奉天軍に囲まれたものの、ひと月の籠城に堪えた難攻不落の土地で、守りに強い。

特に、涿州の前を流れる拒馬河が、敵軍の進攻を防いだ。後方には、日本軍が南拒馬河と呼んだ易水がある。大行山嶺から流れて易県、平漢線の高碑店駅の下をくぐって雄県に続く濁流の河である。

涿州平野は、南は高碑店、東は拒馬河の本流に守られている。万一、拒馬河から攻められても、大行山嶺のある西方へ登りながら逃げられる。

だが、北と南、東側から日本軍に攻められ、萬、馮軍が保定に撤退したのを知ると、涿州を守る孫軍も西へ撤退し始めた。

石黒、坂西部隊の一部が涿州の南、松林店を占領したのは十七日午前八時頃である。後方から平漢線を遮断した。

第十五連隊は先回りして、さらにその南方の北三家に進出し、孫連仲軍の退路を断った。

このため、孫連仲軍三万六千の兵は、一斉に西方の山岳へ撤退するほかなくなる。近代戦の前では、堅固な涿州城は通じなくなっていた。

「兵士の声が聞こえないか」

第十四師団が高碑店、松林店を占領していた頃、湿地帯に足を取られていた第六師団は、牛駝鎮を攻め落として、南下する中国軍を追い、十七日の夕方、ようやく拒馬河に進出した。

翌十八日、孟良営で拒馬河を渡河するが、河の後方の陣地、倉上と西務里の中国軍と正面衝突した。この両陣営を攻撃して、高碑店をめざして西へと進撃する。しかし、すでに敵軍は撤退したあとだった。

第二十師団は良郷に司令部を置き、平漢線の西、山岳地帯の房山、天子山を攻めていた。拒馬河の支流である琉璃河の南側に、約二十キロに及ぶ陣を張る孫連仲軍の中央直轄軍と対峙していた。

第一軍司令官からの命令を待ち、三個師団が足並みを揃えて一斉に南への攻撃開始を準備していたところに、先に第十四師団、続いて第六師団が出撃して、渡河会戦に入ったとの報せが入る。すでに師団の右翼前面では、十一日から空軍の爆撃機を借りて山岳地帯を攻撃していた。師団の攻撃開始の十五日は、ようやく天子山を奪取したところだった。

第二十師団は十五日午前十一時四十分、房山の北方に敷かれた数え切れぬほどの敵陣地に、攻撃を開始した。

空軍の空爆の後、第二十師団の二個旅団が山岳を登り、中国軍を攻め上げる。房山から西北へ四キロ先の揚子崗の南側及び田名庄には十五日の夜、夜襲をかけて両陣地を奪取した。

琉璃河での攻防では、空軍の掩護を受け、渡河作戦に出る。だが、第十四師団が平漢線の後方に回ったと知った孫連仲軍は、十七日夜から南西へ撤退するが、南下した第五師団の山田部隊（歩兵第四十一連隊、長・山田鉄二郎大佐）が十六日夕刻には、保定の五十キロ地点にある涞源に到達して迎撃に備えた。

また、第十四師団の遠山部隊は、平漢線を南下して涿州城の中国軍と猛烈な戦闘を続ける。

十六日朝、琉璃河戦を突破した第二十師団は、装甲列車を使って総攻撃を開始し、良郷より八キロほど南の竇店鎮付近の敵を攻めて占領した。

三方から包囲された孫軍は、馬頭鎮を見捨てて涿州の西方面へ潰走するが、西方からは遠山部隊に包囲されて逃げ場を失う。拒馬河の上流に架かる橋を渡り、ある師団は南西の新庄頭鎮へ、ある師団はさらに上流に架かった橋を捜して北西阻鎮へ、そして魏家荘の陣地へ逃げ込む。

もう一つの師団は、拒馬河に沿って西へ西へと潰走して行った。中国軍は山のけわしい易州をめざして潰走していく。

第一軍司令官は十五日、保定の北西地区に向かって追撃することを決め、第二十師団は易州付近に、第十四師団は易州の南西地区に、第六師団は満城の北方地区に向かって追撃するように部署していた。

涿州城から房山へ、商雲の中央直轄軍二個師三万と孫連仲軍の三個師、独立第四十四旅の三万六千、合計六万六千の兵が涿州城から潰走するのが早かったため、第十四師団の遠山部隊は十八日午前十一時、涿州城へ一番乗りした。

涿州会戦は、第一軍三個師団の包囲作戦により、比較的スムーズに行ったが、勝因は桜井徳太郎少佐の謀略工作により、萬福麟軍と馮占海軍が早々に撤退したことが指摘できる。


北支那方面軍司令部は、予想以上に進撃できたことから、一挙に第二集団司令部のある保定を攻略するよう、第一軍司令官に命じた。

当初は、定興を中心に、東西の線で次の攻撃に備える準備を予定していた。三日間と半日の短い戦いではあったが、中国軍の潰走と撤退が早く、保定に集結するのを想定して、休む間もなく保定攻略を命じたのである。

このため、方面軍司令部は直轄の重砲隊と、間もなく到着予定の野戦重砲兵第六旅団の主力を、第一軍司令官の指揮下に入れることにする。

十七日、香月第一軍司令官は、第十四師団には石板山付近に、第六師団には満城北方の大冊河北岸高地に一部を先遣して、第一軍の保定会戦を有利にするよう命じた。

また同日、第六師団の牛島第三十六旅団に対し、歩兵一大隊を後方の三家店付近に残置し、主力を平漢線の高碑店付近に召致するよう命じ、第一軍の予備隊とした。

牛島支隊は、日本軍の意表を突いた山岳ルートで北上してきた中国の第十四軍三個師を迎え撃ちするため、第二十三（長・岡本静臣大佐）、四十五連隊（長・神田正種大佐）で下馬嶺、千軍台に出撃していた。下馬嶺には鹿児島第四十五連隊が、千軍台には都城第二十三連隊が迎撃した。第二十三連隊は、まだ山岳戦で苦戦していて、そのさなかからの変更である。

第二十三連隊は、九月十七日に千軍台を占領して前進していたが、下馬嶺を攻め落とした第四十五連隊は、五キロ先の伝家台でも中国の一個師と戦っていた。

参謀本部の石原作戦部長は、毎朝夕、各紙の戦況報道記事を喰い入るように読んでいたが、兵たちの死亡欄を見るたびに、目を伏せた。

「天皇陛下の子たちを――」

無念の思いで唇を噛みしめた。

九月十七日の朝刊各紙には、二百名余の戦死者名が掲載された。ほとんどが十六日発表の上海戦での戦死者である。石井部隊長が負傷していた。

十八日付の新聞には、北支那方面軍将兵の戦傷者名が掲載されている。十七日入電までのリストだが、あまりの戦傷者数に思わず唇がゆがんだ。永定河渡河作戦では工兵の戦傷者が多い。北支、上海戦合わせて千人近い。

十九日付には、新たに三段組みで戦傷者名が掲載され、その中には少佐の戦死者もある。

石原部長は作戦室に入り、武藤、河辺両課長の前で新聞の戦傷者記事を見せた。

「連日の戦傷者名だ。これはどういうことだ。説明できるか」

と武藤課長に言った。

するとと武藤は、

「私にではなく、方面軍司令官にお聞きして下さいよ」

と、鼻であしらうように答えた。

「君には兵士の声は聞こえないのかね。この戦《いくさ》を仕掛けたのは君たちではないのかね。名誉の戦死とはなんだ！　なぜ連隊長みずから突撃せんのかね。一人も死んではいないじゃないか！　何のために南進させているのだ。平漢線は保定で止めよ。方面軍は石家荘までやるらしいが、やめさせろ。これは参謀本部の方針のはずだ。武藤君、君が決めたことではないか」

言い残すと、作戦室を出た。

二人は無言のまま、それぞれの部屋に引き返した。武藤には面従腹背の色が見えた。

第六章――迫りくる中共軍

中ソ間の密約

第十四師団による孫連伯軍の退路遮断で、琢州城《たくしゅう》は難なく落ちた。

この日は九月十八日で、ちょうど満州事変から六周年にあたる。新聞は各紙とも、「満州事変六周年、歴史的戦勝に輝く」と書きたてた。新聞報道は、戦となると自国を有利にするのは世界共通のことだが、日本の各紙は軍発表そのものの報道で、客観性に欠けた。

石原は「満州事変六周年」という文字を見るたびに、むなしさを覚えた。

満州国では十八日の午後七時三十分、ラジオで「満州事変の夕べ」と題して、奉天MTBY局とJOAK（東京放送局）、JOBK（大阪放送局）が合同で特集番組をつくり、奉天と東京、大阪へ向けて放送している。北大営兵舎前より全満州に放送し、東京、大阪にもリレーされた。

満洲里では十七日に第三回目の満州国と外蒙古国との会議が予定されていた。しかし九月一日、外蒙古の首席代表サンボーが本国から呼び戻されて帰国したあと、十四日には他の委員も引き揚げ、休会になった。

満州国側はウルキンと下村が代表を務めていたが、満州国に引き揚げて以後、対ソ連での協力関係をつくろうとした両国の会議は、打ち切られたままになる。

休会の原因は、外蒙古内にいる「反ソ連分子」の暗躍が考えられた。シベリア鉄道内でデムット陸相が急死する事故は、反ソ連分子の暗殺との噂が立ったほどである。

外蒙古では親ソ連派の大官の身辺も危険視され、ソ連寄りのサンボーが反ソ連分子の説得に当たっている、との情報も流れていた。

満州の西側を固めるためには、満州国と外蒙古国との協定が必要なだけに、このニュースを知った石原は無念だった。しかし、石原は日蓮のことを思い、諦《あきら》めず困難に立ち向かう決意を固める。

十八日の新聞で、石原を釘付けにした記事があった。「大阪毎日」に載った中村広東《カントン》総領事の談話である。

香港からの最後の引揚船は十七日午後三時、神戸港に着いた。この「宮崎丸」にはギリシア代理公使、ミラン領事代行ら駐外の外交官や欧州各地の駐在武官らも同船で引き揚げている。

中村総領事は神戸港で、「中国は内部分裂」すると、こう語っていた。

「十二日、日本船に乗船した。広東は排日、抗日のもっとも盛んなところで、従ってあらゆる支那問題は広東で諒解がつけば大体解決するといった場である。事変の影響は相当にある。現に、中央政府から二千五百万円の軍事費を負わされ、ヘトヘトになっている。また、米の輸入が海上交通遮断で止まったため、食糧問題で行き詰まっている。この模様から考えると、私は事変が長く続けば分裂して、内乱が起こるものと思う」

その一方で、スターリンの片腕と言われるソ連のコミンテルン支部書記長ディミートロフが南京入りした、との情報が満州の哈爾濱《ハルビン》から入っていた。

外蒙古への圧力といい、ソ支不可侵条約締結での密約といい、ソ連の動きが活発化していて、石原は満州国防を注視した。

「満州が危なくなった。相当にソ連のゲリラとスパイが入っているな。満州の政府高官の中にまで潜り込んでいるだろう」

石原はそう思った。

「関東軍は何をしているのか。樋口はどうしているのだ！」

石原が危惧していたその頃、正しくは九月十八日の情報として、「大阪朝日」が哈爾濱特電で南京の情報を原稿にして満州から報道していた。

それはソ連による中国の「人民戦線政府樹立」の企図である。中ソ間の密約の中にある、と見られている。「特電」として扱っていて、哈爾濱の記者名を隠しているところから、樋口特務機関長のリークだろう、と石原は推測した。

「密約」には、「太平洋諸国の集団的安全保障の第一歩なり」と宣言して、武器を中国につぎからつぎへと供給していた。

ソ連、中国に人民戦線国家づくり

石原は、ソ連政府は外蒙古といい、南京政府といい、スペイン同様にソ連共産党の支配下におき、特に南京政府を弱体化させて蔣介石を追い出すか、または頭に飾って実権を共産党が握ることになるだろう、と読んだ。

「大阪朝日」が摑んだ哈爾濱情報は、まさに石原の予測を裏づけるもので、つぎのように報道している。

「――最近、哈爾濱に入った確実なる情報を総合するに、ソ連政府では今回の支那事変を契機として、全支那をして共産党の蹂躙《じゆうりん》下におくことを第一目的とし、これがため可及的速やかに南京政府の没落、人民戦線政府の樹立を計画、赤色抗日全戦線強化に邁進すべくコミンテルン本部より極東支部に、

一、北支、南支において、日支戦争の反対者、裏切り者は暗殺し、漸次これを中支に及ぼし、このため多数のテロ団を準備すること。

一、抗日長期抵抗、赤軍再組織に関し、在支ソ連官憲、要人をして南京政府筋の煽動に活発に当たらしめる。

一、共産党各機関、職業組合及び赤軍は、支那の反コミンテルン策動を防止するため、人民戦線派の強化を計り、その政府組織を宣言して、支那の自由擁護にあくまで反撃をくわえること。

――などの指令を発した、と伝えられる。

なお、ソ支不可侵条約の裏に、軍事条約が隠されていることを裏書きするものとして、ソ連側の特別軍事委員会が南京でこのほど成立したといわれ、右委員会長にはエルミニング少将が任命され、すでにモスコーを出発した。

コミンテルン支部（極東）書記長には、スターリンの片腕であり、スペインの共産党代表のディミートロフが、すでに飛行機でモスコーを出発、外蒙古経由で支部中央部に入ったと伝えられている。

同人は反ソ宣伝者に対するテロ団の団長として赤化、革命の当事者たる役割を演ずる者とされている。

これらから察しても、ソ連の対支赤色援助はいよいよ露骨になり、共産党の魔手に踊らされる支那が、今にして覚醒せざれば、第二のスペインとして支離滅裂、収拾し得ざる状態に立ち至ること必定」

石原はソ連共産党がテロ集団を南京に送り込み、蔣介石一派の口封じに出ていると読んだ。

哈爾濱特電を裏付けるように、ソ連共産党は中国共産党を国民政府に侵入させ、南京の国民政府に容共政策をとらせている。そのことは、共産党軍の朱徳を第八路軍総指揮に、彭徳懐を副指揮官に任命する、と南京政府を通じて発表したことに窺えた。

朱徳の総指揮は八月二十二日に決定済みであったが、今回はあえて南京政府から全軍に発表した。

九月十三日の「読売」は夕刊で、

「右は西安事件の時の約束を実行し、共産軍を正式に支那軍の編成内に入れたることを公表せるものとして重要なる意義を有する。（中略）蔣介石、汪兆銘（汪精衛）等南京首脳者は真先に卿等の忠誠を賀《よみ》す、一致団結共に国難に赴かん、との丁重なる賀電を発して共産党との合作を通じてソ連の導入に努めつつあるが、共産軍は国民政府のこの混乱に乗じ、さらに一歩を進め、南京に第八路軍便事処を設置、葉剣英を主任に任じ、早くも策動を開始した。なお蔣介石は対日抗戦に伴う国内の分裂を防止すべく、今回一切の政治犯を釈放、救亡運動に従事せしめるとした」

と、共産軍の南京進出を報じている。

この共産軍三個師が朱徳を総司令に、彭徳懐を副司令とする第八路軍へ改編されることは、九月六日に決定していた。

しかし、国民党は財政難を理由に、共産軍へは一梃の銃器も補給しなかった。朱徳の伝記の作者A・スメドレーによると、

「精兵四万五千からなるこの三個師（第二十五、百二十、百二十九師）は、ただちに山西省の前線に向かって出発した。彼らはまだ元の紅軍の制服と軍帽をつけていた。毛布一枚交付されなかった。蔣介石軍の一人の中尉があとで皮肉まじりに私に言ったものである。赤の連中はこれまで、鉄砲もその他の給与もすべてわれわれ国民党軍から取ってきたと自慢していた。今度は同じように日本軍から取ったらいいと。

私は八路軍が前線に出発してから一ヵ月後に五台山で朱徳将軍の司令部に加わった。山西省の東北部にある五台山は、当時日本軍の後方になっていた。九月二十五、六日の両日、林彪の指揮する第百十五師は長城の平型関で日本軍と戦って、最初の勝利を得ている」（『中国の赤い星』）

スメドレーはのちに五台山で、朱徳から八路軍の戦略と戦術を聞き出し、メモ書きしている。

「戦略的にいえば、われわれは持久戦、それから敵の戦闘力と補給との消耗を狙っている。戦術的には掃滅的な電撃戦を戦っている。軍事的に敵より弱いから、いつも陣地戦を避けて機動戦と遊撃戦とを併用する。敵の決定的な破壊を狙うと同時に、遊撃戦によって敵を混乱、分散、消耗せしめる。われわれの遊撃戦が敵を非常な困難に追い込むので、正規軍は有利な状況のもとに機動戦を展開することができる」

「われわれの計画は、華北と西北一帯の敵の背後に多くの地区山間基地を設けることだ。たとえば敵の機械化部隊が作戦できない五台山のこのようなのがそれだ。正規軍はそうした基地に帰って、休息や補充や再教育を行なうことができるし、その中で遊撃隊や大衆を訓練することができ、小規模な兵器廠、学校、病院や地区行政機関をそこに集中する。われわれはそういう基地から出て行って、日本軍の兵営、防塁、戦略地点、弾薬集積地、通信機、鉄道などを攻撃することができる」

しかし、共産党軍の力が大きくなると、その影響力は華北全体に広がり出した。彼らの行く先々で農民の共産主義教育が浸透し、日本軍を憎み、国民党軍に非協力的となる。

もっとも恐れたのは国民党政府だった、とスメドレーは書いている。

「八路軍の力が大きくなり、その影響力が華北全体に広がるにつれ、国民党反動たちの間の恐怖も増大した。八路軍が敵（日本軍）の手から解放した地域で改革を実施したというニュースが漢口に伝わると、共産主義の脅威という、前からあった叫びが聞かれ出した。北部と北西部の解放区では、十八歳以上のすべての男女に完全な選挙権が与えられた。彼らは元の国民党の役人に代わる町村の行政機関を占拠した。

国民党の役人たちは、日本軍が来ると逃亡するか、あるいはこれに加担して傀儡《かいらい》地方政治を動かしていたものだ。こうした反逆者の多くが大地主だったから、解放区では逃亡した反逆者にはならなかった者もいた」

こうした八路軍による共産主義教育が広がるのを恐れた汪精衛行政院長は、共産主義者の匪賊《ひぞく》行為に対する警鐘を打ち鳴らし、日本の講和条約を受け入れるよう主張していた。

「また国民党内の反動的なCC団も、人民の組織と武装とに反対し、妨害した。汪精衛は、戦争が続けば中国は共産主義者に乗っ取られるだろう、と警告した」

「蔣介石は、日本に降伏すれば自分の立場がなくなることを知っていたから、敵のあらゆる和平提案を拒否した。しかし、赤い同盟者を恐れる点では汪と同じだった」

親日派の石友三将軍、共産党軍に射殺される

石原莞爾は、八路軍編成後の国民党軍と共産党軍とは決して相容れない、内乱戦だと見ている。国民党と共産党は国共抗日とは言っても、華北で解放という名の共産主義教育を施すことを、蔣介石や国民党は恐れている。

いずれ山西省、河北省へ出たあと、毛沢東、朱徳ら共産軍は満州攻略に出てくるだろう。

しかし、河北、山西など北支の中国人を教育する共産軍とは、いつかは戦うことになる。度を越すことがあれば、蔣介石は共産化された土地に国民党軍を送り出して潰すだろう。

そうした事件は、のちの昭和十三年夏に起きた。

当時、石原は満州国の関東軍参謀副長だったが、彼の耳にも入った。

八路軍が解放という名の共産主義教育を施した地区を接収するため、河北に国民党軍の特別部隊を送ったのである。また、黄河沿岸の国民党部隊が解放区に侵入し、接収しながら八路軍の影響を消して行った。

スメドレーによると、共産党軍の根拠地の陝西省延安の西部にいる国民党軍は、共産党軍を共同攻撃するため、日本軍と停戦し、同盟を結んだ、と指摘する。

その一方で朱徳は、汪兆銘が南京政府をつくったあとで、「国民党反動勢力の増大と二重の危険」という論文を、延安の新聞に、つぎのように発表し、蔣介石と国民党を批判する。

「一九三八年秋、漢口が日本軍の手に落ちて以後、われわれは国民党内の有力な一派が、民族統一戦線を破り、内戦を再開することによって、降伏の道を準備していることを知った。われわれは山西省東南部、河北省南部、そして山東省西部の国民党軍が、八路軍を敵として、彼らのいわゆる連省共同防衛協定を結んだ証拠文書を持っている。

そのうちの鹿鍾麟将軍の率いる部隊は、われわれが敵から解放した地区を接収するために蔣介石が派遣した部隊だった。

この軍はわれわれの解放区に入ってきて、あらゆる地方行政機関を解体し、一九三七年、日本軍が来たときに逃亡した元の封建的な役人たちを、そのあとに据えた。

また地方の人民部隊を包囲し、武装解除して解体し、保安隊を置いたが、その仕事は人民の抗日と民主主義活動とを抑圧することだった。われわれが導入した小作料引き下げや、高利の禁止などの改革は非合法とされ、新旧の重税が課せられた。村民はふたたびギャングたちのため強制徴兵され、鹿将軍に三千元献納する者だけが、徴兵を免れる状態だった」

「こうした動きは、重慶支配下のあらゆる地域でしだいにひどくなった人民活動家の弾圧と併行していた。国民党が直接管理するもの以外の出版や組織は弾圧され、政治犯の集中拘置所が設けられた」

湖南省には共産党軍の新四軍が編成されていたが、ここでも国民党部隊が新四軍の輸送連絡所を襲撃し、全員を生き埋めにして殺すという事件も発生する。

強大化していく共産党の八路軍を恐れてのことだが、共産党も反撃に出た。毛沢東と朱徳は重慶に出かけて抗議し、取り引きするように、親日派の将軍で河北、河南、山東の省境にいる石友三第六軍司令官が、日本軍と協同して八路軍を攻撃した、とデッチ上げている。さらには、石友三のニセ電文を読み上げて抗議した。

石友三将軍の件は蔣介石が一度は否定したが、それから数ヵ月後、審判のあと、共産党軍の前で射殺された。しかし、石友三将軍の射殺をきっかけに、共産党軍と国民党軍との間に内戦の危機がますます高まる。

井本熊夫、中共陣に潜入

アメリカ海軍の情報将校は、昭和十二年夏頃から中国本土に送り込まれ、朱徳の八路軍とも接触していた。八路軍が将来満州国に進攻し、ソ連軍と共同で解放する話を耳にする。

アメリカ海兵隊の情報将校エバンス・F・カルソンは、朱徳の司令部がある山西省南部の洪洞に来て、新聞記者や将軍から、日本軍の動静、八路軍及びソ連人顧問団の動きを聴き取っている。

満州国に進出したいアメリカ軍と朱徳の八路軍、ソ連極東軍は、互いに情報を取り合っていることは、海外からの新聞報道で目にしていた。

しかし、アメリカ海兵隊の情報将校が、ニュージーランドの記者やエドガー・スノー、スメイルなどアメリカの記者たちから八路軍の情報を取り、朱徳司令官に近づいていることは、日本側のまだ知るところではなかった。

北支那方面軍が九月二十四日の保定作戦をひかえ、包囲に入っていた頃、八路軍は国軍編入の命令を受け、閻錫山が指揮する第二戦区の戦闘序列に編入され、韓城と潼関を出発した。黄河を渡り、軍用列車で同浦線を北上し、太原を通り、原平鎮で下車して集結した。

原平鎮から、賀竜の第百二十師は寧武鎮へ、さらに太行山脈の外城の朔県、大同をめざした。林彪《りんぴょう》の第百十五師は、原平鎮から内長城の大営鎮、平型関をめざして北上した。

中国共産党軍は国・共連合軍として日本軍と戦うことになるが、この「連合抗日」戦についての中共の本心は、すでに「国民党との決戦」に向けられていた。

当初、綏遠にいる毛沢東は、八路軍が国民党軍に編入されたとき、

「蔣氏の談話は全国における共産党の合法的地位を認め、団結の必要を指摘したもので、結構なことである。だが、国民党の尊大ぶった態度はまだ捨てられておらず、また必要な自己批判にも欠けている。この点はわれわれの満足しがたい点である。しかし、両党の統一戦線は、中国革命史上に一つの新しい時代を開いた。これは、日本帝国主義打倒に決定的な役割を果たすであろう」

と、「国共の協力関係について」の論文の中で書いている。

ところが、「連合抗日」という名目の中国共産党軍の目的は抗日ではなく、中共軍工作にあることが、のちに発表された毛沢東自身の論文「中国の中のソ連」に明文化されている。

一九三七年秋、朱徳が八路軍を率いて陝西省北部から戦線に出動したときの演説には、

「中日戦争は中共発展の絶好の機会である。われわれの基本政策は全力の七分を中共の発展に、二分を国民政府との対応に、残り一分を抗日に使用する。

この政策は次の三段階に分けて実施する。

第一段階では、国民党と妥協して中共の生存と発展を図る。

第二段階では、国民党と勢力の均衡を保ち、彼らと対抗する。

第三段階では、華中各地区に進出して根拠地を築き、国民党に反抗する」

この演説は、国民党内でも大問題になった。国民党の反共産主義者たちは、孫文の未亡人で共産主義者の宋慶齢の「対日対戦の最後の勝利に努むべき」との談話も含め、つぎのように引用して共産軍を危

険視していた。

「一、国民党と妥協せよ。ただし、これは暫定的のものであり、決して投降ではない。しばらくの間、革命の制度を放棄したのは名義を捨てて実質を取り、将来さらに新しく大きな勝利を求めるためである。
二、紅軍を改めて国民革命軍としたのは、番号を改めただけで、改編ではない。紅軍の独立性を保持しつつ、かえってその拡大と強固を図るものである。
三、ソビエトを暫時《ざんじ》取り消し、特区政府としたが、実質と本性は不変である。従って、無産階級政権の力量は弱化しないばかりではなく、かえって広大な群衆革命の力量を発展させることができる。
四、抗日戦争は、わが党の力量を発展拡充する絶好の機会である。われわれの政策方針は、全力量百のうち七十をわが発展拡充に、二十を国民党との妥協に、十を対日戦争に注ぐことである」
また、毛沢東は中央政治局の会議で、

「中国の政治で決定的な要素は武力である。抗戦の過程で、できる限り党の武力を拡大し、将来政権を獲得する基礎とする」

と豪語した。

しかし、このときの発言は、南京で指揮をとっている蔣介石や張群らの耳には、まだ届かなかった。

「一割の抗日戦力」を唱える中共軍の戦略は、正面戦ではなく、もっぱら側背と国民党軍の後方戦だった。前述したように、朱徳はスメドレー記者に戦略と戦術について、のちに五台山でのインタビューで語っている。

将来に、中国の政権取りを狙う毛沢東の中共が、内戦を暫定的に止め、抗日戦に出てきた頃、日本では各新聞が「平漢戦線」戦勝を報道し、戦勝ムードを国民に伝えていた。石原はこうした報道を危険視せざるを得なかった。

「東京朝日」は現地からの解説記事を、こう書いている。

「〇〇にて磯野、常安両特派員十八日発。

平漢線北面の戦線は、十八日未明から正午にかけて非常に進歩した。我が方面軍と側背からの包囲攻撃のため涿州西南方の密林地帯に逃げ込んでいた孫連仲軍四万の大軍は、南側面からの我が各部隊の猛攻撃のため徹底的大打撃を受けて敗退、混乱その極に達し、僅かに拒馬河上流の一筋道を頼りに淶水方面の山岳地帯に雪崩を打って潰走するに至った。

すなわち平漢線による唯一の退路を、我が坂西、石黒、森田三部隊のために完全に断たれた孫連仲軍は、遂に拒馬河を横切って淶水西南の山峡地区に敗退するに至ったが、この退路を掩護する目的の下に、敵軍の一部は淶水西北方の高地に倉皇として陣地を構築、自己軍隊の退却を有利にすべく最後の抵抗を試みつつあるが、我が軍は目下これに対し猛烈な攻撃を続行中である。

かくて涿州会戦の最大の目標であった涿州城も、十八日午前中に我が遠山部隊のために完全に陥落した。平漢線上の定興駅には、機関車のない三個列車が悄然と取り残されて狼狽せる敗退の跡をとどめているが、また保定街道上には固城鎮から高碑店にかけて、各四十五キロに亘り、二百個の車輌が蜓々と連なり南へ南へと敗走中である。

これに対しては十八日午前、高碑店に突入、最初の凱歌をあげた我が装甲列車がこれを追撃中である。一方、平漢線中部線の固安付近を退却中の馮占海、萬福麟軍の敗残部隊も、雄県、河間に向かって敗走、徹底的打撃を受けてこれまた敗退中であり、雄県南方二、三キロの所には百台の車輌に敗残兵が満載されて逃亡中である。

さらにまた雄県と河間の街道には、車輌に乗り遅れた敗残兵が三々五々悄然と逃亡中で、ここに歴史的涿州会戦も戦端開始以来、僅かに三日有半にして我が皇軍は画期的戦果を収め、ついにその終焉に近づき戦局の一段落を結んだ。涿州陥落のこの日は、宛《あたか》も七年前、満州事変勃発の九月十八日と日を同じうし、我が皇軍将兵はこの記念すべき日に受ける快報に、再び感激の念を新たにして、河北の大平原に万歳を連呼しつつある」（行替えは筆者）

石原は北支那方面軍の南下を保定会戦までとして、満州への転用を急がせなければならないと、焦りを覚える。

「正確な情報と現地報告が知りたい」

石原部長は、第三課の井本熊男大尉を呼びつけた。

井本は作戦課（三課）で用兵と編成を担当し、十二年五月下旬から二週間、天津、北京、通州、張家口、綏遠、包頭、大同、太原と視察して帰国している。それに山西省の閻錫山将軍とも親しい。

石原は井本に、

「忙しいなか、すまないが、北支を視察してほしい。どうも判断資料に欠ける。現地軍の作戦の全容が見えん。武藤課長にはオレの方から話しておく」

と内示を与えた。それから、部長室の四方の壁に貼られている中国全土の地図を見上げた。

「どこまで行けば気がすむのだ」

彼には、戦が長引き、日本も国民党軍も消耗したあと、中国共産党軍は北支を攻め、蔣介石が南京を去った間に満州に迫り、ソ連軍とともに四方から満州国に攻め入るだろう。彼らの狙いは満州と北支だ。そこにアメリカは満州に入りたく、ソ連に働きかけて日本を攻めてくるだろう、と先を読んでいた。

「第一軍、二軍、五師団は、本当に攻め切れているのか。後方戦で敗れていないか」

井本熊男が帰ったあと、石原は隣りの参謀次長室に入り、多田駿次長に井本派遣で打ち合わせをした。

多田は承諾した。

その足で作戦課に行き、武藤課長に井本派遣を命じた。武藤は同意した。

「ただ、現地視察できるかどうか。命の保証はないかと」

「中共が動き、北上しているようだ。板垣さんは山西進攻をまた言ってきよる。南下して保定会戦に出たがっていたが、太原攻略が狙いだろう。君かオレが行って見てきたいところだが、そうはいかん」

「井本大尉！」

武藤は井本を呼びつけた。

「お前、命がないぞ！」

「はい、分かっています。板垣師団長にも会って参ります」

「太行山脈越えには気をつけろよ。敵さん、待ち伏せているから。夜は歩くな。大同までは飛行機があるが、そこから先はオレも分からん」

「さっそく準備だ」

石原と武藤は起立した作戦課全員の前で、井本大尉に檄《げき》を飛ばした。

第七章――乱立する自治政府

小沢開作、北京に移る

満州国では九月十八日、皇帝の詔書奉戴《ほうたい》式が予定されていた。陸軍省軍務課よりの情報では、皇帝は満州事変記念日の十八日に詔書を渙発するとの報《しら》せが、参謀本部第二課にももたらされた。形式的な行事とはいえ、北支、中支及び南支の各自治国の間にどのように浸透して行き、民衆が和平に動くか、石原は期待をもって見守った。

式典は十八日午前十一時半、満州国の国務院講堂で行なわれ、詔書の全文が溥儀《ふぎ》皇帝によって読み上げられた。

石原は事前に送られた全文に眼を通し、どうせ星野直樹総務長官あたりの作文だろうと思いながらぞった。

「茲《ここ》に盟邦大日本帝国と一徳一心の真義を発揚し、共同防衛の精神を貫徹し、以て東亜全局の安定を期するがために三千万民衆に告ぐ。

我が満州帝国の国基を奠定《てんてい》するや、仁愛を以て政本となし、忠孝を以て教本となし、盟邦の仗議《じょうぎ》援助に頼り、国是以て定まり庶績咸《み》な煕《ひろ》く弊倫敍するところ民俗日に厚し。朕敢《あえ》て假豫せず。（中略）東亜の和平に尽さんことを願う。乃《すなわ》ち中華民国政府は南京の遷移せしより以来東方固有の文化を蔑棄し、抗拒排斥を以て其の宣伝の号召となし、自ら長城を壊して容共の門戸を啓き、屢々《しばしば》事端を構えて偏執悛《あらた》めず、我が盟邦奠を挑む。（中略）固より其の民を敵とするに非ず、乃ち共の国を誤り民に映し東亜を攪乱する者を除かんと欲するなり。協和親睦衆志城をなし、国威を振張して以て一徳一心の真義を発揚し、其の全力を挙げ以て共同防衛の精神を貫徹すべし。（後略）

康徳四年九月十八日」

主旨は「盟邦と相共に東亜を奠定せん」と、南京政府を意識したものになっている。

もちろん、その後も各地の自治政府にとっては勇気と力を与える詔書であった。はたして蔣介石の南京政府は、どう受け止めたか。協和会及び東亜連盟に共鳴する汪兆銘（精衛）ら行政院の中には、「防共」という主旨から、大いに賛同したと想像する。

これまで、各地で民衆による自治政府が樹立されてきたが、いずれも仮の姿だった。

最初に立ち上がったのは北平（京）の市民有志者たちである。ここには、満州協和会の小沢開作が満州から北京に住居を移して、協和会の普及に動いていた。

彼がどれほどの根回しに動いたかは、石原のところには届いていない。しかし、何らかの形で満州国建国に尽力した一人であるだけに、係わっていたと思われる。

小沢の満州離れは、昭和十一年、関東軍参謀長が板垣征四郎から東条英機に代わり、満州国や協和会の内面指導が強化され、協和会に東条の差し金で甘粕正彦が送り込まれたことも、理由の一つだった。彼は北京に出て、歯科医院を開業しながら協和会運動を続けた。

宋哲元が北京城内の残兵を従えて西門から平漢線の鉄道で保定へ逃亡したのは、七月二十八日の午後十一時（深夜）であった。

宋は冀察《きさつ》政権を張自忠に一切を託し、馮治安、秦徳純らとともに長辛店経由で逃亡した。張自忠は中国兵が去った北京で善後処理をまかされるが、郎坊事件の責任者であることから、協力を求められた民間有力者にも市民にも拒否されている。

宋らの逃亡直後、民間有力者による治安維持会が組織されたが、張自忠は「その必要はない」と、張自忠の冀察政権参加を呼びかける。

宋哲元は第百三十二師の二個団（中隊）を保安隊に改編して残置したが、今井武夫武官補佐官は治安と人心安定のため、中国側の治安維持委員会を結成する必要を認め、二十九日の朝、松井太久郎特務機関長と協議して人選に入った。

すでに市民の間からも治安維持委員会設立の話が持ち上がっていた。代表的な人物としては、冷家驥《れいかき》、江朝宗、周履安などがいた。

江朝宗は元国務総理の経歴を持つ元老的存在で、七十歳と高齢である。松井と今井は江朝宗に主席をお願いし、他は江主席に人選させた。

それぞれ委員会の代表が決まり、三十日の午後に治安維持政府が成立した。この維持会には、日本側から赤藤憲兵隊長、笠井冀察軍事顧問、西田冀察政務委員会顧問などが加わった。

なお、北苑の兵舎に駐留していた独立第三十九旅（阮玄武旅長）は、日本軍に対して戦意がないことを誓ったので、北京武官府は小銃五千、軽機関銃二百、山砲迫撃砲八門を有する六千の兵員を武装解除させた。

陸軍省と参謀本部では、民衆自治による収拾にまかせる方針をとった。八月一日には、天津にも治安維持会が成立した。

北京の場合は、成立後、冀察政務委員会代理委員長として残留している張自忠と江朝宗との間に、合法的継承で暗闘があった。江は何者かに脅《おど》され、健康と老齢を理由に再三、維持委員長辞任を申し出て、あわや不成立かと心配された。

そのつど、委員や日本人顧問に励まされ、ようやく翻意した。ところが、今度は委員会内部が揺れ出した。

結果的に八月七日、張自忠自身が冀察政務委員会代理委員長を辞任したことにより、江朝宗は委員長を継任することになる。

冀察政務委員会は八月十九日付で自発的に解散したため、江朝宗が新たに北平市長に就任し、冀察政権の残務を整理して、ようやく北京は平静を取り戻した。

治安維持会

天津の治安維持会は、委員長に元国務総理の高凌霨《こうりょうい》が就任した。高の二男は法政大学の三年生で、高自身は六十九歳と高齢。だが、人格が温和で、高はすぐに保安隊を組織して治安に当たらせた。

それでも、平津地方には便衣隊、敗残兵が横行し、各地で抗日団体が暗躍していた。日本軍は、政務は民衆自治にまかせて、保護を加えるとの方針だったが、便衣隊、敗残兵の抗日ゲリラが散発すると、そのたびに討伐に向かった。

後をまかされた張自忠将軍の冀察政務委員会は、八月二十日に解散する。

これに前後して北京や天津では、「北支人の北支建設」「国民党の専制打破」を叫ぶ民衆の運動が日に日に盛り上がった。こうした蔣介石の国民党から独立した政府を作ろうとの動きが広がり出す。

前例に満州国がある。北支の人々は、独立国家作りに意欲的だった。

陸軍省は北支建設を後押しするように八月十二日、「北支政務指導要綱」を作成し、具体化していった。軍内部には、冀東、冀察両政権とも行政能力を失っていたので、天津の香月第一軍司令官は、

「永定河以北に軍政を敷くように」と上申してきた。

陸軍省及び参謀本部内では、新政権を樹立させてはどうか、という意見が強くなったが、石原など参謀本部は「民衆自治による収拾」方針をとり、日本軍が保護することになる。

当時、八月十二日付で陸軍省が北支の自治に関して決定した「北支政務指導要綱」は、五項目からなる。

指導方針は、「北支政務指導の要は作戦後方地域（冀東を含む。以下同じ）における各般の政務事項を統合指導し、該地域をして日満支提携共栄実現の基礎たらしむる」とある。

要綱の五項目（骨子に要約）は、つぎのとおり。
一、政務指導各般の処理は厳に敵国占領の精神より脱却し、軍隊対住民の関係は特に円滑に調整する。
二、政治機関は住民の自主的発生に基づく。機構運営には住民の積極的参賛による。
三、前項地域の経済開発は差し当たり冀東地区を主とし、冀東政権を内面的に指導す。経済開発実施のためには、なるべく興中公司をして直接実行、調整に当たる。
四、現地の明朗化を妨碍《ぼうがい》する不平分子（浮浪人や排日及び共産分子等）はいずれの国籍人たるを問わず、徹底的整理の手段を講ずる。これの実施は軍内諸機関、外務官憲及び支那側機関相互の協力による。
五、住民のため文化的諸施策、就中《なかんずく》保健医療施設の普及に関し、所要の措置を講ずる。

この指導要綱は、北支那方面軍が新設される八月末に、陸軍大臣から方面軍に示達され、方面軍は北支の新政権に内面指導する方式をとっている。

北京に新政権を強く望んだのは、関東軍である。北支の安定が満州国の安泰になるからで、東条参謀長は八月十四日、積極的な時局収拾構想を打ち出した。

それが「対時局処理要綱」である。

しかし、参謀本部の石原部長は、特務機関が内面指導する方式には反対だった。石原はあくまでも民間人にまかせ、そこに協和会を置き、民間人の協和会を中心に政務をとる方向を提案する。

軍政では植民地政策となり、蔣介石の国民党政府をますます追い込み、和平の機会が遠のくばかりだと反論する。

ちなみに、関東軍の「対時局処理要綱」は、つぎのとおり。

「北支政権は、おおむね五省の連省自治を究極の目標とし、まず河北、山東の二省（将来は山西を含める）で政権を作り、また別に察南、察北を統合する一政権を樹立し、前者は北平に、後者は張家口に位置させ、それぞれ両政権には有能な日本人顧問を配置する。

日本軍は主として各地の治安確保に専任し、政治、経済などの指導は、北平、張家口に設置される大特務機関長が日本人顧問を通じて渉外、経済、内政上の内面指導を実施する」

北支の五省を北平政権が、内蒙古を張家口政権が統治するという二政権構想である。

それ自体は良しとしても、軍政下に置くことでは、当初の満州国と同じであった。

しかし、寺内方面軍司令官は内面指導方式をとり、日本軍の占拠地を指導する具体的な構想に入った。

北支那方面軍が編成される前の北平では、今井武夫武官補佐官と松井特務機関長の指導で、江朝宗委員長の下で自治政権がスタートしていた。

政務執行機関として、北平、天津、通州の特務機関が当たり、支那駐屯軍の橋本群参謀長が統轄した。

しかし、方面軍司令部が編成されたあとは、参謀部とは別に特務部が設置された。また、治安維持委員会とは別個に北平政権樹立構想へと進む。

参謀本部と陸軍省は、北平の自治会をバックアップする方針で、民間人による政府作りをサポートし、見守っていた。北支那方面軍が編成された頃は、参謀本部と陸軍省の意向に沿って、今井武夫中佐が中心になって進めた。

その後、九月四日になって寺内方面軍司令官は、喜多誠一少将（18期）を特務部長に起用して、北平政権樹立を担当させた。

これは参謀部とは別組織で、寺内方面軍司令官の直轄となる。寺内軍司令官が喜多少将に与えた九月四日付の訓令は、こうである。

一、貴官は軍特務部長となり、所属部員は以下を指揮し、軍作戦地後方地域（冀東を含む）における各般の政務事項に関し、支那側機関を統制指導し、該地域をして日・満・支提携共栄実現の基礎たらしむるため、諸般の工作を実施すべし。

右の実行に関しては、差し当たり昭和十二年八月十二日陸軍省案の北支政務指導要綱に準拠すべし。

二、将来、北支に樹立せらるべき政権に関しては、北支人心の趨向《すうこう》を察し、徐《おもむろ》に之が準備に着手すべし。

三、支那側の戦意を挫折せしめ、速やかに戦局を終結せしむる目的を以て、敵軍後方に対する謀略を実施すべし。

四、以上業務の実施に当たりては、方面軍参謀、各軍、独立兵団及び方面軍兵站部と密に連絡すべし。

五、細項に関しては参謀長をして指示せしむ。

関東軍、察南自治政府を樹立

ところが、北支那方面軍よりも早く、関東軍は九月四日、察南自治政府を樹立させた。

参謀本部が、関東軍からの「中国中央軍の察哈爾《チャハル》省侵入は満州国国防上、放任できない、よって多倫《ドロン》の堤支隊を察哈爾省の張北に前進させたい」との進言を容認したのは、八月八日だった。

参謀本部ではこの進言をめぐって、「国境を越えるな」という石原と武藤との激しいやりとりがあった。しかし、東条と武藤は事前に打ち合わせていて、部長の石原は押し切られた形になる。

したがって、察哈爾作戦は関東軍東条参謀長の意向で始まる。参謀本部はやむなく、翌九日付で「察哈爾作戦」の実施を決定し、臨参命第七十二号で伝宣した。

関東軍は察哈爾作戦に出ると、政治工作を計画し、八月十三日には「察哈爾方面政治工作緊急処理要綱」を決定し、陸軍省に「政権樹立構想」を上申した。

さらに、十四日には「対時局処理要綱」を立案した。関東軍の立案は内蒙古に限らず、中国全般に触れたもので、陸軍省と参謀本部を慌《あわ》てさせた。

石原部長は、外城線以北の察錫両盟に限ると反対したが、東条参謀長は内城の察南政府と北平に政権を立てる方向で、張家口まで入り占領する。

つぎが「対北支政権施策」で、北支には天津軍隷下《れいか》の大特務機関を、察哈爾には関東軍隷下《れいか》の大特務機関を置く、と立案している。


「対北支政権施策」


北支政権は概ね五省連省自治を究極の目標とし、其の政権の樹立は努めて現地住民の自主的発生、各地政権の自発的措置に俟《ま》つべきも、必要なる内面指導及び援助を与え、気運を醸成す。新政権確立のため、該地域の要地に当分日本軍の所要部隊を駐屯せしめ、其の撤兵は政権の基礎確立するに従い、自主的に之を行なう。

新政権は親日満、防共、道義立国を以て根本政策とす。差し当たり拠るべき要領左の如し。
一、河北及び山東を以て二省連省自治の一政権とし、北平に統轄機関を設く。将来は山西を統合す。
但し、冀東は当分現状通りとし、将来現地区を右政権下に於ける一省として自立せしむ。右政権の指導に関し、特に準拠すべき件。

㈠新政権統轄機関及び必要なる省政府に有能なる日本人顧問を配置す。

㈡右統轄機関の内面指導に任ぜしむる為、北平に天津軍隷下の大特務機関を設置す。

㈢治安維持の為、支那軍は保安隊に改編し、其の装備に関しては現地の状況に即応せしむ。支那軍の駐兵は原則として之を認めず。

㈣幣制を確立し、関税を接収す（但し外債担保分は之を支払う）。
二、察哈爾方面粛清に伴い、察北、察南を統合する政権を樹立し、張家口に其の統轄機関を置く。将来、綏遠を統合する。右政権の指導に関し特に準拠すべき件、左の如し。
㈠新政権は日・漢・蒙融和を図り、特に内外蒙施策を容易ならしむるを以て第一義とす。

㈡新政権統轄機関等の内面指導に任ぜしむる為、張家口に関東軍隷下の大特務機関を設置す。内蒙古自治政府に対する徳化機関の指導は、現状を維持するも、右大特務機関の統制を受けしむ。

㈢察北に保有する内蒙軍の外、原則として保安隊を以て治安維持に任じ、一切の支那軍を武装解除す。

㈣機を見て幣制を確立し、特に察北、察南の財政調整に遺憾なからしむ。
三、交通、通信、郵政、配電等の技術的援助及び大衆経済確立の件。
四、大特務機関長は、重要軍事、渉外、経済事項及び内政上の根本方針に関し、内面指導するを本旨とし、省以下の内政には努めて干渉しない件」

陸軍省と参謀本部は九月四日の「察蒙処理要綱」で、「差し当たり関東軍の政務指導を認めるが、将来、北支那方面軍が担任する」とした。だが、陸軍省、参謀本部の考えは無視され、事実上の政権を先に樹立し、まるで「文句あるか」とばかりに独走した。明らかに、関東軍の満州建国を真似た察哈爾建国である。

関東軍は立案から二週間後の八月二十七日、陸軍省と参謀本部が「関東軍の内蒙古工作は外長城線以北の察錫両盟に限る」と訓令したにもかかわらず、内長城の張家口を占領した。

それから一週間後の九月四日には、早くも「察南自治政府」を樹立させた。関東軍は、北支那方面軍が喜多少将を主体として講和問題も絡んで、政府樹立に向けて準備に入っているさなかに、着々と構想を描き、足場を固めていた。

張家口に新政府を樹立させた九月四日には、政府首脳人事に着手し、成立させた。人事はつぎのとおりである。

◇政府／最高委員に杜運宇と于品卿の二人。

◇新張家口特務機関長／吉岡安直大佐（23期）。

◇最高顧問／金井章次。

この四人で察南の十県を管轄して政務に入った。

大同攻略後には、大同と綏遠に特務機関を置き、張家口、大同、綏遠の三つの特務機関の上に大特務機関を置いて、機関長には北平特務機関長の松井太久郎大佐を起用する方向で進んだ。

関東軍蒙疆《もうきょう》兵団（長・東条英機関東軍参謀長）は、九月十三日に大同を占領した時点で満州国へ引き揚げることになっていたが、政権樹立のため、その後も第五師団（長・板垣征四郎中将）の作戦に協力して内長城線を攻略した。

こうして、十月十四日に綏遠を、十七日には包頭を占領した。関東軍の内蒙古作戦は、この時点で一段落する。

その間、政治工作は着々と進む。のちに十月に入ると、察南自治政府の西隣りの晋北にも自治政府が樹立し、大同に新政府を置いた。

この「晋北自治政府」は、内長城線以北の山西省十三県を管轄し、最高委員長に夏恭が、最高顧問に前島昇が就任した。

参謀本部、陸軍省には相談なしの、察南に続く晋北自治政府づくりである。石原はそれを聞いたとき、

「これは中国分割だ！」

と、怒りを隠せなかった。

「聞いていなかったでは、すまされませんね」

電話で後宮淳軍務局長に質《ただ》した。

「大同攻略後、という情報はあったが、こんなに早くやるとは、陸軍省も驚いている」

「北支の喜多少将は、早まったことをしてくれたと思っていませんか。外務省の奴らからは何も言ってきませんか。和平工作はどうにもならんですな」

「北平はそのことで、ずいぶん悩んでおってね。東条さんは新京に戻る前に、地盤を固めようとしているんでしょう」

「あなたの第二十六師団長の内示を聞いております。編成まで、関東軍に協力していただくと思いますが、中国分割はドロ沼への道になりますぞ」

「私の師団長内示の話は三人だけですが、もう耳に入りましたか。作戦上、当然ですな」

「あなたたちは、どうして戦がしたいのですか。和平工作は、頭から考えていなかったんですな。国家予算をドブ沼に捨てているのが分からんのですか。広い中国では、蔣介石は奥へ奥へと逃げて、結局、日本は中国共産党と戦うはめになりますぞ」

「蔣介石に双手を挙げさせるほかないでしょう」

石原と後宮が重い口調でお互いを罵倒しあったのは、この日が最後だった。

京都生まれの後宮は昭和十二年十月五日、みずから作った三単位制の最初の師団、第二十六師団の師団長に親補され、十月十二日、大同の関東軍察哈爾司令所に行き、十月二十日に現地で編成を終え、綏遠への攻略を始める。

その後、十四年八月の異動で第四軍司令官に、十五年十月南支那方面軍司令官、十七年八月大将に昇進すると中部軍司令官、十九年二月軍事参議官兼高級参謀次長、七ヵ月後の八月、第三方面軍司令官として満州で終戦を迎え、シベリアへ抑留され、戦後の昭和三十一年十二月に帰国した。

蒋介石、漢口に遷都

東条英機関東軍参謀長による「蒙疆方面政治工作指導要綱」の立案は九月中旬に始まり、十月一日に決定された。

内蒙古政府（張家口）の自治政府への改組と晋北自治政府の組織要領を定めたもので、張家口に「蒙疆連合委員会」を設置し、察南、晋北に続き、蒙古連盟自治政府を作り、この三自治政府から委員を派遣して三政権の関係事項、なかでも政務を協議して、三連合を統制するという連合国家図である。

当初は察哈爾と晋北自治政府だったが、綏遠、包頭まで攻めて占領し、内蒙古を含めた連合体へと飛躍している。

満州の西側に蒙疆政府を樹立して、満州国を安泰させようという構想で、先に十月四日、植田関東軍司令官は「政治工作指導要綱」を、指導系統図付きで陸軍省に送付し、在蒙疆各特務機関長に訓令した。

組織は、「軍司令官の下に張家口特務機関（大特務機関）を置き、直系に張家口特務機関、大同特務機関、綏遠特務機関を置く。

政策面では、張家口特務機関の下に総務、金融、交通、産業の各委員会からなる蒙疆連合委員会を作り、ここで協議、運営して行く。

三つの特務機関は警務と財政の顧問を置き、内蒙古総連合体の国家を築き上げる」というもので、関東軍が軍政を敷いた。

のちに十月二十七、八日の二日間、綏遠で行なわれた第二次蒙古大会では、傅《ふ》作儀《さくぎ》の蒙古軍政府を解消し、蒙古連盟自治政府の設立を決議した。

そして、新しい主席に雲王、副主席に徳王を推挙した。また、綏遠の呼び名を「厚和豪特《ホホコト》」と改称して、ここを首都とした。十二月に入って政府暫行組織法を公布し、十二月一日付で正式に自治政府が成立する。

北支那方面軍は関東軍に遅れをとった形になる。原因は日中の講和問題が絡み、慎重にならざるを得なかったからである。北支は全中国の問題となるだけに、南京政府への配慮が必要となる。察哈爾のように、簡単には行かない。

喜多特務部長は、参謀部とは別個の立場とは言え、岡部直三郎参謀長、寺内方面軍司令官のラインにある。

喜多特務部長に与えられた任務は、「軍作戦地（冀東を含む）での政務事項に関しての支那側機関を統制、指導し、日満支提携共栄の基地を作る工作」で、八月十二日の陸軍省立案の北支政務指導要綱を準拠とする「支那側の戦意を挫折し、戦局を終結する」ことである。

寺内軍司令官は岡部参謀長を通じて、以下のことを指示した。喜多にとり、時間のかかる一大工作となる。

一、政務指導に当たりては先ず治安を確立し、人心を安定せしめ、以て軍の後方を安全ならしむる為、制度実施の拡充と諸工作に重点を置き、漸次一般工作に及ぼすものとす。

二、政務指導に当たり、常に現地に於ける第三国との関係を顧慮し適法に調整し、之が紛糾を避けるを要す。

三、交通経済等の開発に関して、作戦用兵上の関係と国防資源の獲得に留意し、日満資本の流入に努《つとめ》るものとす。

四、北支政権樹立の準備に関しては、現在および将来の軍の占拠地域に於ける支那側各機関を暫定的に樹立せしめ、且つなるべく之らの機関を以て将来の北支政権の母体たらしむる如く誘導するものとす。
五、謀略に関しては北支現存の諸軍閥の会戦参与を抑制し、反南京機運の醸成に努め、且つ之を他方面に拡大すると共に、所要に応じ南京政権を対象とする政治及び経済謀略を実施するものとす。
六、特務部と軍閥関係方面との連繋（以下略）。

喜多は直ちに組織作りに入る。
◇総務課（政策）課長／根本博大佐（23期）
◇第一課（交通、通信、郵政、建設等）課長／佐伯文郎大佐（23期）
◇第二課（経済）課長／井戸垣駿主計中佐
◇第三課（注、十三年一月。産業）課長／石本五男中佐（30期）

特務部は天津の方面軍司令部内の一室を借りてスタートした。スタート時点の部員は、総務課員は数名で、第二課が中心になって活動を始めた。のちに、十三年四月には喜多部長のほかに、特務機関長として少将または大佐一名、佐尉官二十一名、各部佐尉官四名、下士官十五名、合計四十二名と軍事顧問要員として少将一名、佐尉官六名が加わる。

十二年十月十二日になると、北平治安維持会は常務委員会を開き、従来の北平を「北京」と改称するとともに、翌十三日、「国民政府に対する和平停戦勧告通電」を発信した。

北京に「中華民国臨時政府」樹立へと動くのは、中支那方面軍が南京戦に突入する直前の十二月七日のことで、香港から北京入りした王克敏を中心に協議が進む。組織綱領など最終的な詰めが完成するのは、南京陥落のさなかである。

翌十四日、中華民国臨時政府が発足し、北京の居仁堂で成立式を挙行した。

三権分立体制の新政府は、主席は空席とし、議会議長に当たる議政委員長に湯爾和、行政委員長に王克敏、司法委員長に董康が就任。

国旗は五色旗とし、中華民国の年号を継承する。北京、天津は特別市制を敷き、初代北京市長に江朝宗が、天津市長兼河北省長に高凌霨が就任し、同時にこれまでの京津治安維持連合会は十五日に解散することになる。

その頃、蔣介石の国民党は漢口に遷都し、漢口からしきりに南京空爆を続けていた。

中国の分割後は、北京では共産党軍のゲリラ戦が活発となり、和平の道はますます遠のいて行くことになる。

第六部　黄河の水

第一章——重藤支隊、上陸す

日本には死活の問題

ジュネーブでは九月十三日、世界五十四ヵ国の代表者が出席して国連総会が開かれ、中国の顧維鈞《こいきん》主席代表は、「国連規約の第十、十一、十七条を援用すべし」と国連に提訴し続けていた。

ジュネーブには国連とは別に、妙な団体があった。民間人による国連協会本部で、二十九ヵ国で組織され理事会が運営している。

中国側で組織する支那連盟協会なるものもある。圧力団体である。支那連盟は、中国も加盟している「国際連盟協会本部」にも日支紛争を提訴している。同協会は国連開催前日に開いた特別理事会で、この問題を討議している。

その結果、中国側の提出議案を一部修正したうえで採択し、つぎのような要旨で決議した。

「日本の今回の軍事行動は一九三一年に始まった支那征略の継続なり。連盟は財政的その他の方法によ

り日本の行動を阻止すべし」（ジュネーブ発同盟通信）

中国側はこのほか、ホテルでロビー活動を続け、日本制裁論を展開していた。外務省はただ受け身のかたちになっているだけで、ロビー活動、外交活動はゼロだった。中国側の暗躍に気づくのは同盟通信のスクープ後で、すでに時期を失していた。

特に十日から十三日にかけての、中国側特使たちによる満州をターゲットにした攻撃は、連日連夜、続く。

もっとも国連を脱退した日本としては、ジュネーブに乗り込んでもロビー活動の機会はない。一方的に中国側の暗躍を、ドイツ、上海、日本で見守るしか手はなかった。

関係国の中には強硬姿勢もある。

「日本が断乎干渉を排斥し、最後まで抗争するとの強腰を示せば、連盟は頬被りの外はない。日本は今、対支戦争に気を取られ、世界の輿論《よろん》などに無関心らしいが、今、総会で議論を開始する以前に、強硬な輿論を示さねばならぬ」

中国側が提訴した連盟の「援用連盟規約第十、十一、十七条」とは、つぎの要旨のものである。

「第十条（領土並びに政治的独立の保障）

連盟国は連盟各国の領土保全及び現在の政治的独立を尊重し、かつ外部の侵略に対し、これを擁護することを約す。

右侵略の場合、またはその脅威もしくは危険ある場合に於いては、連盟理事会は本条の義務を履行すべき手段を具申すべし。

第十一条（戦争の脅威あるとき）

戦争または戦争の脅威は、連盟国の何れかに直接の影響ある否とを問わず、全て連盟全体の利害事項たることをここに声明する。この種の事変発生したるときは、事務総長は何れかの連盟国の請求に基づき、連盟理事会の会議を招集すべし。

第十七条（非連盟国との紛争）
一、連盟国と非連盟国との間または非連盟国相互の間に紛争を生じたるときは、この種紛争解決のため連盟国の負うべき義務を該非連盟国が連盟理事会の正当と認むる条件を以て受諾することを、之に勧誘すべし。
二、前項の勧誘をなしたるときは、連盟理事会は直ちに紛争事情の審査を開始し、当該事情の下に於いて、最善かつ有効と認むる行動を勧告すべし。
三、勧誘を受けたる国がこの種紛争解決のため、連盟国の負うべき義務の受諾を拒み、連盟国に対し戦争に訴える場合に於いては、第十六条の規約（制裁）は該行動を執る国に之を適用する」
いずれも日中戦争に適用される条文ではあるが、日本には反論の機会がなかった。

十三日から始まった国連総会では、三日目の十五日、中国の顧維鈞代表が演説をして、ひとまず解散した。

ジュネーブに来ていたベルリンの天羽英二駐在公使は、政府の考え方を記者団に、つぎのように語ったことが十七日の日本の新聞に掲載された。

「東洋の平和は日本には死活の問題だが、しかもここにその平和を攪乱するものがある。南京政府および国民党は、国家の政策として排日抗日政策をとり、日本打倒の準備を強行していた。

これに加えて、共産党の暗躍跳梁は最近殊に甚だしく、満州国を焼き日本を焼かんとする薪を準備中の国民党に油を注ぐ挙に出て、その結果が盧溝橋及び上海に於ける事件となり、支那全体が全面的対日攻勢に転じたのである。

日本はやむなく在留十万人同胞の生命財産保護と東亜の平和協定とのため、自衛手段に出るのやむなきにいたった。日本は支那が反省して、日本と共存共栄の道をとることを衷心より希望している。

日本は共産党に対しては東亜平和のため極力戦わねばならない。連盟はまず日本が東亜の安定のため生死の苦闘を続けていることを認識せねばならない。その認識があればこそ、この際、連盟が日支紛争に干渉するのは何ら効果がなく、かえって事態を紛糾させるばかりである」

天羽公使は十五日、記者団会見のコメントとは別に、日支紛争原因に関する日本側の見解を披露する報告書を、各国代表に手交している。

この中で九月五日、広田外相の国会演説を引用して、

「支那の挑戦的態度が遂に日本をして、その権益擁護のため適切なる手段を執るのやむなきに至らしめた」と結んでいる。

広東から援蔣物資

国連が十六日の理事会で、中国側の提訴を上程、審議した結果、この問題は諮問委員会に移すことになった。

二十三ヵ国からなる諮問委員会が日中問題を取り上げるのは、二十一日午後六時からである。ジュネーブの六時はすでに真っ暗である。秋風が下りてきていた。

第一回目の諮問委員会は、ラトビア代表のムンデルス外相を議長に選び、議事を進めた。その結果は、「日本、支那、豪州、ドイツの四ヵ国政府に対し、委員会の議事参加を招集し、併せて次の会合を九月二十七日開催予定なる旨通告する」と決めて解散した。

この決議には、色々な憶測が飛んだ。

ひとつはドイツ、豪州を出席させると、中国側は諮問委員会を欠席するだろうとの予測である。しかし、委員会はその日、中国側を呼び、日・独・豪を同席させて諮問する方針をとり、通告通り九月二十

七日に開催することになった。しかしながら、一日ずれて二十八日の諮問委員会で、中国側の提訴を全会一致で採択した。

こうしたさなか、アメリカ政府は微妙な立場をとっていることが、ニューヨークからの外電で伝わってくる。

情報取りに積極的な石原は、二つの外電から、アメリカはいずれは中国を援助する方向に行くが、現段階では中立をとる方針だな、と推測した。

しかし、最終戦争はアメリカとの戦い、それも互いに国を亡ぼすだろう高度な爆弾を持つことで、互いに睨み合い、五分五分の非戦闘状況に入って行く、と見る。

そのためには日満重工業を開発し、国力を造ることである。弾や鉄砲造りではなくて、重工業を育て、飛行機、自動車、鉄道、軍需産業を強化しておく。

このようなとき、アメリカは対日支米国製軍需品禁輸令を発した。また、十八日付のニューヨーク発同盟は、ニューヨークタイムズ紙の論説文を引用して紹介している。タイトルは「連盟の招待」である。論説記事はこう記す。

「連盟は支那の苦情を付託するため二十三ヵ国委員会を復活することになったが、米国としては連盟の招請を受諾し、オブザーバーくらいは派遣せねばなるまい。この委員会は、どうせ大した事は出来ないから、これを復活したことは支那の要請をウヤムヤに終わらせたいと希望している在ジュネーブ外交官連に歓迎されているくらいだが、支那側はこれを連盟の執る第一のステップとして満足しているのだから、米国がこれに参加しないということは士気を阻喪せしめることになる。今度の事変で米国が一九三一年の時のように、お先棒を担ぐとは誰も思っていない。だが御付合いに、委員会の決定に投票しないメンバーとして参加せねばなるまい」（九月二十日付、東京日日新聞）

同じく九月二十日の東京日日新聞の日曜夕刊を、石原は戸山の自宅で読んで驚いた。

記事は小さく、上海の同盟通信が配信したものである。短いベタ記事だが、何よりも石原を釘付けにした。

「(上海発十九日同盟)

支那事変により、鉄道交通に大障害を来した国民政府は、窮余の一策として滬杭甬線《ここうよう》、萍株線《へいしゅ》を繋《つな》ぎ、さらに湖南省株洲《しゅしゅう》において粤漢《えつかん》線に連絡する新交通線を二十日より開通する旨を発表した。

右により広東・上海間の鉄道連絡が成り、インド支那方面より広東に輸送される武器の大半並びに西南方面の軍隊輸送に当てられるものと見られる」

この情報は参謀本部にも届いていなかった。上海に常駐している国民政府の情報将校が、定例の内外記者との会見の席で明らかにしたものだろう。

この情報将校は上海にいて、中国や内外の記者たちを集めて、日本軍の作戦及び東京の様子を探っていた。

松本重治は立場上、その情報将校と会うことはできなかったが、内外の記者たちから聞き取っている。

「鉄道が繋がるということは、逆に広東から外国の軍需物資が輸送され、米英は援蔣ルートを使うことになる。ほかにもインド支那、海南島方面から援蔣物資が持ち込まれる。ますます戦局は長引くな」

十九日に開通となれば、南の香港から真北に進めば、漢口とは川を挟んだ手前の武昌へ、東に進めば浙江省、杭州へと繋がる。

「ますます戦域が広がる。中国大陸のど真ん中まで空爆は無理だ。北からはソ連、南からはドイツ、米英の軍需物資が運び込まれる。上海戦が決着すれば、今度は中国南部の戦いとなる。どこに兵器があるというのだ」

石原は、なにがなんでも蔣介石を南京にとどめ置き、和平交渉の機会を作らねばならないと、あらためて決意した。

上海戦はコレラ、赤痢、食糧欠乏

上海一帯は小雨が降り続いた。道路はドロ沼になる。足を抜くのもやっとだった。兵隊たちは、ドロ沼に足をとられて歩く。それに異常なほど喉が渇く。

兵隊たちはドロ沼と喉の渇き、糧食の欠乏で、つぎつぎに倒れる者が出てきた。危険だと知りつつも、クリークの水を飲み、コレラ患者となって死んで行く兵隊たちも続出する。

十四日現在での二個師団の戦死傷者は、松井石根上海派遣軍司令官には、「四千二百余名、軍馬三百頭に達した」と報告された。松井軍司令官は十五日の日誌に、

「今日は大命拝受第一ヵ月の記念日なり。此の間、軍は此の上陸後、概ね予定の線に地歩を獲得し、今後の大場鎮、南翔、嘉定の敵陣攻撃を準備するを得たるは、ひとえに御稜威《みいつ》に依ることと感激す。只此の間、両師団将兵約四千二百の死傷を生じ、軍馬又約三百頭を損失したるは哀悼に禁じえず。今後大いに志気を緊張し、増加兵団の来着を待って、一挙決戦を試みるべく心念を固めたり」

重藤千秋少将（18期）は福岡生まれで、石原より陸士は三期上、陸大は同期である。少将になるのは十年三月十五日で、十二年三月の石原よりも二年早い。中将になるのも十三年三月一日付で、十四年八月に中将になった石原よりも早い。

おそらく、陸相杉山元（福岡県小倉）に気に入られていたのだろう。気性は荒いが、勇猛果敢な男で、親分肌であった。

彼は石原と違って昭和二年九月に参謀本部付となり、上海にも駐在していた。昭和四年十二月には参謀本部支那課長となる。関東軍の作戦参謀主任であった石原とは、大きな違いである。

石原が作戦課長になるのは六年の十月であるが、当時の関東軍司令部課長の地位は、満鉄社員の課長

と同等扱いだった。

重藤は六ヵ月後には参謀本部の支那課長となり、翌七年一月には歩兵第七十六連隊長にして大佐である。抜群の出世で、同期生の中では出世頭だった。石原が第二師団歩兵第四連隊長のときは、九年三月に第十一師団参謀長、翌十年三月には少将で第十一旅団長となる。石原よりワンランク上である。

十二年八月二日付の陸軍定期異動では、台湾守備隊司令官となった。それからひと月後には上海派兵を命じられ、十四日の朝、第十一師団が上陸した揚子江の川沙鎮より五キロ川下にある遠浅の貴陽湾に到着し、上陸を開始した。九州出身の強靭な兵たちである。

松井軍司令官は重藤少将に、第十一師団と協力するよう命令した。

重藤支隊の兵力は、動員兵力が歩兵四個大隊、砲兵一個中隊である。補充兵は三日以内に到着予定で、ほかに台湾から作業員千名を連れて来た。体力充分な台湾人たちである。

松井軍司令官は、重藤少将の参戦がよほど嬉しかったようで、

「軍司令部に召致し、詳《くわし》く敷今後の軍方針を説明し、第十一師団と協力して、先ず前面の敵を撃攘すべく命ず。

重藤支隊の兵力は応急動員兵力歩四大、砲一に過ぎざるも、九州にて動員中の補充員は両三日中に来着すべく、外に台湾より人夫千余人を牽連し来れるを以て、之に因《よっ》て補給の任に当たらしむるを得、相当活動の力ありと認む。且つ重藤は、多年予の薫陶を受けたるもの。将来に望を嘱《しょく》す」と日誌に書く。

その後、第十一師団長の傘下に入り作戦指導を受ける。山室宗武師団長は、重藤支隊を中央に集結させ、中央突破を図ることになる。重藤少将は十七日、川沙鎮の南に兵力を集めた。

一部を川沙鎮の西方約四キロ近くの呉家橋、南樊宅《なんはんたく》付近に出撃させて、前面の中国軍の敵状を探らせた。

コレラ患者が続出して苦戦している天谷支隊長は、陸士同期の重藤隊に救われる。「天の恵みか！」

と、天谷は重藤隊の方に向かって手を合わせた。

　重藤支隊は十九日、一部を天谷支隊が落とせずにいた羅店鎮の西北地区に配置した。

　主力は羅店鎮の北方約六、七キロ先の陳宅と張宅及び沈家村付近に進撃する。ただちに攻撃に入り、夕方には沈家村の中国軍と戦い、村を占領した。

　第十一師団は羅店鎮西北部の守備を重藤隊と交代して、師団の主力を羅店鎮の南端、東方地区に集め、正面から中国軍陣地を攻撃した。しかし、兵隊たちは長い戦いとコレラ、赤痢、食糧欠乏で疲労しきり、軍司令部の期待に添えない状態である。

　天谷支隊第十二連隊の三好分隊長は、「上海敵前上陸」の中で、前線の様子をこう記している。

「戦場はクリークと塹壕が網の目のようにからみあって、ただでさえ歩き辛いところへ、連日の雨が道路も塹壕も泥沼のようにしてしまい、容易に進むことができない。その中に中国兵の死体がころがっていて、何ともいえぬいやな死臭が鼻をついてくる。そして戦況は上陸以来、最悪になってきているようである」

「この呉家橋の壕の中で私たちは、中国側の総司令官蔣介石が上海西郊の南翔にいるという噂を聞いた。また西方の羅店鎮では、九月十九日、高知第四十四連隊和知部隊が坑道を掘って前進し、難攻不落を誇っていた白壁の家（中国軍兵舎）へ突入していた。その前十五日には荻洲部隊（復設第十三師団、長・荻洲立兵中将）が宝山北方の揚子江岸に上陸し、呉淞には第九師団の田上、石井、鷹森、竹田の諸部隊が上陸して、私たちの戦場の南方に進出中であった」

「私たちの頭の中にあったのは、百メートルか二百メートル前にある当面の敵の動きだけであった。この間にも、誰いうとなく、上海・羅店鎮の道路はもう近い。この道路さえとれば、羅店鎮にいる第十一師団主力と上海の日本軍との連絡がついて、上海戦は終わるのだ、という風聞が私たちにまで伝わってきた。将校連中さえ、私たちと同じようなことを言っていた」

その天谷支隊では、コレラに感染した兵隊が続出した。天谷少将も十八日から赤痢に罹《かか》って下痢に苦しむ。なお、十五日現在の時点でコレラ、赤痢患者を含めた死傷者数は、飯沼軍参謀長のもとには八千九百余人と報告され、軍司令官への報告と喰い違っている。

十五日までの三部隊の死傷者数は、

○山室隊（第十一師団）＝戦死者／将校二十一名、下士官兵五百八十五名、戦傷者／将校五十四名、下士官兵千二百五十九名。

○藤田隊（第三師団）＝戦死者／将校二十五名、下士官兵五百八十三名、戦傷者／将校七十三名、下士官兵二千百二十一名。

○天谷隊（歩兵第十旅団）＝戦死者／百五十名、戦傷者／六百三十名。

総計概数

戦死者／将校五十五名、下士官兵千三百二十名、戦傷者／将校百五十名、下士官兵四千名。戦傷者合計五千五百二十五名。

と報告。このほかにも戦死傷者があり、合計で八千九百余名に達し、予想以上の損害である。

石原作戦部長、一大決心

参謀本部では、九月十日の石原の用兵及び編成に関する方針指示に従い、作戦課は九月二十日をめどに作成に動いた。

石原の指示は、つぎの五項目である。「用兵の失敗」と前線司令部から批判されてきた石原の一大決断だった。

こうである——。

「一、上海は増兵されても任務は変更しない。南京には攻略戦はやらぬ。
二、上海にて敵に一撃を加えた後は、二〜三師団をもって上海周辺を占拠せしめ、爾余は満州に転用せしむ。
三、北支那方面軍は可能の時機に至れば、最大限六個師団を残し、他は内地帰還または満州への転移を行なう。
四、北支、上海共に、大体十月初旬、一大決戦を指導せらるるはず。
五、爾後の兵力整備に関しては、現在の駐剳《ちゅうさつ》師団を一万四千名師団に、鈴木混成旅団（独立混成第十一旅団）を三単位師団に、また概ね補充員よりなる歩兵（山砲とも）八個連隊を満州に派遣し、治安維持に任ぜしむ。
駐満師団は錬成のために集結す。これに引き続き臨時増設十個師団を新設す」

このときの用兵と編成案は、石原みずから考え出した「蔣介石との和平工作」「対ソ連満州防衛」を念頭に置いた秀作である。

ここには「蔣介石を深追いしない。南京にとどめて和平の機会を作る」願いをこめている。そのためにも、南京攻略はやらない方針である。

また、師団数は、第十三（高田）、第十五（豊橋）、第十七（岡山）、第十八（久留米）師団を復置しても、満州に十個師団を置くためには不足した。

このため、参謀本部と陸軍省は戦時下の一個師団二万五千百七十九名（平時は一万一千八百五十八名）、軍馬八千百七十七頭を、歩兵連隊四単位を三単位制にして、一個師団を一万四千名とした。

従来の二十個師団を一師団三個連隊制にするため、各師団で一個連隊を抽出して、新たに三単位制で発足する十個師団に割り当てて編成したのである。

兵数と馬数、鉄砲の数には変わりなく、ただ師団数を増やしただけのことである。ただし、四単位制のときよりも兵器、装備は大きく進展していて、三単位制でも四単位制に劣らぬ戦力は出来上がっていたと言えよう。

第三課の武藤課長は、今回ばかりは石原に抗《あらが》えなかった。用兵と現地作戦に夜も眠れない日々が続き、すっかり憔悴《しょうすい》し切っていたから、陸軍省との会議にも虚《うつ》ろだった。

石原の指示に従い、主として第三課は編成と作戦計画大綱の作成に入った。

また満州については、攻城砲兵司令部、攻城重砲兵連隊及び攻城工兵司令部等を増加するとともに、復置されたばかりの第十八師団を満州に派遣し、満州に待機させることにした。

陸軍省は、第十八師団を北支に持って行きたいが、石原部長としては、満州の対ソ連配備のためには欠かせないと強い意志を通した。

当時、第三課員だった今岡豊大尉は、その頃の作戦課内のムードを書きとめている。

「しかしながら、蔣介石が確乎《かつこ》たる抗日意志を持ち続ければ、第三国も相当に肩を入れてやるということになるので、この抗日意志を打破することが必要だと判断していたが、それと同時に、中国はある時期にポッキリと折れるのではないか、という楽観的判断を持っている人もあった」(『石原莞爾の悲劇』より)

「上海戦の師団は三個師団の一軍をもって上海周辺の要線を確保し、上海・南京間を遮断し、占領地の安定を図る」ことと、その編成表を文章にして、武藤が有末次《やどる》少佐を上海の松井軍司令官のところに派遣したのは十五日のことである。

この中に、第十一旅団の師団への改編、第八師団（弘前）の満州への派遣、臨時に十個師団の新設もある。

有末少佐は軍用機を乗り継ぎ、十五日中に上海に着くと、水産学校の校舎を司令部にしている松井軍司令官を訪れ、武藤からの軍編成表を手渡し、北への三個師団転移につき説明する。

松井軍司令官は、有末からの報告を聞き、

「北支への増派は将来の情勢の変化を考えてのことか」と安心し、

「増兵されれば進撃する腹を固める」と日誌に書く。

「参謀本部の北方に対する配慮は何らの根拠なく、只将来情勢の変化を顧念するに過ぎざることを知り安心すると共に、予は一度増兵を得ば、飽迄《あくまで》も其の兵力を以て、最小限、蘇州、常熟、松江の線に迄進出すべき決心を強くせり」

決意のほどが窺《うかが》える。

飯沼軍参謀長は有末の報告に接し、

「三個師団増加は、地形及び敵の抵抗に対する中央の誤判断によるもので、十月末に霜が降りるという判断は変わりない」

と聞き、西原一策第一課長に上海戦の作戦計画を命じ、有末が東京へ戻るさいに手渡す方針を固めた。

この報告は、石原や多田駿次長の了解なしに、武藤章作戦課長の独断で行なったようである。石原は、上海周辺の占拠後は二個師団で治安に当たり、他は満州への転用を決定済みである。

ここで「北へ」というのは、北支ではなく満州を意味する。上海への三個師団増派の参謀本部の誤判断を伝えるとともに、十月末を一大決戦と暗示している。

松井軍司令官の増派後の作戦に、「最小限、蘇州、常熟、松江の線」とあるのは、揚子江側に近い北にある常熟（揚子江岸の川沙鎮から約二十キロ奥、上海から約百キロ西）、上海から真西へ百キロ先の滬寧《こねい》線鉄道駅のある蘇州、上海から南へ約五十キロ先の松江を半円状に結んだ線のことを意味する。

松江は南西の嘉興駅（香港から繋がる鉄道）と上海駅を結ぶ中間地点で、南方からの中国軍の攻撃を喰い止める意味で重要基地である。

真西の蘇州は、鉄道で西の南京と直通している。また香港、広東から北上して、上海と南京に通じる南からの鉄道が入っている要所でもある。

常熟は南京との自動車道路が繋がっていて、中国軍の基地がある。この三つの要所を押さえることで、中国軍の上海への攻撃が喰い止められる。東京で言えば、松江は品川、蘇州は新宿、常熟は池袋といった半円形での守備を、松井は考えている。

後日談になるが、三個師団を増派した後、日本軍がこの三つの基地を占拠するのは、常熟が重藤隊によって十一月十九日のことで、二次増派の第十六師団がその前を、蘇州は同じく十一月十九日に第九師団が、松江も同日、杭州湾から上陸した第十軍の第六師団がなしとげた。難攻であった。

九月十六日時点での上海方面の中国軍は、飯沼軍参謀長によれば、直系の精鋭を主とした四十四個師で、さらに二十個師の増加を確実視している。

軍司令部情報課（長・長勇中佐）では、嘉定、南翔、大場鎮の線で決戦に出てくるだろう、と予測した。

一方、黄浦江の向こう側の浦東地区では、日本軍の背後を衝くため、揚子江岸一連に二、三線の陣地を構築していることが、情報課大西大尉によって報告された。

また、周家宅より西方の黄浦江に至る間に、新たに陣地が築かれているのが発見され、大西情報員によって知らされる。上海派遣軍は西へ西へと向かうが、揚子江側から上陸した第十一師団、天谷支隊は羅店鎮攻撃に苦戦し、多くの戦死傷者を出して疲弊し切っていた。

重藤支隊は常熟鎮をめざして南下を始めるが、小雨が降り続けるため、ドロ沼に足を取られて進撃に苦労した。

十七日の東京日日新聞の「上海戦線」記事は、上海武官府の検閲を受けた上で、

「（上海本社特電）

降り続く秋雨のため、上海方面の各戦線はいずれも水浸しとなり、殊に最前線の塹壕に於いては膝を

没する雨水と、とみに加わる冷気のため、いずれも涙ぐましい労苦を続けているが、各部隊とも意気軒昂、雨中執拗な敵の逆襲を撃退してこれを壓迫《あっぱく》している。（中略）
　また羅店鎮方面に於いては十六日夜来、永津部隊の正面に敵の逆襲があったが、これに大打撃を与えて撃退するなど、全線にわたって攻撃を続け、後続部隊が続々上陸すると共に、第一線の士気ますます旺盛である」
　と報道している。
　しかし、難攻不落の羅店鎮では、和知、永津部隊の一部が中国軍を撃破し、楊行鎮から西進した田上、浅間、石井各部隊と呼応し合いながら、劉家行鎮付近の中国軍を圧迫するが、苦戦が続いていた。

第二章——中国軍、海上封鎖

「北進用兵」

上海派遣軍参謀副長の上村利道少将は、九月十六日の日記に、つぎのように記している。

「時々雨。冷気加わる。

敵兵力は四十六個師に達す。降雨三日、雲低く、気腐る。戦況余り進展せず。本日の情報に依れば敵は逐日増加し、四十六個師に達す。気の弱き者は吃驚《びっくり》す。

本夜、本郷少佐より、蔣介石対日戦闘法に関する指令を承知す。敵ながら天晴れの戦法なり。吾等は之を破る手を考えざるべからず。

○一点逐次崩しの歩砲の緊密なる協同。

○歩兵の前進姿勢を低くして急がす。

○重火器の逐次撃滅。

○幹部の服装を兵と同様にすること。

○効力ある射撃。A（砲兵）・SA（重砲兵）。

○縦深配備新手の攻撃」

情報課の本郷忠夫少佐（32期）は、中国軍がインドシナ方面から広東に軍需物資を輸送し、広東から杭州へ、さらに嘉興、蘇州駅から南京に続く新交通網が開通したこと、及び蔣介石が南京から脱出する官吏を足留めする極刑措置を発表したことを報告している。

南京は日本海軍機の爆撃で、国民政府内の動揺が深刻になっていた。連日の空爆に南京市民や政府各機関の官吏は不安になり、官吏の中には退職や病気と称して休職する者が続いた。

特に高級官吏の中に、南京から逃げ出す者が多く、各機関とも大混乱に陥っていた。

蔣介石は政府直轄機関の文武官に対し、「いかなる理由があろうとも辞職、休暇は絶対に許さない。違反した者は極刑に処する」と通告した。

このほか、本郷少佐は十五日、蔣介石が馮玉祥を総司令として戦線に派遣した情報を得て報告している。

すでに馮玉祥は昆山で作戦指揮をとり、「上海南市一帯を兵站の根拠地として死守せよ」との態勢をとり、嘉定、南翔の線に進出してくる日本軍を阻止するための第二期作戦準備に出ていた。

蔣介石も焦っていた。南京まで攻められると、南京からの脱出も考えている。

「抗日持久戦を続けて、一人が敵の二人か三人に必死にぶつかり、日本兵を死に至らしめれば、最後の勝利はかならずや中国のものとなる」（唐生智軍事委員会執行部主任）という意見が圧倒的だった。

軍事委員会は、第一線から第四線までの戦線を、つぎのように決定していた。

○第一線／上海・杭州湾
○第二線／昆山・無錫・蘇州・杭州一帯
○第三線／江陰・鎮江
○第四線／南京・杭州公路（寧杭公路）

馮玉祥が無錫に新司令として出発する頃というから、九月十五、六日である。南京の軍事委員会では、上海戦をめぐって議論が続いた。

日本軍が三個師団増強され、羅店鎮が落ちようとしていた段階で、

「上海戦は長く続けられない」

という意見も出てきていた。

当時の中国軍の配置は、呉淞の後方に陳誠の第十一、十四師が司令部を置いていた。

その南側の黄浦江沿いの殷行鎮方面には、第五十五、七十八師と保安隊の二万五千名とほかに第二十一、二十四、五十六、六十一師が配置されていた。

嘉定、劉河方面では大倉に第八十七、八十八、九十八の三個師、羅店、劉河、嘉定には第二十七、三十六、五十八、六十七、百七十六師が配置され、羅卓英の第一集団司令部は嘉定と大倉の中間点に置かれていた。

昆山には胡宋南の三個師と于学忠の一個師、第三十八、八十五師の増援部隊、そのほかに四個師である。

もっとも、上海派遣軍がそれら中国軍の配置を知るのは南京戦後のことで、長勇中佐の情報課は、特務機関員が得た情報からこれを知り、馮が上海方面の総指揮官になったことも知らない。

いわば、日本軍の松井軍司令官と中国側の馮玉祥総司令との対決の構図になる。

無錫は蘇州から西へ京昆線で約五十キロの駅で、馮の司令部はここにあった。蔣介石は第三戦区の馮を総司令にして、自身は上海の南戦区の杭州と舟山諸島の司令長官になった。

蔣介石自身は杭州の司令部に行くことができないので、顧祝同を代理戦区長に任じている。

この顧祝同は実権のない、名目だけの第三戦区の指揮官で、軍事委員会では「そんな男でいいのか」と批判の声も立ったが、すべての人事は蔣介石にあって、誰も逆らえない。

蔣介石は上海、南京防衛のため、平漢線と津浦線の守備に当たっていた軍隊と飛行機を上海戦に移動させていたが、それでも日本軍の攻撃で後退し始めていた。

蔣介石は各指揮官に、南京から電話で軍の配置を直接指示したり、後退する師団があると、戦区や集団司令官を電話で怒鳴り散らしている。

上海派遣軍側でも作戦をめぐって、作戦担当課長の西原一策大佐（25期）と情報課長の長勇中佐との間で意見がぶつかり合い、松井軍司令官が乗り出すというシーンがあった。十八日の参謀本部からの「北進用兵」の報《しら》せが入り、西原課長に充分な連絡が届いていなかったことから起きたものである。

飯沼参謀長日記には、

「司令官が第二課長を信頼され、西原は長（勇）の言を重視しないと云う所にも起因すると考えらる」とある。

石原作戦部長は、将来的には徐州を攻め、ここを守備基地にすることで、北支と上海を結ぶ線を確保する必要があると提案し、作戦課は研究に入っていた。

上海戦が片づいたら、上海に二個師団を置いて、他の軍を揚子江から津浦線で北進させようというものである。時期については十月の総攻撃後を、参謀本部は考えている。

徐州に司令部を置くことは、北支と上海を結ぶ線上に踏みとどまり、それ以上深く追い込む必要がないからである。

また、山東半島は津浦線と徐州を結ぶ線上を守備することで、中国軍の進撃を喰い止めることができる。

石原は徐州戦を想定して、海軍に海州からの上陸を打診していた。海州から徐州へは鉄道で二百キロ、徐州は縦の津浦線と横は西安から東へ、海州を結ぶ隴海線が交差する鉄道の要所である。

のちの徐州会戦は、上海戦で苦しんでいる頃、参謀本部内で秘かに準備されていた。

松井司令官の南京包囲作戦

参謀本部から派遣されていた有末次少佐の帰国予定は九月十七日である。派遣軍司令部では、「将来北進」及び軍編成の報せを受けて、西原作戦課長と長第二課長との間に激論が交わされ、殺気立った。松井が仲に入って意見をまとめ、ようやく将来の作戦への意見を作成し、有末少佐に伝言した。つぎの二項目である。

「一、軍将来の作戦に関する意見具申。

右は大要、常熟、蘇州、嘉興の線まで作戦を継続し、此処に軍事、経済、政治上、江南の要地を扼して之を南京政府と遮断せんとありて、軍は最小限、此処まで攻撃をせざれば、今後兵力の転用等至難にして、結局軍は其の任務達成上、再度の増兵を必要とするに至る可《べし》。軍の威信を傷つくること甚大なるを以て、若し北方の情勢是非、軍の攻撃作戦を中途にして中止して、最小限の兵力を以て消極的態度に移るを要する場合は、寧《むし》ろ上海を放棄すること、軍の威信保持上有益なりと言うにあり。

尚此の場合、軍の作戦は十二月初旬に亘るべく、然る後已むを得ざれば、軍の兵力を最小限五ヶ師団、後備歩兵十二大隊に減ずることを得べし。

二、軍目下の情勢判断。

敵の兵力漸次増加して、既に四十三ヶ師に及び、今後尚二十師位増兵の可能性あり。而《しか》も敵は大場、南翔、嘉定の線にありて、我に決戦を求むるの模様あること。

今後敵は常熟、蘇州、嘉興の線、次いで其の後方の江陰、無錫、杭州の線を最後の陣地として、此処に抵抗を試みるべく、最後の復廓陣地は南京東南方の線とし、逐次持久消耗戦を試みるならん」

ここに、参謀本部と現地軍との大きな喰い違いが明らかになる。ほぼ三個師団を北進、北方に転用する予定の参謀本部に対し、現地部隊では作戦を十二月初旬頃までとしたとき、五個師団、後備歩兵十二大隊を減らすことやむなしと、作戦の長期化を条件にしている。それまでは、編成を変えないばかりか、もっと増員を要求する。

松井軍司令官はこれとは別に、彼の個人的意見を直接、多田駿次長に渡してもらうよう書きとめた。「今後南京攻略を実行する場合の作戦方針並びに兵力に関する所見」である。

これはあくまでも、「次長の参考迄依托」としているが、ここに「中支那方面軍」編組の必要と「南京攻略作戦」を打ち出している。

確かに五個師団のほか、重藤、台湾軍など師団数では二個軍以上の組織になる。

また松井は、宣撫を含めた謀略機関の付属設置、第一、二軍の編組、作戦時期は十三年三月下旬までと長期作戦を提案している。

松井軍司令官が有末参謀に託した多田次長宛の意見書の骨子は、つぎのとおりである。

一、作戦方針。

軍の主力を以て江南地方、太湖西側の地区より、南京東方及び南方より之を包囲的に攻略する。

別に一部をして杭州を占領せしめ、東浙《とうせつ》地方を領有する。

又、一部隊をして江北地方通州、揚州、浦口等の要地を占領し、北支との遮断を図ることあり。

二、所用兵力編組。

方面軍司令部を一。

特に有力なる謀略機関を付属す。

○第一軍。

野砲二、山砲一師団を基幹とする。

主として太湖北方より南京東方に向かい作戦する。
○第二軍。
野砲、山砲各一師団。

主として太湖南方より南京南方に向かい作戦する。
○独立山砲一個師団。
杭州を占領し、東浙地方を領有せしむ。
○軍直属部隊。
重砲一旅団及び其の他の攻城砲兵。

後備歩兵約十五大隊。

鉄道一連隊。

其の他（略）。

方面軍の兵站監部一。

兵站諸隊は従来のものを若干増加するの外、特に水路兵站に必要なる人員材料を付属す。
○作戦時期。
第一期は自十二月中旬、至一月下旬。

江陰、無錫、湖州を攻略し、常州、宜興、広徳の線に進出す。

第二期。

鎮江、句陽（容）、漂水、寧国の線を占領す。

第三期。自三月上旬、至同下旬。


さらに松井は南京攻略につき、包囲戦法をつぎのように付言している。

「右は十二月上旬迄に福山、常熟、蘇州、嘉興の線を占領するものとし、之に継続する作戦を立案せしものにして、今後軍謀略の成果如何に依り、其の兵力及び作戦時期を減縮し得るものとす。

右の外、今後軍の為、人員弾薬の補充に付、当局の考慮を促し、十月中旬中に更に約五千の補充を必要とすること。及び浦東に対する作戦は、其の国際関係に及ぼす関係深きに因り（浦東地区には多数の外国工場あり。また南市の攻略に依り多数兵民の各租界への遁入に依り数多の混雑を惹起す所多し）、努めて一般上海西方地区の決戦に因り、自然的に浦東及び南市付近の敵の退却を図り、此の方面の武力的強圧は努めて之を軽減し度《たく》、希望なるを以て、之が為、我が海軍及び居留民間に多少の不満を感ずることあるも、之を忍ぶべき方針なることを予告せしめたり」

金谷範三参謀次長時（大正十四年五月）の参謀本部第二部長という大先輩としての意見は、多田次長、石原作戦部長、武藤課長らを上回る見識に溢れている。

しかも、日露戦で小隊長として戦った現役の軍司令官であれば、日露戦を知らない多田次長としては、聞き流すことはできない。

松井は書き続ける。

「又、軍既往の作戦の経験よりせば、包囲戦法は目下我が軍の最も奨励せる戦法なるも、目下の如き殆《ほとん》ど無限に優勢なる敵軍に対する包囲攻撃は、徒《いたずら》に我が正面を拡大し、我が軍の突撃力を薄弱ならしむるに過ぎず、寧《むし》ろ中央突破的攻撃法を優れるものと認むる」

包囲戦か中央突破戦かでは、中国軍に包囲された状況下では、中央突破法を進言している。

もっとも、予期せぬコレラ、赤痢などによる病死傷者、また将校、大隊長、連隊長まで戦死するという事態について、参謀総長あてに、

「誠に恐懼《きょうく》の至りなるも、真に已《や》むを得ざる事情に出づ。今後一層注意を倍蓰《ばいし》し誓って軍任務の大成に努力せんことを期す」

と記して、次長から閑院宮総長に伝えてもらうよう依頼している。

上海派遣軍の戦傷者は、十七日時点で約五千五百余人に達していた。このほかに、コレラを患った兵隊は五百余人。戦死者はなんと二千人を上らんとしていた。

松井は日露戦の首山堡戦を思わせる苦戦に、悩み続ける。それに加えて、思いもせぬコレラと赤痢である。

雨が降り続き、作戦はままならない。

重藤隊の間にもコレラ患者が続出していた。また、天谷支隊長は赤痢に罹《かか》り、月浦鎮の病院に運び込まれたままだ。松井自身も赤痢に罹っていた。

前線の兵隊たちは水の補給が届かず、呑んではいけないと思いつつも、ついクリークの水をすくい取って呑む。

コレラに罹った兵隊の水筒は、火で焼いて殺菌するという方法をとるが、呑める水はない。雨は小降りなので、呑めるほどたまらない。ヘルメットにまとめて呑むが、すぐに蒸し暑くなり出し、兵隊たちは湿気の多い暑さに参っていた。

戦い方では、完全に情況判断ミスだった。石原部長の提案どおり、呉淞鎮の攻撃ではなく、第三師団も第十一師団も黄浦江の東に上陸し、陸戦隊の後方から攻める作戦をとっていたら、水攻めにも遭わず、戦い方も変わっていた。

だが、上海派遣軍の参謀たちは、第三師団は呉淞鎮の駈け上がりから、第十一師団は揚子江の川沙鎮から中国軍の横っ腹を衝くという、ありふれた作戦をとってしまった。

大きな誤りは、中国軍は縦横に流れるクリークを使った陣地をいたる所に築き上げ、そこには機関銃を備えて、万全の防備態勢をとっていたことである。

「なぜ、敵状を把握していなかったのか」

参謀本部内では大議論になったが、もとを質《ただ》せば上海には陸軍がおらず、海軍しかいなかったことである。偵察能力はゼロに等しい。海上からはまったく見抜けなかった。

また大山事件後、海軍は上海周辺の偵察に動いていない。もしも陸軍が駐留していたならば、無錫《むしやく》辺りまで敵状を偵察している。クリークにも近づけて、各要塞基地の兵力も規模も把握している。

残念ながら上海には海軍武官府のみで、陸軍武官は常駐していなかった。上海派遣軍編成時に編組されるまで、敵状把握は失敗だった。

呉淞要塞ひとつをとっても、ドイツ顧問団による構築であることを知るのは、上海戦が終わったあとである。その規模と能力を、正しく把握していなかったばかりに、参謀本部も松井軍司令官も、また上海派遣軍参謀たちも、「一撃で終わる」と判断するほかなかった。

中国軍、揚子江に船を沈めて封鎖

情報戦では、中国軍の方がはるかに上回っている。

中国軍司令部の情報宣伝班の一将校が、上海の同盟通信社を訪れ、二ヵ月分の購読料を先払いして購読を申し込んだのは、九月初旬の頃である。

上海支局長の松本重治は、「届けることはできない」ことを条件に、購読を引き受けている。

東京方面の情報は、大使館員や在日中国人の間から届いているから、上海の日本軍の作戦計画、日本軍の進撃状況、及び日本軍のコレラ患者数など、上海支社が発行している和文漢文サービスを購読して情勢を分析し、松井軍司令官の動向などを探っていた。

上海支社から配信される記事は翌朝、日本の各紙が取り上げるが、中国軍情報宣伝班に届くのはどうしても遅れるものの、それでも情報は入ってきた。

中国軍司令部は、共同租界地の南京路競馬場の前にある一流ホテル、パークホテルの一室を借りていた。

その一室で、中国側の新聞記者や第三国の新聞記者を招待して、毎日プレスインタビューをやり、逆情報もとっていた。残念ながら、日本の記者たちは招待されなかった。

日本軍も原田熊雄少将らが中心に、日本の特派記者たちと情報を交換しているが、中国人記者や第三国の記者は除外された。どちらも敵側記者をシャットアウトしているが、英語版のチャイナプレスは、日本軍の報道を何らかのルートで摑み、中国人向けに報道している。

その意味では、中国側は内外からの情報取りという点では積極的だったと言える。残念ながら日本の報道機関は、パークホテルには招待されないため、中国軍の情報は摑んでいない。

唯一の情報源は、同盟通信の松本支社長が九月十八日か十九日に、英国の財務官で日英大使交渉発案者のエドモンド・ホール・バチと連絡がとれて、会う機会が作れたことである。

二人は海軍機によるヒューゲッセン英国大使爆撃事件以来、会っていなかった。松本も外国人記者や中国人と没交渉になっていた。そこにエドモンドからの電話が入る。

二人は浙江財閥の一人で、イギリスやフランスで勉強した、口の固い徐新六を加えることになる。エドモンドからの紹介である。

徐は胡適、高宗武が識見と人格を高く評価している人物で、軍人の眼を避けるため、上海にあるエドモンドのアパートに個々に集まり、夕食会となった。

その日が九月二十三日のことで、この頃は第十一師団が大場鎮を攻撃し、日中双方が死闘を展開していたさなかである。

三人の会は、次回からキャセイホテルのレストランで昼食会を兼ねることになる。また、毎週金曜日の昼食会を決め、和平工作について話し合うことにした。

ところが、今度は中国軍の特務隊にマークされ、エドモンドのアパートが荒らされた。やむなく、エドモンドがアメリカ武官に相談したところ、アメリカ武官は彼のアパートを使うようにと勧めてくれたことで、それ以後、特務隊の尾行はなくなった。

だが、松本がどれほど中国側及び英国大使側の情報を取れたかは不明である。

松本のところにエドモンドから「会おう」という電話が入り、「どこで会うか」と互いに連絡を取り合っていた九月十九日、呉淞鎮から上海に至る軍公路の途中の呉淞クリークに、松井橋が架かった。

この橋は故白川義則大将（上海派遣軍司令官、昭和七年五月二十六日戦傷死）の名をとって白川橋と命名していたが、中国軍が撤退の際に焼却して逃走したため、使用不能になっていた。ために呉淞と上海との連絡がうまく行っていなかった。

十九日に竣工した橋は、幅五間（約九メートル）、長さ五十間（約九十メートル）の木橋で、松井石根大将の名をとって松井橋と命名した。橋の竣工により、呉淞鎮と上海間で車がスムースに移動可能となった。その二日前までは、上海では中国軍が猛攻撃に出ている。

上海市街戦では、特志大学が前線基地になっていて、中国軍は陸戦隊本部に猛烈な銃砲火を浴びせていた。

中国軍は西方の高地から、山砲、野砲で掩護して撃ち込んでくる。日本の陸戦隊本部より新公園の前面千五百メートルのところまで逆襲してきた。

日本側は古田部隊が応戦したが、中国軍の攻撃に耐え切れなくなっていた。そこに野砲隊が掩護して、ようやく二百メートル先まで肉薄して、反撃に出た。

日本陸軍の野砲の前に、中国軍は後退しながら抗戦し、特志大学の前線基地に引き揚げている。

この中国軍は、手口から見て新手の部隊が交替したものと、陸戦隊本部は推測した。動きが機敏だったこともあるが、戦術が変わっていた。

日本軍は陸・海・空が陣容を変えて、猛爆撃に転じた。

海軍は十七日、航空隊が嘉定、劉家行、大場鎮、江湾鎮、浦東、閘北の各方面の中国陣地を爆撃した。

しかし、地盤が湿地帯で柔らかく、ほとんどの爆弾は不発に終わった。効果はあまり上がっていない。

上海の黄浦江は、日本海軍の遡行を阻止するため、いち早く中国軍が航路を閉鎖していた。場所はフランス租界側から黄浦江の約四分の三ほどに、対岸の浦東側からは約五十メートル上流に上海側まで、ほぼ全面的に大型ジャンクや汽船を沈め、繋留して航路を閉鎖していた。

このため、日本海軍は黄浦江を上れず、防戦中の陸戦隊の後方に上陸することもできなかった。黄浦江の水路を啓開するのは十一月に入ってからである。

その上海では、中国難民が英・仏租界地に入り、食糧暴動が発生して、混乱が続いていた。


十八日の夜のことである。

中国軍の夜襲機が共同租界に焼夷弾を投じ、共同租界市街を灰燼《かいじん》にしようとする国際法違反の爆撃に出た。

非戦闘員への爆撃は国際法で禁じている。十八日夜は、逃げまどう居住民や、婦女子を収容している地帯をも攻撃していた。

この夜の爆撃でイギリスのインビアル・ケミカル社の倉庫、ジャーデン・マジソン紡績、パール・アンド・マスケイラン社工場、支那石鹸会社、南洋煙草倉庫、公平テレス一帯の外人住宅が大きな被害を受けた。

何の意図か。日本軍機による爆撃と見せかけるための夜襲だったか、中国側の声明はない。

しかし、第三艦隊は十九日朝九時半、当局の談話をつぎのように発表した。

「十八日夜空襲せる支那空軍が共同租界に焼夷爆弾を投じたるは発表の通りである。この焼夷弾投下の目的が共同租界市街を灰燼に帰せしめんとしたことは明瞭で、幸いにして我が方の適切なる防衛によって被害を局限するを得たが、そもそも焼夷弾を対抗防禦に使用することは国際法の厳重に禁止するところであって、毒ガス使用と共に最も非人道野蛮の行為である。

支那軍は先に多数市民の居住する都市の中心を爆撃して無数の非戦闘員を殺傷し、戦火を避けて安全の地を求むる婦女子を収容したる無防衛の地帯に攻撃を加え、甚だしきは赤十字旗を無視して病院船に砲火を集中する等、その無節操と暴虐停止するところを知らず。しかも彼らはその文明度低きの理由をもって、世界各国がともすればその蛮行を黙視する風潮があらんとして、あらゆる蛮行を加速度的に累加しようとしている。

今にして彼らに適当の制裁を加え、その反省を促さざるときは法規の威厳、文明の正義は消滅して、この種蛮行の続行を見るであろう。

世界達識の人士、よろしく偏見を去り、公明無私の観念を以て、冷静に事態を考慮し、文明の共同目的のために活眼を開いて挙措《きよそ》を決すべき秋《とき》であることを信ずる」

十九日朝、海軍は報復に出た。

和田純久隊長率いる海軍航空隊は、南京の飛行場、格納庫、軍事施設の空爆に出た。

髙橋赫一大尉は、昭和十六年の真珠湾奇襲で艦爆隊の指揮官として活躍するが、上海戦では白根大尉とともに、地上からの砲火を浴びながら、首都南京の軍事施設の空爆を行なった。

中国軍はカーチス・ホーク及びブレダ戦闘機二十機が迎撃に飛びたち、日本軍戦闘機と交戦した。髙橋はこのときの模様を日記に、

「すれ違う敵機のパイロットの眼はいずれも青かった」と書いている。

第三章——南京空爆

「銃砲声聞こえず」

松井軍司令官は、第三、十一師団の兵たちが疲労困憊《こんぱい》している現状に苦しみ、目を閉じて耐えていた。疫病、水不足、小雨と蒸し暑さからくる兵たちの苦闘は、手にとるように分かる。増派された師団の到着を待ち、今しばらく兵たちを休養させる必要があった。松井は両師団、天谷支隊からの連絡を受け、十九日の日記に、こう書きとめている。

「第三師団の情況。

戦況変化なく。昨日敵兵全面に於いて反抗し来たるも、之を撃退せり。然れども師団は最早《もはや》急速に前面の敵を撃破するの気力なきものの如く。師団長よりは、劉家行の占領を激励しつつあるも、意の如くならずとの私信あり。

聞く所に依れば、此日師団は幕僚会議の結果、二、三日間攻撃を見合わすことに決したりと云い。此方面の攻撃は新たに補充の到着（二十五日に二千人着の筈）の上ならでは、実行困難ならずやと思わる。是亦《これまた》余儀なき次第なり。其そ正面広く各所兵力薄弱なり」

「第十一師団の情況。

第十一師団は明二十日を期し、前面の敵を攻撃するに決し、新たに部署を改めたり。即《すなわ》ち、羅店鎮西北部の守備を重藤支隊と交代し、師団の全力を羅店鎮南端、及び其の東方地区に集め、狭小なる正面を以て敵陣を突破せんとするにあり。其の進出線を羅店鎮南方小堂子、北朱宅及び蔣家宅の線に択《えら》びたるは、余りに消極なると思わるるも、師団の現状已むを得ざるか。

重藤支隊は其の一部を以て羅店鎮西北方地区を守備せしめ、主力を以て遠く其北方約六～七キロの陳宅、張宅及び沈家村付近より西南方に対し、敵を攻撃するに決し、本日既に攻撃を開始し、夕刻沈家村を占領せりとの報あり。

旧天谷支隊のコレラは最早続出の模様なきも、傷病相当多く、天谷少将も昨夜来、赤痢に罹り、月浦鎮野戦病院に収容せられたるも、本日に至り、病勢頓《とみ》に衰え、最早心配無用の様子なり」

この日は、上海派遣軍が東京駅を出発してちょうどひと月になる。松井はこの日を「記念の日」と受けとめて、つぎの漢詩をしたためている。松井軍司令官の祈りの心境である。

莅戦陣不顧生還　一死固期報君国
踟躕《ちちゅ》未断帳幕臣　祈無辱皇軍威武

宝山の南に着工中の飛行場の整備は、人手不足からはかどらず、なお一週間程遅れるとの、値賀忠治第三飛行団司令官からの報告が届いた。

松井は後備の歩兵一大隊を、片山支隊（歩兵第五旅団）の指揮下に入れて、飛行場の整備を急がせることにした。

この夜は「仲秋の名月」だった。

上村利道参謀副長日記には、

「重藤旅団、攻撃を開始す（羅店鎮北方地区）。仲秋の名月天に在り。雲去来するも月光彩《あざや》かに敵機も影を潜めて来らず。銃砲声聞こえず。戦場極めて静粛なり」

とあるように、前線の日本兵たちは疲労と弾薬欠乏のため、しばらく休戦状態に入っていた。休養が必要だったのである。

このひと月のことを思うと、松井軍司令官や幕僚たちにとっては、予想もしない苦戦であった。

第三艦隊司令長官長谷川清大将が軍令部からの指令を受けて、南京空爆計画を決定したのは九月十四日であった。当初は十六日を空襲開始の期日と決めていたが、十九日に延びた。

空爆にあたるのは大連の周水子飛行場から、九月十日に上海の公大飛行場に基地を移した第二連合航空隊（司令官三竝貞三大佐・海兵37期）である。

攻撃隊の編成は、

○第二空襲部隊（第二航空戦隊）の九六式艦戦六機、九六式艦攻十二機。

○第四空襲部隊の九五式水偵十二機。

○第五空襲部隊の九六式艦戦十二機、九六式／九四式艦爆三十機。

空襲部隊の編成は、

イ、制空隊（第一次）指揮官和田十三空飛行隊長。兵力は九六式艦戦十八機（十三空、二航戦）、九六式艦爆十八機（十三空）、九五式水偵十二機。

ロ、空中攻撃隊（第二次以降）

○第一空中攻撃隊 指揮官和田十三空飛行隊長。兵力は九六式艦爆十八機（十三空）、九六式艦戦六または十二機（十三空）。

○第二空中攻撃隊　指揮官田中十二空飛行隊長。兵力は九四式艦爆十二機（十二空）、九六式艦戦六機（十三空）。
○第三空中攻撃隊　指揮官「加賀」飛行隊長。兵力は九六式艦攻十二機（二航戦）、九六式艦戦六機（二航戦）。

空襲計画は、制空権を取るため、第一次九六式艦戦十八機を基幹とする制空隊により南京上空で中国軍の航空兵力と決戦し、撃墜したあと、空中攻撃隊を以て数次にわたって南京の軍事、政治、経済の諸機関を空爆する。

このため艦戦、艦爆は、午前八時に公大基地（甲基地）を発進し、貴陽湾基地上空で水偵と合流して、南京を空襲することになった。

ただし、中国航空隊が応戦しなかった場合は、艦爆をもって爆撃に入る。

それぞれの任務行動は、「艦戦は艦爆隊に顧慮することなく敵機の剿滅《そうめつ》に努め、水偵は終始、艦爆隊の直接掩護に当たる」

「もしも敵機を見ざる場合は、艦爆隊は板橋鎮飛行場を空襲すべし」

三竝第二連合航空隊司令官は、各指揮官を一堂に集めると、作戦の意義をつぎのように述べた。

「今次の空襲計画において奇襲を選ばず、敵首都上空において敵航空兵力との決戦を企図せる所以のものは、九六式艦戦の卓絶せる性能の外、我が海軍が世界に誇る空戦射撃の技能に深く信倚するありしを以てなり。戦闘機隊諸官は必勝の信念を持って、見敵必戦、敵機を剿滅して、我が海軍の精華を発露せられんことを切望する」

作戦担当の参謀は作戦細項に関して、つぎの七項目を申達した。

一、制空隊は敵戦闘機隊の捕捉撃滅を主目的とするので、行動の基準を戦闘機に置き、その戦力を全幅発揮させるよう戦闘指導に努められたい。

二、空戦は奇襲によらず、敵対空防禦砲火の威力圏外の高度の行動により、敵戦闘機隊を誘出し、我が戦闘機隊をこれに殺到させるのを主眼とする。よって艦爆隊、水偵隊は三千～四千メートルの高度で敵に機影を顕示しつつ進撃するが、戦闘機隊は極力、その所在を秘匿《ひとく》して進撃、すでに上空待機の姿勢にあるべき敵戦闘機隊を確実に捕捉しうるよう指導されたい。

三、水偵隊は純然たる艦爆隊の直接掩護兵力であるので、敵機の追撃に熱中の余りに主任務をおろそかにしないこと。

四、九六式艦戦のうち、三機は増槽がなく、空戦許容時間約十五分を標準とし、その進退には特に考慮されたい。その他の戦闘機は、最後まで戦場にとどまり、決定的戦果を得て帰投するを要する。

五、爆撃はかならずしも目標に直撃するを要せず。敵の人心を恐怖させるのを主眼とする。よって敵の防禦砲火を考慮し、投下点を高度二千～三千メートル付近に選定し、かつ一航過で爆弾投下を完了されたい。

六、空戦においては爆撃機も積極的に突進するのを有利とするので、絶対に避退行動をとらないように。また弾丸尽きた場合でも、あくまでも敵を急追されたい。この方法で敵を急追し、地上に激突させた実績あり。

七、警戒艦として砲艦二隻を通州水道付近に配する。

長谷川清長官、南京の空爆通告す

長谷川清長官は十九日、軍令部付となった岡崎上海総領事を通じて、各国の上海総領事に南京空襲の予告を通告した。

その通告内容は――、

「支那軍の敵対行為を終熄《しゅうそく》せしめ、以て時局の迅速なる収拾を促すは、我が軍の作戦の目的とする所にして、南京は支那軍作戦行動の中枢なりと認め、我が海軍航空隊は九月二十一日正午以後、南京市及び付近にいる支那軍隊、並びに作戦及び軍事行動に関係ある一切の施設に対し爆撃、その他の加害手段を加うることあるべし。

右の場合に於いても、友好国の権益及び国民の生命財産は、これを尊重する意向なること勿論なるも、日支交戦の結果、万一にも危害の及ぶことなきを保ち難き状況になるに鑑み、第三艦隊長官に於いては、南京市及び付近に在住する友好国官憲及び国民に対し、自発的に適宜安全地帯に避難の措置をとられんことを強調せざるを得ず。尚、揚子江上に避難せらるる警備艦艇は、揚子江上流に避泊せられんことを希望す」

また二十日、長谷川長官は中国の非戦闘員にも、つぎのように避難勧告を発した。

「帝国海軍航空隊は、爾今南京市及びその付近に於ける支那軍その他作戦及び軍事行動に関係ある一切の施設に対し、必要と認むる行動をとることあるべく、この際、非戦闘員たる支那人に対する危害は、能う限りこれを避けたき希望なるを以て、右非戦闘員は該軍事的目標に接近せざるを可とすべく、これを敢えてなす者は、当後各人自身の危険に於いて、その被ることあるべき危害に伴う責任は、我が軍に於いてこれを負わざるべし。

第三艦隊司令長官　長谷川清」

この長谷川長官の警告文は、九月二十一日付の各新聞に大きく掲載された。

参謀本部石原部長は、自宅に配達された新聞二紙に目を通したとき、

「まずいことをしてくれたな。各国が黙っておらなくなる。なんというバカだ！」

と、怒ってしまい、呑み干した湯呑みをテーブルに叩きつけた。

この朝はいつもより早めに出勤すると、電話で軍令部の近藤信竹第一部長を呼び出して怒鳴りつけた。

「なんということをしてくれたんだね。各国大使館や家族は全員、揚子江に浮かぶ自国船に乗り移って上流まで避難せよ、ということになるが、船を持たない国はどうするんだ。いいかね、軍事施設と政府機関だけではなかったか。長谷川という男は、どこまでバカなんだ！」

「事前に通告するのが道理ではないか」

「言い方があるだろう。軍施設関係を爆撃するとだけでいいのだ。これじゃ各国の大使館員やその家族にまで及ぶことになる。立ち退かなかった各国の大使館員たちまで巻き込むことになる。敵さんは、各国大使館が誤爆されるのを待っているわけだ。そうなると国際世論は騒ぐし、ジュネーブの者《の》たちは待ってましたとばかりに双手を挙げてくるぞ。おそらく、イギリスとソ連は立ち退かんだろうが、誤爆だけはないようにしてくれ」

長谷川長官の空爆予告を受けて、アメリカは人命第一を考えて、ただちに南京から立ち退くことを決め、家族ともども揚子江に碇泊している軍艦に乗り移った。

アメリカ大使館員は二十日、二等書記官のF・ホール・バックストンを残して、大使館の自動車で引き揚げた。ジョンソン大使は最後の車で引き揚げ、揚子江の下関に碇泊している軍艦ルソン号に乗り込んだ。

バックストンが二十一日に引き揚げてルソン号に乗り移ると、ルソン号は上流の撫湖へ向かって退避した。

中国政府は、アメリカ大使館員の退避は予想外と受けとめて不快になり、

「すこぶる非友誼《ゆうぎ》的で、アメリカはこれによって、日本に援助を与えるものだ」

と非難した。

しかし本国では、イギリス、アメリカとも日本政府に対して抗議をしている。

地下及び軍艦に一時的に避難し、大使館は引き揚げないことにしたイギリスは二十一日、クレーギー駐日大使を通じて、つぎのように抗議した。

「日本の南京空襲により、爆弾は軍事的目標以外のものに命中する可能性がある。右は英国市民をも含む非戦闘員の生命を危険ならしめるものである。英国政府は日本の空襲により、英国市民の生命、財産に加えられた損害については、日本政府が責を負うべきものと主張する権利を留保する」

アメリカ政府は二十日、ムーア国務次官がアメリカ大使館の引き揚げについて、

「国務省はすでに支那駐在米国大使に対し、館員の安全が危険になってきた場合は、直ちに南京の大使館を引き揚げるべく訓令した。したがって、ジョンソン大使が館員一同とルソン号に避難したことは、右訓令に基づく適宜の処置である」

と言明した。

また、ハル国務長官は二十一日、日本駐在のグルー大使を通じて、

「日本が他国の外交官に対して、空襲以前に南京を撤退するよう警告を発する如き権利は、国際法もしくはその他のいかなる法律に基づくものであるか」を強硬に問い質《ただ》し、

「日本にはかような権利はない。日米の外交関係を危殆ならしめるものだ」

と抗議した。

なお、イギリス大使館では家族全員を引き揚げさせ、ハウ大使代理以下全員は居残りした。五十余名の居留民は、各自が商船に乗り込んで引き揚げた。

ソ連大使館では、イギリス同様に居残ることを決めた、と国営タス通信が報じた。

ドイツとフランス、イタリアは、本国政府からの訓令待ちの状態だった。百余名のドイツとイタリアの居留民は、大会を開いて立ち退くことを決めた。

全員が引き揚げた南京のアメリカ大使館には、ＵＰ通信特派員たちが入居した。

十九日、南京空襲と空戦

十九日に始まった南京空爆は、これまでの世界史の中では初めての大空襲である。まず山下大尉が率いる九六式艦戦十二機が公大飛行場から飛び立ち、水偵機と合流して南京上空に集結し、中国軍の戦闘機を誘い出した。

中国軍の戦闘機四十数機が、誘導作戦に引っかかって南京及び周辺の句容飛行場から飛び立ち、南京上空で空戦となる。

この空中戦で、カーチス・ホーク及びブレダ戦闘機の中国軍機二十六機を撃墜した。そのあと、髙橋大尉、白根大尉が指揮する艦爆隊十七機が、南京の大校場、句容飛行場、兵工廠を爆撃した。

さらに地上機を爆破、格納庫一つを炎上させた。日本軍機の被害は四機。

午後の第二回目では、艦戦十機が出撃して南京上空に敵機を誘い出したところ、中国軍機九機以上が日本軍機に喰いかかり、空中戦を展開する。

この空中戦で、中国軍機七機を撃墜した。

艦爆の十一機は、南京の憲兵司令部、警備司令部を爆撃する。

二十日付の各紙は、軍発表記事をつぎのように報道した。

○東京朝日。

「海軍機空前の大壮挙。南京大爆撃を敢行。軍事據点悉《ことごと》く粉砕す」「我闘志既に空を呑む」の見出しで、つぎのように報道する。

「十九日敢行された大空襲覇行の直前、我が空軍の〇〇基地は、気魄《きはく》既に全支の空を呑むの気概があった。〇〇飛行将校は双眸《そうぼう》を感激に瞠《みは》らせつつ、次の如く決意を発して機上の人となった。

『我が海軍航空隊としても、これは世紀を劃《かく》する壮挙だ。無論、我々は全ての結果を、愛機の双翼にかけている。空ゆかば雲むすかばね〇〇機の大編隊は、恐らく一挙にして敵の闘志を挫くに足りるであろう。〇〇機はこれを掩護して、敵来らば勇躍これを遊撃し、日本海軍航空隊の真価をはっきりとお目にかける。機体や人員ともに、勿論元気一杯、闘志はごらんのとおり張り切っている。凱旋を迎えてくれ給え』」

○東京日日新聞（日曜夕刊）。

「この日、空軍南北に振う」「敵の二十機を撃滅」「南京を空爆、大空中戦」として、

「（上海本社特電・十九日発）第〇艦隊報道班十九日午後一時発表＝我が和田隊長の率いる海軍航空隊空襲部隊は十九日黎明、大挙して敵の首都南京を空襲、髙橋大尉及び白根大尉指揮の部隊は、敵の猛烈なる防空砲火を冒して敵飛行場、格納庫及び各種軍事施設を爆撃し敵に大損害を与えた。また山下大尉の指揮する部隊は、我が空襲部隊に対し健気にも挑戦し来れる敵のカーチス・ホーク及びブレダ戦闘機二十機と壮烈なる空中戦闘を交え、敵全部を撃墜した。我が損害は極めて軽微である」

これは午前中の空襲結果の報道で、海軍発表をそのまま報じている。

同紙はまた香港から、広東空襲の模様を、つぎのように報道している。

「間断なき我が空襲に広東市民は十八日夜、九・一八記念の猛烈なる各種抗日会を開催中。我が海軍機〇機は同夜七時二十分、十九日午前零時半の二回にわたり、猛夜襲を加えたので、抗日会は吹きとばされて各方面に甚大なる損害を与えた。なお右〇機は九竜鉄道の右、深圳《しんせん》各地にも爆撃を加えた」

広東では、ソ連やその他の国から飛行機が主に深圳工業地帯に運ばれ、組み立てられている、との情報が入り、工場一帯を爆撃したもので、二十一日も海軍機の空爆が行なわれた。

情報では、海南島からの船舶による輸送が行なわれ、援蔣物資の輸送ルートになっていた。

二十一日は、約二時間にわたって市内各所の軍事施設を爆撃した。なお、中国軍機七、八機が日本空

軍機を襲撃して空中戦となり、二、三機を撃墜している。南支方面に新たな飛行場が建設され、ソ連機が迎撃に入っていることが想像され、石原は、戦域がますます広がって行くことを憂慮した。

南京空襲の二日目は、まだ制空権が取れず、午前中は艦戦四機が出撃した。そのあと艦爆十二機が飛び立った。

二日目、すなわち三回目の空爆目標地点は国民政府、無電台で、空爆中に中国軍の戦闘機二機が飛来し、艦戦と空中戦となり、日本側が一機被害を受けた。

午後は艦戦二機で南京上空に出撃すると、中国軍戦闘機五機と交戦になり、四機を撃墜した。

この日は艦爆十五機、艦攻十一機、水偵十三機も出撃し、南京の大校場飛行場と砲台を爆撃した。

二十一日は天候不良のため、南京爆撃は中止となる。

第五回目の空襲は二十二日、艦戦四機と艦爆十二機、水偵七機で、南京の航空署、防空委員会を爆撃する。

すでに中国軍は航空機全滅と思われたが、この日は戦闘機四〜五機が飛来して空中戦を展開する。

第六回目の空襲のときも、中国軍の戦闘機五機と空戦になり、そのうちの四機を撃墜した。

二十二日は夕刻に、もう一回空襲に出た。このときは艦戦三機、艦攻六機、艦爆四機、水偵七機で、主に南京駅周辺を爆撃する。敵機の姿はなかった。

これでほぼ南京上空の制空権を握ったかに思われたが、九月二十五日の第十回目の空襲のとき、中国軍機三機が近づいて来るのを見たが、三機とも雲間に消え去った。

この時点で、日本軍が制空権を握ったといえる。

二十三、四日は天候不良で中止され、二十五日にずれ込んだが、三回にわたる空襲で、電燈廠、市政府、市党本部、無電台、財政部、兵工廠を爆撃した。

南京の軍・政府機関、飛行場などの空爆は合計十一回に及ぶ。日本軍の延べ参加機数は、艦戦五十九機、艦爆百三十七機、艦攻二十七機、水偵六十六機、合計二百八十九機である。

まさに世界の戦史上で最大の空爆だった。

この間、空中戦で発見した中国軍機は延べ七十機、そのうちの四十八機を撃墜している。もっとも撃墜不確実な中国軍機が六機あった。

四日間で投下した爆弾数は三百五十五発で、重量換算では三十二・三トンである。

第二連合航空隊の三竝貞三司令官は、「最大の戦果は制空権の獲得であった」と、つぎのようなコメントを残している。

「第一次空襲のさい、敵は句容方面及び南京上空に少なくも四十余機の戦闘機を配し、勇敢積極的に我に挑戦せるが、我が九六式艦戦並びに九五式水偵の勇戦により、一撃の下にその大部を撃墜せる結果、第二次以後は配備機数は著《いちじる》しく減じ、第七次に於いて、南京上空には敵影全く認めざるに至り、戦意また喪失した。

第十次に於いて僅かに認め得たる敵戦闘機三機の如きは、我が水偵を遠距離に視認せるのみにて、雲中に逸走するが如き状況にして、本作戦の終期に於ける南京の制空権は完全に我が手に獲得せり」

今回の空爆では、また戦闘用法の効果と器材の機能を知ることが出来たと、三竝司令官は報告する。

「従来の戦闘機の用法は一般に極めて消極的にして哨戒並びに掩護等のみにして、之を主体とせる大規模作戦は、未だ嘗《かっ》て実施されたことなし。然《しか》れども、今次南京空襲の成果より推察するに、敵の戦略要点の上空に、我が有力なる戦闘機隊を進撃せしめて、航空兵力の撃滅に努める方策は、極めて有効にして、また敵が有力なる防空戦闘機隊を有する場合は、此の如き方策を執らざる限り、敵国要点に対し徹底的打撃を実施すること困難なり。

本作戦開始以来、昼間は一切の敵航空力の活動を封じ得たるのみならず、作戦末期よりは夜間といえども、敵機の上海方面進出を殆《ほとん》ど皆無ならしむるを得たり。

将来、大陸方面航空作戦指導上、此の種作戦の遂行は大いに研究の価値あるものと認む」

また器材関係について、第六次攻撃の帰途のさい、十三空九六式艦戦が中国軍機に奇襲を受け、約二十発の射弾を受けたときの状況を語っている。

第六次空襲は、南京市政府と中央党本部を爆撃して帰途についた。そのとき、中国軍機に奇襲され、一機が二十発の射弾を受けた。結果的には四機で中国軍機五機と空戦となり、四機を撃墜するが、日本機一機が命中弾による被害を受けたものの帰還した。

機体を検査したところ、胴体は貫通されていなかった。また、搭乗員は微傷も受けず無事だった。そのまま反撃に転じて、敵機を撃墜している。

勝因は、胴体の構造がモノコックだったことにある。防弾力に優れていることが判り、海軍ではこのあと、防弾力の点からモノコック胴体の形状を研究することになる。

また、この南京空襲の戦訓から、戦闘機には大口径の機銃装備の必要性を強調している。

しかし、世界史上初めての戦闘機と爆撃隊との共同作戦は、アメリカ、ドイツ、イギリスなどの武官たちの目と耳に入り、研究されて行くのである。

作戦としては、大発と呼ばれる上陸用舟艇といい、戦闘機と爆撃隊の共同作戦といい、画期的な戦術を誇った。だが同時に、内外の軍人たちに盗まれることになる。のちに日本は真珠湾攻撃のさい、零戦による艦戦編隊が、雷撃隊、艦爆隊を上空から掩護しながら進撃していった。

昭和二十年七月になると、今度はアメリカ軍がB29の大編隊を五十機の戦闘機で護衛し、B29の編隊に襲いかかる日本の邀撃機《ようげきき》に急降下して逆襲に出ている。

確かに南京空爆は成功し、制空権を手に入れた。その後の上海戦は敵機の襲撃はなく、有利に展開する。だが、不幸にして長谷川長官の予告は、石原莞爾部長が恐れた事態に発展していった。

のであった。

欧州、アメリカ、イギリスの世論は次第に悪化し、それを機会に中国側は盛んに宣伝を開始して行く

ジュネーブの国際連盟では、日本の空爆非難を決議した。各国は対日抗議を申し入れることになった。海軍側は外国新聞記者と会見し、「爆撃目標は軍事目標に限定し、細心の配慮のもとに正確に実施された」と説明しても、ジュネーブでは抗議が後を断たなかった。

そうしたさなか、長谷川長官は揚子江の江陰方面の中国艦艇の攻撃を、第二、第五空襲部隊指揮官に下令した。二十一日は天候が悪く、第一次攻撃は二十二日の午前十一時に開始された。

江陰方面には、中国軍の江陰要塞がある。中国の巡洋艦「平海」「寧海」の二艦が、揚子江下流を行動する日本海軍の艦艇に脅威を与えていた。

二十二日、十二空の九二式艦攻十二機と九五式艦爆六機は、江陰の砲台及び二隻の巡洋艦を攻撃した。この日は上空に小雨があり、視界は極めて不良だった。

第二次攻撃から第六次までの攻撃で二隻の巡洋艦を爆破し、戦闘能力を喪失させた。そのほかにも巡洋艦「応瑞」、砲艦「逸仙」も使用不能になる。

江陰要塞は、揚子江の制海権ともいうべき難所で、このままでは日本の商船の航行は不能だった。なかでも巡洋艦の存在は脅威で、南京空爆後に予定していた攻撃を早める。

公大飛行場を飛び立った二航戦の艦攻隊は、六十トンの直撃弾、十本の魚雷で、「平海」「寧海」を沈めている。

こうして揚子江の制海権、南京までの制空権を握った日本海軍は、南支方面に新たな火種を抱えた。

陸軍側は、ようやく中国軍機の襲撃から解放され、羅店鎮、滬太自動車路一帯を占拠するため、海軍の南京空襲と同時に、二十一日午前五時を期して、総攻撃命令が下令される。

第四章——羅店鎮へ

中国共産党宣言

西原一策上海派遣軍作戦課長が、第十一師団の情況を視察して、「同師団の士気は旺盛にして力攻を期しあり」と、派遣軍司令部に打電したのは九月二十一日の午後である。

だが、前線の兵隊たちは補給が断たれて、撃つ弾丸も食料も水もない状態で疲弊していた。無数にうねるクリークの橋を渡る日本兵は、敵陣を前に夜に入って動く。その姿はネズミの如くで、前傾してチョロチョロと駈けては伏せる。

羅店鎮は南京と上海を結ぶ幹線道路にある。丸亀の第十二連隊は道路遮断の使命を受けていた。しかし、田中睦夫中隊は、羅店鎮の南から月浦鎮を経て揚子江へ注ぐ、川幅十メートルほどの馬路唐クリークに沿って上海・羅店道に前進していたが、無数に走るクリークと中国軍の機関銃に苦戦し、ようやく呉宅に前進したのは二十三日である。

その前の梅尤宅《ばいゆうたく》での攻防では、中国軍が「日本兵は婦女子を撃たない」ことを逆手にとって、その村の老婆と子供二人に手榴弾を持たせて陣地から送り出してきた。日本軍が油断していると、老婆は手榴弾を投げてくる。そのとき以来、老婆、子供といえども心を許さずに撃った。

中隊は呉宅に着く途中で中隊長が戦死した。二百名いた中隊は、たったの八十名になっていた。水を呑むにも、死体が浮いたクリークの泥水を水筒で汲みとり、火で沸かして殺菌した。どの中隊もコレラと赤痢で死者が続出し、安達部隊の第一、二中隊はわずか十名になっていた。中隊長の中には、「この戦争の目的は、上海在留邦人の生命と財産の保護ということだった。しかし、私は在留邦人以上の数に及ぶ兵隊を殺し、その家族の家庭を破壊した。何が在留邦人保護や！」

と憤る者もいた。兵隊の中には自殺しようとする者まで出る。ひと月たったというのに、師団の山砲部隊の掩護はなく、前進できない。

上海では、第三師団が二十二日から砲撃を開始するが、命中率は悪く、ほとんど変化はない。第百一師団がようやく呉淞錨地に到着し、上陸を開始したが、二十三日になっても、「正面の戦況何らの進展なし」（松井日記）である。

派遣軍の幕僚会議では、「避難民が南市に雪崩《なだれ》てくる前に、南市を爆撃すべし」との意見が多くなる。だが、松井軍司令官は、人道上及び国際世論を考えて、止めに入った。

前後して中国軍は、英国の二千トン級の商船三隻に乗り込み、黄浦江の下流に仮泊し始めた。日本軍は黄浦江に入った英国商船の至近距離に迫撃砲を撃ち込んで、追い出しにかかる。

二隻は退避したものの、一隻は依然として碇泊して、日本軍の誘発を仕掛けようとしていた。よく見ると、その商船には中国人の姿がある。彼らは、近くで日本軍の行動を偵察していた。

中国軍が英国の民間商船に潜入して偵察行為を行ない、それを日本軍が爆撃するのを誘っているようである。早くも中国軍は、そうした誘発作戦に出ていた。

また、反日で名高い兪《ゆ》鴻鈞《こうきん》上海市長は、フランス領事との間で南市をフランスの管理下に置く方向で働きかけるなど、世論操作も行なっていた。

一方、東京ではどうであったか。

南京を空爆されている最中の二十三日朝から二十五日の夕刊発行までの三日間は、参謀本部にとっては一睡もできぬ情報に振り回された。

上海の同盟通信社（松本重治支社長）は二十二日、中国共産党本部のある陝西省北部から南京に入った公電を傍受し、九月二十三日付朝刊で各紙に配信した。中国共産党中央執行委員会による「中国共産党宣言」である。宣言要旨は、

「一、中国共産党は、中国再建設には孫総理の三民主義は不可欠のものであることを認め、三民主義の完全なる実現のために、党として最善を尽くすべきを誓う。

二、中国共産党は、㋑暴力による国民政府の転覆、㋺共産主義思想の宣伝、㋩土地の強制没収の三者を目的とする全ての方策を廃棄することをここに決定した。

三、中国共産党は中国ソビエト共和国政府を解消し、中国の行政的諸機関を統一する意図のもとに、中国のため民主的形式の政府樹立を支持する。

四、中国共産党は紅軍を解散し、その隷下に属する軍隊を国民革命軍に改編、中国軍事委員会の指揮下に属せしめる。右革命軍は軍事委員会の命令の下に、前線において国防事務に服する用意あり」

今回の共産党宣言は、「紅軍解散、三民主義、共産党軍を暫定的に国民党軍の指揮下に入れる」旨を蔣介石に伝えているが、政治と軍事の両面で国民党寄りとなり、合流して国共合作をさらに進める動きが読みとれる。

この裏には、ソ連の中国への軍需品渡しが、九月下旬から十二月の間に完了するなどの「ソ支密約成立」が確定していて、共産党軍は切り札として使っている。

いわばソ連からの軍需物資を伴う、国民党主導の軍事指揮下への接近である。「三民主義」「ソ連の軍事力提供」、国民党が政治面で嫌って反発する「土地の強制没収を廃棄する」という、見え透いた宣言

になっている。

「蔣介石自殺」の噂広がる

ところが、中国共産党は、二十二日の共産党宣言と時を同じくして、八月二十二日から周恩来とコミンテルン代表のレーピンとの間で進められてきた「ソ支密約協定」を明らかにし、各国の新聞がこれを取り上げた。

大阪の毎日新聞は、「二十三日発上海本社電」で、この「ソ支密約」の大要を伝えた。

ソ連と蔣介石の中国との間では、ソ連からボロヂン少将が南京入りして以来、具体的に詰められていたが、ボロヂンと周恩来を中心とする中国共産党の戦略が練られているのは、百も承知だった。

しかし参謀本部は、この「ソ支密約」の具体的内容が摑めずにいた。が、中国サイドから、全文五章二十八条の項目が明らかになる。日本は南京から大使館、武官府を引き揚げていて国交がないため、外交、武官ルートからの情報は皆無だった。

入手する方法は、中国政府、中国共産党の発表を伝えるタスや中国の中央通信社からの放送くらいである。日本の新聞、通信社は、中国政府の記者会見の会場に出入りが禁じられていたからである。

二十四日付の大阪毎日は、「ソ支密約文」の大要を、つぎのように報道した。石原は、特に「ソ支密約」を噛むように読んだ。ソ連の極東進出が具体的に進行している事実を見せつけられ、「満州が危ない」と思った。

大要には、こうある。

「一、両国は秘密共同防衛委員会を組織し、その本部を外蒙の首都ウランバートルに置く。

二、両国人共同して左記諸項の目的を達するに足りるあらゆる工作を行なう。

㈠日支紛争に列国の国際干渉を導くべき諸工作。

㈡ソ支不可侵条約の英仏を包含する三国又は四国への進展。

㈢防共協定の破壊を目的とする欧州及び東洋に於ける紛争の惹起。

㈣ソ支協力の下に、日本の兵力をソ満国境、外蒙国境、北支、南支、中支に分散せしむべく画策。
三、ソ連は之により、兵器その他軍需品並びに必要に応じ義勇兵及び技術家を支那に派遣する。
㈠支那はソ連より提供する軍需品の代金の半額をソ連国立銀行に供託する。

㈡ソ連より支那に購入すべき兵器並びに軍需品の引き渡しは、九月下旬乃至《ないし》十二月までの間に第一回の交付を実施するものとし、その品目は、各種飛行機三百六十二台、高射砲百門、加農砲三百門、砲弾十二万発、小銃弾十五万発、装甲車千五百台、自動／自転車二千五百台、牽引車千五百台、馬匹五千頭、荷馬車二千台。
四、支那はソ連の援助に対し、交換的に左記条件の実行を約す。
㈠支那はコミンテルンの最高方針に従い、その活動を許容する。但し、その実行方法は支那の決定に従う。

㈡支那は外蒙及び新疆に於けるソ連軍事上、経済上、政治上に於ける自由なる活動並びにその結果を承認する。

㈢支那はソ連に対し、シベリアより外蒙、新疆、甘粛を経て支那本部に通ずる鉄道敷設権、その他北支に於ける利権を付与する。

㈣対日工作に成功した後は、ソ連の援助により、他国の在支勢力を逐次駆逐す」

石原部長は、ソ支密約と中共の共産党宣言に対して、蒋介石はどう受け止めているかを分析してみた。

おそらく、今のところはソ連と中共の要求を受け入れて、表面上の抗日戦を続けるが、相容れない毛沢東の中共とは、機会を見てかならず白黒をつけると読んでいた。石原はかねてより、「蔣介石は日本軍の力を借りたがっている」と分析していたが、今まさに蔣介石は、ソ連と中共、そして中共寄りになった主戦派の若手将校の意のままに泳ごうとしている。

こうなると、反対する知日派の要人たちへの風当たりも強くなる。毛沢東、朱徳、彭徳懐らが軍事委員会入りしてからの南京政府は、共産党政府になっているに等しい。

二十一日、政府の改造に入ったとの情報が、天津の方面軍に届いていた。参謀本部には直通電話がなく、陸軍省軍事課に入った。

また、東京日日新聞は二十二日付で、天津から大きな入れ替えがあったと、つぎのように報道している。

「一、蔣介石を大元帥にして、元帥府のもとに参議院、国防軍事、国防政治、国防文化の各委員会、北平啓蒙区を置く。

二、国防軍事委員会の委員長に蔣介石を、総司令に馮玉祥、参謀長に白崇禧（国民党）、副参謀長に毛沢東（共産党）、参謀委員に朱徳（共産党）、彭徳懐（共産党）。

三、国防経済委員会の委員長に宋子文、副委員長に孔祥熙、委員に王寵恵、杜月笙。

四、国防政治委員会の委員長に毛沢東（共産党）、副委員長に陳果夫（C・C団領袖）。

以下委員は百五十名」

これによると、完全に蔣介石は祭り上げられ、軍の実権は毛沢東、朱徳ら中国共産党に牛耳られている。

「蔣介石、自殺図る?」

の噂は二十日のことで、十八日に南京から洛陽に飛び、北支の戦況を視察したあと悲観し、洛陽の軍事委員長司令部で拳銃自殺を図ったが、侍衛主任の銭大鈞に止められ、未遂に終わった、と伝えていた。

その後に軍事委員会の改選と共産党宣言が発表され、「ソ支密約」が公表される。

ルーズベルト「日本隔離」を演説

蔣介石が表に顔を出すのは、南京空爆下の二十三日、中央通信社（国民党の通信社）で共産党宣言に対する「容共」を明らかにした日と、二十四日の外人記者との会見のときである。

共産党宣言当日、蔣介石は共同で発表することになっていた。しかし、イギリス、アメリカへの影響を考えて、共同発表を避け、先に共産党が、そのあとで蔣介石が「共産党宣言」を受けて意志を表明する方法に変わった。

一日遅れで「容共」を内容とする談話を、中央通信社につぎのように発表した。

「今回、中国共産党の発表せる宣言は、民族意識が一切に勝ることを示した例証である。宣言中に挙げた諸項のうち、暴動政策と赤化運動を放棄し、ソビエト区と共産軍を取り消した如きは、国家の全力量を集中することが、救亡の必要条件であることを示したもので、国民党の三中全会宣言及び決議と全く合致するものである。

而して共産党が三民主義実現のため奮闘すると声明したのは、更《さら》に中国の現在努力すべきただ一つの方向であることを証明したものである。

思うに国共両党が革命のために争ったのは、個人の感情や私見のためではなく、三民主義の実現のためであった。今日凡そ三民主義を信奉し、報国に努力する者に対しては、政府はその過去の如何を問わず、国家に尽くす機会を与える。又、国内の各派にして救国の誠意あり、国民革命、抗敵の旗の下に奮闘を願う者に対しては、政府はこれを快く受け容れ、本当領導の下に集中するものである。

中国共産党は既に政権を捨て、国家の独立と民族の利益の重要性を確認した。吾人はその心誠一致とその宣言に捧げた諸点の実践を希望し、更に禦侮《ぎょぶ》救亡統一の旗の下にあることを願う」（九月二十五日付、読売新聞夕刊）

蔣介石は、南京の官邸地下指令室に身を隠して南京空爆を避けていたが、二十四日午後二時四十分から妻の宋美齢とともに外国人記者団と会見した。

この会見は宋美齢の発案で行なわれ、みずから英語で通訳した。動機はアメリカ、イギリス、ドイツなど第三国の干渉を誘発する狙いで、海外への宣伝工作だった。

会見で蔣介石は、ルーズベルト大統領の中立政策を非難し、アメリカ政府の干渉を誘った。江陰砲台が破られて焦っていたのである。

「日本は九ヵ国条約、連盟規約を公然と蹂躙《じゅうりん》しているが、各調印国とも日本の行動を制する模様がない。特に米国は、一九一二年華府《ワシントン》会議の招請国でもあり、九ヵ国条約生みの親ともいうべき立場上、現在の如く同条約が全く実効を失うに至った事態については、最も重大な責任を問わるるべきである。現在の米国市民の感情を代表するものではないと信ずる」

と、アメリカを中心とする第三国の干渉を求めている。また、記者団から南京政府の現況を問われると、蔣介石は、

「支那軍当局は、日本海軍空襲隊の江陰砲台爆撃によって、支那側の長江封鎖が破られ、南京がふたたび日本軍艦砲の射程内に入ることを恐れている」

と告白した。

このアメリカ市民向けの記者会見はアメリカの新聞で報道され、ルーズベルト大統領を動かした。

アメリカは中立法によって、どの国ともかかわらない孤立主義を通してきた。日本が中国と戦っていても、中立法のもとで石油や屑鉄を日本に輸出していた。議会、特に共和党は中立主義者で、また民主

党議員内にも中立主義者が多かった。

しかし、二期目に入ったルーズベルトは、昭和十二年夏頃から、

「残忍な日本の軍事独裁政権が、中国と東南アジアへの無限の資源と力を自己の勢力下に納めようとする行動を、米国は黙視すべきではない、と信ずるようになった」（ヘンリー・スチムソン『太平洋戦争秘史・第一部』）

ルーズベルトは、七月頃から英米の海軍部隊を太平洋の戦略要所に配置し、対日通商禁止を日本に強いる、という考え方を持っていた。いわゆる「大統領による対日経済封鎖計画」である。

孤立主義の気分が強く現われたのもこの頃で、「国務省には平和団体から投書、請願が続いていた」（ハル国務長官）。

孤立主義の強いシカゴで「隔離演説」をしたのは、大統領が北米大陸を横断して太平洋岸まで旅行する途中の十月五日である。

演説原稿はハルとデービスで作成した。その中で「国際的協力の必要」を力説する箇所において、大統領は、みずから「体の伝染病が拡がり始めると、社会は流行から人々の健康を守るために病人の隔離を是認し、かつこれに協力するものである」と、露骨すぎる文を書き加えて演説した。

日本を名指しして「侵略国家を隔離する」というもので、少なくとも蔣介石と宋美齢は、「これでアメリカの干渉が始まる」と喜んだことであろう。

その南京では、知日派の要人がぞくぞくと銃殺、処刑されたり、亡命したりしているとの情報が流れた。政治面で勢力を伸ばしてきた中国共産党とともに、左傾化した白崇禧らにより、売国奴呼ばわりされた要人たちが逮捕された。その中には汪兆銘、アジア局長の高宗武、曾仲鳴、彭学沛など、汪兆銘派の要人たちも処刑されたという情報もある。

南京だけでなく、地方でも知日派の要人が逮捕された。蘇州では何澄が処刑され、また居卓然、周作

民らは香港へ逃げるなど、全支那に恐怖政治が広がっていた。

石原、最後の戦争、指導要綱案

アメリカ大統領の「海軍力による対日経済封鎖案」の胸中は誰も読めなかったが、蔣介石と宋美齢による米英への発信は、日本にとって痛手だった。九月十三日に作成した、いわば石原の遺言ともいえる「戦争指導（用兵及び兵備に関する事項を除く）要綱案」の第四部「外交及び対ソ謀略」の「日本関係の飛躍的進歩」の事項に、水を差すものとなる。

石原部長はこの要綱案で、講和の達成を強調している。講和条件の基礎的な事項として、

「一、日支全般にわたる事項として、

①中国側に満州国を承認させる。

②排日容共政策の放棄。

二、北支方面に関しては、

①接満地方に於いて支那軍隊を存在せしめ、また保安隊を以て治安に当たり、反日反満の陰謀、策動を封止させる。

②北支の統轄的政務は、日満支の提携具現のため、独裁権を有する機関を設置。

三、上海方面に関しては、

①上海付近の恒久的兵火の終熄。

②日支共同共栄、経済政策の発展策。

③欧米諸国、就中《なかんずく》英国の経済勢力漸減を誘致する方策をとる」

そして外交問題では、「対ソ謀略」策として、つぎのことを強調した。

「一、対支外交は支那側講和の気運を巧みに誘致することに努める。
二、第三国に対する外交は、さらに一段の発展を図る。
①日独関係を一層強化する。
②日伊親善関係を具体化する。
③日米関係を飛躍的に進歩せしむることに努力する。特に大規模なる経済提携を促進する。
④対英外交は、同国の権益を侵害せざる帝国の態度を瞭《あきら》かにし、少なくも我が対支政策に関する英国の阻害作用を除く。
⑤対ソ外交は、故意に彼側を刺戟《しげき》することを避くべしと雖《いえど》も、此の際卑屈なる態度をとるは却《かえ》って彼の増長心と対日軽侮心を高め、我に対する満州国の信倚を減し、且支那の抵抗を増し、むしろソ連の参戦を誘致するか、乃至は支那をして益々長期抵抗に出でしむるの結果を招来するを以て、堅確なる態度を以て臨むを要す」

そして石原は、対ソ謀略として「ソ連を牽制のため、その内部に対する謀略のほか、欧州に於ける相当決然たる謀略を実施する」と、強気の構えを主張した。

対米関係では、大規模な経済提携を強調している。そのアメリカは南京空爆後、ついに対日感情をむき出しにして来た。日本を「伝染病」になぞらえている。これは明らかにルーズベルト大統領の勇み足だった。

ハル国務長官もスチムソン陸軍長官も、日本を「伝染病」呼ばわりしたことについて、こう嘆いている。

「この隔離演説は、たちまち激しい反響を呼び起こした。私の見るところでは、この演説は世論を国際的協力の方へ向かわせるために、我々が行なってきた不断の宣伝努力を、少なくとも六ヵ月は逆戻りさせる結果になった」

最終戦争は日米戦になる運命と予測しつつも、国力がつき、重産業開発が進んで軍事力をつけるまでは、アメリカと経済的にも政治的にも提携しておくべきと考える石原の願いは、主戦派の陸相、軍令部、海相らによって踏みにじられていった。

提携どころか、海軍出身のルーズベルトを刺戟し、恐るべき事態になろうとしている。

しかし石原は、まだ諦《あきら》めていない。石原は打つべき手を打つ。それが作戦課が対ソ戦に備えた作戦計画の策定である。九月二十日の軍令部との調整後、参謀総長の参内で上奏する段取りである。期日は九月二十日。

石原は作戦会議室で参謀次長同席のもと、武藤ほか作戦担当者から説明を受けた。前回のときは、復活した久留米の第十八師団（長・牛島貞雄中将、12期）を満州に派遣し、北支と満州の両方に使えるように処置を指示したばかりである。

九月二十日時点での使用中の兵力は、北支で八個師団、上海で五個師団、中央直轄一個師団、内地の対支那予備三個師団を控置すると十七個師団。

満州には対ソ戦計画では東正面（東満）に八個師団、北正面に四個師団、西正面に三個師団、軍直轄に八個師団の合計二十三個師団である。

北支、上海が持久戦になると、北支方面は一軍四個師団、上海方面は一軍三個師団でそれぞれ安定を図り、北支から四個、上海から二個を転出し、満州駐留の兵力は、東正面三個師団、北正面三個師団、西正面三個師団、軍直轄の四個師団。

満州に二十三個師団を駐留させるには、どうしても十個師団が不足した。

九月二十日の作戦計画案では、対ソ戦充当兵力は四個師団不足の十九個師団として、日ソ開戦に当たっては、初期の兵力区分は関東軍司令部隷下四軍（十五個師団基幹）、及び直轄軍四個師団とし、別に大本営直轄四個師団を予定した。

そこで軍務局と参謀本部作戦課は、臨時編成として十個師団の新設を提案した。全師団を三単位制にして、一個師団三個歩兵連隊を中心に、兵力は一万五千人とするもので、各師団から一個連隊を抽出する。

言い出しっぺの後宮淳軍務局長が、新設の第二十六師団長に親補された。その後、各師団から一個連隊、合計三十個連隊を抽出して行くことになる。

天皇へ「増強兵備説明案」提起

武藤課長は、天皇への「急速に増強すべき兵備に関する説明案」を、つぎのように提起し、石原も多田次長も認めた。

「一、対支作戦中、対ソ作戦初頭兵力を増加して、ソ連の参戦に備うる為、独立混成第十一旅団を師団に改編し、在満師団を概ね一万五千に増強し、又第八師団（弘前）を速やかに満州に派遣するを要す。

又、対支持久作戦による対ソ兵力の不足七個師団及びその他、国軍総力の不足を補う為に、軍備充当計画、特に師団の新設並びに在満兵力の増加を繰上げ実施すると共に、現軍備充実計画と別個に、臨時編成師団十個師団を速やかに新設するを要す。

二、現在満兵力の大部は、著《いちじる》しく分散して治安の維持に没頭しあり。之を作戦の為使用せんとするも、現在満歩兵大隊の約半数に応ずる部隊を新設し、治安の維持に任ぜしめ、師団は之を作戦に適する如く集結を要す。

右兵力は前記新設師団の一部を以て充当す。

三、航空部隊優劣が戦争の勝敗に影響すること甚大なるに鑑み、数並びに質共に貧弱なる航空部隊を最新優良なる器材を以て充備拡張することは刻下の急務なり。

四、今次作戦に方《あた》り、輸送幹線脆弱《ぜいじゃく》に起因し、天候の障碍《しょうがい》により輸送の遅延したること甚大なるものあり。鉄道、港湾、特に内地よりの集中幹線たる朝鮮鉄道及び安奉線並びに北支と満州とを連絡する奉天、山海関、天津、北平間の鉄道輸送能力及び塘沽《タンクー》港の揚搭能力を増強し、承徳、古北口、北平間の鉄道に所要の増強を施し、以て将来の兵力輸送に支障なからしむを要す。

五、国境築城の築設を促進し、所要方面の兵力を節約して、重点に徹底的に投入し得る如くするを要す。

六、国軍の集中が長大なる交通線によりて行なわれ、且《かつ》天候及び敵の障碍による輸送遅延の為、著しく時日を要し、戦機を逸する処大なるを以て、初期作戦に必要なる兵力は之を大陸に置くを要す。

七、国軍は近代的装備、特に装甲装備、化学装備及び作戦に適する砲兵装備等において欠くる所尠《すく》なからざるを以て、之が促進は将来戦の為極めて緊要なり。

又、作戦資材の不足は、国軍の動員にも支障を来す程度にして、活発なる作戦遂行の為には、少なくも緒戦に要する全軍の資材を完備し置くを要す。

八、国軍目下の動員は複雑にして、且《かつ》員数を整うることに重点を置き、動員部隊の能力に欠陥多く、急速に作戦の要求に応ずること困難なるを以て、動員制度に根本的改変を要す。

以上の諸件は、軍政当局と協議の上、逐次実現を期せんとす」

武藤は、石原、多田の修正を終えると、すぐに軍令部に出かけ、対支作戦の現情勢において手薄になった対ソ作戦計画を、二十日中に上奏することの了承を求めた。

もちろん、異論はなかったので、すぐに次長室に入り、多田、石原に報告した。多田は総長室に閑院宮を訪ね、そのあと三人で皇居へ向かい、天皇に上奏した。

石原にとって、満州への十九個師団の駐留は、特に東正面への八個師団では兵力不足であった。満州には、牡丹江と北安に方面軍司令部を置き、戦時下には、朝鮮軍から三個師団の急派をもって、東正面のソ連軍と会戦する構想も考えた。

しかし、東正面のソ連軍の動きを見ていると、東正面には十個師団が必要と考える。また、ハバロフスクのソ連海軍が、松花江を上がってくることを考慮すると、佳木斯《チャムス》に四個師団が必要になる。

黒河に三個師団、ハイラルに三個師団を置いて満州の北と西正面に備えねばならなくなる。ドロ沼にはまって行く北支と上海、そしてこれから拡大して行くだろう広東への陸軍の派遣など、戦力は北満から広東、場合によっては米、英、ソ連軍による援蔣ルートの海南島、インドシナ上陸も考えられ、ますます消耗して行く。石原は思い悩んだ。

「ソ連の思うツボだ。足を踏み込んだからには、南京止まりとして、蔣介石と一日も早く講和をせねばならん。蔣は、絶対に共産党とは相容れない。それが分かっていながら、打つ手はないのか」

第五章――保定城陥落

中国軍、保定をめざして逃げる

保定城は北、南、東、西の四門を持つ四角形の城である。周囲は約八キロで、ベトン造りの城壁は厚さ五メートル、高さ十五メートル。周りは幅二十メートルの外濠《そとぼり》に取り囲まれ、難攻不落の城としては、平漢線沿いでは最大の拠点である。

保定城の北十六キロのところには、川幅五十メートルもの大冊河が、東の白洋淀に流れ込む。大冊河の水源は西の太行山嶺で、そこから東の低地へと流れる。

降雨になると川幅が広がり、白洋淀は巨大な湖となる。この白洋淀には、北から大清河、南からは猪龍河が流れ込むので、八月、九月の雨季の頃は、ちょうど滋賀県の琵琶湖ほどの湖と化する。

また、周囲は大湿地帯となり、水没する農村が出てくる。水没を考慮して、住民は緩やかな丘陵一帯に集落を築いていた。

保定城の周囲には、大冊河、府河の支流がいくつもあり、城の南側には、五キロほど南の四平庄駅との間に府河の支流があって、外濠の役割をしている。どこか江戸城と似ている。

城そのものは、これらの河に守られているため、元と清の時代は不落の城だった。保定は別名を清苑と呼んだ。

人口は十万人ほど。城は十五メートルのベトン城壁のほか、四方に高塔が立ち、古都の趣《おもむき》がある。この地は河北省の北方平野における軍事上、経済上、重要な都市である。かつては水路を使って船が往来し、太行山嶺の谷間から山西省に出入りし、物流の集散地であった。

城内は官庁と商業の町である。西大街、南門内大街、東大街など、もっとも繁華なところで、巨万の富を持つ大商人たちがいた。また食糧、野菜が豊富で、軍隊の駐留には防衛上も食糧調達の上からも、最適の都であった。

保定は、宋の時代には保安軍を置いていた。その関係で当時は保州と称した。清和年間、清苑郡の名をもらい、政治の中心となる。

元の時代には保定路と称し、明の時代に入ると保定府と改められた。清朝になってからは直轄省下になり、政治及び軍事教育の中枢として、保定軍学校があった。蔣介石など中国の高級軍官のほとんどが保定軍学校の出身で、軍事面においては隠然たる勢力を持つ。

昭和十二年七月、中国軍は平漢線で第二集団の軍を北上させ、保定に集結した。平漢鉄道を使い、五軍の十三個師は留守部隊を保定におくことはせず、全軍を永定河の対岸に配置して日本軍と対峙した。

日本軍は一部が永定河の前線に出て、留守部隊が保定に駐屯していると思い、津浦線の第一集団の合計約四十万の中国軍に身震いした。

平漢線の第二集団の軍長は劉峙が兼任し、商震司令の第三十二軍、萬福麟の第五十三軍、第六十三軍の馮占海軍の三軍が、三年前から河の後方に強固な要塞を築き上げていた。

商震は中央の直轄軍で、保定を出て山岳へ移動し、日本軍の第二十師団（長・川岸文三郎中将）を封じ込んだ。谷間に追い込まれた第二十師団は、四方八方からの攻撃に晒《さら》されて動けず、多くの戦死者を出した。

萬福麟の第五十三軍三個師は土肥原賢二中将の第十四師団の前面、馮占海の第六十三軍の三個師は谷寿夫中将の第六師団の前面で戦い、後退して保定の十六キロ北の大冊河を渡り、大冊河の後方に陣を整えて日本軍を迎撃した。

第五十三軍も大冊河を渡り終えると、橋を壊して川幅五十メートルの大冊河後方の陣に入り、第六師団の渡河を防いだ。

このほか、中央直轄の孫連仲の三個師と独立第四十四旅の三万六千人の兵は、第二十師団の前面に出て、日本軍を包囲しながら抵抗する。

だが、日本軍の火力と訓練された軍隊、そのうえに空爆によって中国軍は潰走しはじめる。九月二十日頃には平漢線が遮断されたため、中国軍は一斉に南西方向へ後退した。易県と満城をめざしての潰走である。

また、太行山嶺の西の山西省では、板垣第五師団に追われた湯恩伯の第四師、第八十九師は、淶源から保定をめざして大移動した。

日本軍機が保定を空爆したのは九月十六日の夜間で、中国軍の移動を断つため、平漢線を爆撃した。島田、園田、島谷の爆撃隊は、翌十七日早朝から三回にわたって保定城内を空爆する。

鉄道は保定城の西門一キロにあり、この一帯も爆撃して大被害を与えた。

萬福麟軍を追い込んだ第六師団は、平漢線の定興陣地を九月十九日に攻めると、勢いに乗って平漢線沿いに南下をはじめた。

九月二十一日には大冊河の北、徐水陣地を占領して大冊河に達した。中国軍は大冊河を渡ると橋を爆破したため、第六師団の先遣隊は河を渡ることができず、平漢線の線路を越えて大冊河の上流の方へ移動した。

大冊河は自然の要害で、三年前に築城され、その力を発揮する。

対岸は漕河頭の陣地で、大冊河に沿って数キロ以上、八つの大きな陣地を築き上げていた。そこから、大冊河に足留めされた日本軍に向かって野砲で攻める。

第六師団は大冊河から後方に退《さが》って作戦を練った。橋がないため、車は入れない。歩兵たちは銃を頭に縛って、泳いで渡るしかなかった。

この数日前から一帯は雨で洪水となり、大冊河は水が増して、流れも速くなっていた。

「何とかしてあの陣地を取り、敵の機関銃を黙らせんといかん」

中隊長の一人は、しきりに河向こうから撃っている中国軍陣地を双眼鏡で見ていたが、泳いで渡るには危険が多かった。それに河の流れが速い。

中国軍は大冊河南岸と漕河頭駅の間に司令部を置き、大冊河に沿って横に約五十キロ近い長さで要塞を築き上げている。これはみごとと言うほかなかった。自然の要塞は上からこちらを見下ろしていて、泳いで渡れそうもない。

漕河頭の陣地が不落と見た第六師団は、さらに川上の方へ移動し、渡河するポイントを捜した。そして、平漢線鉄道から二十キロ西に陣を張った。

二個師団、保定城を包囲

第六師団が攻めあぐねていると、飛行兵団の園田中尉が指揮する爆撃隊は、二十二日午前六時に離陸し、大冊河の南の陣地に針路をとった。

不運にも、この日は雨雲が低く垂れこめて視界が悪い。大冊河上空には七時頃に着く。眼下の敵陣地が見えず、何度も低空飛行を試みる。やむなく、危険を承知で編隊は二百メートルまで高度を下げた。

　すると、雨空を抜けた眼下に、大冊河沿いの陣地が東西に、みごとなほど築かれているのが見える。雲を突き抜けると、野砲陣地が見えた。

　編隊は地上から撃ってくる前に、突っ込むようにして爆弾を投下した。つぎつぎに爆撃をくりかえし、要塞を破壊して、八時半頃、北の航空基地に引き返した。

　敵陣地が破壊されたのを見届けると、第六師団の歩兵第十三連隊（長・岡本保之大佐、熊本）と歩兵第四十五連隊（長・神田正種大佐、鹿児島）の先遣隊は裸になり、衣服と銃、銃弾を頭の上に結びつけ、流れが速くなった大冊河を泳いで渡った。

　そこに敵の機関銃が撃ち込まれる。被弾した勇猛な兵は、声を上げる間もなく沈んで消え、流されて行った。

　遊泳による渡河は、夜に決行した。二十二日の午前二時、一人がロープを持ち、向こう岸に泳ぎ着く。そのロープを樹の根に縛りつける。一人一人ロープを片手でつかみ、もう一方の手は銃を濡らすまいと水面より上に持ち上げて泳ぐ。

　つぎつぎと渡河を終えると、爆撃された陣地へ這いつくばりながら上がって行った。

　後方陣地からは日本軍の大砲と機関銃が、中国軍陣地に向かって激しく撃ちつづける。この掩護射撃に護られながら、素裸の兵たちは頭上に銃と衣服を乗せて、平泳ぎで進む。

　ロープを引いて泳ぎ渡る兵たちは、向こう岸に着くと、岩や樹の根にロープを巻きつけて、後続の兵が泳ぎ渡るのを待っていたが、頭上、斜めから敵弾が撃ち込まれるのを見つけると、すぐに軍服をまとい、銃を背負って土堤を這い登った。

　先頭の兵たちは、敵陣地に侵入すると、敵兵をつぎつぎに撃った。後方の大砲の着弾で陣地は破壊され、逃げ遅れた残兵たちとの撃ち合いになる。

神田と岡本の両連隊は、渡河を終えると一斉に攻撃に出た。保定城の北方一キロのところにある郭荘付近に進出した。

中国軍は保定城をめざして潰走をはじめた。神田、岡本部隊はさらに追い、保定城の北で待機した。

第十四師団では、潰走する中国兵を追って南下した。二十二日に大冊河の北側にある敵の大冊営を占領した。中国軍は大冊河にかかる橋を爆破して退却し、南側の陣地に逃げ込む。

航空兵団の園田隊は、さらにこの辺りを空爆し、突破口をつくった。第十四師団の歩兵第二連隊（長・石黒貞蔵大佐、水戸）と、歩兵第五十九連隊（長・坂西一良大佐、宇都宮）、歩兵第二十八旅団（長・酒井隆少将、高崎）の歩兵第十五連隊（長・森田範正大佐、高崎）は、前日から渡河を決行するため、二十一日、南龍山付近に進出、作戦を立てる。

ここでも、二十二日午前二時に、素っ裸になった歩兵たちが濁流を泳いで渡りはじめる。

河向かいの中国軍陣地からは、猛烈な機関銃と小銃で一斉射撃に出てきた。まさに敵弾雨飛そのものである。水中で被弾した兵たちは、声も立てずに沈み、流されていった。

それでも生き残った兵たちは、一直線に泳ぎ渡る。その間、後方の陣地から野砲と機関銃が敵陣地に向けて撃ち込まれた。泳ぎ渡る兵たちを掩護するのだ。

泳ぎ渡った兵たちは軍服を着るや、白兵戦さながら、突撃していった。中国軍が潰走したあとでは、歩兵、騎兵たちが大冊河から南のトーチカを陥《おとしい》れ、午前十時頃には越山と黄村の線にまで進んだ。

歩兵隊が保定をめざして西北から西門の方へ進撃している間、工兵第十四連隊（長・岩倉夘門《しげかど》大佐）は約八時間の攻防戦のあと、大冊河に角材や丸木で橋を築いた。

野砲兵第二十連隊（長・宮川清三大佐）、輜重《しちょう》兵第十四連隊（長・石原章三中佐）及び土肥原師団長たちは、橋を渡り終えると南下し、途中、満城を占領した。

満城は保定の北西約二十キロにあって、一面に高粱畑が広がる。

第十四師団は永定河に始まり、琉璃河、拒馬河、易水、大冊河を前にした大要塞に苦戦しながら南下を続けた。

中国軍の河を前にした築城は、橋を落とすことで強固なものになってくる。日本の工兵隊たちは、場所によっては兵隊たちが橋脚《きょうきゃく》となって、河に立って支えながら、野砲隊や重砲隊を渡河させている。渡り終えると、ただちに橋を解体して車に積み込み、つぎの渡河作戦用に準備しなければならない。なかには、橋の杭を打ち込んでいるところを、中国軍に撃たれて死んだ兵隊も少なくなかった。

満城の中国軍は南へと退却して行った。第十四師団は、保定城に集結した中国軍の退路を断つために、満城から一度南下し、保定駅と方順橋駅の中間地点の線路を押さえ、保定城の南門の方へ回り込んで包囲に出た。

二十三日の午前九時半頃には、保定城から約一キロ先まで攻めた。

山岳戦で苦戦していた第二十師団は、天子山、房山、石楼村から琉璃河鎮の中国軍（長・孫連仲）を攻撃し、琉璃河を渡河すると、北西阻、魏家庄、涞水の陣地を破り、九月十九日に易州を占領するや、南西へ潰走する中国軍を追って南下を続けた。

大冊河の上流を渡河し終えたのは二十二日で、二手に分かれると、有力なる支隊は平漢線の方順橋駅の遮断に回った。また、もう一つの支隊は南西へ潰走する中国軍を追撃し、方順橋駅の西二十キロの完見を占領した。

退路を開け、総攻撃

三師団が保定城の包囲態勢を整えたのは、全軍が保定城から一キロ地点の北、西、南に陣を構えたあとである。

第六師団は北と東、西側から、第十四師団は敗走兵のため南門を開け、平漢線を遮断して退路を断った。

一斉攻撃が開始されたのは二十三日夕方の七時である。城内に入った中国軍は塔上から射撃するが、第六師団の野砲と装甲車による砲撃で、厚さ五メートルのベトンの壁に穴をあける。

砲撃が終わると、まず工兵第六連隊（長・中村誠一大佐）の兵が爆薬を背負い、縄梯子をかけてよじ登った。壁を爆破すると、第六師団の岡本部隊が迫撃砲、機関銃で城内に突入を開始した。第十四師団騎兵第十八連隊（長・安田兼人中佐）も、岡本部隊に呼応して機関銃隊が突入する。

同時に西門側からは第十四師団の森田部隊（歩兵第十五連隊）が、南門は同じく第十四師団の坂西、石黒、長谷川部隊が包囲した。

暗くなった夕方七時、砲撃が始まった。同時攻撃で、城内にいた中国軍の中には、五百、千人の単位で南門から脱出し、南大円、大激店などへ、鉄道が使えないまま南東方向へ潰走して行く。

残った城内の兵は、十五メートルの塔上から機関銃で眼下の日本兵を猛射撃した。しかし、砲撃を浴びて、つぎつぎに潰滅して行く。

日本軍は、砲撃で開いた門、ベトン壁の穴からそれぞれ突入し、敗残兵と交戦した。城内の掃蕩を終えたのは、翌朝二十四日の午前九時四十五分だった。

まっ先に日章旗を掲げたのは、第六師団の岡本部隊で、崩れた城壁を上がって日章旗を立てた。岡本部隊は北門と西門を完全に占拠したあと、外濠にかかる橋から突撃を開始、南門は中国軍の敗走のために開けていたので、潰走後に南門より城内に攻撃を開始している。

こうして約十四時間の掃蕩戦が続き、河北省の政治、経済の拠点、保定城が落ちた。

九月二十五日の東京朝日新聞は夕刊で、保定城の南門から中国軍が総退却する様子を、つぎのように報じている。

「(天津二十四日発同盟) 東西北の三方面よりする猛烈なる我が軍の攻撃に保定城内の敵は昨夕刻来雪崩《なだれ》を打って退却し、中央軍督戦隊は必死となってこれが阻止に当たり、随所に同士討ちを演出しているが、大勢は如何ともならず、鉄路を遮断された今は、唯一の逃げ場たる南門から徒歩、あるいはトラックを奪い合い、算を乱して南へ南へと敗走し、保定より白城及び張店に通ずる道路は、これら敗残兵によって埋められている」

青木部隊機に同乗を許された朝日新聞の石尾特派員は、二十三日夕方の様子を機上からの観戦記として、つぎのように報道している。

記者の眼から見た保定城一帯の様子は、この記事のみで、客観的に捉えている点では興味深い。

「皇軍保定城入城間近しの快報を○○根據地で聞いた記者は喜びを禁ずる能はず、○○部隊の青木部隊機に同乗を許されて二十三日午後○○根據地を出発、一路南下して敵の堅陣保定に向った。保定城間近に、武勲に輝く我が軍は此処《ここ》彼処《かしこ》に或は日章旗を立てて進み、或は渡河する小部隊で、食事の用意に忙しい部隊もある。

敵の十重二十重に築いた保定城北方の浴衣模様の如く織りなされた陣地は、今は全て我が軍の掌中に帰し、さっそうたる皇軍の威力は早くも保定城を壓《あっ》せんばかり。進み行く部隊の先陣に立つ雄々しき日章旗。記者は思わず襟を正した。

堂々たるその城壁、城内、整然たる市街、中に立つ省政府の建物、北平 (北京) に見るような赤レンガの門、保定は流石《さすが》河北平野の真ん中に殷盛《いんせい》を誇る大市街だ。その発展の姿が城外にも溢れ居る。だが街路上には猫の子一匹影を見せず、悄然たる姿がまざまざと見える。

幾度か行なわれた我が軍の爆撃の跡も痛ましく残っている。西方城外には大小無数のトーチカが並び、陣地がうねっているが、もう皇軍の前には恐れを抱いたのか、いやに静かだ。

ふと見れば南方城外の鉄道線路の引込み線上で貨物列車が真赤になって燃え上り黒煙を吐いている。我が軍の砲弾でも命中したのであろう、燃えるにまかせている。

東側の保定飛行場付近は、つい二、三時間前退却して、幾千余名の敵が我が空軍に爆撃されたのであるが、飛行場の芝生はその事も知らぬ気に蒼々としている。幾軒かの格納庫も閉されて、城の東北にある敵の広大な兵舎、練兵場も静まりかえっている。我が軍の攻撃目標となることを恐れて、何れも潜み隠れているのであろう。我が軍の堂々たる陣形に比し、なんと敗れ行く敵軍の惨めさよ。その全ての姿が既に落ちんとする大保定城の内外に余りにも明らかに見受けられる。

保定上空を離れて機首を北に、再び我が軍の上空に来た記者は、地上に勇躍する将兵に応え、あらん限りの力でハンカチを振り振り、又万歳を歓呼しつつその語る武勲を称え、その労苦を感謝し、その武運長久を祈りつつ、遙かに保定城を後に、夕陽にいよいよ赤く染められた河北の空を、一気に〇〇根據地に引き帰した」

石尾記者の機上からの保定城観戦記では、二十三日は雨はなく、晴れていた。城内には中国兵の姿は見られず、住民たちは外に出ないで身を隠している様子が窺《うかが》える。

保定の住民にとってはじつに迷惑な戦で、多くの住民が亡くなったであろう。

石原莞爾、辞職を決意

保定城への入城は二十四日午前十時である。

大室孟郎部隊長から気象状況を取材した石尾記者によれば、朝のうちは濃霧だったが、入城式の頃になると晴れて、地上の様子が上空からは手にとるように見えたという。

入城から一時間後の十一時十分には、「皇軍兵士の颯爽たる勇姿がある。吹き渡る金風に日章旗がはためいている。門は開かれて、城内の家々には、早くも日章旗が掲げられ、我が軍の入城を歓迎している」と記す。

記者の眼には、保定城内の天主公教会の屋上に掛けられた「日本軍歓迎」の垂れ幕も見えた。また、一時間前までは戦火の死の淵にあった市民たちが、日章旗の下で歩く姿が眼に入った。

日本軍の先発隊が日章旗を先頭に整然と威風堂々、城内を圧して街路を進む姿があった。

「数十里の進軍、奮戦十余日の末、今敵の最大の城を占領して将兵の喜びやいかばかりか。一挙手一投足に溢れるその勇気、この限りなき感激の光栄に、記者も暫《しば》し恍惚」

「北門上では、大日章旗を掲げた将士の一隊が遙かに東の空（日本）を仰ぎ、勇ましくも剣を、銃を振り上げて感激の万歳を、歴史的な万歳を絶叫している。記者もこれに和して万歳を叫ぶ」

また、城外では後続の部隊が北門にぞくぞくと到着していた。

寺内寿一大将の意気込み

第二軍（司令官・西尾寿造中将）の津浦線沿いの戦いもまた、滄州を目指して猛攻撃が展開された。滄州は天津から南へ約百四十キロにある津浦鉄道沿線有数の要塞である。市街は大運河及び津浦線に沿っている。滄州駅は滄州城の東三キロにあり、古くから運河を利用した民船貿易の盛んな古い町である。山東省北部の物資集散市場として、天津、済南間では有数の都で、人口は約二万五千人ほど。農産物が天津まで運ばれていた。

かつて平漢線の石家荘と津浦線の滄州を結ぶ北支開発鉄道建設の計画があり、別名「滄石鉄道」の起点は滄州だった。一九二〇年に基礎工事が行なわれるなど、日本との関係が深い鉄道である。

鉄道建設にあたり、日本側の華昌公司（代表・市橋徹夫）と北支鉄道開発鉄路局長何澄との間に、年一分五厘、千九百万元の借款の仮契約が成立し、一九三四（昭和九）年七月三十一日、両社の間で調印された。

ところが調印後、南京政府はこれに反対した。当時の冀察政務委員会主席の宋哲元も、その必要を痛感して建設を認めたが、南京政府の反対で工事は中断となった。その宋哲元が、今や第一集団軍司令として滄州に軍司令部を置き、三年前から運河を要塞化して、日本の第十師団（長・磯谷廉介中将）と対峙している。

中国軍はドイツ人顧問の指導で、滄州の北二十キロ先の興済鎮との間に二重の強固な要塞を築いていた。鉄道及び道路から西側、東側とも出水地帯である。しかも、夏から秋にかけて降雨が多く、永定河に注ぐ子牙河《しがが》から津浦線近くまでの広域にわたり、湿地帯になっている。

中国軍は地の利を活かして、丘陵地帯に水濠を掘り、それも横に広げて要塞化していた。

滄州に近い要塞は、東西約五十キロに及ぶ大要塞である。西は子牙河が二つに分かれる滏陽河《ふようが》まで続く。そこからさらに西へ、饒陽《じょうよう》陣地まで、滹沱河《こだが》の南側に要塞を築き、機関銃を備えて迎撃態勢をとっていた。

河からも陸からも、進撃できないように、地の利を使い、みごとな陣地を築き上げていた。日本軍の進撃は、辛うじて冠水をまぬかれている道路と鉄道を、縦に使って攻めて行くほかない。

第十六師団（長・中島今朝吾中将）は、船で子牙河を上流にのぼり、左岸の要塞を攻撃しながら移動したが、それでも対岸からの攻撃に晒されて苦戦した。幸い、右岸は湿地帯で陣地がなかったことが、上流への進撃には好都合だった。

おそらく中国軍は、日本軍が船団を組んで上流にやって来るとは予想していなかっただろう。予想したとしても、小船での航行程度と思っただろう。まさか、海軍のように大型船で、しかも重装備で来るとは予想外だったはずだ。

第十六師団は平漢線に向かって、保定の東後方に回り込むことができた。

津浦線沿いに縦に攻める第十師団は、飛行兵団の空爆に助けられた。飛行兵団は滄州の陣地、済南、さらには徐州まで飛行して、中国軍の後方基地を叩き潰した。制空権を持っていたのが、何より幸いだった。

第十師団の前方には、人合庄、姚官屯《ようかんとん》（滄州城の北七キロ）、馬落披の第一線の陣地が、西から東に南運河から水を引き、幅十メートル、深さ二メートルほどに掘られた水濠を前に構築され、戦車は通れない陣地になっている。

人合庄は滄州城より北へ八キロの水濠の前にある要塞陣地である。日本軍が攻めると、水濠の南に後退し、水濠を前にして迎撃戦に出ていた。しかし二十一日、偵察に出た中尾機が見た滄州周辺の様子は、意外な光景だった。滄州一帯は全面水浸しである。つぎのように報告している。

「人合庄付近の陣地はかねて聞いていた通り、実に巧緻を極め、上空からの偵察では一寸《ちょっと》想像できない。その後方一帯の陣地は馬廠方面同様堅固であるが、この辺りから後方、滄州にかけて一兵の姿も見えず。怪しいので機を次第に下げ、三、四百メートルまで降りて見たが、壕の中は無人の境だ。そのまま滄州上空に出たが、ここも全く無人の境だ。敵を見たのは姚官屯駅の南方で、六両編成の装甲列車が巧みに偽装して、ちょっと見つからなかったが、煙を吐いていたので、それと分かった」

「また午後五時頃、これは怪しくも南方から八両連結、一等客車のみの列車がゾロゾロと滄州駅に入ってきた。将校でも乗車するのかと思っていたら、一般民衆がこぼれるように乗っている。

思うに支那兵が総退却したので、一般民衆が帰って来たものと見られる。滄州の街は全く水中に浮かんでおり、我が軍の入城はまた水で相当悩まされることであろう。滄州で敵潰滅を目標に追撃して来た我が部隊としては、こんな弱い敵では問題にならない」

左翼攻撃の第八旅団歩兵第三十九連隊（長・沼田多稼蔵大佐）、歩兵第四十連隊（長・長野義雄大佐）及

び右翼攻撃の第三十三旅団歩兵第十連隊（長・赤柴八重蔵大佐）は、人合庄の陣地を突破し、五キロ南の水濠陣地、姚官屯、馬落披を攻めると、二十二日午前に追撃に出た。

ところが、またも水濠の第二陣地が前面に広がる。幅十メートルの水濠は東西八十キロ近い。その後方に強固な陣地を築いて待ち伏せている。

水濠から這い上がる日本兵に向けて、一斉に機関銃が撃ち込まれる。中国軍は、中央軍督戦隊の前面に、雑兵で構成された宗哲元の第二十九軍が立たされている。中央軍督戦隊は第二十九軍を監視して戦わせ、不利になると、真っ先に後退した。逃げて来る兵がいると銃殺した。

沼田部隊、長野部隊は、二十二日の午後十時近くまで攻撃し、夜戦に移った。砲撃は水濠陣地の、向かって左側に集中した。一時間後に退却したのか、左陣地は沈黙した。やがて右前方も沈黙し、両部隊は滄州城に迫った。

滄州城には、于学忠の第四十九軍約五万と、第二十九軍第三十七師の敗残兵約一万が集結していた。津浦線沿いには、滄州から南百キロの徳州まで要塞はない。宗哲元及び于学忠軍は滄州城を死守しなければ、一気に徳州、さらに山東省の入口である済南城さえ失うことになる。そこから徐州へは目睫《もくしょう》である。

第二軍は、北支那方面軍司令官寺内寿一大将の「黄河の水で水筒を満たす」の意気込みで、参謀本部の制止を無視して南下しようと決めていた。

第十師団の先頭隊の長野部隊が滄州城に突入したのは、二十四日午後六時である。それから二十分後に、沼田、赤柴部隊とともに滄州城を占領した。

この報せを受けた天津の司令部では、同日夜十時五十五分に確認した情報をもとに、記者会見し、「我が長野部隊は二十四日午後六時二十分、津浦線上の要地滄州を占據せり」と発表した。

第一軍第六師団の保定入城が、二十四日午後二時三十分である。四時間後の第十師団の滄州入城だった。中国軍は一斉に南へ退却していった。城内城外には、中国軍の督戦隊に撃ち殺された第二十九軍の逃亡兵の死体が無数に散らばっていた。

第二十九軍、中央軍督戦隊、第四十九軍で構成された第一集団軍司令の宗哲元は、二十二日付、中央通信によると、「滄州陥落前に南京に呼び戻され、責任追及の上で蔣介石により監禁された」（朝日新聞、二十四日付）とある。

その第一集団軍は徳州へ、蜘蛛の子を散らすように潰走していた。

＊参考資料は、文中に記した文献以外は戦史叢書「支那の治安」を参考にしました。

あとがき

今にして思えば、陸軍参謀本部作戦部長石原莞爾大佐の国策どおりに、日本は満州国のみを健全に経営し、山海関から南の北京、上海にはタッチしないで、対ソ連戦に備えて向こう十年戦わず国力をつけておけば、日米対決もなかった。また、北支への侵攻もない。あえて言えば、「何応欽・梅津ライン」内にとどまっておれば、広い中国のドロ沼に足を踏み込まずにすんでいたであろう。

立場を中国側から見れば、明らかに日本軍の侵略である。もしも日本本土が中国、朝鮮、ロシアから侵略されたら、右翼も左翼も共に銃を持って自衛、抗戦するだろう。それも政府や軍からの強要ではなく、自然に立ち上がり、特攻も辞さないだろう。昭和十年以降の蔣介石の中国が、まさにそれだった。

石原部長は、資材、国力のない状況下での北支、上海戦には大反対していた。しかし好戦派の軍人たちは、「戦って、奪って、国力をつける」という謀略をとってきた。

昭和十二年八月の上海事変は、作戦したのは海軍であり、多大な戦死者を出したのは陸軍の第

三、第十一師団であったことを確認してほしい。また、上海や揚子江周辺は海軍のエリアである。陸軍は駐屯していない。四千名余の海軍陸戦隊（私の叔父もいた）が、上海及び揚子江各周辺の邦人の治安を護っていた。

上海事変は海軍が上海への入口、ドイツ顧問団が築いた呉淞《ウースン》要塞突破を決め、陸軍が応援に回された作戦である。

陸軍の派遣を決めるさい、石原部長は、「呉淞要塞でなく、川沙の海岸から上陸し、黄浦洪に出て、船で対岸の上海市街に出る作戦」を立てたが、上海市街戦で苦戦している海軍は、何が何でも呉淞要塞を爆破して黄浦洪に入る作戦にこだわった。

このため、陸軍は多大な被害を出し、松井司令官が上陸できたのは一ヵ月後という大誤算に見舞われる。海軍の不覚が招いた悲劇の上海戦になった。

北支戦では、参謀本部の石原部長は早く和平交渉に入り、深追いしない不拡大方針をとっていた。しかし勢いに乗った前線の師団は、逃げる中国軍を追って南下し、揚子江の中間地点まで南下した。それも、点と線の戦いである。

石原部長が辞意を固めたのは、北京と漢口を結ぶ京漢線の保定城を攻め落とした頃である。石原は「保定・滄県線」までを、ひとつの区切りとし、和平工作を準備していた。それが十二年九月下旬である。

これまで北支の戦いは、どう展開されていたか、書いた人は少ない。私は昭和十一年末から十二年十月までの各新聞に目を通し、命をかけた前線の記者が書いた記事をもとに、各前線の戦場の様子を、書き記した。一般受けしないのは承知の上だが、「お国のため」と思い、書き残す必要から、取り組んできた。

この「北支の戦い」は、前作の『参謀本部作戦部長石原莞爾』の、いわば姉妹篇である。作家の目で、参謀本部と前線記者の報道記事を中心に構成した。

ここに、改めて言う。

「北支の戦い」は、止める石原部長を振り払った好戦派軍人の暴走であり、上海事変は、油断していた海軍が引き起こした無能作戦で、そのために陸軍兵士が送り込まれて二万人近い死傷者を出した地獄戦であったのである。

今回も、第一出版部長の川岡篤さんにお世話になりました。厚くお礼申し上げます。

平成二十九年七月

早瀬利之

石原莞爾 北支の戦い

2017年8月26日 印刷
2017年9月1日 発行

著 者 早瀬利之

発行者 高城直一

発行所 株式会社 潮書房光人社

〒102-0073
東京都千代田区九段北1-9-11
振替番号／00170-6-54693
電話番号／03(3265)1864(代)
http://www.kojinsha.co.jp

印刷製本 図書印刷株式会社

定価はカバーに表示してあります
乱丁、落丁のものはお取り替え致します。本文は中性紙を使用
 ISBN978-4-7698-1650-8 C0095